21世纪高等职业院校通识教育规划教材

经济应用数学基础及数学文化

白克志 余惠霖 主 编

刘镇章 林华 蓝夏青 林志红 黄艳华 副主编

Jingji Yingyong Shuxue Jichu ji Shuxue Wenhua

人 民 邮 电 出 版 社

北 京

图书在版编目（CIP）数据

经济应用数学基础及数学文化 / 白克志，余惠霖主编. -- 北京 : 人民邮电出版社，2013.2（2021.1 重印）
21世纪高等职业院校通识教育规划教材
ISBN 978-7-115-30496-4

Ⅰ. ①经… Ⅱ. ①白… ②余… Ⅲ. ①经济数学－高等职业教育－教材②数学－文化－高等职业教育－教材
Ⅳ. ①F224.0②01-05

中国版本图书馆CIP数据核字(2013)第009361号

内 容 提 要

本书是按照我国高等职业教育对人才的要求，结合课程改革思路和编者多年教学经验编写的。本书共分 8 章，主要介绍函数与极限，导数与微分及其应用，积分及其应用，多元函数微分及其经济应用，线性规划数学模型，投入产出数学模型，决策与数理统计方法，数学文化，MATLAB 软件及使用 MATLAB 软件进行计算的方法等相关内容。

本书简化了知识体系，概念叙述简单明了，便于初学者理解和接受，同时注意培养学生利用数学思想方法，解决实际问题的能力，每节后面都附有习题，并在书后附有习题参考答案。

本书可作为高等职业学校、高等专科学校、成人高校、本科院校的二级职业技术学院、继续教育学院和民办高校经济管理类专业的应用数学教材，也可作为相关人员和其他大专学生的学习参考书和教师的教学参考书。

◆ 主　　编　白克志　余惠霖
副 主 编　刘镇章　林　华　蓝夏青　林志红　黄艳华
责任编辑　贾　楠
◆ 人民邮电出版社出版发行　　北京市丰台区成寿寺路 11 号
邮编　100164　　电子邮件　315@ptpress.com.cn
网址　http://www.ptpress.com.cn
北京京师印务有限公司印刷
◆ 开本：787×1092　1/16
印张：16　　2013 年 2 月第 1 版
字数：400 千字　　2021 年 1 月北京第 11 次印刷

ISBN 978-7-115-30496-4

定价：34.00 元

读者服务热线：(010)81055256　印装质量热线：(010)81055316
反盗版热线：(010)81055315
广告经营许可证：京东市监广登字 20170147 号

前　　言

"经济数学"是高职高专院校经济管理类各专业的重要基础课之一，是学习后继课程所必不可少的。由于高职"经济数学"课程一直延续着传统的课程体系和教学方法，与高职院校的实际情况脱节，在教学过程中受到许多问题的困扰。为了适应高等职业教育培养高素质技术应用型人才的需要，提高教学质量，更好地为专业课的教学服务，我们依据教育部《高职高专教育基础课课程教学基本要求》和《高职高专教育专业人才培养目标及规格》的要求编写了本书。本书可作为高职高专院校经济管理类专业数学课程的教材或教学参考书。

本书针对高职经济管理类专业的特点，以"突出经济应用，为专业教学服务和把数学文化融入数学教学"为主线，对经济数学的教学内容、教学形式、教学方法、课程设置等方面进行改革探索，构建课程体系和教材内容，从数学的应用性与文化性两个方面入手，合理设置课程内容，以应用为目的，将科学素质与人文素质有机地融合，一方面强调数学的应用性（数学教学与专业相结合），在教学中树立为专业服务思想；另一方面，强调数学的文化性（数学文化的教育），加强了教材的实用性和科学性，注重素质教育。在保证科学性的前提下，注意讲清基本概念，减少理论证明，增加人文教育的成分，注重学生的应用能力、数学素养、文化素养和思想素养的培养。

本教材主要特点如下。

1．内容上，在保持数学基本理论的前提下，淡化了数学逻辑论证和推理过程，并将经济应用中较少遇到的三角函数、反三角函数的相关知识作为拓展内容来处理，减轻学生的学习负担。

2．结构上，编者结合多年的教学实践，对某些章节的设置进行了新的尝试。例如，将定积分与不定积分的内容合组成一章。先通过问题引出定积分的概念，再通过不定积分解决定积分的计算问题。这些改动强化了这一知识的应用，有利于在教学中突出重点，同时又节省了教学时间。

3．通过大量的数学应用例题，展示了数学应用的广泛性，使学生能感受到数学应用的现实可能性，提高学习数学的兴趣，激发学习数学的热情。

4．引入数学建模的思想方法，注重学生数学技能、应用能力的培养。

5．在每章中编入了数学软件 MATLAB 教学内容，以提高学生结合计算机及数学软件解决问题的应用能力。

6．增编了数学文化一章，把数学文化融入数学教学，促进科学素质与人文素质的有机融合，培养学生的数学素养、文化素养和思想素养。

本书教学参考时数为 76 学时。第 1 章～第 4 章 40 学时，第 5 章～第 7 章 30 学时。第 8 章数学文化一章，在教学中可作为独立内容讲授（6 学时），也可融入到各章节中去选讲，也可作为学生阅读材料或教学参考。

本书由白克志、余惠霖担任主编，并确定编写大纲、统稿及审定。全书共分 8 章，其中

第 1 章、第 4 章由林华编写，第 2 章、第 3 章由白克志编写，第 5 章由蓝夏青编写，第 6 章由林志红编写，第 7 章及附表由刘镇章编写，第 8 章由余惠霖编写，数学软件 MATLAB 相关内容由黄艳华编写。在编写过程中，我们参阅了国内外大量有关资料，在此我们对这些文献的作者和出版单位表示诚挚的谢意。

本书的编写和出版，得到了柳州职业技术学院及教务处、公共基础部领导和数学团队老师的大力支持。

由于编者水平有限，书中难免存在疏漏，恳请专家和读者批评指正。

编者

2012 年 10 月

目　录

第一章　函数与极限

函数是对现实世界中各种变量之间相互依存关系的一种抽象，是高等数学研究的基本对象．由于高等数学的研究对象与初等数学有所不同，从而引起了研究方法的变化，极限就是为了适应这种变化而产生的新方法．极限是贯串高等数学始终的基本推理工具．

本章介绍函数与极限的基本知识，为今后学习微积分奠定必要的基础．

第一节　函数的概念及其性质

一、函数的概念

1. 函数

研究某一个自然现象或实验过程中，会同时产生两个变量，这两个变量不是孤立地变化，而是相互联系、相互依赖，并遵循着一定的规律变化．我们可以用一个式子表达这两个变量之间的对应规律，根据这个对应规律，当其中一个变量在某一范围内任取一个数值时，另一个变量就会有一个确定的值与之对应．

例如，某种商品的价格为常数 P（元/件），则销售量 Q（件）与收益 R（元）之间存在着对应关系

$$R = PQ$$

当销售量 Q 取定某一数值时，收益 R 也对应着一个确定的数值．收益 R 随销售量 Q 的变化而变化，即两者之间存在着对应关系．我们将这种对应关系称之为**函数**．

定义 1.1.1　两个变量分别为 x 和 y，若当变量 x 在实数域的某一范围 D 内，任意取定一个数值时，变量 y 按照一定的对应规律，总有一个确定数值与之对应，则变量 y 称为变量 x 的函数．记作

$$y = f(x),\quad x \in D$$

其中变量 x 称为自变量，变量 y 称为函数．

2. 函数的定义域

若自变量 x 取某一数值 x_0 时，函数 y 有一个确定的值 y_0 与之对应，则称函数 y 在 x_0 处有定义．所以函数的定义域就是使函数有定义的实数的全体．自变量 x 的取值范围 D，称为函数的定义域．

确定函数的定义域，一般是从下面两个方面来考虑：

（1）当所讨论的函数是反映实际问题时，定义域由实际意义来确定；

（2）当所讨论的函数没有附加规定时，函数的定义域就是使得函数式有意义的自变量的全体实数值．

通常用不等式、区间或集合表示定义域.

满足不等式

$$|x-x_0|<\delta\ \ (\delta>0)$$

的一切 x 构成的集合，称为点 x_0 的 δ-邻域.

例 1.1.1 求函数 $y=\dfrac{x+1}{\sqrt{x-5}}$ 的定义域.

分析：负数不能开偶次方根，分母不能为零.

解 解不等式组

$$\begin{cases}x-5\geqslant 0\\ \sqrt{x-5}\neq 0\end{cases}$$

得 $x>5$，所以函数的定义域为 $(5,+\infty)$.

例 1.1.2 求函数 $y=\ln(x^2-2x-3)$ 的定义域.

分析：零和负数没有对数.

解 解不等式 $x^2-2x-3>0$ 得 $x<-1$ 或 $3<x$.

所以函数的定义域为 $(-\infty,-1)\cup(3,+\infty)$.

3. 函数值

与自变量 x_0 相对应的数值 y_0，称为当 $x=x_0$ 时的函数值，记作

$$y_0=f(x_0)，或 y\big|_{x=x_0}=y_0.$$

例 1.1.3 设 $f(x)=x^2-x+3$，求 $f(3)$，$f(x+1)$，$f(f(x))$.

解

$$f(3)=3^2-3+3=3^2=9$$

$$f(x+1)=(x+1)^2-(x+1)+3=x^2+x+3$$

$$\begin{aligned}f(f(x))&=(x^2-x+3)^2-(x^2-x+3)+3\\&=x^4-2x^3+6x^2-5x+9\end{aligned}$$

例 1.1.4 设 $f(x+1)=x^2+3x+5$，求 $f(x)$.

解 令 $u=x+1$，得 $x=u-1$，代入 $f(x+1)=x^2+3x+5$，得

$$\begin{aligned}f(u)&=(u-1)^2+3(u-1)+5\\&=u^2+u+3\end{aligned}$$

因此，$f(x)=x^2+x+3$.

4. 函数的表示法

函数 $f(x)$ 的具体表示法通常有 3 种：解析法、表格法和图示法.

以数学式表示函数的方法叫做解析法. 例 1.1.4 等中的函数都是以解析法表示的，解析法的优点是便于理论推导和计算. 常见的用解析法表示的函数有以下 3 种.

（1）显函数：函数 y 是用自变量 x 的表达式直接表示出来的，形如 $y=f(x)$.

（2）隐函数：函数 y 与自变量 x 的关系是由方程 $F(x,y)=0$ 表示的. 例如 $x^2+y^2-\ln xy=0$.

（3）分段函数：在经济问题中，变量间的关系有时需要用几个式子来表示，这类函数称为**分段函数**.

例如，某运输公司规定货物的吨公里运费为：在 a 公里以内，每吨公里 k 元；超过 a 公里，超过部分每吨公里为 $\frac{5}{4}k$ 元．则运费 m 和里程 s 之间的函数关系为

$$m=\begin{cases} ks & 0<s\leqslant a \\ ka+\frac{5}{4}k(s-a) & s>a \end{cases}$$

以表格形式表示函数的方法叫做函数的表格表示法，它是将自变量的值与对应的函数值列为表格，如三角函数表、对数表等，都是以这种方法表示的函数．表格表示法的优点是所求的函数值容易查得．

以图形表示函数的方法叫做函数的图示法．这种方法在工程技术上应用较普遍，它的优点是直观形象，可看到函数的变化趋势．

二、函数的几种性质

1. 函数的单调性

定义 1.1.2　设函数 $y=f(x)$ 在某区间上有定义，在该区间内任取两点 x_1,x_2，满足 $x_1<x_2$，若 $f(x_1)<f(x_2)$，则称函数 $y=f(x)$ 在该区间内单调递增；若 $f(x_1)>f(x_2)$，则称函数 $y=f(x)$ 在该区间内单调递减．

2. 函数的奇偶性

定义 1.1.3　设函数 $y=f(x)$ 的定义域关于原点对称．对于定义域中的任何 x，如果 $f(-x)=f(x)$，则称函数 $y=f(x)$ 为偶函数；如果 $f(-x)=-f(x)$，则称函数 $y=f(x)$ 为奇函数．不是偶函数也不是奇函数的函数，称为非奇非偶函数．

例 1.1.5　判断下列函数的奇偶性．

（1）$f(x)=2x^4-5x^2$；（2）$f(x)=2x^2\sin x$；（3）$f(x)=3x+x^2$．

解　（1）因为 $f(-x)=2(-x)^4-5(-x)^2=2x^4-5x^2=f(x)$，

所以 $f(x)=2x^4-5x^2$ 为偶函数．

（2）因为 $f(-x)=2(-x)^2\sin(-x)=-2x^2\sin x=-f(x)$，

所以 $f(x)=2x^2\sin x$ 为奇函数．

（3）因为 $f(-x)=3(-x)+(-x)^2=-3x+x^2$，

有　$f(-x)\neq f(x)$，$f(-x)\neq -f(x)$，

所以 $f(x)=3x+x^2$ 为非奇非偶函数．

3. 函数的周期性

定义 1.1.4　对于函数 $y=f(x)$，如果存在一个不为零的正数 T，使得定义域内所有的 x 都成立，即 $f(x+T)=f(x)$，则称函数 $y=f(x)$ 为周期函数，最小的正数 T 称为函数的最小正周期．

例如，三角函数 $y=\sin x, y=\cos x, y=\tan x, y=\cot x$ 均为周期函数．前两个函数的最小正周期为 2π，后两个函数的最小正周期为 π．

4. 函数的有界性

定义 1.1.5　设函数 $y=f(x)$ 在某区间有定义．如果存在一个正数 M，使得对于该区间所有的 x，都有 $|f(x)|\leqslant M$，则称函数 $y=f(x)$ 在该区间为有界函数．否则称为无界函数．

例如，函数 $y=\sin x$ 在 $(-\infty,+\infty)$ 为有界函数，函数 $y=\frac{1}{x}$ 在 $(-\infty,0)\cup(0,+\infty)$ 为无界函数.

三、复合函数

在科学研究与生产实践中，常会遇到一种函数，两个变量之间的关系不是直接的，而是通过第三个变量联系起来的.

例 1.1.6 设一物体质量为 m，以初速度 v_0 垂直向上抛出，求其动能 E 与时间 t 的函数关系.

解 物体的动能 E 是速度 v 的函数，而速度 v 又是时间 t 的函数，即

$$E=\frac{1}{2}mv^2$$

$$v=v_0-gt$$

将 $v=v_0-gt$ 代入 $E=\frac{1}{2}mv^2$ 中，得

$$E=\frac{1}{2}m\left(v_0-gt\right)^2 .$$

显然，动能 E 是时间 t 的函数，我们称这种形式的函数为复合函数.

定义 1.1.6 若变量 y 是变量 u 的函数：$y=f(u)$，而变量 u 又是变量 x 的函数：$u=g(x)$，当变量 x 在区间 I 内任取一数值时，对应的 u 值可使变量 y 有定义，则称变量 y 是变量 x 的复合函数，其中变量 u 为中间变量．记作

$$y=f\left(g(x)\right).$$

例 1.1.7 设 $y=\sqrt{u}$，$u=3-x^2$，则 $y=\sqrt{3-x^2}$ 是 x 的复合函数，其定义域为 $\left[-\sqrt{3},\sqrt{3}\right]$，$u=3-x^2$ 是中间变量.

例 1.1.8 设 $y=\ln u$，$u=\frac{3x-2}{4}$，则 $y=\ln\frac{3x-2}{4}$ 是 x 的复合函数，其定义域为 $\left(\frac{2}{3},+\infty\right]$，$u=\frac{3x-2}{4}$ 是中间变量.

不是任何两个函数都可以复合成一个复合函数的．例如

$$y=\frac{1}{\sqrt{u}},\ u=-x^2,$$

就不能复合成复合函数，因函数 $u=-x^2$ 的值域是 $(-\infty,0]$，不在函数 $y=\frac{1}{\sqrt{u}}$ 的定义域内.

复合函数的中间变量，可以是两个或两个以上．例如，复合函数为 $y=\ln\sin x^2$ 有两个中间变量 u 和 v，即 $y=\ln u,u=\sin v,v=x^2$.

例 1.1.9 指出下列函数是由哪些简单函数复合而成的.

（1）$y=\mathrm{e}^{\sqrt{3x+2}}$；（2）$y=\ln\frac{1}{\sqrt{1-3x}}$.

解 （1）函数 $y=\mathrm{e}^{\sqrt{3x+2}}$ 是由 $y=\mathrm{e}^u,u=\sqrt{v},v=3x+2$ 复合而成的；

（2）函数 $y=\ln\frac{1}{\sqrt{1-3x}}$ 是由 $y=\ln u,u=v^{-\frac{1}{2}},v=1-3x$ 复合而成的.

四、经济学中常用的基本初等函数

下列函数为经济学中常用的基本初等函数：

（1）常函数：$y=c$（c为任意数）；

（2）幂函数：$y=x^a$（a为任意数）；

（3）指数函数：$y=a^x\ (a>0,a\neq1)$；

（4）对数函数：$y=\log_a x\ (a>0,a\neq1)$；

五、初等函数

定义 1.1.7　由常数和基本初等函数经过有限次四则运算和有限次的函数复合步骤所构成的可用一个式子表示的函数，称为**初等函数**.

例如，$f(x)=\dfrac{1-x^2}{5x}$，$g(x)=\sqrt{\ln(1+x^2)}$，$h(x)=xe^x+3\ln(x^2+1)$都是初等函数．高等数学所讨论的函数主要是初等函数.

注意，初等函数的定义明确规定了它是用一个式子表示的函数．若一个函数用几个式子表示，就不是初等函数．例如，分段函数

$$f(x)=\begin{cases}1+x^2 & x<0\\ 3x+5 & x\geqslant0\end{cases}$$

就不是初等函数.

六、知识拓展

高等数学中的基本初等函数还应该包括以下两类：

（1）三角函数：$y=\sin x$，$y=\cos x$，$y=\tan x$，$y=\cot x$，$y=\sec x$，$y=\csc x$；

（2）反三角函数：$y=\arcsin x$，$y=\arccos x$，$y=\arctan x$，$y=\mathrm{arccot}\, x$.

习　题　1.1

1．求下列函数的定义域.

（1）$y=\sqrt{x^2-4}$；

（2）$y=\sqrt{x-1}+\dfrac{1}{x-2}-\lg(4-x)$；

（3）$y=\dfrac{2x}{x^2-3x+2}$.

2．设函数$f(x)$的定义域为$[0,1]$，求$f(\lg x)$，$f\left(\sqrt{1-x^2}\right)$的定义域.

3．求下列函数的函数值.

（1）$f(x)=\dfrac{x-2}{x+1}$，求$f(0),f(1),f\left(-\dfrac{1}{2}\right),f(a)$.

（2）$f(x)=\begin{cases} x^2, & -2\leqslant x<0 \\ 0, & x=0 \\ 4-x, & 0<x\leqslant 3 \end{cases}$ 求 $f(-2),f(-1),f(0),f(1),f(3)$.

（3）$f(x)=\dfrac{1-x}{x+1}$，求 $f(-x),f(x+1),f\left(\dfrac{1}{x}\right)$.

4．设 $f(2x-1)=x^2$，求 $f(x)$.

5．设 $f(x+1)=x^2+3x+5$，求 $f(x)$，$f(x-1)$.

6．判断下列函数的奇偶性.

（1）$f(x)=3x-x^3$；（2）$f(x)=x^2+3$；

（3）$f(x)=\dfrac{1-x^2}{1+x^2}$；（4）$f(x)=x(\mathrm{e}^x+\mathrm{e}^{-x})$.

7．指出下列函数是由哪些简单函数复合而成.

（1）$y=(3-x)^5$；（2）$y=\ln(2-x^3)$；（3）$y=\dfrac{1}{\sqrt{2+x^2}}$.

知识拓展习题：

8．求下列函数的定义域.

（1）$y=\ln x+\arcsin x$；

（2）$y=\sqrt{x^2-x-6}+\arcsin\dfrac{2x-1}{7}$.

9．判断下列函数的奇偶性.

（1）$f(x)=x^3\sin x$；

（2）$f(x)=\sin x+\cos x$.

10．指出下列函数是由哪些简单函数复合而成.

（1）$y=3^{\sin x^2}$；（2）$y=\sin^2(1-2x)$；（3）$y=\lg\cos\mathrm{e}^x$.

第二节 常用的经济函数

一、需求函数与价格函数

消费者对某种商品的需求由多种因素决定，商品的价格是影响需求的主要因素，但还有许多其他因素，如消费者收入的高低，其他代用品的价格等."需求"是一定价格条件下，消费者愿意购买并且有能力购买的商品量.这里，我们不考虑价格以外的因素，只研究需求与价格的关系.

设 p 表示商品的价格，q 表示商品的需求量，我们将商品的需求量与商品的价格之间的函数关系 $q=f(p)$ 称为**需求函数**.

一般来说，降低商品价格会使需求量增加，而提高商品价格会使需求量减少.需求函数是价格 p 的单调减函数.

根据市场统计资料，常见的需求函数有以下几种类型：

（1）线性需求函数　$q=a-bp$，　　（$a>0,b>0$）；

（2）二次需求函数　$q=a-bp-cp^2$，（$a>0,b>0,c>0$）；

（3）指数需求函数　$q=a\mathrm{e}^{-bp}$，　　（$a>0,b>0$）.

函数$q=f\left(p\right)$的反函数$q=f^{-1}\left(p\right)$称为**价格函数**，也可称为**需求函数**.

二、供给函数

“供给”是一定价格条件下，生产者愿意出售并且可供出售的商品量．一般来说，商品价格低，生产者不愿生产，供给量减少；商品价格高，能刺激生产者的生产，供给量增加．设商品供给量为q，则q是价格p的函数，称为**供给函数**，记为

$$q=q(p).$$

因此，一般供给函数为单调增加函数．函数$q=q(p)$的反函数$q=q^{-1}(p)$，也称为**供给函数**.

常见的供给函数有线性函数、二次函数、幂函数、指数函数等．其中，线性供给函数可表示为

$$q=ap-b，（a>0,b>0）.$$

均衡价格p_0是市场上需求量与供给量相等时的价格，此时需求量与供给量都为q_0，称为**均衡商品量**.

三、总成本函数

在经济活动中，人们总是希望在产品生产中投入越少越好．此投入就是我们所说的“成本”．某产品的总成本是指生产一定数量的产品所需的费用（劳动力、原料、设备等）总额．总成本可分成两类：第一类是厂房、设备、运输工具等固定资产的折旧，管理者的固定工资等．这一类成本的特点是短期内不发生变化，即不随商品量的变化而变化，称为固定成本，用C_1表示；第二类是能源费用、原材料费用、劳动者的计件工资等．这一类成本的特点是随商品产量的变化而变化，称为可变成本，用$C_2(q)$表示，其中q表示产量．这两类成本的总和就是总成本．显然，总成本是商品产量q的函数，称为**总成本函数**，用$C(q)$表示，即

$$C(q)=C_1+C_2(q)$$

总成本函数$C(q)$是产量q的单调增加函数．通常有线性成本函数、二次成本函数、三次成本函数等形式．

平均成本是生产一定量产品，平均每单位产品的成本．一般来说只给出总成本不能说明企业生产的好坏，为了评价企业的生产状况，需要计算产品的平均成本．

平均成本函数

$$\overline{C}=\overline{C}\left(q\right)=\frac{C(q)}{q}$$

四、总收入函数

总收入是生产者销售一定量产品所得到的全部收入．总收入与销售量形成的函数关系称

为总收入函数. 设 p 为商品价格，q 为商品量，R 为总收入，$\overline{R}$ 为平均收入，需求函数 $p=p(q)$，则总收入函数

$$R=R(q)=q\cdot p(q)$$

平均收入

$$\overline{R}=\overline{R}(q)=\frac{R(q)}{q}=\frac{q\cdot p(q)}{q}=p(q)$$

五、利润函数

生产一定数量的产品的总收入与总成本之差就是它的总利润. 同样，利润与商品的销售量有关系，此关系称为利润函数，于是利润函数为

$$L(q)=R(q)-C(q).$$

例 1.2.1 设生产某种商品 q 件时的总成本为

$$C(q)=120+2q+q^2\text{（万元）}.$$

若每售出一件该商品的收入为 60 万元，求生产 30 件时的总利润和平均利润.

解 由于该商品的价格 $p=60$（万元），故售出 q 件该商品时的总收入函数为

$$R(q)=60q,$$

因此，总利润函数

$$\begin{aligned}L(q)&=R(q)-C(q)\\&=60q-(120+2q+q^2)\\&=58q-120-q^2.\end{aligned}$$

当 $q=30$ 时，总利润和平均利润分别为

$$\begin{aligned}L(30)&=(58q-120-q^2)\big|_{q=30}\\&=720\text{（万元）}.\end{aligned}$$

$$\overline{L}(30)=\frac{L(30)}{30}=\frac{720}{30}=24\text{（万元）}.$$

在生产经营中，利润函数可能出现下列 3 种情形:

（1）$L(q)=R(q)-C(q)>0$，有盈余生产，即生产处于有利润状态;

（2）$L(q)=R(q)-C(q)<0$，亏损生产，即生产处于亏损状态;

（3）$L(q)=R(q)-C(q)=0$，无盈亏生产，此时的产量称为盈亏平衡点（保本点）.

盈亏平衡分析常用于企业经营管理和经济学中分析各种定价和生产决算.

例 1.2.2 某企业的一种产品，如果以每千克 1.60 元的售价出售，所生产的该种产品可以全部卖掉. 企业生产这种产品的能力为每天 85000 千克. 每天的总固定费用是 50000 元，每千克产品的可变成本为 0.8 元. 问要保本，该企业每天应生产这种产品多少千克?

解 由题意得，总成本函数为 $C(q)=0.8q+50000$，

收入函数为 $R(q)=1.6q$，

由

$$L(q)=R(q)-C(q)=1.6q-0.8q-50000=0$$

解得 $q=62500$（千克）.

即企业每天生产 62500 千克就能达到盈亏平衡.

习　题　1.2

1．已知某种产品的总成本函数为$C(q)=300+\frac{\sqrt{q}}{20}+\frac{q^2}{100}$，求当生产 64 个该产品时的总成本和平均成本．

2．某厂生产某产品q吨时的总成本为$C(q)=200+5q$（万元），得到的收入是$R(q)=10q-0.01q^2$（万元）．试求：

（1）生产 100 吨的总利润和平均利润；

（2）求生产的保本点．

第三节　函数的极限

一、数列的极限

按照一定规则与正整数n相对应并按顺序排列的无穷多个数

$$x_1,x_2,x_3,\cdots,x_n,\cdots$$

称为**数列**，记为$\{x_n\}$．数列中的每一个数叫做数列的项，x_n为第n项，又称一般项或通项．

若当$n\to+\infty$时，x_n无限逼近一个常数A，则称A为当$n\to+\infty$时数列$\{x_n\}$的**极限**．记为

$$\lim_{n\to+\infty}x_n=A\text{ 或 }x_n\to A\left(n\to+\infty\right).$$

例如，$\lim\limits_{n\to+\infty}\frac{1}{n}=0$．显然，数列可以看做自变量为$n$，定义域为全体正整数的函数．

极限思想的萌芽在我国古代很早就有记载.《庄子·天下篇》中有“一尺之棰，日取其半，万世不竭”. 也就是说，剩余部分的长度可用数列表示为$\frac{1}{2},\frac{1}{2^2},\cdots,\frac{1}{2^n},\cdots$．这个数列的极限为$\lim\limits_{n\to+\infty}\frac{1}{2^n}=0$．

例 1.3.1　考察下列数列当$n\to+\infty$时的极限．

（1）$1,2,3,\cdots,n,\cdots$；　　（2）$\frac{1}{2},\frac{1}{3},\frac{1}{4},\cdots,\frac{1}{n},\cdots$；

（3）$\frac{1}{2},\frac{2}{3},\frac{3}{4},\cdots,\frac{n-1}{n},\cdots$；　　（4）$0,-1,2,-3,\cdots,\left(-1\right)^{n+1}n,\cdots$；

（5）$2,4,8,\cdots,2^n,\cdots$；　　（6）$-1,1,-1,1,-1,\cdots,\left(-1\right)^n,\cdots$．

解　当$n\to+\infty$时，（1）x_n无限增大，数列无极限；（2）x_n无限逼近 0，极限值为 0；（3）x_n无限逼近 1，极限值为 1；（4）x_n无确定数值逼近，无极限；（5）x_n无限增大，数列无极限；（6）x_n无确定数值逼近，无极限．

二、函数的极限

若当自变量$x\to+\infty$时，函数$f\left(x\right)$无限逼近常数A，则称A为当$x\to+\infty$时函数$f\left(x\right)$的

极限，记为

$$\lim_{x\to+\infty} f(x)=A \text{ 或 } f(x)\to A(x\to+\infty).$$

若当自变量 $x\to-\infty$ 时，函数 $f(x)$ 无限逼近常数 A，则称 A 为当 $x\to-\infty$ 时函数 $f(x)$ 的极限，记为

$$\lim_{x\to-\infty} f(x)=A \text{ 或 } f(x)\to A(x\to-\infty).$$

若 $\lim\limits_{x\to+\infty} f(x)=\lim\limits_{x\to-\infty} f(x)=A$，则称 A 为当 $x\to\infty$ 时函数 $f(x)$ 的极限，记为

$$\lim_{x\to\infty} f(x)=A \text{ 或 } f(x)\to A(x\to\infty).$$

例 1.3.2 求 $\lim\limits_{x\to\infty}\dfrac{1}{x-1}$.

解 函数 $y=\dfrac{1}{x-1}$ 的图形如图 1-3-1 所示．当 $x\to+\infty$ 时，函数 $y=\dfrac{1}{x-1}$ 无限逼近 x 轴，函数值趋于 0；当 $x\to-\infty$ 时，函数 $y=\dfrac{1}{x-1}$ 也无限逼近 x 轴，函数值趋于 0，故有

$$\lim_{x\to\infty}\frac{1}{x-1}=0.$$

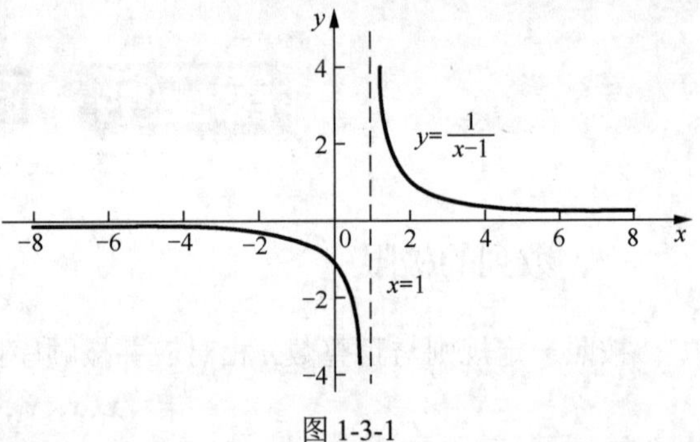

图 1-3-1

用 $x\to x_0^-$ 表示 x 从 x_0 的左侧无限逼近 x_0；用 $x\to x_0^+$ 表示 x 从 x_0 的右侧无限逼近 x_0；用 $x\to x_0$ 表示 x 从 x_0 的左、右两侧无限逼近 x_0．

若当 $x\to x_0^-$ 时，函数 $f(x)$ 无限逼近常数 A，则称 A 为当 $x\to x_0^-$ 时函数 $f(x)$ 的左极限，记为

$$\lim_{x\to x_0^-} f(x)=A \quad \text{或} \quad f(x)\to A(x\to x_0^-);$$

若当自变量 $x\to x_0^+$ 时，函数 $f(x)$ 无限逼近常数 A，则称 A 为当 $x\to x_0^+$ 时函数 $f(x)$ 的右极限．记为

$$\lim_{x\to x_0^+} f(x)=A \quad \text{或} \quad f(x)\to A(x\to x_0^+);$$

如果 $\lim\limits_{x\to x_0^-} f(x)=\lim\limits_{x\to x_0^+} f(x)=A$，即当自变量 $x\to x_0$ 时，函数 $f(x)$ 无限逼近常数 A，则称当 $x\to x_0$ 时函数 $f(x)$ 的极限存在；称 A 为当 $x\to x_0$ 时函数 $f(x)$ 的极限，记为

$$\lim_{x\to x_0} f(x)=A \quad \text{或} \quad f(x)\to A(x\to x_0).$$

若不存在常数 A，使 $\lim\limits_{x\to x_0} f(x)=A$，则称当 $x\to x_0$ 时函数 $f(x)$ 的极限不存在．

因此，当 $x\to x_0$ 时，函数 $f(x)$ 的极限存在的充分必要条件是：$f(x)$ 在 x_0 处的左、右极限存在且相等，即

$$\lim_{x\to x_0} f(x)=A \Leftrightarrow \lim_{x\to x_0^-} f(x)=\lim_{x\to x_0^+} f(x)=A.$$

说明：①当自变量 $x\to x_0$ 时，函数 $f(x)$ 无限逼近一个常数 A，A 可能是函数 $f(x)$ 在 x_0 处的函数值，也可能不是；②基本初等函数在其定义域内某一点的函数值等于极限值．

例 1.3.3 判断函数 $y=\begin{cases} x^2 & x<2 \\ 2x & x\geqslant 2 \end{cases}$ 在 $x=2$ 处是否存在极限．

解　由于此函数是分段函数，$x=2$ 是分界点，所以要分别求左、右极限．因为

$$\lim_{x\to2^-}f(x)=\lim_{x\to2^-}x^2=2^2=4,$$

$$\lim_{x\to2^+}f(x)=\lim_{x\to2^+}2x=2\times2=4,$$

有
$$\lim_{x\to2^-}f(x)=\lim_{x\to2^+}f(x)=4,$$

所以
$$\lim_{x\to2}f(x)=4.$$

例 1.3.4　判断函数 $y=\begin{cases}x^3 & x<1\\ 5x & x\geqslant1\end{cases}$ 在 $x=1$ 处是否存在极限．

解　由于此函数是分段函数，$x=1$ 是分界点，所以要分别求左、右极限．因为

$$\lim_{x\to1^-}f(x)=\lim_{x\to1^-}x^3=1^3=1,$$

$$\lim_{x\to1^+}f(x)=\lim_{x\to1^+}5x=5\times1=5,$$

$$\lim_{x\to1^-}f(x)\neq\lim_{x\to1^+}f(x),$$

所以，$\lim\limits_{x\to1}f(x)$ 不存在．

三、极限的运算

1. 无穷小量与无穷大量

若当自变量 $x\to x_0$（或 $x\to\infty$）时，函数 $f(x)$ 无限逼近常数 0，则称当自变量 $x\to x_0$（或 $x\to\infty$）时，$f(x)$ 为无穷小量．

例如，当自变量 $x\to0$ 时，$y=\sqrt{x},y=x^2,y=\mathrm{e}^x-1$ 均为无穷小量；当自变量 $x\to1$ 时，$y=x^3-1,y=(x-1)^2$ 均为无穷小量；当自变量 $x\to\infty$ 时，$y=\dfrac{1}{x}$ 为无穷小量．

若当自变量 $x\to x_0$（或 $x\to\infty$）时，函数 $f(x)$ 的绝对值无限变大，比任何给定的正数都大，则称当自变量 $x\to x_0$（或 $x\to\infty$）时，$f(x)$ 为无穷大量．

例如，当 $x\to1$ 时，$\dfrac{1}{x-1}$ 为无穷大量；当 $x\to0$ 时，$\dfrac{1}{x}$ 为无穷大量；当 $x\to\infty$ 时，x^2 为无穷大量．

注意：（1）无穷小量是以常数 0 为极限的变量，$-\infty$ 不是无穷小量；（2）无穷小（或无穷大）量是与极限过程相联系的，不能说某个函数是无穷小（或无穷大）量，只能说它是在自变量某个变化过程中的无穷小（或无穷大）量．

思考：当 $x\to1$ 时，$\dfrac{1}{x-1}$ 的极限存在吗？

无穷小量具有下列性质．

性质 1　有限个无穷小量的和仍然是无穷小量．

性质 2　有限个无穷小量的积仍然是无穷小量．

性质 3　有界变量与无穷小量的积仍然是无穷小量．

例 1.3.5　求 $\lim\limits_{x\to0}\left(x^2+\sqrt{x}-x\mathrm{e}^2\right)$

解　因为　$\lim\limits_{x\to0}x^2=0$，$\lim\limits_{x\to0}\sqrt{x}=0$，$\lim\limits_{x\to0}x\mathrm{e}^2=0$

所以 $\lim\limits_{x\to 0}\left(x^2+\sqrt{x}-xe^2\right)=0$

无穷小量与无穷大量有如下关系：

当自变量 $x\to x_0$（或 $x\to\infty$）时，

（1）若 $f(x)$ 是无穷大量，则 $\dfrac{1}{f(x)}$ 为无穷小量；

（2）若 $f(x)$ 是无穷小量（$f(x)\neq 0$），则 $\dfrac{1}{f(x)}$ 为无穷大量.

2. 极限的四则运算

在 x 的同一变化过程中，$\lim f(x)$（此处省掉自变量 x 的变化趋势，下同）及 $\lim g(x)$ 都存在，则有

定理 1.3.1 （函数极限的四则运算法则）若 $\lim f(x)=A$，$\lim g(x)=B$，则

（1）$\lim\left[f(x)\pm g(x)\right]=\lim f(x)\pm\lim g(x)=A\pm B$；

（2）$\lim\left[f(x)\cdot g(x)\right]=\lim f(x)\cdot\lim g(x)=A\cdot B$；

（3）$\lim\dfrac{f(x)}{g(x)}=\dfrac{\lim f(x)}{\lim g(x)}=\dfrac{A}{B}\quad(B\neq 0)$.

例 1.3.6 求 $\lim\limits_{x\to 3}\left(x^2+3x-8\right)$.

解 $\lim\limits_{x\to 3}\left(x^2+3x-8\right)=\lim\limits_{x\to 3}x\cdot\lim\limits_{x\to 3}x+\lim\limits_{x\to 3}3\cdot\lim\limits_{x\to 3}x-\lim\limits_{x\to 3}8=3^2+3\cdot 3-8=10$.

例 1.3.7 求 $\lim\limits_{x\to 2}\dfrac{x^2+x-6}{x-2}$.

分析：因为 $x\to 2$ 时 $\dfrac{x^2+x-6}{x-2}$ 的分母极限为零，不能直接用极限四则运算法则，应该先将分子因式分解，约去使得分母为零的因子，然后再使用极限四则运算法则.

解 $\lim\limits_{x\to 2}\dfrac{x^2+x-6}{x-2}=\lim\limits_{x\to 2}\dfrac{(x+3)(x-2)}{x-2}=\lim\limits_{x\to 2}(x+3)=2+3=5$.

例 1.3.8 求下列极限：

（1）$\lim\limits_{x\to\infty}\dfrac{2x^2+x-6}{3x^2+5x-2}$；（2）$\lim\limits_{x\to\infty}\dfrac{2x^2+x+2}{x^3+5x^2-3}$；（3）$\lim\limits_{x\to\infty}\dfrac{x^5+x^3+2}{4x^3-3x^2-1}$.

分析：由于这组有理函数的分子、分母均为无穷大，即为“$\dfrac{\infty}{\infty}$”型，不能直接用极限四则运算法则，应该利用无穷大与无穷小的关系，将无穷大转为无穷小进行计算.

解（1）$\lim\limits_{x\to\infty}\dfrac{2x^2+x-6}{3x^2+5x-2}=\lim\limits_{x\to\infty}\dfrac{2+\dfrac{1}{x}-\dfrac{6}{x^2}}{3+\dfrac{5}{x}-\dfrac{2}{x^2}}=\dfrac{2+0-0}{3+0-0}=\dfrac{2}{3}$

（2）$\lim\limits_{x\to\infty}\dfrac{2x^2+x+2}{x^3+5x^2-3}=\lim\limits_{x\to\infty}\dfrac{\dfrac{2}{x}+\dfrac{1}{x^2}+\dfrac{2}{x^3}}{1+\dfrac{5}{x}-\dfrac{3}{x^3}}=\dfrac{0+0+0}{1+0-0}=0$

（3）$\lim\limits_{x\to\infty}\dfrac{x^5+x^3+2}{4x^3-3x^2-1}=\lim\limits_{x\to\infty}\dfrac{1+\dfrac{1}{x^2}+\dfrac{2}{x^5}}{\dfrac{4}{x^2}-\dfrac{3}{x^3}-\dfrac{1}{x^5}}=\infty$

一般地，当 $x\to\infty$ 时，有理函数有如下结论：

$$\lim_{x\to\infty}\frac{a_0x^n+a_1x^{n-1}+\cdots+a_n}{b_0x^m+b_1x^{m-1}+\cdots+b_m}=\begin{cases}0, & n<m,\\ \dfrac{a_0}{b_0} & n=m\\ \infty & n>m\end{cases}\quad\left(a_0\neq 0,b_0\neq 0\right).$$

例 1.3.9　求 $\lim\limits_{x\to+\infty}\left(\sqrt{x^2+x}-x\right)$.

解　$\lim\limits_{x\to+\infty}\left(\sqrt{x^2+x}-x\right)=\lim\limits_{x\to+\infty}\dfrac{\left(\sqrt{x^2+x}-x\right)\left(\sqrt{x^2+x}+x\right)}{\sqrt{x^2+x}+x}$

$$=\lim_{x\to+\infty}\frac{x}{\sqrt{x^2+x}+x}=\lim_{x\to+\infty}\frac{1}{\sqrt{1+\dfrac{1}{x}}+1}=\frac{1}{2}$$

四、在经济学中常用的一个重要极限

极限公式

$$\lim_{x\to\infty}\left(1+\frac{1}{x}\right)^x=\mathrm{e}$$

或

$$\lim_{x\to 0}\left(1+x\right)^{\frac{1}{x}}=\mathrm{e}$$

其中 e 是一个常数，其近似值为：$\mathrm{e}\approx 2.718281828459045$

该公式的证明较复杂，不证.

例 1.3.10　求 $\lim\limits_{x\to\infty}\left(1-\dfrac{1}{x}\right)^x$.

分析：与公式相比，必须将“−”换成“+”，将 $-x$ 看成公式中的 x 即可.

解　$\lim\limits_{x\to\infty}\left(1-\dfrac{1}{x}\right)^x=\lim\limits_{x\to\infty}\left(1+\dfrac{1}{-x}\right)^x=\lim\limits_{x\to\infty}\left(1+\dfrac{1}{-x}\right)^{(-x)\cdot(-1)}=\mathrm{e}^{-1}$.

例 1.3.11　求 $\lim\limits_{x\to\infty}\left(1+\dfrac{3}{x}\right)^x$.

分析：与公式相比，必须将“3”换成“1”将 $\dfrac{x}{3}$ 看成公式中的 x 即可.

解　$\lim\limits_{x\to\infty}\left(1+\dfrac{3}{x}\right)^x=\lim\limits_{x\to\infty}\left(1+\dfrac{1}{\dfrac{x}{3}}\right)^x=\lim\limits_{x\to\infty}\left(1+\dfrac{1}{\dfrac{x}{3}}\right)^{\frac{x}{3}\cdot 3}=\mathrm{e}^3$.

例 1.3.12　求 $\lim\limits_{x\to 0}\left(1-x\right)^{\frac{5}{x}}$.

分析：因为$(1-x)^{\frac{5}{x}}=\left[1+(-x)\right]^{\frac{1}{-x}\times(-5)}$，这时将$-x$看成公式$\lim\limits_{x\to0}(1+x)^{\frac{1}{x}}=\mathrm{e}$中的$x$.

解 $\lim\limits_{x\to0}(1-x)^{\frac{5}{x}}=\lim\limits_{x\to0}\left[1+(-x)\right]^{\frac{1}{-x}\times(-5)}=\mathrm{e}^{-5}$.

例 1.3.13 求$\lim\limits_{x\to0}\dfrac{\ln(1+x)}{x}$.

分析：利用对数知识可得 $\dfrac{\ln(1+x)}{x}=\dfrac{1}{x}\cdot\ln(1+x)=\ln(1+x)^{\frac{1}{x}}$.

解 $\lim\limits_{x\to0}\dfrac{\ln(1+x)}{x}=\lim\limits_{x\to0}\dfrac{1}{x}\cdot\ln(1+x)=\lim\limits_{x\to0}\ln(1+x)^{\frac{1}{x}}=\ln\mathrm{e}=1$.

例 1.3.14 求$\lim\limits_{x\to0}(1+5x)^{\frac{3}{x}+2}$.

分析：利用指数知识可得 $(1+5x)^{\frac{3}{x}+2}=\left[1+(5x)\right]^{\frac{1}{(5x)}\cdot5\cdot3}\left[1+(5x)\right]^{2}$.

解 $\lim\limits_{x\to0}(1+5x)^{\frac{3}{x}+2}=\lim\limits_{x\to0}\left[1+(5x)\right]^{\frac{1}{5x}\cdot5\cdot3}\lim\limits_{x\to0}\left[1+(5x)\right]^{2}=\mathrm{e}^{15}\cdot1=\mathrm{e}^{15}$.

例 1.3.15 求$\lim\limits_{x\to\infty}\left(\dfrac{2+x}{3+x}\right)^{x+5}$.

解
$$\lim_{x\to\infty}\left(\frac{2+x}{3+x}\right)^{x+5}=\lim_{x\to\infty}\left(\frac{3+x-1}{3+x}\right)^{x+5}=\lim_{x\to\infty}\left[1+\frac{1}{-(3+x)}\right]^{-(3+x)(-1)+2}$$
$$=\lim_{x\to\infty}\left[1+\frac{1}{-(3+x)}\right]^{-(3+x)(-1)}\cdot\lim_{x\to\infty}\left[1+\frac{1}{-(3+x)}\right]^{2}=\mathrm{e}^{-1}\cdot1=\mathrm{e}^{-1}$$

五、连续复利问题

设一笔贷款A_0（称本金），年利率为r，则

一年后的本利和 $A_1=A_0(1+r)$,

二年后的本利和 $A_2=A_1(1+r)=A_0(1+r)^2$,

…………

k年后的本利和 $A_k=A_0(1+r)^k$.

如果一年分n期计息，年利率仍为r，则每期利率为$\dfrac{r}{n}$，于是

一年后的本利和 $A_1=A_0\left(1+\dfrac{r}{n}\right)^n$,

二年后的本利和 $A_2=A_0\left(1+\dfrac{r}{n}\right)^{2n}$,

…………

k年后的本利和 $A_k=A_0\left(1+\dfrac{r}{n}\right)^{nk}$.

如果计息期数$n\to\infty$，则k年后的本利和为

$$A_k=\lim_{n\to\infty}A_0\left(1+\frac{r}{n}\right)^{nk}=\lim_{n\to\infty}A_0\left[\left(1+\frac{1}{\frac{n}{r}}\right)^{\frac{n}{r}}\right]^{rk}=A_0\mathrm{e}^{rk}.$$

六、知识拓展

1. 函数的极限：

例 1.3.16 求 $\lim\limits_{x\to+\infty}\arctan x$.

解 如图 1-3-2 所示，由反正切函数的图形知，

$$\lim_{x\to+\infty}\arctan x=\frac{\pi}{2}.$$

例 1.3.17 求 $\lim\limits_{x\to\frac{\pi}{2}}\sin x$.

解 因为 $y=\sin x$ 是基本初等函数，所以

$$\lim_{x\to\frac{\pi}{2}}\sin x=\sin\frac{\pi}{2}=1.$$

例 1.3.18 如图 1-3-3 所示，观察函数 $y=\tan x$ 的图像，写出 $\lim\limits_{x\to\frac{\pi^-}{2}}\tan x$，$\lim\limits_{x\to\frac{\pi^+}{2}}\tan x$，$\lim\limits_{x\to-\frac{\pi^+}{2}}\tan x$.

解 $\lim\limits_{x\to\frac{\pi^-}{2}}\tan x=+\infty$，$\lim\limits_{x\to\frac{\pi^+}{2}}\tan x=-\infty$，$\lim\limits_{x\to-\frac{\pi^+}{2}}\tan x=-\infty$.

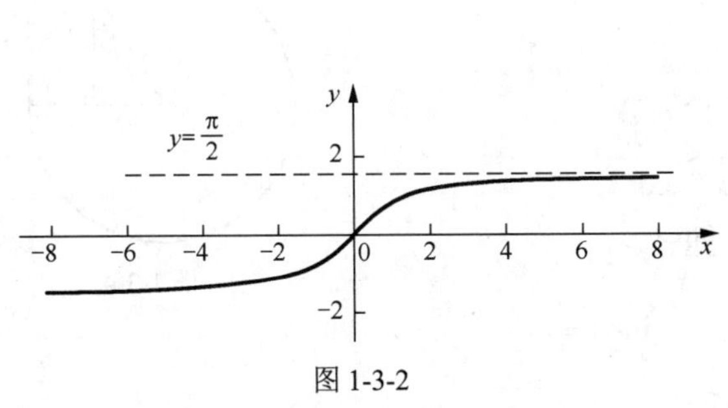

图 1-3-2

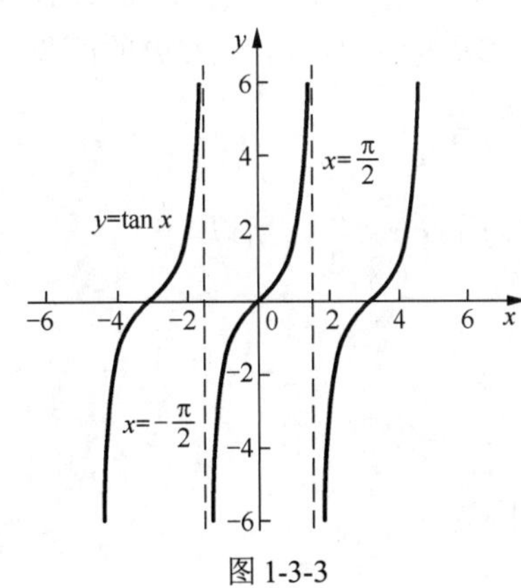

图 1-3-3

例 1.3.19 求 $\lim\limits_{x\to\infty}\frac{\sin x}{x}$.

提示： $\lim\limits_{x\to\infty}\frac{\sin x}{x}=\lim\limits_{x\to\infty}\frac{1}{x}\cdot\sin x$.

解 因为 $\lim\limits_{x\to\infty}\frac{1}{x}=0$ 所以当 $x\to\infty$ 时，$\frac{1}{x}$ 为无穷小量；又因为 $|\sin x|\leqslant 1$，所以 $\sin x$ 为有界变量，由性质 3 知

$$\lim_{x\to\infty}\frac{\sin x}{x}=0\ .$$

例 1.3.20 求 $\lim\limits_{x\to\infty}\dfrac{x^2\cos 2x}{x^3+2}$.

分析： 该函数不能直接用极限四则运算法则，因为当 $x\to\infty$ 时，$\lim\limits_{x\to\infty}\cos 2x$ 的极限不存在，不满足极限四则运算法则的条件．由例题知 $\lim\limits_{x\to\infty}\dfrac{x^2}{x^3+2}=0$，即，当 $x\to\infty$ 时，$\dfrac{x^2}{x^3+2}$ 为无穷小量，而 $|\cos 2x|\leqslant 1$，因此 $\cos 2x$ 为有界变量，根据无穷小量运算性质：有界变量乘无穷小量仍然是无穷小量，可以进行计算．

解 因为 $\lim\limits_{x\to\infty}\dfrac{x^2\cos 2x}{x^3+2}=\lim\limits_{x\to\infty}\dfrac{x^2}{x^3+2}\cdot\cos 2x$,

又因为 $\lim\limits_{x\to\infty}\dfrac{x^2}{x^3+2}=0$，$|\cos 2x|\leqslant 1$,

所以 $\lim\limits_{x\to\infty}\dfrac{x^2\cos 2x}{x^3+2}=0$.

2. 高等数学中另一个重要极限公式

$$\lim_{x\to 0}\frac{\sin x}{x}=1$$

定理 1.3.2 （两边夹定理）若函数 $f(x),g(x),h(x)$ 在同一变化过程中满足不等式

$$g(x)\leqslant f(x)\leqslant h(x),$$

并且有 $\lim g(x)=\lim h(x)=A$，则 $\lim f(x)$ 存在且等于 A，即 $\lim f(x)=A$.

下面我们用两边夹定理来证明第一重要极限公式.

证 作一个单位圆，如图 1-3-4 所示，设圆心角为 x，由图可知：

ΔAOB 的面积 < 扇形 AOB 的面积 < ΔAOC 的面积.

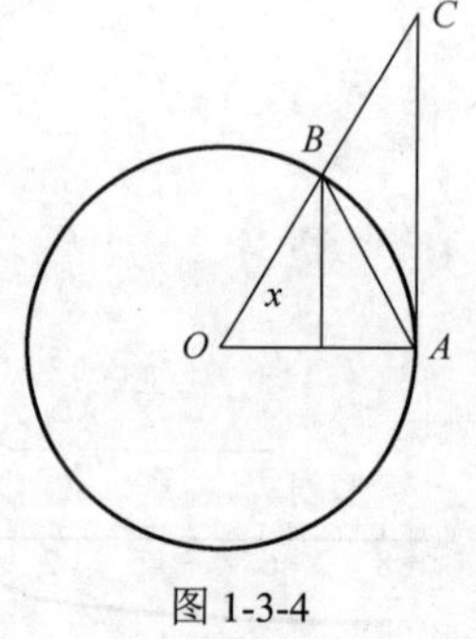

图 1-3-4

于是有 $$\frac{1}{2}\sin x<\frac{1}{2}x<\frac{1}{2}\tan x\ ,$$

因为 $0<x<\dfrac{\pi}{2}$，所以

$$1<\frac{x}{\sin x}<\frac{1}{\cos x}\ ,$$

即 $$\cos x<\frac{\sin x}{x}<1\ ,$$

又因为 $$\lim_{x\to 0}\cos x=1,\quad \lim_{x\to 0}1=1\ ,$$

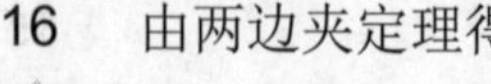

由两边夹定理得 $$\lim_{x\to 0}\frac{\sin x}{x}=1\ .$$

上面的证明是在条件 $0<x<\dfrac{\pi}{2}$ 下进行的，当 x 取负值时命题条件也成立，证明从略.

例 1.3.21 求 $\lim\limits_{x\to 0}\dfrac{\tan x}{x}$.

解 $\lim\limits_{x\to 0}\dfrac{\tan x}{x}=\lim\limits_{x\to 0}\dfrac{\sin x}{x}\cdot\dfrac{1}{\cos x}=\lim\limits_{x\to 0}\dfrac{\sin x}{x}\lim\limits_{x\to 0}\dfrac{1}{\cos x}=1\times\dfrac{1}{\cos 0}=1$.

例 1.3.22　$\lim\limits_{x\to 0}\dfrac{\sin 5x}{x}$.

分析：因为公式中的 x 可以是任何变量，我们可将"$5x$"看成公式的 x .

解　$\lim\limits_{x\to 0}\dfrac{\sin 5x}{x}=\lim\limits_{x\to 0}\dfrac{\sin 5x}{5x}\cdot 5=\lim\limits_{x\to 0}\dfrac{\sin 5x}{5x}\cdot\lim\limits_{x\to 0}5=5$.

例 1.3.23　$\lim\limits_{x\to 0}\dfrac{\tan 6x}{\sin 3x}$.

解　$\lim\limits_{x\to 0}\dfrac{\tan 6x}{\sin 3x}=\lim\limits_{x\to 0}\dfrac{\tan 6x}{6x}\cdot\dfrac{3x}{\sin 3x}\cdot\dfrac{6x}{3x}=\lim\limits_{x\to 0}\dfrac{\tan 6x}{6x}\cdot\lim\limits_{x\to 0}\dfrac{3x}{\sin 3x}\cdot\lim\limits_{x\to 0}\dfrac{6x}{3x}=2$.

例 1.3.24　$\lim\limits_{x\to 0}\dfrac{1-\cos x}{x^2}$.

分析：所求极限中没有 $\sin x$ ，可利用三角公式.

$$\cos x=1-2\sin^2\frac{x}{2}.$$

解　$\lim\limits_{x\to 0}\dfrac{1-\cos x}{x^2}=\lim\limits_{x\to 0}\dfrac{1-\left(1-2\sin^2\dfrac{x}{2}\right)}{x^2}=\lim\limits_{x\to 0}\dfrac{2\sin^2\dfrac{x}{2}}{x^2}=\lim\limits_{x\to 0}\left(\dfrac{\sin\dfrac{x}{2}}{\dfrac{x}{2}}\right)^2\cdot\dfrac{1}{2}=\dfrac{1}{2}$.

习　题　1.3

1．观察下列数列有无极限，若有，请写出其极限值.

（1）$1,\dfrac{1}{2^2},\dfrac{1}{3^2},\cdots,\dfrac{1}{n^2},\cdots$；　　（2）$-2,1,-2,1,-2,1\cdots$；

（3）$\sqrt{2},\sqrt{3},\cdots,\sqrt{n},\cdots$；　　（4）$\left\{\dfrac{2^n+(-1)^n}{n}\right\}$.

2．设 $f(x)=\begin{cases}-2 & x<1\\ 0 & x=1\\ 2 & x\geqslant 1\end{cases}$，作出 $f(x)$ 的图形，并由图形讨论 $x\to 1$ 时 $f(x)$ 的极限.

3．设 $f(x)=\begin{cases}e^x & x<0\\ 2x+k & x\geqslant 0\end{cases}$，且 $\lim\limits_{x\to 0}f(x)$ 存在，求 k 的值.

4．观察函数 $y=e^{\frac{1}{x}}$ 的图像（见图 1-3-5），写出 $\lim\limits_{x\to 0^-}e^{\frac{1}{x}}$， $\lim\limits_{x\to 0^+}e^{\frac{1}{x}}$， $\lim\limits_{x\to\infty}e^{\frac{1}{x}}$.

5．函数 $y=\dfrac{1}{(x-2)^3}$ 在什么变化过程中是无穷大量？在什么变化过程中是无穷小量？

6．当 $x\to 0$ 时，下列变量中哪些是无穷小量？

（1）$\dfrac{1}{2}x^3$；　　（2）$\dfrac{3}{x}$；　　（3）$\sqrt[3]{x^2}$；

（4）$\dfrac{x}{x^3}$；　　（5）$\dfrac{x^2}{x}$；　　（6）$3x^2-1$.

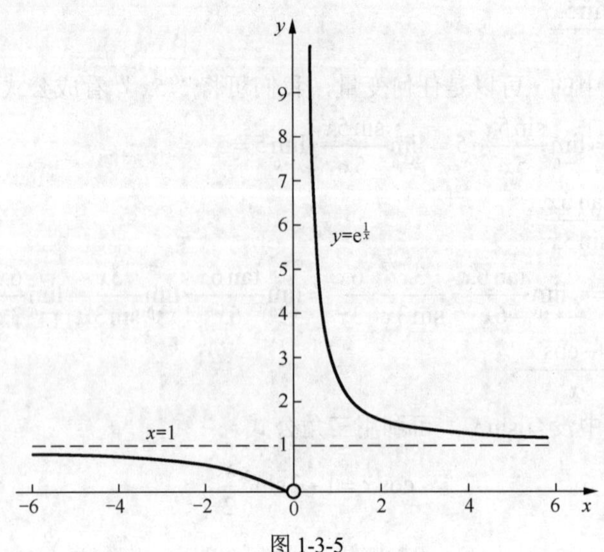

图 1-3-5

7．求下列函数的极限.

（1）$\lim\limits_{x\to -1}\left(x^3-2x^2+5x+1\right)$；（2）$\lim\limits_{x\to 1}\dfrac{x^2+2x-3}{x^2+1}$；

（3）$\lim\limits_{x\to -1}\dfrac{x^2-2x-3}{x+1}$；（4）$\lim\limits_{x\to \infty}\dfrac{x^2-2x-3}{3x^2+1}$；

（5）$\lim\limits_{x\to \infty}\dfrac{x^2+6x-3}{5x^3+1}$；（6）$\lim\limits_{x\to \infty}\dfrac{3x^4+5x-3}{2x^2+1}$；

（7）$\lim\limits_{x\to 1}\left(\dfrac{3}{1-x^3}-\dfrac{1}{1-x}\right)$；（8）$\lim\limits_{x\to 0}\dfrac{x^2}{1-\sqrt{1+x^2}}$.

8．若 $\lim\limits_{x\to \infty}\dfrac{ax^2+bx+1}{1-x}=5$，求 a,b 的值.

9．求下列各极限.

（1）$\lim\limits_{x\to \infty}\left(1-\dfrac{3}{x}\right)^x$；（2）$\lim\limits_{x\to \infty}\left(1+\dfrac{2}{x}\right)^{3x}$；

（3）$\lim\limits_{x\to 0}(1-x)^{\frac{4}{x}+3}$；（4）$\lim\limits_{x\to \infty}\left(\dfrac{x+1}{x-2}\right)^x$.

知识拓展习题：

10．求下列各极限.

（1）$\lim\limits_{x\to 0}\dfrac{\sin 3x}{5x}$；（2）$\lim\limits_{x\to 0}\dfrac{\sin mx}{\sin nx}$；

（3）$\lim\limits_{x\to 0}\dfrac{\tan x-\sin 3x}{x}$；（4）$\lim\limits_{x\to \infty}x\sin\dfrac{\pi}{x}$.

11．求下列各极限.

（1）$\lim\limits_{x\to 0^+}\dfrac{x}{\sqrt{1-\cos x}}$；（2）$\lim\limits_{x\to 0}\dfrac{\ln(1+2x)}{3x}$.

（3）$\lim\limits_{x\to 0}\dfrac{1-\cos x}{x\sin x}$；　　　　（4）$\lim\limits_{x\to\infty}\left(\dfrac{2x+3}{2x+1}\right)^{x+1}$．

第四节　函数的连续性

在自然科学中有很多变量的变化是连续不断的，如电流的流动，温度的变化，物体运动的路程，植物生长的高度等，都是连续变化的．这种变化我们称之为函数的连续性，它是微积分中又一个重要概念．本节将运用极限概念来对它进行研究，从而解决更多的极限计算．

一、函数的增量

在经济分析中，经常要讨论一个经济量由某一值变到另一值时，与这个经济量所对应的另一个经济量相应地改变了多少的问题．例如，单位成本发生改变后，总成本的变化情况；销售价格改变后，销售量的变化情况等．

设变量 u 从它的初值 u_1 改变到终值 u_2，则终值与初值的差值 u_2-u_1 称为变量 u 的增量，记为 $\Delta u=u_2-u_1$．于是，当自变量 x 从 x_0 改变到 $x_0+\Delta x$ 时，函数 $y=f(x)$ 也有对应的增量，即 $\Delta y=f(x_0+\Delta x)-f(x_0)$．

例 1.4.1　设函数 $y=x^2+3$，求当 x 从 x_0 改变到 $x_0+\Delta x$ 时，函数的增量 Δy 及当 $x_0=5$，$\Delta x=0.1$ 时，增量 Δy 的值．

解　$\Delta y=f(x_0+\Delta x)-f(x_0)$

$$=(x_0+\Delta x)^2+3-(x_0^2+3)$$

$$=2x_0\Delta x+(\Delta x)^2$$

当 $x_0=5$，$\Delta x=0.1$ 时，

$\Delta y=2\times 5\times 0.1+0.1^2=1.01$．

例 1.4.2　已知某商品的需求函数为 $Q=900-18p$，当销售价格 p 从 30 元增加到 32 元时，试计算价格与需求量的增量．

解　价格的增量：$\Delta p=32-30=2$，

需求量的增量：$\Delta Q=Q(32)-Q(30)$

$$=(900-18\times 32)-(900-18\times 30)$$

$$=-36\text{（单位）}$$

即当价格 p 从 30 元增加到 32 元时，需求量减少 36 个单位．

二、函数的连续性

定义 1.4.1　设函数 $y=f(x)$ 在点 x_0 的某个邻域内有定义，若有

$$\lim_{\Delta x\to 0}\Delta y=0$$

则称函数 $y=f(x)$ 在点 x_0 处连续．

因为 $\Delta y=f(x_0+\Delta x)-f(x_0)$，令 $x=x_0+\Delta x$，当 $\Delta x\to 0$ 时，有 $x\to x_0$，这时

$\Delta y=f(x)-f(x_0)\to 0$，可得$f(x)\to f(x_0)$，于是有

定义 1.4.2 设函数$y=f(x)$在点x_0的某个邻域内有定义，若有

$$\lim_{x\to x_0}f(x)=f(x_0)$$

则称函数$y=f(x)$在点x_0处连续.

例 1.4.3 讨论函数$f(x)=\begin{cases}x^3+1 & x\geqslant 0\\ \mathrm{e}^x & x<0\end{cases}$在点$x=0$处的连续性.

分析：该函数是一个分段函数，讨论极限时应该分左、右极限来讨论.

解 因为$x=0$时，$f(0)=1$

$$\lim_{x\to 0^-}f(x)=\lim_{x\to 0^-}\mathrm{e}^x=1$$

$$\lim_{x\to 0^+}f(x)=\lim_{x\to 0^+}(x^3+1)=1$$

$$\lim_{x\to 0^-}f(x)=\lim_{x\to 0^+}f(x)=1$$

即
$$\lim_{x\to 0}f(x)=f(0)=1$$

故函数$f(x)$在点$x=0$处是连续的.

例 1.4.4 若函数$f(x)=\begin{cases}\dfrac{1-x}{2} & x<0\\ 2x-k & x\geqslant 0\end{cases}$在点$x=0$处连续，问$k$取何值？

解 $f(x)$在当$x=0$的左右极限分别为

$$\lim_{x\to 0^-}f(x)=\lim_{x\to 0^-}\frac{1-x}{2}=\frac{1}{2},$$

$$\lim_{x\to 0^+}f(x)=\lim_{x\to 0^+}(2x-k)=-k$$

当$x=0$时，$f(0)=-k$. 又因为函数$f(x)$在点$x=0$处连续，所以

$$\lim_{x\to 1^-}f(x)=\lim_{x\to 1^+}f(x)=f(0)$$

所以有
$$k=-\frac{1}{2}.$$

注意：（1）若函数$y=f(x)$在点x_0处连续，则函数$y=f(x)$在点x_0处极限存在；但若函数$y=f(x)$在点x_0处极限存在，则函数$y=f(x)$在点x_0处不一定连续；（2）若函数$y=f(x)$在点x_0处连续，则$\lim\limits_{x\to x_0}f(x)=f(x_0)$.

连续函数经过四则运算及复合后仍为连续函数，基本初等函数在其定义域内都是连续函数，因此，**初等函数在其定义域内是连续函数**. 这个结论给我们求极限带来方便. 也就是说，求初等函数在其定义域内的点的极限，只需求该点的函数值即可.

例 1.4.5 $\lim\limits_{x\to 3}\sqrt{x^2-5}$.

分析：因为函数$\sqrt{x^2-5}$是由简单函数：$y=\sqrt{u},u=x^2-5$复合而成的，是一个初等函数，其定义域为$(-\infty,-\sqrt{5}]\cup[\sqrt{5},+\infty)$，$x=3$在定义域内，所求的极限正好等于$x=3$的函数值.

解 $\lim\limits_{x\to 3}\sqrt{x^2-5}=\sqrt{3^2-5}=2$.

例 1.4.6 求$\lim\limits_{x\to 0}\dfrac{e^{x^2}+1}{1+x^2}$.

解 $\lim\limits_{x\to 0}\dfrac{e^{x^2}+1}{1+x^2}=\dfrac{e^0+1}{1+0}=2$.

三、函数的间断点

定义 1.4.3 若函数$y=f(x)$在点x_0处不连续，则称点x_0为间断点.

1. 间断点有下列 3 种情况

（1）函数$y=f(x)$在点x_0处无定义；

（2）函数$y=f(x)$在点x_0处无极限；

（3）函数$y=f(x)$在点x_0处极限值不等于函数值.

2. 间断点的分类

（1）左、右极限都存在的间断点称为第一类间断点；

（2）左、右极限至少有一个不存在的间断点称为**第二类间断点**.

例 1.4.7* 求函数$f(x)=\begin{cases}x^2\sin\dfrac{1}{x} & x\neq 0\\ 2 & x=0\end{cases}$的间断点，并指出属于哪一类间断点.

解 因为连续函数在其定义域内是连续的，因此，除了分界点$x=0$外其余点均为连续点．由于当$x=0$时，$f(0)=2$，而

$$\lim_{x\to 0}x^2\sin\frac{1}{x}=0,$$

所以有

$$\lim_{x\to 0}x^2\sin\frac{1}{x}\neq f(0),$$

所以，$x=0$为间断点，属于第一类间断点.

像上例那样左、右极限存在并相等的间断点称为**可去间断点**.

例 1.4.8 求函数$f(x)=\dfrac{1}{x-1}$的间断点，并指出属于哪一类间断点.

解 因为当$x=1$时，$f(x)$不存在，所以$x=1$是$f(x)$的间断点．而

$$\lim_{x\to 1}f(x)=\lim_{x\to 1}\frac{1}{x-1}=\infty,$$

所以$x=1$属于第二类间断点.

上例中的间断点也称为**无穷间断点**.

四、闭区间上连续函数的性质

定理 1.4.1 （有界定理）若函数$f(x)$在闭区间$[a,b]$上连续，则函数$f(x)$在$[a,b]$上有界.

定理 1.4.2 （最值定理）若函数$f(x)$在闭区间$[a,b]$上连续，则函数$f(x)$在$[a,b]$上必有最大者与最小值.

定理 1.4.3 （介值定理）若函数$f(x)$在闭区间$[a,b]$上连续，则函数$f(x)$必能取得介于其最大值与最小值之间的任何数.

以上几个定理证明从略.

习 题 1.4

1．函数 $f(x)=\begin{cases} x^2 & x>0 \\ 2x-1 & x\leqslant 0 \end{cases}$ 在点 $x=0$ 处是否连续？并作出函数图形.

2．函数 $f(x)=\begin{cases} x+3 & x>2 \\ 3x-1 & x\leqslant 2 \end{cases}$ 在点 $x=2$ 处是否连续？并作出函数图形.

3*．设 $f(x)=\begin{cases} \dfrac{\sin 3x}{x} & x>0 \\ k & x\leqslant 0 \end{cases}$，问当 k 为何值时，函数 $f(x)$ 在点 $x=0$ 处连续.

4．函数 $f(x)=\begin{cases} e^{x+2} & x<0 \\ a & x=0 \\ (1+x)^{\frac{2}{x}} & x>0 \end{cases}$（$a$ 为常数）在点 $x=0$ 处连续的充分必要条件是什么？

5．求下列函数的极限.

（1）$\lim\limits_{x\to+\infty}\dfrac{\ln(1+x)-\ln x}{3x}$；（2）$\lim\limits_{x\to 0}\dfrac{\sqrt{x+9}-3}{\sqrt{x+4}-2}$；

（3*）$\lim\limits_{x\to\pi}\sqrt{\ln\sin\dfrac{x}{2}}$；（4*）$\lim\limits_{x\to 1}\dfrac{\sin(x-1)}{x^2-3x+2}$.

6．求下列函数的间断点，并指出属于哪一类间断点.

（1）$f(x)=\begin{cases} (1+2x)^{\frac{1}{x}} & x\neq 0 \\ 3 & x=0 \end{cases}$；（2）$f(x)=\dfrac{-x}{|x|}$；

（3）$f(x)=\begin{cases} x^2-3x+5 & x>1 \\ 4x-7 & x\leqslant 1 \end{cases}$；（4*）$f(x)=\begin{cases} \dfrac{\sin x}{x-2} & x>2 \\ x+1 & x\leqslant 2 \end{cases}$.

第五节 MATLAB 软件简介及使用 MATLAB 计算极限（实验 1）

一、MATLAB 软件简介

美国 Mathworks 公司推出的计算软件 MATLAB 是由 MATRIX 和 LABORATORY 的前 3 个字母组成的，意为“矩阵实验室”，是目前世界上最为流行的科学计算与工程计算软件之一．自 1984 年推向市场以来，经过 20 多年的补充与完善以及升级换代，现在的 MATLAB 已经不仅仅是最初的“矩阵实验室”了，它已经发展成为一个具有广泛应用前景，包含众多学科、工程计算的庞大系统．MATLAB 提供了 40 多个工具箱，广泛应用于数值计算、数理统计、动态系统仿真、神经网络、信号和图像处理、通信、控制系统设计、金融分析以及计算生物学等众多领域．MATLAB 具有功能强大、简单易学、编程效率高等特点，深受学术界和工程界的欢迎，MATLAB 也成为工程师们必须掌握的一种工具，被认做进行高效研究与开发的首选软件工具．

（一）MATLAB 的启动和退出

1. 启动

启动 MATLAB 的方式有两种：

（1）双击桌面上 MATLAB 的快捷方式，便可以进入如图 1-5-1 所示的界面；

（2）单击［开始］→［程序］→［MATLAB2006b］.

2. 退出

常用的退出 MATLAB 系统的方式有 3 种：

（1）单击 MATLAB 界面右上角的关闭图标 ☒；

（2）在命令窗口中键入 exit 或 quit 指令后按回车键；

（3）单击文件菜单【File】→【Exit MATLAB】.

（二）MATLAB 界面

启动 MATLAB 后，出现如图 1-5-1 所示的 MATLAB 界面，它大致包括以下几个部分.

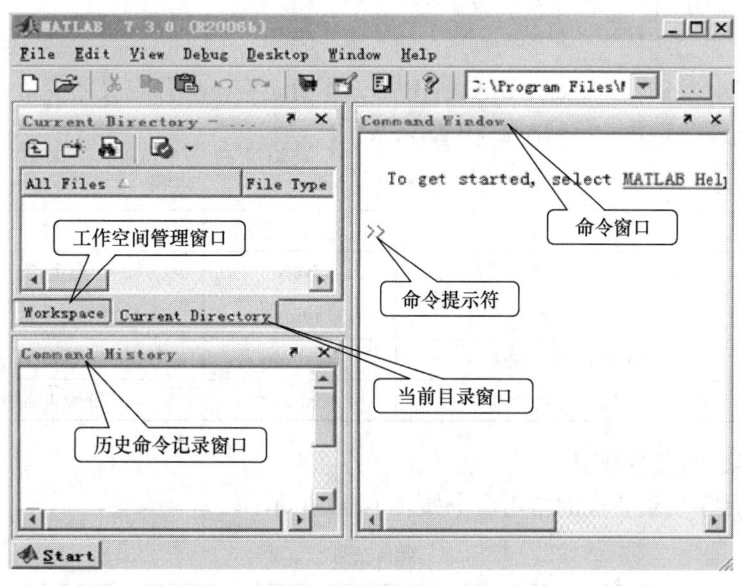

图 1-5-1

（1）主菜单栏：主要有【File】、【Edit】、【View】、【Help】等菜单命令，以下主要介绍【File】和【Edit】命令.

文件菜单【File】：文件菜单除了具有 Windows 一般应用程序所具有的新建、打开、关闭、退出、打印选项外，还包括如下选项：

【Import Data…】：有关数据的导入；

【Save Workspace As…】：保存工作平台；

【Preference…】：部分 matlab 工作环境的交互性设置；

【Set Path…】：设置当前工作路径.

编辑菜单【Edit】：编辑菜单除了具有 Windows 一般应用程序所具有的撤销、重复、复制、粘贴、全选选项外，还包括如下选项：

【Clear Command Window】：清除命令窗口；

【Clear Command History】：清除命令的历史记录；

【Clear Workspace】：清除工作空间.

（2）Command Window：命令窗口，用于输入命令和显示计算结果.

（3）Workspace：工作空间管理窗口，用于存储命令窗口输入的命令和所有变量值.

（4）Command History：历史命令记录窗口，用于记录每一次开启 MATLAB 的时间及运行过的所有命令行.

（5）Current Directory：当前目录窗口，用于显示当前路径.

（三）MATLAB 的变量及管理

1. 变量名的命名规则

（1）变量名以英文字母开始，第一个字母后可以使用字母、数字和下画线，但不能使用空格和标点符号；

（2）变量名区分大小写；

（3）变量名长度不得超过 31 个字符，第 31 个字符后面的字符将被忽略.

例如：fun ，zheng12 都是变量名.

2. 常量

变量是数值计算的基本元素. MATLAB 语言本身也有一些预定义的变量，这些特殊的变量称为常量. 表 1-5-1 所示为 MATLAB 默认常量.

表 1-5-1

名　称	说　明	名　称	说　明
ans	默认变量名，应答运算结果	NaN	不定值，如 0/0
pi	圆周率 π	i 或 j	−1 的开方= $\sqrt{-1}$，用于虚数
eps	浮点数的相对误差	realmin	最小的正实数
inf	无穷大 ∞	realmax	最大的正实数

3. MATLAB 的变量管理

MATLAB 用于变量管理的常用命令如表 1-5-2 所示.

表 1-5-2

who	检验工作区间中建立的变量名
whos	检验工作区间中变量名、维数、字节数、数据类型
clear	清除工作区间的变量
save sa X	将 X 变量保存到 sa.mat 文件
load sa X	从 sa.mat 文件调用变量 X

注意：save 只对数据和变量保存，不能保存命令.

（四）MATLAB 的函数

表 1-5-3 所示为 MATLAB 中常用的函数.

表 1-5-3

函数	名称	说明	函数	名称	说明
三角函数	sin(x)	$\sin x$	反三角函数	asin(x)	$\arcsin x$
	cos(x)	$\cos x$		acos(x)	$\arccos x$
	tan(x)	$\tan x$		atan(x)	$\arctan x$
	cot(x)	$\cot x$		acot(x)	$\text{arccot}\, x$
	sec(x)	$\sec x$		asec(x)	$\text{arcsec}\, x$
	csc(x)	$\csc x$		acsc(x)	$\text{arccsc}\, x$
幂函数	x^a	X^a	对数函数	log(x)	$\ln x$
	sqrt(x)	$\sqrt{x}$		log2(x)	$\log_2 x$
指数函数	a^x	a^x		log10(x)	$\log_{10} x$
	exp(x)	e^x	绝对值函数	abs(x)	$\|x\|$

（五）MATLAB 基本运算符

1. 算术运算符

表 1-5-4 所示为 MATLAB 中的算术运算符.

表 1-5-4

MATLAB 运算符号	MATLAB 表达式	数学表达式
+	a+b	$a+b$
−	a−b	$a-b$
*	a*b	$a\times b$
/	a/b	$a\div b$
\	a\b	$b\div a$
^	a^b	a^b

2. 关系运算符

表 1-5-5 所示为 MATLAB 中的关系运算符.

表 1-5-5

MATLAB 符号	数学关系	MATLAB 符号	数学关系
<	小于	>	大于
<=	小于或等于	>=	大于或等于
==	等于	~=	不等于

（六）工作方式简介

用 MATLAB 解决问题有两种常用的工作方式，一种是基本方式，另一种是 M 文件的编程方式．凡在编辑调试窗中用 MATLAB 语言编写的程序，统称为 M 文件，扩展名为“.m”.

1. 基本方式

基本方式是用户在 Command Windows 提示符“>>”后输入表达式，然后按回车键，即可得到结果的一种方式．应用这种方法就像使用一个高级的科学计算器，处理简单的问题非常便利、十分有效.

例 1.5.1 计算 $[12+2\times(8-5)]\div 3^2$.

解　解法 1　用键盘在命令窗口输入

(12+2*(8-5))/3^2

按回车键，该指令就被执行，命令窗口显示计算结果

```
ans =
2.
```

解法 2　将数字的值赋予变量，那么此变量称为数字变量．在命令窗口输入

y=(12+2*(8−5))/3^2

按回车键，显示结果为

```
y =
2.
```

例 1.5.2　计算 $\sin\dfrac{(8+5\times\log_2 4)}{|3-7|^3}$ ．

解　在命令窗口输入

```
format                                    %结果以小数形式输出
sin((8+5*log2(4))/(abs(3-7))^3)           %输入表达式
ans =
0.2776.
```

注：例中，百分比符号（%）之后的文字为注释，说明编程语句的内涵，与运算结果无关．

例 1.5.3　已知 $y=f(x)=x^3-\sqrt[4]{x}+2.15\sin x$ ，求 $f(3)$ ．

解　在命令窗口输入

x=3;y=x^3-x^(1/4)+2.15*sin(x)

按回车键，显示结果

```
y =
25.9873 .
```

例 1.5.4　求 $s=1-\dfrac{1}{2}+\dfrac{1}{3}-\dfrac{1}{4}+\dfrac{1}{5}-\dfrac{1}{6}+\dfrac{1}{7}-\dfrac{1}{8}$ ．

解　输入：>> s=1-1/2+1/3-1/4+1/5-1/6....

+1/7-1/8 % 4 个英文句号只代表换行，并不代表省略

%若一个表达式在一行写不下，可换行，但必须在行尾加上 4 个英文句号．

按回车键，显示结果

```
s =
0.6345.
```

例 1.5.5　求 $y_1=\dfrac{2\sin(0.3\pi)}{1+\sqrt{5}}$ ；$y_2=\dfrac{2\cos(0.3\pi)}{1+\sqrt{5}}$ ．

解　输入：

```
>> y1=2*sin(0.3*pi)/(1+sqrt(5))
```

按回车键，显示结果为 y1 = 0.5000.

对于计算 y2，可先按向上方向键↑重新显示．

```
>> y1=2*sin(0.3*pi)/(1+sqrt(5))     % 用 ↑键重新显示该语句
```

再用向左方向键←修改为

```
>> y2=2*cos(0.3*pi)/(1+sqrt(5))
```

按回车键，显示结果为

```
y2 =0.3633.
```

注意：

（1）当命令行有错误，MATLAB 会用红色字体提示；

（2）同一行中若有多个表达式，则必须用分号或逗号隔开；若表达式后面是分号，将不显示结果；

（3）y_1 输入为 $y1$，y_2 输入为 $y2$.

例 1.5.6　将多项式 $x^5-x^4-2x^3+2x^2+x-1$ 进行分解因式.

解　在 MATLAB 中，多项式 s 进行因式分解的命令格式为 factor(s).

在命令窗口中键入

```
syms x   %定义符号变量
factor(x^5-x^4-2*x^3+2*x^2+x-1)
```

按回车键，显示结果为　ans =

```
(x+1)^2*(x-1)^3.
```

例 1.5.7　解方程 $x^5-x^4-2x^3+2x^2+x-1=0$.

解　在 MATLAB 中，解方程的命令格式为 solve('方程表达式').

在命令窗口键入

```
syms x
solve ('x^5-x^4-2*x^3+2*x^2+x-1=0')
```

按回车键，显示方程的解为　ans =

```
-1
-1
 1
 1
 1.
```

2. M 文件的编程方式

对于解决复杂问题，采用 M 文件的编程方式要好一些. 因为这种方法避免了在 Command Windows 中反反复复地输入众多表达式，并且可以将程序保存起来，便于修改使用. M 文件是计算性的文本文件，有 scripts 文件（命令文件或称作脚本文件）和 functions 文件（函数文件）两种形式. 它们都是用鼠标左键单击 MATLAB 桌面菜单[File]→[New]→[M-file]后，在弹出的 M 文件编辑器中编辑的. 它们的文件扩展名相同，都是“.m”. 两者的区别是函数文件的第一句可执行语句是以 function 引导的定义语句，也就是说注释语句后的第一句必须定义函数，并且其 M 文件名应当与函数名重名.

下面以实例说明 M 文件的概念和使用.

例 1.5.8　已知函数 $y=x^2$，求 $x=3$ 时 y 的值.

解

```
%本例用来说明函数文件
%首先在 M 文件编辑器中，输入以下内容
function y=s(x)     %此行定义函数名 s
y=x^2;
```

%其次单击存盘快捷按钮，在弹出的菜单[save file as]下面的文件名（N）栏内填写“S”，单击右下方的[保存(S)]按钮，该文件就为函数文件.

%最后在命令窗口中输入 y=s(3)后可得结果.

```
>> y=s(3)          %求 x=3 时 y 的值
y =
9.
```

（七）MATLAB 绘图

1. 一元函数曲线绘图

绘图命令 fplot 用于绘制一元函数曲线．格式为

fplot ('fun', [a, b]) %表示绘制函数 y=fun 在区间[a ，b]上的图形．

例 1.5.9 绘出函数（1）$y=\sin x+x$；（2）$y=x^2e^{-x^2}$ 的图形，并说明其奇偶性．

解 输入 fplot('sin(x)+ x'，[-5，5])

按回车键，出现如图 1-5-2 所示的图形窗口．

同样，输入 fplot('x^2*exp(-x^2)'，[-6，6])

按回车键，出现如图 1-5-3 所示的图形窗口．

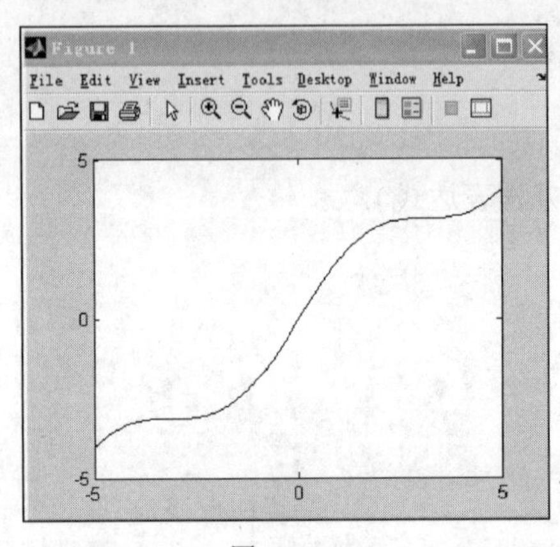

图 1-5-2

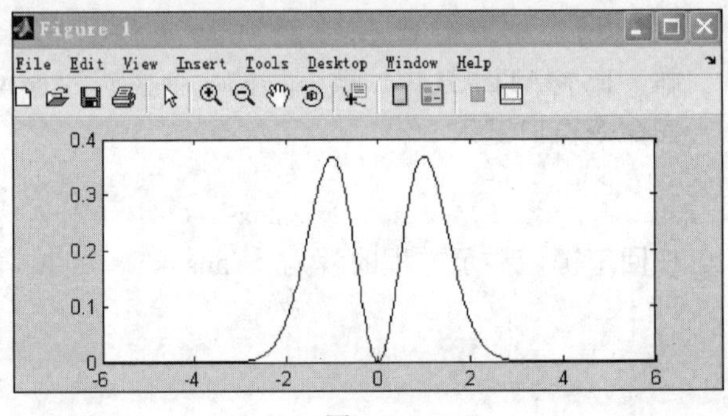

图 1-5-3

从以上两个图形可知，$y=x+\sin x$ 是奇函数；$y=x^2e^{-x^2}$ 是偶函数．

2. 二维绘图命令

二维绘图命令有如下几种格式．

（1）plot(X，Y，'S')，其中，X 是函数的横坐标向量，Y 是函数的纵坐标向量，S 则用来定义曲线的颜色、线型等，详见表 1-5-6．

（2）plot(X1，Y1，'S1'，X2，Y2，'S2'，…)，这是在同一个窗口绘制多条曲线的命令，其中，X1，Y1，S1 每三项为一组，绘制出一条图形．

（3）plot(X，Y，'S'，'line width'，r)，这是绘制线宽为 r 的曲线的命令．

表 1-5-6

颜色设置		线型设置		线宽
符号	颜色	符号	线型	
g	绿	-	实线	0.5
r	红	:	点线	1
c	青	-.	虚点线	2
m	紫	--	虚线	3
y	黄	.	小黑点	4
k	黑	.	小圆圈	
w	白	+	加号	
b	蓝	*	星号	

例 1.5.10　绘制函数 $y=\sin x$ 在区间 $[0,2\pi]$ 上的图形.

解　输入：

```
>> x=0:0.1:2*pi;y=sin(x);
>> plot(x,y,'r','linewidth',2)
>> plot(x,y,'r*')
>> plot(x,y,'g*','linewidth',4)
```

按回车键，分别出现如图 1-5-4、图 1-5-5 和图 1-5-6 所示的图形.

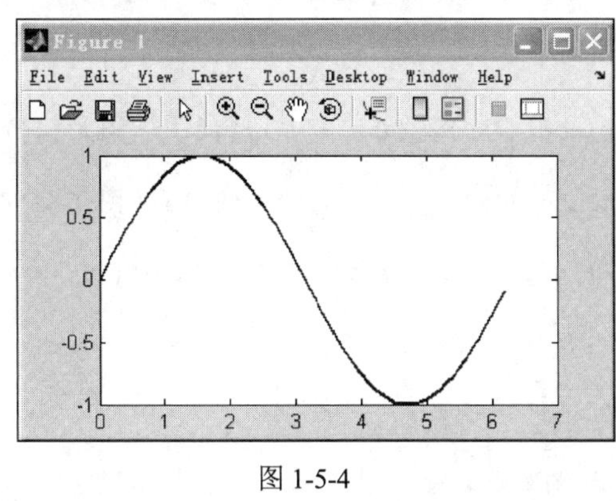

图 1-5-4

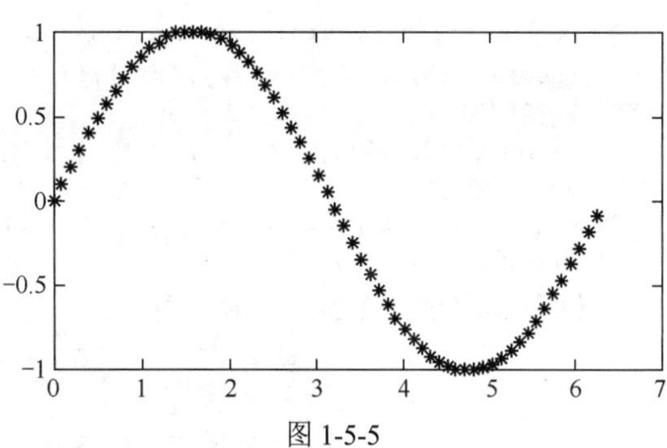

图 1-5-5

例 1.5.11　在同一坐标系下绘制 $y=\sin x, y=\cos x$ 在 $[0,2\pi]$ 的图形.

解　输入：

```
>> x=0:0.1:2*pi;y=sin(x);z=cos(x);
>> plot(x,y,'r*',x,z,'g+')
```

按回车键出现如图 1-5-7 所示的图形.

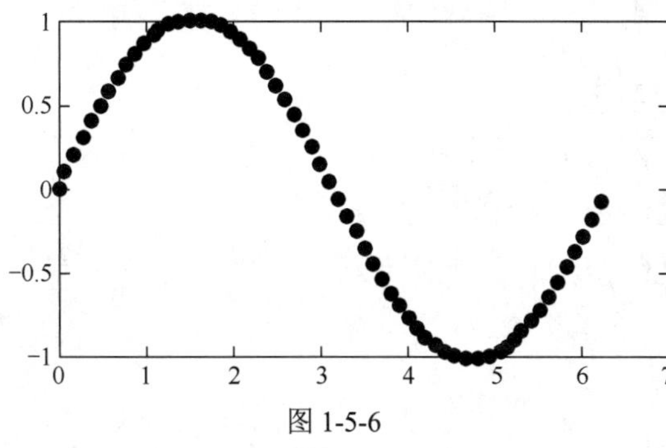

图 1-5-6

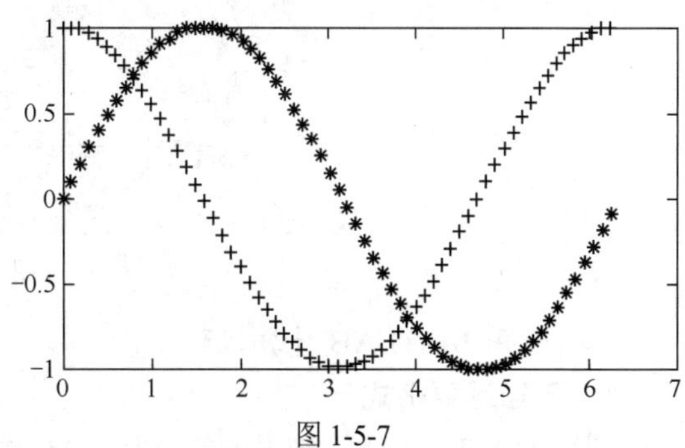

图 1-5-7

3. 绘图的其他命令

表 1-5-7 所示为绘图的其他命令.

表 1-5-7

命 令 格 式	功 能 说 明
grid on	附加网格线
grid off	去掉网格线
title('图形')	加标题为“图形”
xlabel('x')	对 x 轴加标注“x”
ylabel('y')	对 y 轴加标注“y”

续表

命令格式	功能说明
gtext('y=sin(x)')	在图中某处加标注“y=sin$x$”
Hold on	保留当前图形及坐标
subplot(m，n，p)	将当前的图形窗口划成 $m*n$ 个子坐标系，选择第 P 个坐标系为当前的坐标系

例 1.5.12 在一窗口分别作出 $y=\sin x; y=\cos x; y=x$ 在 $[0,2\pi]$ 的图形.

解 输入：

```
>> x=0:0.1:2*pi;y=sin(x);z=cos(x);w=x;
>> subplot(3,1,1),plot(x,y,'r*'),grid on,xlabel('x'),ylabel('y'),title('图形 1'),gtext('y=sin(x)')
>> subplot(3,1,2),plot(x,z,'b+'),grid on,xlabel('x'),ylabel('y'),title('图形 2'),gtext('y=cos(x)')
>>subplot(3,1,3),plot(x,w,'g','linewidth',1),grid   on,xlabel('x'),ylabel('y   '),title('图形 3'),gtext('y=x')
```

按回车键出现图 1-5-8 所示的窗口.

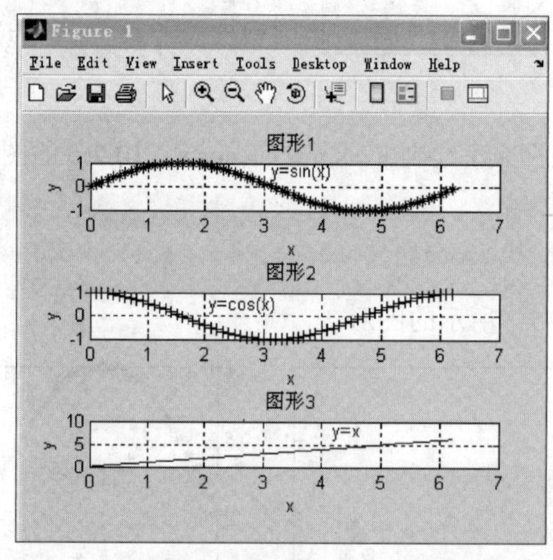

图 1-5-8

二、使用 MATLAB 计算极限

1. 符号运算格式

利用 MATLAB 计算极限的符号运算格式如下：

```
>> syms  x  y              % 定义符号变量 x y
>> 命令                    % 输入求指定函数的极限的命令
```

2. 求极限命令

表 1-5-8 所示为 MATLAB 求极限命令.

表 1-5-8

MATLAB 求极限命令	数学运算解释
limit(S,x,a)	$\lim\limits_{x\to a} S$
limit(S,x,a,'right')	$\lim\limits_{x\to a^+} S$
limit(S,x,a,'left')	$\lim\limits_{x\to a^-} S$

例 1.5.13　求 $\lim\limits_{x\to 3}\left(x^2+3x-8\right)$.

解　输入：

```
>> syms x
>> limit(x^2+3*x-8, x, 3)
```

按回车键，显示结果为

```
ans =
 10
```

所以　$\lim\limits_{x\to 3}\left(x^2+3x-8\right)=10$.

例 1.5.14　求 $\lim\limits_{x\to\infty}\dfrac{2x^2+x-6}{3x^2+5x-2}$.

解　输入：

```
>> clear              % clear 的作用是清除内存中的变量值
>> syms x
>> limit((2*x^2+x-6)/(3*x^2+5*x-2), x, inf)
```

按回车键，显示结果为

```
ans =
2/3
```

所以　$\lim\limits_{x\to\infty}\dfrac{2x^2+x-6}{3x^2+5x-2}=\dfrac{2}{3}$.

例 1.5.15　求 $\lim\limits_{x\to 2^-}x^3$

解　输入：

```
>> clear
>> syms x
>> limit(x^3, x, 2, 'left')
```

按回车键，显示结果为

```
ans =
 8
```

所以　$\lim\limits_{x\to 2^-}x^3=8$.

习　题　1.5

1．求 $\left(5\times 3^7+2\times\dfrac{1}{39}\right)\div\sqrt{1+67^2}$.

2．求 $\dfrac{4-3\sqrt{2}}{0.79^5+\sqrt[3]{5}}$.

3．设 $y=\dfrac{\sin 3x}{1+x^2}-\dfrac{\cos 4x}{2-\sqrt{x}}$，求 $y\left(\dfrac{\pi}{7}\right)$.

4．设 $y=3\times 2^{2x}-4\times \mathrm{e}^{4x}$，求 $y(3)$.

5．已知 $y=\dfrac{3\ln x-\log_2 x^5}{5\log_2 x-2\log_{10}5}$，求 $y(3)$.

6．计算$1+\frac{1}{2}+\frac{1}{3}+\frac{1}{4}+\frac{1}{5}+\frac{1}{6}+\frac{1}{7}+\frac{1}{8}$.

7．对多项式$120-46x-19x^2+4x^3+x^4$进行因式分解.

8．求方程$x^3-4x^2+9x-10=0$的根.

9．绘出函数以下函数的图形，判断其奇偶性.

（1）$y=\sin x+\cos x+1$；　　　　（2）$y=\log_2(x+\sqrt{1+x^2})$.

10．在同一坐标系中画出两个函数$y=\cos 2x, y=x$的图形，自变量范围为$-2\leqslant x\leqslant 2$；函数$y=\cos 2x$为红色实线，函数$y=x$为紫色虚线；并加注标题、坐标轴，对图例进行标注.

11．上机验证以上各例.

12．做相关小节例题与习题中的极限计算.

第二章 导数、微分及其应用

边际分析与弹性分析是经济学中常用的分析方法. 本章首先介绍求函数导数的一般方法，然后介绍边际分析和弹性分析方法，最后介绍函数的微分.

第一节 导数的概念

一、导数的定义

案例 2.1.1 平面曲线的切线斜率.

设点 P_0 是曲线 L 上的一个定点，点 P 是曲线 L 上的动点，当点 P 沿曲线趋向于点 P_0 时，如果割线 P_0P 的极限位置 P_0T 存在，则称直线 P_0T 为曲线 L 在点 P_0 处的切线. 如图 2-1-1 所示，设曲线的方程为 $y=f(x)$，在点 $P_0\left(x_{0,}f(x_0)\right)$ 处的附近取一点 $P\left(x_0+\Delta x, y_0+\Delta y\right)$，那么割线 P_0P 的斜率为

$$k_{PP_0}=\tan\varphi=\frac{PN}{P_0N}=\frac{f(x_0+\Delta x)-f(x_0)}{\Delta x}.$$

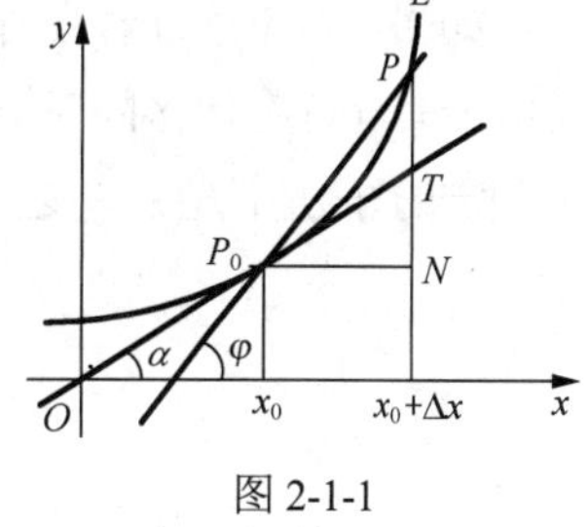

图 2-1-1

当 $\Delta x\to 0$ 时，点 P 沿曲线趋向于点 P_0，从而我们得到切线 P_0T 的斜率：

$$\begin{aligned}k_{P_0T}&=\tan\alpha\\&=\lim_{P\to P_0}\tan\varphi=\lim_{\Delta x\to 0}\frac{f(x_0+\Delta x)-f(x_0)}{\Delta x}\end{aligned}$$

案例 2.1.2 总利润的变化率.

设销售某种商品 q 个单位的总利润为 $L=L\left(q\right)$，当销量由 q_0 变到 $q_0+\Delta q$ 时，总利润相应的改变量为

$$\Delta L=L(q_0+\Delta q)-L(q_0)$$

这时，称

$$\frac{\Delta L}{\Delta q}=\frac{L(q_0+\Delta q)-L(q_0)}{\Delta q}$$

为销量由 q_0 变到 $q_0+\Delta q$ 时，总利润的平均变化率.

当 $\Delta q\to 0$ 时，如果极限

$$\lim_{\Delta q\to 0}\frac{\Delta L}{\Delta q}=\lim_{\Delta q\to 0}\frac{L(q_0+\Delta q)-L(q_0)}{\Delta q}$$

存在，则称此极限为销量为 q_0 时总利润的变化率，又称为边际利润.

定义 2.1.1 设函数 $y=f(x)$ 在点 x_0 的某个邻域内有定义，当自变量 x 在 x_0 取得增量 Δx 时，函数 y 取得增量 $\Delta y=f(x_0+\Delta x)-f(x_0)$，如果极限

$$\lim_{\Delta x\to 0}\frac{\Delta y}{\Delta x}=\lim_{\Delta x\to 0}\frac{f(x_0+\Delta x)-f(x_0)}{\Delta x}$$

存在，则称函数 $y=f(x)$ 在点 x_0 处可导，并称这个极限为 $y=f(x)$ 在点 x_0 处的导数，记为

$$f'(x_0)\text{，或 }y'|_{x=x_0}\text{，}\frac{\mathrm{d}y}{\mathrm{d}x}|_{x=x_0}\text{，}\frac{\mathrm{d}f(x)}{\mathrm{d}x}|_{x=x_0}\text{，}$$

即
$$f'(x_0)=\lim_{\Delta x\to 0}\frac{\Delta y}{\Delta x}=\lim_{\Delta x\to 0}\frac{f(x_0+\Delta x)-f(x_0)}{\Delta x}.$$

如果上述极限不存在，则称函数 $y=f(x)$ 在点 x_0 处不可导.

如果极限 $\lim\limits_{\Delta x\to 0^-}\dfrac{f(x_0+\Delta x)-f(x_0)}{\Delta x}$ 存在，则称此极限为 $f(x)$ 在点 x_0 处的左导数，记为 $f'_-(x_0)$；

如果极限 $\lim\limits_{\Delta x\to 0^+}\dfrac{f(x_0+\Delta x)-f(x_0)}{\Delta x}$ 存在，则称此极限为 $f(x)$ 在点 x_0 处的右导数，记为 $f'_+(x_0)$.

显然，函数 $y=f(x)$ 在点 x_0 处可导的充要条件是左导数 $f'_-(x_0)$ 和右导数 $f'_+(x_0)$ 都存在并且相等.

如果函数 $y=f(x)$ 在开区间 (a,b) 内的每一点处都可导，则称函数 $y=f(x)$ 在开区间 (a,b) 内可导.

如果函数 $y=f(x)$ 在开区间 (a,b) 内可导，且在左端点处右可导，在右端点处左可导，则称函数 $y=f(x)$ 在闭区间 $[a,b]$ 上可导．这时，对于可导区间内的每一个 x 值，都有函数 $f(x)$ 的一个确定的导数值 $f'(x)$ 与之对应，所以 $f'(x)$ 也是 x 的函数，叫做 $f(x)$ 的导函数，简称导数．记作

$$f'(x)\text{，或 }y'\text{，或 }\frac{\mathrm{d}y}{\mathrm{d}x}\text{，或 }\frac{\mathrm{d}f(x)}{\mathrm{d}x}\text{，}$$

即
$$f'(x)=\lim_{\Delta x\to 0}\frac{f(x+\Delta x)-f(x)}{\Delta x}.$$

显然，函数 $y=f(x)$ 在点 x_0 处的导数 $f'(x_0)$，就是导函数 $f'(x)$ 在点 $x=x_0$ 处的函数值，即

$$f'(x_0)=f'(x)|_{x=x_0}$$

导数的几何意义：函数 $y=f(x)$ 在点 x_0 处的导数 $f'(x_0)$，就是曲线 $y=f(x)$ 在点 $(x_0,f(x_0))$ 处的切线的斜率 k，即 $k=\tan\alpha=f'(x_0)$.

由导数的几何意义及直线的点斜式方程可知，曲线 $y=f(x)$ 上点 $(x_0,f(x_0))$ 处的切线方程为

$$y-f(x_0)=f'(x_0)(x-x_0)$$

导数的经济意义：在经济学中，一个经济函数的导数就是该函数的边际函数.

例如，某商品在销量为 q_0 时的边际利润，就是总利润函数 $L=L(q)$ 对销量 q 的导数在 q_0 点的值，即 $L'(q_0)=\dfrac{\mathrm{d}L}{\mathrm{d}q}\Big|_{q=q_0}$.

二、求函数导数举例

例 2.1.1 求常数函数 $y=C$（C 为常数）的导数.

解 （1）求增量 $\Delta y=f(x+\Delta x)-f(x)=C-C=0$，

（2）求比值 $\dfrac{\Delta y}{\Delta x}=0$，

（3）取极限 $y' = \lim\limits_{\Delta x\to 0}\dfrac{\Delta y}{\Delta x}=0$.

即
$$y' = (c)'=0 .$$

例 2.1.2　求幂函数 $y=x^2$ 的导数.

解　（1）求增量 $\Delta y = f(x+\Delta x)-f(x)=(x+\Delta x)^2-x^2$
$$=2x\Delta x+(\Delta x)^2,$$

（2）求比值 $\dfrac{\Delta y}{\Delta x}=2x+\Delta x$，

（3）取极限 $y' = \lim\limits_{\Delta x\to 0}\dfrac{\Delta y}{\Delta x}=\lim\limits_{\Delta x\to 0}(2x+\Delta x)=2x$.

即
$$y' = (x^2)'=2x .$$

一般地有，幂函数 $y=x^\mu$（μ 为任意实数）的导数为
$$y'=(x^\mu)'=\mu x^{\mu-1} .$$

例如，$y=x^3$ 的导数为：$y'=3x^2$；$y=x^{\frac{1}{2}}$ 的导数为：$y'=\dfrac{1}{2\sqrt{x}}$.

例 2.1.3　求对数函数 $y=\log_a x\ (a>0,a\neq 1)$ 的导数.

解　（1）求增量 $\Delta y=f(x+\Delta x)-f(x)=\log_a(x+\Delta x)-\log_a x$，

（2）求比值 $\dfrac{\Delta y}{\Delta x}=\dfrac{\log_a(x+\Delta x)-\log_a x}{\Delta x}$，

（3）取极限
$$y'=\lim_{\Delta x\to 0}\frac{\Delta y}{\Delta x}=\lim_{\Delta x\to 0}\frac{\log_a(x+\Delta x)-\log_a x}{\Delta x}$$
$$=\lim_{\Delta x\to 0}\frac{1}{x}\log_a\left(1+\frac{\Delta x}{x}\right)^{\frac{x}{\Delta x}}=\frac{1}{x}\log_a \mathrm{e}$$
$$=\frac{1}{x\ln a} .$$

即
$$(\log_a x)'=\frac{1}{x\ln a} .$$

特别地
$$(\ln x)'=\frac{1}{x\ln \mathrm{e}}=\frac{1}{x} .$$

例 2.1.4[*] 求指数函数的导数 $y=a^x$（$a>0,a\neq 1$）的导数.

解（1）求增量 $\Delta y=f(x+\Delta x)-f(x)=a^{x+\Delta x}-a^x=a^x(a^{\Delta x}-1)$，

（2）求比值 $\dfrac{\Delta y}{\Delta x}=\dfrac{a^x(a^{\Delta x}-1)}{\Delta x}$，

（3）取极限 $y'=\lim\limits_{\Delta x\to 0}\dfrac{\Delta y}{\Delta x}=a^x\lim\limits_{\Delta x\to 0}\dfrac{a^{\Delta x}-1}{\Delta x}$.

在 $\lim\limits_{\Delta x\to 0}\dfrac{a^{\Delta x}-1}{\Delta x}$ 中，令 $a^{\Delta x}-1=u$，那么 $\Delta x=\log_a(1+u)$，当 $\Delta x\to 0$ 时，$u\to 0$.

所以
$$\lim_{\Delta x\to 0}\frac{a^{\Delta x}-1}{\Delta x}=\lim_{\Delta x\to 0}\frac{u}{\log_a(1+u)}$$

$$= \lim_{\Delta x \to 0} \frac{1}{\log_a (1+u)^{\frac{1}{u}}} = \frac{1}{\log_a \mathrm{e}} = \ln a .$$

故有，如果 $y = a^x$，那么 $y' = a^x \ln a$.

特别地，如果 $y = \mathrm{e}^x$，那么 $y' = (\mathrm{e}^x)' = \mathrm{e}^x$.

三、经济数学中常用的几个求导公式

（1）$(c)' = 0$

（2）$(x^{\mu})' = \mu x^{\mu-1}$

（3）$(\log_a x)' = \dfrac{1}{x \ln a}$

（4）$(\ln x)' = \dfrac{1}{x}$

（5）$(a^x)' = a^x \ln a$

（6）$(\mathrm{e}^x)' = \mathrm{e}^x$

以上六个公式是经济数学中常用的导数计算公式，同学们要牢记.

四、函数可导与连续的关系

若函数 $y = f(x)$ 在点 x_0 处可导，则函数 $y = f(x)$ 在点 x_0 处一定连续.

证明[*]　因为 $y = f(x)$ 在 x_0 处可导，极限 $f'(x_0) = \lim\limits_{\Delta x \to 0} \dfrac{\Delta y}{\Delta x}$ 存在，则有

$$\lim_{\Delta x \to 0} \Delta y = \lim_{\Delta x \to 0} \frac{\Delta y}{\Delta x} \cdot \Delta x = \lim_{\Delta x \to 0} \frac{\Delta y}{\Delta x} \cdot \lim_{\Delta x \to 0} \Delta x = f'(x_0) \cdot 0 = 0 .$$

所以 $f(x)$ 在点 x_0 处连续.

注意：函数 $y = f(x)$ 在点 x_0 处连续，在点 x_0 处不一定可导.

例 2.1.5[*]　讨论函数 $f(x) = |x|$ 在 $x = 0$ 处的连续性与可导性.

解　因为　$\lim\limits_{x \to 0} f(x) = \lim\limits_{x \to 0} |x| = 0 = f(0)$，

所以函数 $f(x)$ 在 $x = 0$ 处连续.

又因为，当 $\Delta x < 0$ 时，

$$f'_-(0) = \lim_{\Delta x \to 0^-} \frac{f(\Delta x) - f(0)}{\Delta x} = \lim_{\Delta x \to 0^-} \frac{|\Delta x|}{\Delta x} = \lim_{\Delta x \to 0^-} \frac{-\Delta x}{\Delta x} = -1 ;$$

当 $\Delta x > 0$ 时，

$$f'_+(0) = \lim_{\Delta x \to 0^+} \frac{f(\Delta x) - f(0)}{\Delta x} = \lim_{\Delta x \to 0^+} \frac{|\Delta x|}{\Delta x} = \lim_{\Delta x \to 0^+} \frac{\Delta x}{\Delta x} = 1 .$$

因为 $f'_-(0) \neq f'_+(0)$，所以函数 $f(x)$ 在 $x = 0$ 处不可导.

课堂练习

1．求下列函数的导数 $\dfrac{\mathrm{d}y}{\mathrm{d}x}$.

（1）$y = ax$；　（2）$y = 3x^{10}$；　（3）$y = \sqrt{x}$；　（4）$y = \dfrac{a}{x}$.

2．求曲线 $y=\frac{1}{\sqrt{x}}$ 在点（4，$\frac{1}{2}$）处的切线方程.

习　题　2.1

1．求下列函数的导数 y'.

（1）$y=ax^3$；　（2）$y=3x^{\frac{10}{3}}$；　（3）$y=\sqrt[3]{x^2}$；　（4）$y=\frac{a}{x^2}$.

2．求下列函数的导数 y'.

（1）$y=\log_2 x$；　（2）$y=2^x$.

3．求曲线 $y=\sqrt{x}$ 在点（4，2）处的切线方程.

4．求曲线 $y=\frac{1}{3}x^3$ 上与直线 $x-4y=5$ 平行的切线方程.

5．求曲线 $y=\ln x$ 在点（1，0）处的切线方程.

第二节　函数求导的法则与高阶导数

一、函数求导的四则运算法则

1. 代数和的导数

如果函数 $u=u(x)$，$v=v(x)$ 都是 x 的可导函数，则函数 $y=u\pm v$ 也是 x 的可导函数，并且

$$y'=(u\pm v)'=u'\pm v'$$

这个公式可以推广到有限多个函数的代数和，即

$$(u+v+\cdots+w)'=u'+v'+\cdots+w'$$

例 2.2.1　求函数 $y=x^5+\sqrt[3]{x^2}-2^x$ 的导数.

解　$y'=(x^5)'+(x^{\frac{2}{3}})'-(2^x)'=5x^4+\frac{2}{3}x^{-\frac{1}{3}}-2^x\ln 2$

$$=5x^4+\frac{2}{3\sqrt[3]{x}}-2^x\ln 2$$

2. 乘积的导数

如果函数 $u=u(x)$，$v=v(x)$ 都是 x 的可导函数，则函数 $y=uv$ 也是 x 的可导函数，并且

$$y'=(uv)'=u'v+uv'$$

特别地，如果 $y=Cu$，则 $y'=Cu'$（C 为常数）.

积的求导公式可以推广到有限个函数的乘积的情形.

例如：$(uvw)'=u'vw+uv'w+uvw'$

例 2.2.2　求函数 $y=x^3(2-\ln x)$ 的导数.

解　$y'=(x^3)'(2-\ln x)+x^3(2-\ln x)'=3x^2(2-\ln x)+x^3(-\frac{1}{x})$

$=x^2(5-3\ln x)$

3. 商的导数

如果函数$u=u(x)$，$v=v(x)$都是x的可导函数，且$v(x)\neq 0$，则函数$y=\dfrac{u}{v}$也是x的可导函数，并且

$$y'=\left(\frac{u}{v}\right)'=\frac{u'v-uv'}{v^2}$$

特别地，$\left(\dfrac{c}{v}\right)'=-\dfrac{cv'}{v^2}$

例 2.2.3 求函数$y=\dfrac{x^2-1}{x^2+1}$的导数.

解 $y'=\dfrac{(x^2-1)'(x^2+1)-(x^2-1)(x^2+1)'}{(x^2+1)^2}$

$=\dfrac{2x(x^2+1)-(x^2-1)\cdot 2x}{(x^2+1)^2}$

$=\dfrac{4x}{(x^2+1)^2}$

例 2.2.4 求下列函数的导数.

（1）$y=x^3+2^x+\ln x$，在$x=1$处;

（2）$y=x^2\mathrm{e}^x+2^x\ln x$;

（3）$y=\dfrac{1+\ln x}{\mathrm{e}^x+x^3}$.

解（1）$y'=(x^3)'+(2^x)'+(\ln x)'$

$=3x^2+2^x\ln 2+\dfrac{1}{x}$

$y'|_{x=1}=3+2\ln 2+1=4+2\ln 2$

（2）$y'=(x^2)'\mathrm{e}^x+x^2(\mathrm{e}^x)'+(2^x)'\ln x+2^x(\ln x)'$

$=2x\mathrm{e}^x+x^2\mathrm{e}^x+2^x\ln 2\ln x+2^x\cdot\dfrac{1}{x}$

$=(2x+x^2)\mathrm{e}^x+2^x\left(\ln 2\ln x+\dfrac{1}{x}\right)$

（3）$y'=\dfrac{(1+\ln x)'(\mathrm{e}^x+x^3)-(1+\ln x)(\mathrm{e}^x+x^3)'}{(\mathrm{e}^x+x^3)^2}$

$=\dfrac{\frac{1}{x}(\mathrm{e}^x+x^3)-(1+\ln x)(\mathrm{e}^x+3x^2)}{(\mathrm{e}^x+x^3)^2}$

$=\dfrac{(\mathrm{e}^x+x^3)-x(1+\ln x)(\mathrm{e}^x+3x^2)}{x(\mathrm{e}^x+x^3)^2}$

二、复合函数的求导法则

定理 2.2.1 如果$u=g(x)$在点x可导，$y=f(u)$在对应点u可导，则复合函数$y=f[g(x)]$

在点 x 处也可导，而且

$$\frac{\mathrm{d}y}{\mathrm{d}x}=f'(u)\cdot g'(x) \text{ 或 } \frac{\mathrm{d}y}{\mathrm{d}x}=\frac{\mathrm{d}y}{\mathrm{d}u}\cdot\frac{\mathrm{d}u}{\mathrm{d}x}$$

也可以简单表示为

$$y'_x=y'_u\cdot u'_x$$

这个定理说明，复合函数的导数等于复合函数对中间变量的导数乘以中间变量对自变量的导数.

复合函数的求导法则可以推广到多个函数复合的情形.

例如，设 $y=f(u)$，$u=\varphi(v)$，$v=\phi(x)$，则有

$$\frac{\mathrm{d}y}{\mathrm{d}x}=f'_u\cdot\varphi'_v\cdot\phi'_x \text{ 或 } y'_x=y'_u\cdot u'_v\cdot v'_x$$

例 2.2.5 求下列函数的导数.

（1）$y=(2x^3-7)^4$；（2）$y=\ln(2x-x^3)$；（3）$y=\mathrm{e}^{\sqrt{x+1}}$.

解 （1）设 $y=u^4$，$u=2x^3-7$，于是

$$y'_x=\left(u^4\right)'\left(2x^3-7\right)'=4u^3 6x^2=24x^2\left(2x^3-7\right)^3.$$

（2）设 $y=\ln u$，$u=2x-x^3$，于是

$$y'_x=\left(\ln u\right)'\left(2x-x^3\right)'=\frac{1}{u}(2-3x^2)=\frac{2-3x^2}{2x-x^3}.$$

（3）设 $y=\mathrm{e}^u$，$u=\sqrt{x+1}$，于是

$$y'_x=\left(\mathrm{e}^u\right)'\left(\sqrt{x+1}\right)'=\mathrm{e}^u\frac{1}{2}(x+1)^{-\frac{1}{2}}=\frac{\mathrm{e}^{\sqrt{x+1}}}{2\sqrt{x+1}}.$$

熟练后可以写为

（1）$y'=4(2x^3-7)^3(2x^3-7)'=24x^2(2x^3-7)^3$.

（2）$y'=\dfrac{1}{2x-x^3}(2x-x^3)'=\dfrac{2-3x^2}{2x-x^3}$.

（3）$y'=\mathrm{e}^{\sqrt{x+1}}(\sqrt{x+1})'=\dfrac{\mathrm{e}^{\sqrt{x+1}}}{2\sqrt{x+1}}$.

说明：此种写法要求分清复合函数的内外层次关系，按照从外向内依次求导，注意不要遗漏、重复.

三、两种特殊的求导方法*

1. 隐函数的求导方法

用解析法表示函数时，通常可以采用两种形式，一种是把函数 y 直接表示成自变量 x 的函数 $y=f(x)$，称为显函数；另一种是函数 y 与自变量 x 的关系由方程 $F(x,y)=0$ 来确定，即 y 与 x 的函数关系隐含在方程 $F(x,y)=0$，我们称这种由未解出因变量的方程所确定的 y 与 x 之间的函数关系为隐函数.

例如，$x+y^3-1=0$，$\mathrm{e}^y+xy-\mathrm{e}=0$ 等，都是隐函数.

隐函数求导数的方法是，方程两端同时对 x 求导，遇到含有 y 的项，利用复合函数求导法

则，先对 y 求导，再乘以 y 对 x 的导数 y'_x，得到一个含有 y'_x 的方程式，然后从中解出 y'_x 即可.

例 2.2.6 求由方程 $\mathrm{e}^y + xy - \mathrm{e} = 0$ 所确定的隐函数 $y = y(x)$ 的导数 y'_x.

解 因为 y 是 x 的函数，所以 e^y 是 x 的复合函数．将所给方程两边同时对 x 求导，得

$$(\mathrm{e}^y)'_y(y)'_x + (xy)'_x - (\mathrm{e})'_x = (0)'_x,$$

即

$$\mathrm{e}^y \cdot y'_x + y + xy'_x = 0,$$

解出 y'_x，得

$$(\mathrm{e}^y + x)y'_x = -y,$$

$$y'_x = -\frac{y}{\mathrm{e}^y + x}.$$

2. 取对数求导法

若函数是幂指函数 $y = u(x)^{v(x)}$ 或多个因式的乘、除、乘方、开方，可用取对数求导法求导．方法是通过将所给函数式两边取自然对数化为隐函数，然后按照复合函数求导法则求出所给函数的导数.

例 2.2.7 求函数 $y = (1+x)^{3x}$ 的导数 y'_x.

解 将方程 $y = (1+x)^{3x}$ 两边取自然对数，得

$$\ln y = 3x\ln(1+x),$$

两边对 x 求导，得

$$\frac{1}{y}\frac{\mathrm{d}y}{\mathrm{d}x} = 3\ln(1+x) + \frac{3x}{1+x},$$

所以

$$\frac{\mathrm{d}y}{\mathrm{d}x} = y[3\ln(1+x) + \frac{3x}{1+x}]$$

即

$$y'_x = (1+x)^{3x}[3\ln(1+x) + \frac{3x}{1+x}].$$

例 2.2.8 设 $y = \sqrt{\dfrac{(x-1)(x-2)}{(x-3)(x-4)}}$，求 y'_x.

解 等式两边取自然对数，得

$$\ln y = \frac{1}{2}[\ln(x-1) + \ln(x-2) - \ln(x-3) - \ln(x-4)],$$

两边对 x 求导，得

$$\frac{1}{y}\frac{\mathrm{d}y}{\mathrm{d}x} = \frac{1}{2}\left(\frac{1}{x-1} + \frac{1}{x-2} - \frac{1}{x-3} - \frac{1}{x-4}\right),$$

所以

$$y'_x = \frac{1}{2}y\left(\frac{1}{x-1} + \frac{1}{x-2} - \frac{1}{x-3} - \frac{1}{x-4}\right)$$

$$= \frac{1}{2}\sqrt{\frac{(x-1)(x-2)}{(x-3)(x-4)}}\left(\frac{1}{x-1} + \frac{1}{x-2} - \frac{1}{x-3} - \frac{1}{x-4}\right).$$

四、高阶导数

如果函数 $y = f(x)$ 的导数 $y' = f'(x)$ 在点 x 处仍可导，我们把 $y' = f'(x)$ 对 x 的导数 $(f'(x))'$ 叫做函数 $y = f(x)$ 的二阶导数，用 y'', $f''(x)$, $\dfrac{\mathrm{d}^2 y}{\mathrm{d}x^2}$ 等表示，即

$$y''=f''(x)=\frac{d^2y}{dx^2}=(f'(x))'.$$

类似地，二阶导数 $y''=f''(x)$ 的导数 $(f''(x))'$ 称作 $y=f(x)$ 的三阶导数，用 y'''，$f'''(x)$，$\frac{d^3y}{dx^3}$ 等表示，即

$$y'''=f'''(x)=\frac{d^3y}{dx^3}=(f''(x))'.$$

一般地有，$y=f(x)$ 的 $n-1$ 阶导数的导数为 $y=f(x)$ 的 n 阶导数.

$y=f(x)$ 的 n 阶导数常用 $y^{(n)}$，$f^{(n)}(x)$，$\frac{d^ny}{dx^n}$ 等表示，即

$$y^{(n)}=f^{(n)}(x)=\frac{d^ny}{dx^n}=(f^{(n-1)}(x))'.$$

函数的二阶以及二阶以上的导数统称为高阶导数. 导数 $y'=f'(x)$ 也称为一阶导数. 可以看出，求高阶导数只需要对函数反复进行求导运算，并不需要另外的方法.

例 2.2.9　设 $y=x^3\ln x$，求 y'''.

解　$y'=3x^2\ln x+x^2$，

$y''=6x\ln x+5x$，

$y'''=6\ln x+11$.

例 2.2.10　设 $f(x)=(x+10)^6$，求 $f''(0)$.

解　$f'(x)=6(x+10)^5$，

$f''(x)=30(x+10)^4$，

$f''(0)=30\times10^4$.

例 2.2.11　设 $y=e^{-2x}$，求 $y^{(n)}$.

解　$y'=e^{-2x}(-2x)'=(-2)e^{-2x}$，

$y''=(-2)^2e^{-2x}$，

$y'''=(-2)^3e^{-2x}$，

………………

$y^{(n)}=(-2)^ne^{-2x}=(-1)^n2^ne^{-2x}$.

五、知识拓展

三角函数、反三角函数导数公式及证明.

1. 三角函数的导数

（1）如果 $y=\sin x$，那么 $y'=\cos x$.

证明　由于 $\Delta y=\sin(x+\Delta x)-\sin x=2\sin\frac{\Delta x}{2}\cos\left(x+\frac{\Delta x}{2}\right)$，因此

$$\frac{\Delta y}{\Delta x}=\frac{2\sin\frac{\Delta x}{2}\cos\left(x+\frac{\Delta x}{2}\right)}{\Delta x}=\cos\left(x+\frac{\Delta x}{2}\right)\frac{\sin\frac{\Delta x}{2}}{\frac{\Delta x}{2}},$$

所以 $y'=\lim\limits_{\Delta x\to 0}\dfrac{\Delta y}{\Delta x}=\lim\limits_{\Delta x\to 0}\cos\left(x+\dfrac{\Delta x}{2}\right)\dfrac{\sin\dfrac{\Delta x}{2}}{\dfrac{\Delta x}{2}}=\cos x$.

类似地，可以得到余弦函数 $y=\cos x$ 的导数公式.

（2）如果 $y=\cos x$，那么 $y'=-\sin x$.

（3）如果 $y=\tan x$，那么 $y'=\sec^2 x$.

解 $y'=(\tan x)'=\left(\dfrac{\sin x}{\cos x}\right)'=\dfrac{(\sin x)'\cos x-\sin x(\cos x)'}{(\cos x)^2}$

$$=\frac{\cos^2 x+\sin^2 x}{\cos^2 x}=\frac{1}{\cos^2 x}=\sec^2 x.$$

类似地，可以得到

（4）如果 $y=\cot x$，那么 $y'=(\cot x)'=-\dfrac{1}{\sin^2 x}=-\csc^2 x$.

（5）如果 $y=\sec x$，那么 $y'=(\sec x)'=\tan x\sec x$.

（6）如果 $y=\csc x$，那么 $y'=(\csc x)'=-\cot x\csc x$.

自我练习：验证公式（4）、公式（5）、公式（6）的正确性.

为了证明反三角函数的导数公式，下面我们先给出反函数的求导法则.

2. 反函数的求导法则

设 $x=\varphi(y)$ 与 $y=f(x)$ 互为反函数，函数 $y=f(x)$ 在 x 处连续，$x=\varphi(y)$ 在与 x 相对应的 y 处可导，且 $x'_y=\varphi'(y)\neq 0$，则 $y=f(x)$ 在 x 处可导，且

$$f'(x)=\frac{1}{\varphi'(y)}，或\frac{\mathrm{d}y}{\mathrm{d}x}=\frac{1}{\dfrac{\mathrm{d}x}{\mathrm{d}y}}，或 y'_x=\frac{1}{x'_y}.$$

证明 因为 $y=f(x)$ 在 x 处连续，所以当 $\Delta x\to 0$ 时，$\Delta y\to 0$，且 $\varphi'(y)\neq 0$，因此

由
$$\frac{\Delta y}{\Delta x}=\frac{1}{\dfrac{\Delta x}{\Delta y}}$$

取极限得
$$\lim_{\Delta x\to 0}\frac{\Delta y}{\Delta x}=\frac{1}{\lim\limits_{\Delta x\to 0}\dfrac{\Delta x}{\Delta y}}$$

即
$$\frac{\mathrm{d}y}{\mathrm{d}x}=\frac{1}{\dfrac{\mathrm{d}x}{\mathrm{d}y}}.$$

下面我们给出反三角函数的导数公式及证明.

3. 反三角函数的导数

（1）如果 $y=\arcsin x$，那么 $y'=(\arcsin x)'=\dfrac{1}{\sqrt{1-x^2}}$.

证明 因为 $y=\arcsin x$ 是 $x=\sin y\left(-\dfrac{\pi}{2}\leqslant y\leqslant\dfrac{\pi}{2}\right)$ 的反函数，且

$$(\sin y)'=\cos y>0,$$

所以 $$y'=(\arcsin x)'=\frac{1}{(\sin y)'}=\frac{1}{\cos y}=\frac{1}{\sqrt{1-x^2}}.$$

类似地，可以得到反余弦函数 $y=\arccos x$ 的导数公式.

（2）如果 $y=\arccos x$，那么 $y'=(\arccos x)'=-\frac{1}{\sqrt{1-x^2}}$.

（3）如果 $y=\arctan x$，那么 $y'=(\arctan x)'=\frac{1}{1+x^2}$.

证明 因为 $y=\arctan x$ 是 $x=\tan y\left(-\frac{\pi}{2}<y<\frac{\pi}{2}\right)$ 的反函数，且

$$(\tan y)'=\sec^2 y>0$$

所以 $y'=(\arctan x)'=\frac{1}{(\tan y)'}=\frac{1}{\sec^2 y}=\frac{1}{1+x^2}$.

类似地，可以得到反余切函数 $y=\operatorname{arccot} x$ 的导数公式.

（4）如果 $y=\operatorname{arccot} x$，那么 $y'=(\operatorname{arccot} x)'=-\frac{1}{1+x^2}$.

4. 三角函数与反三角函数的导数公式

（1）$(\sin x)'=\cos x$；

（2）$(\cos x)'=-\sin x$；

（3）$(\tan x)'=\frac{1}{\cos^2 x}=\sec^2 x$；

（4）$(\cot x)'=-\frac{1}{\sin^2 x}=-\csc^2 x$；

（5）$(\sec x)'=\tan x\sec x$；

（6）$(\csc x)'=-\cot x\csc x$；

（7）$(\arcsin x)'=\frac{1}{\sqrt{1-x^2}}$；

（8）$(\arccos x)'=-\frac{1}{\sqrt{1-x^2}}$；

（9）$(\arctan x)'=\frac{1}{1+x^2}$；

（10）$(\operatorname{arccot} x)'=-\frac{1}{1+x^2}$.

习 题 2.2

1．求下列函数的导数.

（1）$y=x^a+\mathrm{e}^x+a^x+a^a$；

（2）$y=\frac{x^2}{2}+\frac{2}{x^2}$；

（3）$y=\frac{ax+b}{a+b}$；

（4）$y=x^{a+b}$；

（5）$y=x^2(2x-1)$；

（6）$y=a^x\mathrm{e}^x$；

（7）$y=\frac{1-x^3}{\sqrt{x}}$；

（8）$y=\sqrt{x^2-a^2}$；

（9）$y=x\ln x$；

（10）$y=x^n\ln x$；

（11）$y=\ln\ln x$；

（12）$y=\mathrm{e}^{x\ln x}$；

（13）$y=\log_a\sqrt{x}$；

（14）$y=\ln\frac{1+\sqrt{x}}{1-\sqrt{x}}$.

2．设 $f(x)=x+(x-a)\sqrt[n]{x-a}$．求导数 $f'(a)$．

3．设 $f(x)=(x^{2012}-1)x^n$（n 为正整数）．求导数 $f'(1)$．

4．求下列隐函数的导数．

（1）$x^3+y^3-y=0$，求 y_x'．　　（2）$x^2+y^2-xy+3x=1$，求 y_x'．

（3）$xy-e^x+e^y=1$，求y_x'．　　（4）$e^y+x^2y^3-e^x=0$，求 y_x'．

5．利用取对数求导法求下列函数的导数 y'．

（1）$y=x^{x^2}$；　　（2）$y=x^{\sqrt{x}}$；

（3）$y=x\cdot\sqrt{\dfrac{1-x}{1+x}}$；　　（4）$y=\dfrac{\sqrt{x+1}}{\sqrt[3]{x-2}(x+3)^2}$．

6．求下列函数的二阶导数．

（1）$s=\dfrac{1}{2}gt^2$；　（2）$y=\dfrac{1}{x}$；　（3）$y=\sqrt{x}$；　（4）$y=\sqrt{x^2+1}$．

第三节　边际分析与最优化分析

在经济分析中，通常用“平均”和“边际”两个概念来描述函数 y 关于自变量 x 的变化情况．边际概念是经济学中的重要概念，通常指经济变化的变化率．利用导数研究经济变量的边际变化的方法，即边际分析法，是经济理论中的一种重要方法．

一、变化率与边际函数

在经济分析中，如果函数 $y=f(x)$ 可导，则函数 $y=f(x)$ 在 $x=x_0$ 处的导数 $f'(x_0)$ 称为 $f(x)$ 在 $x=x_0$ 处的变化率，也称为 $f(x)$ 在 $x=x_0$ 处的边际函数值．它表示 $f(x)$ 在 $x=x_0$ 处的变化速度．如果函数 $y=f(x)$ 在某个区间内可导，则它的导函数 $f'(x)$ 也称为边际函数．

边际函数值 $f'(x_0)$ 近似等于自变量 x 在 $x=x_0$ 处产生一个单位的改变时，函数 $y=f(x)$ 的相应改变量，即

$$\Delta y\approx f'(x_0)$$

因为 $y=f(x)$ 在 $x=x_0$ 处可导，则有

$$f'(x_0)=\lim_{\Delta x\to 0}\frac{\Delta y}{\Delta x}$$

如果自变量 x 在 $x=x_0$ 处产生一个单位的改变时，函数 $y=f(x)$ 的相应改变量的精确值为 $\Delta y\big|_{x=x_0,\Delta x=1}=f(x_0+1)-f(x_0)$．当自变量 x 改变的“单位”很小时，则由上述等式近似地有

$$f'(x_0)\approx\frac{\Delta y}{\Delta x}\bigg|_{x=x_0,\Delta x=1}$$

即

$$\Delta y\approx f'(x_0)$$

在经济应用问题解释边际函数值的具体意义时常略去“近似”二字．

1. 边际成本

在经济学中，边际成本定义为产量为 q 时产量再增加一个单位时所增加的成本．

设$C=C(q)$表示生产q个单位某种产品的总成本，那么平均成本为$\bar{C}(q)=\dfrac{C(q)}{q}$，产量为$q$个单位时的边际成本为 $C'=C'(q)$.

2. **边际收入**

在经济学中，边际收入定义为销售量为q时再多销售一个单位产品所增加的销售收入.

设$R=R(q)$表示销售q个单位某种商品的总收入，那么平均收入为$\bar{R}(q)=\dfrac{R(q)}{q}$，销售量为$q$个单位时的边际收入为$R'=R'(q)$.

例 2.3.1 已知某产品总成本函数为$C=C(q)=180+\dfrac{q^2}{2}$，求当$q=10$ 时的总成本、平均成本和边际成本.

解 平均成本函数为$\bar{C}=\dfrac{C(q)}{q}=\dfrac{180}{q}+\dfrac{q}{2}$；

边际成本函数为$C'=C'(q)=\left(180+\dfrac{q^2}{2}\right)'=q$；

当$q=10$时的总成本$C(10)=230$，平均成本$\bar{C}(10)=23$，边际成本$C'(10)=10$.

例 2.3.2 设某商品的需求函数为$q=1200-3p$（其中q为需求量，单位为件，p为销售价格，单位为元/件），求：

（1）销售该商品的边际收入；

（2）当q分别为480，600，660（件）时的边际收入.

解 由$q=1200-3p$ 可得$p=400-\dfrac{1}{3}q$，收入函数为

$$R(q)=pq=400q-\frac{1}{3}q^2,$$

则销售该商品的边际收入函数为

$$R'(q)=\left(400q-\frac{1}{3}q^2\right)'=400-\frac{2}{3}q.$$

当q分别为480，600，660（件）时的边际收入

$$R'(480)=400-\frac{2}{3}\times 480=80,$$

$$R'(600)=400-\frac{2}{3}\times 600=0,$$

$$R'(660)=400-\frac{2}{3}\times 660=-40.$$

二、微分中值定理

定理 2.3.1（罗尔定理） 设函数$y=f(x)$满足条件：

（1）在闭区间$[a,b]$上连续；

（2）在开区间(a,b)内可导；

（3）$f(a)=f(b)$.

则在（a,b）内至少存在一点ξ，使得$f'(\xi)=0$.

罗尔定理的几何意义是：如果连续曲线除端点外处处都具有不垂直于x轴的切线，且两端点处纵坐标相等，那么曲线上至少有一条平行于x轴的切线（见图2-3-1）.

使导数为零的点称为驻点.

定理 2.3.2（拉格朗日中值定理）

设函数$y=f(x)$满足条件：

（1）在闭区间$[a,b]$上连续；

（2）在开区间(a,b)内可导.

则在(a,b)内至少存在一点ξ，使得

$$f'(\xi)=\frac{f(b)-f(a)}{b-a},$$

或 $f(b)-f(a)=f'(\xi)(b-a)$成立.

罗尔定理是拉格朗日中值定理的特殊情况.

拉格朗日中值定理的几何意义是：如果连续曲线除端点外处处都具有不垂直于Ox轴的切线，那么该曲线上至少有这样一点存在，在该点处曲线的切线平行于联结两端的直线（见图2-3-2）.

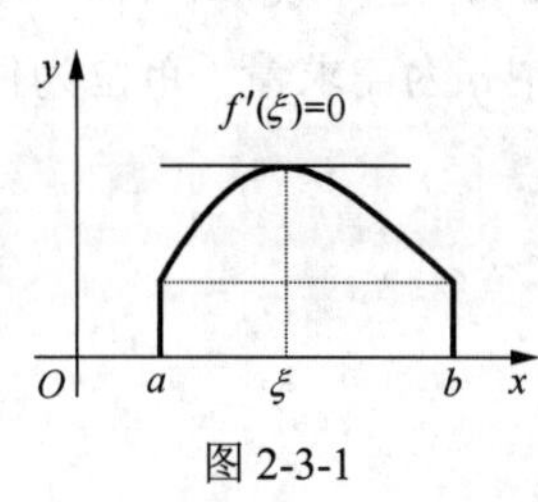

图 2-3-1

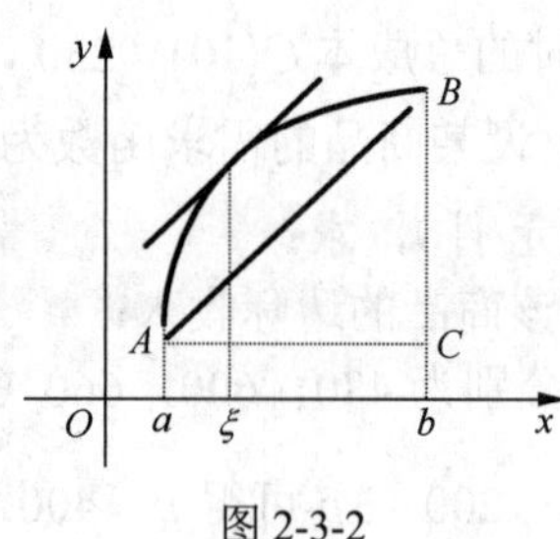

图 2-3-2

推论 1　若$f'(x)$在区间(a,b)内恒等于零，则$f(x)$在(a,b)内必为常数.

事实上，对于区间(a,b)内的任意两点x_1，x_2，拉格朗日中值定理可得

$$f(x_2)-f(x_1)=f'(\xi)(x_2-x_1)=0$$

ξ位于x_1，x_2之间，故有$f(x_2)=f(x_1)$．由x_1，x_2的任意性可知，$f(x)$在(a,b)内必为常数.

推论 2　如果两个函数$f(x)$，$g(x)$在区间(a,b)内的每一点的导数都相等，则在(a,b)内这两个函数至多只相差一个常数，即$f(x)=g(x)+C$（C为常数）.

事实上，由已知条件及导数运算性质可得

$$[f(x)-g(x)]'=f'(x)-g'(x)=0\,.$$

由推论1可知$f(x)-g(x)=C$，即$f(x)=g(x)+C$.

三、函数单调性的判定

定理 2.3.3　（函数单调性的判定法）

设函数$y=f(x)$在$[a,b]$上连续，在(a,b)内可导.

（1）若在(a,b)内$f'(x)>0$，则$f(x)$在$[a,b]$上单调增加；

（2）若在(a,b)内$f'(x)<0$，则$f(x)$在$[a,b]$上单调减少.

证[*]（1）在区间(a,b)内任取两点x_1、x_2，不妨设$x_1<x_2$．由定理条件可知$f(x)$在$[a,b]$

上连续，在 (a,b) 内可导．满足拉格朗日中值定理条件，因此有

$$f(x_2)-f(x_1)=f'(\xi)(x_2-x_1)\ (x_1<\xi<x_2)$$

因为 $x_2-x_1>0$，若 $f'(\xi)>0$，则 $f(x_2)-f(x_1)>0$，即 $f(x_2)>f(x_1)$．

由定义知，$f(x)$ 在 $[a,b]$ 上单调增加；

类似地，如果在 (a,b) 内 $f'(x)<0$，可推出 $f(x)$ 在 $[a,b]$ 上单调减少．

容易看出，可导函数 $f(x)$ 在单调区间的分界点处的导数要么为零，要么不存在．要确定可导函数 $f(x)$ 的单调区间，首先要求出使 $f'(x)=0$ 的点（驻点）与导数不存在的点．

例 2.3.3　讨论函数 $f(x)=2x^3-9x^2+12x-3$ 的单调性．

解　该函数的定义域为 $(-\infty,+\infty)$，因为

$$f'(x)=6x^2-18x+12=6(x-1)(x-2)$$

令 $f'(x)=0$，解得 $x=1$，$x=2$．

它们将定义域分成 3 个子区间 $(-\infty,1)$，$(1,2)$，$(2,+\infty)$．

当 $x\in(-\infty,1)$ 与 $x\in(2.+\infty)$ 时，$f'(x)>0$；

当 $x\in(1,2)$ 时，$f'(x)<0$；

所以，$f(x)$ 在区间 $(-\infty,1)$ 和 $(2,+\infty)$ 上是增函数，$f(x)$ 在区间 $(1,2)$ 上是减函数．

四、函数的极值

如果把如图 2-3-3 所示的易拉罐视为圆柱体，你是否注意到雪碧、可口可乐、健力宝等大饮料公司出售的易拉罐的半径与高之比是多少？请你不妨去测量一下．为什么这些公司会选择这种比例呢？

企业常考虑用最低的成本获取最高的利润，在设计易拉罐时，大饮料公司除考虑外包装的美观之外，还必须考虑在容积一定（一般为 250ml）的情况下，所用材料最少（表面积最小）、焊接或加工制作费最低等．在实际问题中，常常遇到求“产量最大”、“用料最省”、“成本最低”、“效率最高”等问题，这类问题在数学上就是求函数的最大值和最小值问题，统称为**最值问题**，它是数学上一类常见的优化问题．

图 2-3-3

定义 2.3.1　设函数 $y=f(x)$ 在点 x_0 的附近取值时恒有 $f(x_0)>f(x)$（或 $f(x_0)<f(x)$），则 $f(x_0)$ 为函数 $y=f(x)$ 在点 x_0 有极大值（或极小值）．函数的极大值与极小值统称为极值．使函数取得极值的点 x_0 称为函数的极值点．

结合函数单调性的判定方法，下面给出极值的判别方法．

定理 2.3.4　（极值存在的必要条件）

如果函数 $f(x)$ 在 x_0 处取得极值，且 $f'(x_0)$ 存在，则 $f'(x_0)=0$．

证*　如图 2-3-4 所示，不妨假定点 x_0 是极大值点，则存在 x_0 的某邻域，在此邻域内总有

$$f(x_0)>f(x_0+\Delta x).$$

于是，当 $\Delta x>0$ 时，$\dfrac{f(x_0+\Delta x)-f(x_0)}{\Delta x}<0$，

当 $\Delta x<0$ 时，$\dfrac{f(x_0+\Delta x)-f(x_0)}{\Delta x}>0$，

由于 $f'(x_0)$ 存在，所以

$$f'(x_0)=\lim_{\Delta x\to 0}\frac{f(x_0+\Delta x)-f(x_0)}{\Delta x}=0\ .$$

说明 1：$f'(x_0)=0$ 只是 $f(x)$ 在点 x_0 处取得极值的必要条件．因为若 $f'(x_0)=0$，x_0 并不一定是极值点．

例如，函数 $f(x)=x^3$ 在 $x=0$ 处，有 $f'(0)=0$，但函数在 $x=0$ 点并不取得极值（见图 2-3-5（a））．

说明 2：定理 2.3.4 的条件之一是函数在 x_0 点可导，实际上，连续但不可导的点也可能是极值点．

例如，对于函数 $f(x)=x^{\frac{2}{3}}$，$f'(x)=\frac{2}{3}x^{-\frac{1}{3}}$，在 $x=0$ 处，$f'(0)$ 不存在，但函数在 $x=0$ 点可取得极小值 $f(0)=0$（见图 2-3-5（b））．

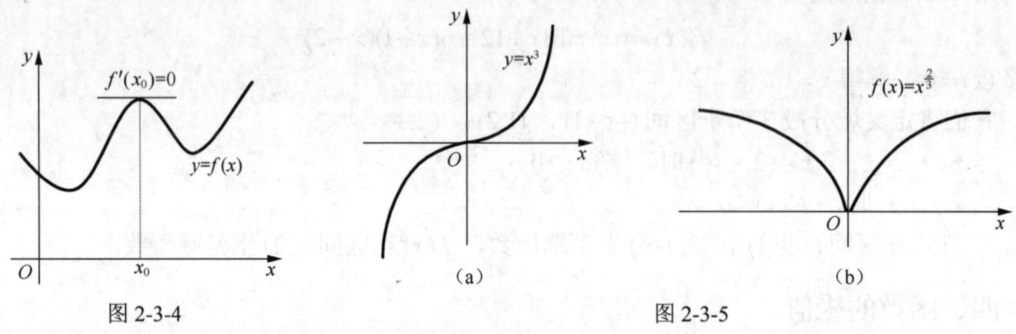

图 2-3-4　　　　图 2-3-5

因此，极值可能在驻点及 $f'(x)$ 不存在的点达到，但驻点及 $f'(x)$ 不存在的点不一定是极值点．

定理 2.3.5　（极值判别法 1）

设函数 $f(x)$ 在 x_0 处连续，在 x_0 的某邻域内可导（允许 $f'(x_0)$ 不存在），当 x 由左至右（由小增大）经过 x_0 点时，如果

（1）$f'(x)$ 由正变负，则 $f(x_0)$ 为极大值；

（2）$f'(x)$ 由负变正，则 $f(x_0)$ 为极小值；

（3）$f'(x)$ 不变号，则 $f(x_0)$ 不是极值．

证*　（1）由假设知，$f(x)$ 在 x_0 的左侧邻近单调增加，在 x_0 的右侧邻近单调减少，即当 $x<x_0$ 时，$f(x)<f(x_0)$；当 $x>x_0$ 时，$f(x)<f(x_0)$．因此，$f(x_0)$ 是 $f(x)$ 的极大值．

类似地可证明（2）．

证*　（3）由假设有，当 x 在 x_0 的某邻域（$x\neq x_0$）内取值时，$f'(x)>0(<0)$，所以 $f(x)$ 在这个邻域内是单调增加（减少）的．因此，x_0 不是极值点．（证毕）

求函数极值的方法如下：

（1）求函数 $f(x)$ 的定义域；

（2）求 $f'(x)$，找到 $f'(x)=0$ 的点及 $f'(x)$ 不存在的点；

（3）以（2）中所找点为分界点，将定义域分割成部分区间，讨论在各区间内 $f'(x)$ 的符号，由极值判别法 1 得出结论．

例 2.3.4　求函数 $f(x)=(x-1)^2(x-2)^3$ 的极值．

解　函数的定义域为 $(-\infty,+\infty)$；

由　$f'(x)=2(x-1)(x-2)^3+3(x-1)^2(x-2)^2$

$=(x-1)(x-2)^2(5x-7)$．

令 $f'(x)=0$，解得驻点 $x=1$，$x=\frac{7}{5}$，$x=2$.

在 $(-\infty,1)$ 内，$f'(x)>0$；在 $\left(1,\frac{7}{5}\right)$ 内，$f'(x)<0$；在 $\left(\frac{7}{5},2\right)$ 内，$f'(x)>0$；在 $(2,+\infty)$ 内，$f'(x)>0$；故有 $f(1)=0$ 为极大值．$f\left(\frac{7}{5}\right)=-\frac{108}{3125}$ 为极小值．函数在 $x=2$ 处不取得极值．

定理 2.3.6　（极值判别法 2）

设函数 $f(x)$ 在点 x_0 处具有二阶导数，且 $f'(x_0)=0$，$f''(x_0)\neq 0$，那么

（1）若 $f''(x_0)>0$，则函数 $f(x)$ 在 x_0 处取得极小值；

（2）若 $f''(x_0)<0$，则函数 $f(x)$ 在 x_0 处取得极大值．

（证明从略.）

例 2.3.5　求函数 $f(x)=\frac{1}{3}x^3-4x+1$ 的极值．

解　令 $f'(x)=x^2-4=0$.

解之得 $x_1=-2$，$x_2=2$.

又 $f''(x)=2x$.

因为 $f''(-2)=-4<0$，所以，$f(-2)=\frac{19}{3}$ 是极大值．

因为 $f''(2)=4>0$，所以，$f(2)=-\frac{13}{3}$ 极小值．

五、经济函数的最优化分析

西方经济学家认为，企业在市场经济条件下，所遵循的唯一原则就是利润的最大化．也就是要使生产费用尽可能达到最小，收入尽可能达到最大，从而使利润最大．在经济分析中，常会遇到如何做才能使投资最省、利润最大、成本最低等问题．这些问题在数学上就是函数的最大值与最小值问题．

最大值与最小值统称为最值，最大值点与最小值点统称为最值点．

显然，连续函数 $f(x)$ 在闭区间 $[a,b]$ 上的最值只能在极值点或端点上取得．因此，最值的可能存在范围只能是：端点、驻点及一阶导数不存在的连续点．

求闭区间 $[a,b]$ 上连续函数 $f(x)$ 最值的方法和步骤如下：

（1）求 $f'(x)$，找出函数 $f(x)$ 的驻点及及一阶导数不存在的连续点；

（2）计算函数 $f(x)$ 在驻点、一阶导数不存在的连续点及端点处的函数值；

（3）比较这些函数值的大小，其中最大者与最小者就是函数在区间 $[a,b]$ 上的最大值和最小值．

例 2.3.6　求函数 $f(x)=x^3-3x^2-9x+2$ 在区间[−2, 6]上的最大值和最小值．

解　令 $f'(x)=3x^2-6x-9=3(x+1)(x-3)=0$，解之得驻点

$$x_1=-1,\quad x_2=3 .$$

计算这些点及区间端点处的函数值为

$$f(-2)=0,\quad f(-1)=7,\quad f(3)=-25,\quad f(6)=56 .$$

所以，函数 $f(x)$ 在区间[−2，6]上的最大值为 $f(6)=56$，最小值为 $f(3)=-25$.

几种特殊情况：

（1）若 $f(x)$ 在闭区间 $[a,b]$ 上单调，则在端点处取得最值.

（2）若 $f(x)$ 在 (a,b) 内只有一个极值点 x_0，则当 x_0 为极大（小）值点时，$f(x_0)$ 就是最大（小）值.

（3）在实际问题中，按实际情况进行判断.

当表示该实际问题的函数 $f(x)$ 在所讨论的区间内只有一个可能的极值点时，该实际问题一定在该点取得所求的最大值或最小值.

例 2.3.7 已知某产品的单位销售价为 $p=320$ 元，固定成本为 5 万元，可变成本函数为 $C_1(q)=60q+\frac{1}{20}q^2$（单位：元）．求：（1）总利润函数 $L(q)$；（2）边际利润函数 $L'(q)$；（3）产量为多少时，利润最大？最大利润是多少？

解 （1）因为收入函数 $R(q)=320q$，所以总利润函数为

$$L(q)=R(q)-C(q)=320q-\left(50000+60q+\frac{1}{20}q^2\right)$$

$$=260q-\frac{1}{20}q^2-50000.$$

（2）边际利润函数 $L'(q)=260-\frac{1}{10}q$.

（3）令 $L'(q)=260-\frac{1}{10}q=0$，解得 $q=2600$（单位）.

又因 $L''(q)=-\frac{1}{10}<0$，所以，当产量为 2600 单位时，利润最大.

最大利润为 $L(2600)=260\times2600-\frac{1}{20}2600^2-50000=288000$（元）.

在一般情况下，因为利润＝总收入－总成本，

即
$$L(q)=R(q)-C(q),$$
所以
$$L'(q)=R'(q)-C'(q),$$
因此，利润 $L(q)$ 取得最大值的一阶条件为

$$L'(q)=R'(q)-C'(q)=0,$$
即
$$R'(q)=C'(q).$$
也就是：边际收入＝边际成本.

利润 $L(q)$ 取得最大值的二阶条件为

$$L''(q)=R''(q)-C''(q)<0$$
即
$$R''(q)<C''(q).$$
也就是：边际收入变化率＜边际成本变化率.

当利润函数满足上述一阶、二阶条件时，利润取得最大值.

例 2.3.8 某配件厂为装配线生产若干种产品，轮换产品时因更换设备要付生产准备费，产量大于需求时要付贮存费．该厂生产能力非常大，即所需数量可在很短时间内产出．已知某产品日需求量 100 件，每次生产准备费 5000 元，贮存费每日每件 1 元．试安排该产品的生

产计划，即多少天生产一次（生产周期），每次产量多少，使总费用最少．

解　设产品每天的需求量为常数r；每次生产准备费为c_1，每天每件产品贮存费为c_2；T天生产一次（周期），每次生产Q件，当贮存量为零时，Q件产品立即到来（生产时间不计）；则有$Q=rT$，一生产周期的总贮存费为$c_2\cdot\frac{Q}{2}T=c_2\cdot\frac{rT^2}{2}$．

因为一个生产周期的总费用C = 生产准备费+总贮存费，

即
$$C=c_1+c_2\cdot\frac{rT^2}{2}$$

则每天总费用平均值（目标函数）为
$$\overline{C}(T)=\frac{c_1}{T}+c_2\cdot\frac{rT}{2}$$

令
$$\overline{C}'(T)=-\frac{c_1}{T^2}+c_2\cdot\frac{r}{2}=0$$

解之得
$$T=\sqrt{\frac{2c_1}{rc_2}},$$
$$Q=rT=\sqrt{\frac{2c_1r}{c_2}}$$

因$\overline{C}''(T)=\frac{2c_1}{T^3}>0$，所以每天总费用平均值有最小值．

将c_1=5000，c_2=1，r=100代入$T=\sqrt{\frac{2c_1}{rc_2}}$得，$T=10$（天），$Q=rT=1000$（件）．

每天总费用平均值的最小值为$\overline{C}(10)=1000$（元）．

因此，该产品的生产计划为每10天生产一次，每次生产1000件，此时总费用最少．每天总费用平均值的最小值为1000元．

一般地有，经济批量订货公式（EOQ公式）用于不允许缺货的订货、供应、存贮模型．

如果某货物每天需求量为r，每次订货费为c_1，每天每件贮存费为c_2，T天订货一次（周期），每次订货Q件，当贮存量降到零时，Q件货物立即到货．则有当
$$T=\sqrt{\frac{2c_1}{rc_2}},\quad Q=rT=\sqrt{\frac{2c_1r}{c_2}}$$
时总费用最省．

习　题　2.3

1．设某产品生产Q（吨）的总成本C（元）为产量Q的函数，即
$$C(Q)=1000+7Q+50\sqrt{Q}\quad (Q\in[0,1000]).$$

求：（1）当产量为100t时的总成本；

（2）当产量为100t时的平均成本；

（3）当产量从100t增加到225t时，总成本的平均变化率；

（4）当产量为100t时，总成本的变化率（边际成本）．

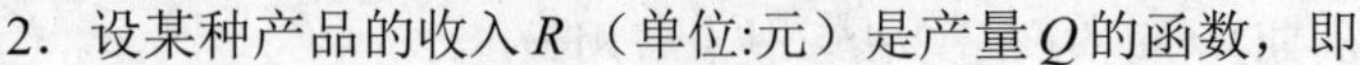

2．设某种产品的收入 R（单位:元）是产量 Q 的函数，即

$$R(Q)=800Q-\frac{Q^2}{4}\quad(Q\geqslant 0)$$

求：（1）生产 200t 该产品的总收入；

（2）生产 200t 到 300t 时总收入的平均变化率；

（3）生产 200t 时，收入对产量的变化率，即边际收入．

3．已知某产品成本函数为 $C=C(x)=160+\frac{x^2}{2}$．求当 $x=10$ 时的总成本、平均成本和边际成本．

4．某商品的价格 P 与需求量 x 的关系为 $P=820-\frac{x}{4}$（单位：元），求：

（1）需求量为 80 单位时的总收入和边际收入；

（2）x 为多少时总收入最大？总收入的最大值是多少？

5．某厂生产某产品，每天的固定成本为 2000 元，每多生产一件产品，成本增加 15 元．该产品的需求函数为 $x=120-2p$（p 为价格，单位:元）．问 x 为多少时，工厂日总利润最大．

6．某厂生产某种商品，其年销售量为 100 万件，每批生产需增加准备费 1000 元，而每件商品的年库存费为 0.05 元．如果年销售率是均匀的，且上批销售完后，立即再生产下一批（此时商品库存量为批量的一半），问应分几批生产，能使生产准备费及库存费之和最小？

7．某商店每年销售某种商品 a 件，每次购进的手续费为 b 元，而每件商品的年库存费为 c 元．若该商品均匀销售，且上批销售完后，立即进下一批货．问商品应分几批购进此种商品，能使所用的手续费及库存费总和最少？

第四节　弹性分析

弹性分析也是经济分析中常用的一种方法，主要用于对生产、供给、需求等问题的研究．

一、相对变化率与弹性函数

1．相对改变量与相对变化率

设函数 $y=f(x)$ 在 $x=x_0$ 处给定一个增量 Δx，则称 $\frac{\Delta x}{x_0}$ 为自变量 x 在 x_0 处的相对改变量，$\frac{\Delta y}{y_0}$ 为函数在 x_0 处的相对改变量．函数的相对改变量 $\frac{\Delta y}{y_0}$ 与自变量 x 的相对改变量 $\frac{\Delta x}{x_0}$ 之比 $\frac{\Delta y/y_0}{\Delta x/x_0}$ 称为函数在点 x_0 与点 $x_0+\Delta x$ 之间的相对变化率，或称为**两点间的弹性**．

例如，设 $y=2x^2$，当 x 由 10 增加到 12 时，$x_0=10$，$\Delta x=2$，$y_0=200$，$\Delta y=88$，所以

$$\frac{\Delta x}{x_0}=\frac{2}{10}=20\%,$$

$$\frac{\Delta y}{y_0}=\frac{88}{200}=44\%,$$

$$\frac{\Delta y/y_0}{\Delta x/x_0}=\frac{44\%}{20\%}=2.2\,.$$

也就是说，函数 $y=2x^2$，当 x 由 10 增加到 12 时，自变量的相对改变量是 20%，函数的相对改变量是 44%，函数在点 10 与点 12 之间的相对变化率是 2.2. 它表示 x 在区间 $[10,12]$ 上，从 $x=10$ 起，当 x 改变 1% 时，函数 y 平均改变 2.2%.

2. 弹性函数

定义 2.4.1　设函数 $y=f(x)$，且 $f(x_0)\neq 0$，如果当 $\Delta x\to 0$ 时，极限 $\lim\limits_{\Delta x\to 0}\dfrac{\Delta y/y_0}{\Delta x/x_0}$ 存在，则称此极限为函数 $y=f(x)$ 在点 x_0 处的相对变化率，或称为弹性．记为

$$\frac{\mathrm{E}y}{\mathrm{E}x}\bigg|_{x=x_0}，或\frac{\mathrm{E}f(x_0)}{\mathrm{E}x}$$

即

$$\frac{\mathrm{E}y}{\mathrm{E}x}\bigg|_{x=x_0}=\lim_{\Delta x\to 0}\frac{\Delta y/y_0}{\Delta x/x_0}=\lim_{\Delta x\to 0}\frac{\Delta y}{\Delta x}\cdot\frac{x_0}{y_0}=\frac{x_0}{y_0}\cdot\frac{\mathrm{d}y}{\mathrm{d}x}\bigg|_{x=x_0}=x_0\frac{f'(x_0)}{f(x_0)}$$

为函数 $f(x)$ 在点 x_0 处的弹性.

如果函数 $f(x)$ 在区间 (a,b) 内可导，且 $f(x)\neq 0$，则称 $\dfrac{\mathrm{E}y}{\mathrm{E}x}=x\dfrac{f'(x)}{f(x)}$ 为函数 $f(x)$ 在区间 (a,b) 内的弹性函数.

从定义可以看出，函数 $f(x)$ 的弹性是函数的相对改变量与自变量的相对改变量比值的极限，它是函数的相对变化率；或解释为当自变量变化百分之一时函数变化的百分数.

也就是说，函数 $f(x)$ 在 $x=x_0$ 处的弹性 $\dfrac{\mathrm{E}f(x_0)}{\mathrm{E}x}$，表示当 x 在点 x_0 处发生 1% 的改变时，函数 y 发生约 $\dfrac{\mathrm{E}f(x_0)}{\mathrm{E}x}\%$ 的改变.

例 2.4.1　求函数 $y=2\mathrm{e}^{3x}$ 的弹性函数及在 $x=2$ 处的弹性.

解　因为　$y'=2(\mathrm{e}^{3x})'=2\mathrm{e}^{3x}(3x)'=6\mathrm{e}^{3x}$，

弹性函数：　$\dfrac{\mathrm{E}y}{\mathrm{E}x}=x\dfrac{y'}{y}=x\dfrac{6\mathrm{e}^{3x}}{2\mathrm{e}^{3x}}=3x$.

在 $x=2$ 处的弹性：　$\dfrac{\mathrm{E}y}{\mathrm{E}x}\bigg|_{x=2}=3\times 2=6$.

二、需求弹性与供给弹性

1. 需求的价格弹性

虽然各种商品的需求量都随着它们价格的变化而变化，但是商品的种类不同，它们的需求量对价格变化反应的敏感程度也是不同的．需求的价格弹性就是用来衡量商品的需求量对它的价格变化反应敏感程度的概念.

设 Q 表示某商品的需求量，p 为价格，如果需求函数 $Q=f(p)$ 可导，则称

$$\frac{\mathrm{E}Q}{\mathrm{E}P}=p\frac{Q'}{Q}=p\frac{f'(p)}{f(p)}$$

为**需求的价格弹性**，简称为**需求弹性**，在经济学中常记为 E_{d}

即

$$E_{\mathrm{d}}=\frac{\mathrm{E}Q}{\mathrm{E}P}=p\frac{Q'}{Q}=p\frac{f'(p)}{f(p)}$$

根据经济理论，需求函数是单调减少函数，所以需求的价格弹性一定是负数．但是在价

格的弹性分析中，通常采用弹性的绝对值.

需求的价格弹性E_d的绝对值可以从零到无穷分为5种情况来讨论，它们具有不同的经济意义.

（1）$E_d=0$，这时价格发生变化时，需求量完全没有变化，这种情形叫做完全无弹性.

（2）$E_d=\infty$，这时价格任何微小的变化都可以导致需求量无穷的变化，这种情形叫做完全有弹性.

（3）$E_d=1$，这时需求量变化百分比与价格变化百分比相等，这种情形叫做单位弹性.

（4）$E_d>1$，这时需求量变化的百分比大于价格变化的百分比，这种情形叫做富有弹性.

（5）$E_d<1$，这时需求量变化的百分比小于价格变化的百分比，这种情形叫做缺乏弹性.

在各种商品中，一般来说，生活必需品具有较低的需求的价格弹性，奢侈品具有较高的需求的价格弹性.

例 2.4.2　设某商品需求函数$Q=\mathrm{e}^{-\frac{p}{4}}$，试求：

（1）需求的价格弹性函数；

（2）当$p=2$，$p=4$，$p=6$时的需求弹性并说明其经济意义.

解　（1）因为$Q'=-\frac{1}{4}\mathrm{e}^{-\frac{p}{4}}$，

所以
$$E_d=p\frac{Q'}{Q}=p\left(-\frac{1}{4}\mathrm{e}^{-\frac{p}{4}}\right)\cdot\frac{1}{\mathrm{e}^{-\frac{p}{4}}}=-\frac{p}{4};$$

（2）$E_d(p=2)=-\frac{2}{4}=-0.5$，
$$E_d(p=4)=-\frac{4}{4}=-1,\quad E_d(p=6)=-\frac{6}{4}=-1.5.$$

它们的经济意义是：

当价格$p=2$时，若价格增加1%，则需求量相应减少0.5%；

当价格$p=4$时，若价格增加1%，则需求相应减少1%；

当价格$p=6$时，若价格增加1%，则需求相应减少1.5%.

在市场经济中，生产者更关心的是提价或降价对收益的影响.

下面我们讨论需求的价格弹性E_d对生产者的销售量Q与总收入R的影响.

设销售收入$R=Qp$（Q为销售量，p为价格），当价格p发生微小改变Δp时，

由
$$E_d=\lim_{\Delta p\to 0}\frac{\frac{\Delta Q}{Q}}{\frac{\Delta p}{p}}\approx\frac{\frac{\Delta Q}{Q}}{\frac{\Delta p}{p}}$$

可得
$$\frac{\Delta Q}{Q}\approx\frac{\Delta p}{p}E_d;$$

又因为
$$\begin{aligned}\frac{\Delta R}{R}&=\frac{(Q+\Delta Q)(p+\Delta p)-Qp}{Qp}\\&=\frac{Q\cdot\Delta p+\Delta Q\cdot p+\Delta Q\cdot\Delta p}{Qp}\\&=\frac{\Delta p}{p}+\frac{\Delta Q}{Q}+\frac{\Delta Q\cdot\Delta p}{Qp}\end{aligned}$$

$$\approx \frac{\Delta p}{p}+\frac{\Delta p}{p}E_{\mathrm{d}} \quad （当\Delta p很小时，\frac{\Delta Q\cdot\Delta p}{Qp}可忽略不计）$$

$$=(1+E_{\mathrm{d}})\frac{\Delta p}{p}$$

由于 $E_{\mathrm{d}}<0$，所以 $E_{\mathrm{d}}=-|E_{\mathrm{d}}|$，于是有

$$\frac{\Delta R}{R}\approx\left(1-|E_{\mathrm{d}}|\right)\frac{\Delta p}{p}$$

由上式知，当 $|E_{\mathrm{d}}|<1$ 时，降价会使总收入减少，提价会使总收入增加；

当 $|E_{\mathrm{d}}|=1$ 时，降价或提价总收入不变；

当 $|E_{\mathrm{d}}|>1$ 时，降价会使总收入增加，提价会使总收入减少.

例 2.4.3　已知某企业生产的某产品的需求弹性为 $1.8\sim2.5$，如果该企业准备明年将价格降低 10%，问这种商品的销售量预期会增加多少？总收入会增加多少？

解　当 $\frac{\Delta p}{p}=-0.1$，$E_{\mathrm{d}}=-1.8$ 时，$\frac{\Delta Q}{Q}\approx\frac{\Delta p}{p}E_{\mathrm{d}}=0.18=\frac{18}{100}$.

当 $\frac{\Delta p}{p}=-0.1$，$E_{\mathrm{d}}=-2.5$ 时，$\frac{\Delta Q}{Q}\approx\frac{\Delta p}{p}E_{\mathrm{d}}=0.25=\frac{25}{100}$.

当 $\frac{\Delta p}{p}=-0.1$，$|E_{\mathrm{d}}|=1.8$ 时，$\frac{\Delta R}{R}\approx\left(1-|E_{\mathrm{d}}|\right)\frac{\Delta p}{p}=(1-1.8)\cdot(-0.1)=0.08=\frac{8}{100}$.

当 $\frac{\Delta p}{p}=-0.1$，$|E_{\mathrm{d}}|=2.5$ 时，$\frac{\Delta R}{R}\approx\left(1-|E_{\mathrm{d}}|\right)\frac{\Delta p}{p}=(1-2.5)\cdot(-0.1)=0.15=\frac{15}{100}$.

因此，如果明年该商品降价 10%，商品的销售量预期将增加 $18\%\sim25\%$；总收入将增加 $8\%\sim15\%$.

2. 供给的价格弹性

与需求的价格弹性相似，设 Q 表示某商品的供给量，p 为价格，如果供给函数 $Q=S(p)$ 可导，则称

$$\frac{\mathrm{E}Q}{\mathrm{E}P}=p\frac{Q'}{Q}=p\frac{S'(p)}{S(p)}$$

为供给的价格弹性，简称为供给弹性，在经济学中常记为 E_{s}.

即
$$E_{\mathrm{s}}=\frac{\mathrm{E}Q}{\mathrm{E}P}=p\frac{Q'}{Q}=p\frac{S'(p)}{S(p)}.$$

它表示在价格为 p 时，价格上涨（下降）1% 时，供给量约增加（减少）$E_{\mathrm{s}}\%$，它反映了当价格变动时供给量对价格相对变动的反应程度或敏感程度.

习　题　2.4

1．求需求函数 $Q=104-4p$ 在 $p=10$，$p=13.5$ 处的弹性，并说明其经济意义.

2．求供给函数 $Q=8+2p+p^2$ 在 $p=2$，$p=4$ 处的弹性.

3．设某商品需求量 Q 对价格 P 的函数关系为：$Q=f(P)=1800\left(\frac{1}{6}\right)^{P}$，求需求量 Q 对价格 P 的

弹性函数.

4．某商品的需求函数为$Q=Q(p)=75-p^2$，求：

（1）$p=4$，$p=6$时的边际需求和需求弹性.

（2）当$p=4$时，若价格上涨1%，总收入将变化百分之几？是增加还是减少？

（3）当$p=6$时，若价格上涨1%，总收入将变化百分之几？是增加还是减少？

（4）p为多少时？总收入最大？

5．设某商品需求量Q对价格P的弹性为$\eta=-2P\ln 2$．求销售收入$R=PQ$对价格P的弹性.

第五节　函数的微分与洛必达法则

一、函数的微分

在实际应用中有这样一类问题，当自变量x取得微小的改变量Δx时，要计算函数的改变量Δy，而Δy的计算往往比较复杂．因此，需要寻找一种计算比较简洁的方法，这种方法就是下面要学习的微分.

1. 函数微分的概念

案例 2.5.1　一块正方形金属薄片受温度变化影响，其边长由x_0变到$x_0+\Delta x$，问薄片的面积改变了多少？

解　设此薄片的边长为x，面积为S，则$S=x^2$．当正方形边长由x_0变到$x_0+\Delta x$时，其面积的相应改变量为ΔS，即

$$\Delta S=(x_0+\Delta x)^2-x_0^2=2x_0\cdot\Delta x+(\Delta x)^2.$$

从上式可以看出，ΔS可分成两部分：一部分是$2x_0\cdot\Delta x$，它是影响面积改变量的主要部分，另一部分$(\Delta x)^2$是次要部分，所以$\Delta S\approx 2x_0\cdot\Delta x$.

因为$S'\big|_{x=x_0}=2x_0$，所以．$\Delta S\approx S'\big|_{x=x_0}\cdot\Delta x$．由此可得微分定义.

定义 2.5.1　设函数$y=f(x)$在x_0处有导数$f'(x_0)$，则称$f'(x_0)\Delta x$为函数$y=f(x)$在x_0处的微分，记作$\mathrm{d}y$，即

$$\mathrm{d}y=f'(x_0)\Delta x,$$

并称$y=f(x)$在点x_0处可微.

函数$y=f(x)$在任意点x处的微分，叫做函数的微分，记作　$\mathrm{d}y=f'(x)\Delta x$.

规定自变量的微分$\mathrm{d}y$就等于它的改变量Δx．即$\mathrm{d}x=\Delta x$，于是函数的微分就可以写成

$$\mathrm{d}y=f'(x)\mathrm{d}x.$$

例 2.5.1　求函数$y=x^3$在$x=2$，$\Delta x=0.01$时的改变量及微分.

解　$\Delta y=(2+0.01)^3-2^3$
$=8.1206-8=0.1206$.

$\mathrm{d}y=(x^3)'\big|_{x=2}\cdot\Delta x=3x^2\big|_{x=2}\cdot\Delta x$
$=12\times0.01=0.12$.

可见　$\mathrm{d}y\approx\Delta y$.

例 2.5.2　求函数 $y = xe^{2x}$ 的微分.

解　因为 $y' = (xe^{2x})' = e^{2x} + 2xe^{2x}$，

所以　$dy = y'dx = (e^{2x} + 2xe^{2x})dx$.

2. 微分的基本公式

由 $df(x) = f'(x)dx$ 可知，求函数的微分，只需求函数的导数，再乘上自变量的改变量即可．由微分与导数的关系 $dy = f'(x)dx$ 很容易得到在经济数学中常用的微分基本公式：

（1）$dc = 0$ (c 为常数)；　　（2）$d(ax^{\mu}) = a\mu x^{\mu-1}dx$　（μ 为任意实数）；

（3）$da^x = a^x \ln a dx$　$(a>0, a \neq 1)$；　　（4）$de^x = e^x dx$；

（5）$d\log_a x = \dfrac{1}{x\ln a}dx$　$(a>0, a\neq 1)$；　　（6）$d\ln x = \dfrac{1}{x}dx$.

3. 微分的四则运算法则

设 $u = u(x)$，$v = v(x)$ 可微，有微分的四则运算法则：

（1）$d(u \pm v) = du \pm dv$；

（2）$d(uv) = vdu + udv$；

（3）$d\left(\dfrac{u}{v}\right) = \dfrac{vdu - udv}{v^2}$（$v \neq 0$）.

4. 复合函数的微分法则

我们知道，如果函数 $y = f(u)$ 是 u 的函数，那么函数的微分为 $dy = f'(u)du$.

若 u 不是自变量，而是 x 的可导函数 $u = \varphi(x)$ 时，u 对 x 的微分为 $du = \varphi'(x)dx$. 所以，以 u 为中间变量的复合函数 $y = f[\varphi(x)]$ 的微分为

$$dy = y'dx = f'[\varphi(x)]\cdot\varphi'(x)dx = f'(u)\cdot du$$

也就是说，无论 u 是中间变量还是自变量，复合函数 $y = f[\varphi(x)]$ 的微分都是

$$dy = f'(u)du .$$

函数微分的这个性质叫做**一阶微分形式的不变性**.

课堂练习

填空：

（1）d（　　）$= xdx$；　　（2）d（　　）$= \sqrt{x}dx$；　　（3）d（　　）$= \dfrac{1}{1+x}dx$；

（4）d（　　）$= -\dfrac{dx}{x^2}$；　　（5）d（　　）$= \dfrac{dx}{2\sqrt{x}}$；　　（6）d（　　）$= e^{-3x}dx$.

例 2.5.3　求函数 $y = \sqrt{1 + 2\ln^2 x}$ 的微分.

解
$$dy = \frac{1}{2}(1 + 2\ln^2 x)^{-\frac{1}{2}}d(1 + 2\ln^2 x)$$
$$= \frac{1}{2}(1 + 2\ln^2 x)^{-\frac{1}{2}}\cdot 4\ln x d\ln x$$
$$= (1 + 2\ln^2 x)^{-\frac{1}{2}}\cdot\frac{2\ln x}{x}dx .$$

5. 微分在近似计算中的应用

由微分的概念知，当 $f'(x_0) \neq 0$，且 $|\Delta x|$ 很小时，有

$$\Delta y \approx \mathrm{d}y = f'(x_0)\Delta x \tag{2-5-1}$$

因为$\Delta y = f(x_0+\Delta x)-f(x_0)$，所以（1）式可以写成

$$\Delta y = f(x_0+\Delta x)-f(x_0) \approx f'(x_0)\Delta x$$

即
$$f(x_0+\Delta x) \approx f(x_0)+ f'(x_0)\Delta x \tag{2-5-2}$$

在（2）式中，令$x = x_0+\Delta x$，即$\Delta x = x - x_0$，则

$$f(x) \approx f(x_0)+ f'(x_0)(x-x_0) \tag{2-5-3}$$

特别地，当$x_0 = 0$，$|x| << 1$时，有

$$f(x) \approx f(0)+ f'(0)\cdot x \tag{2-5-4}$$

利用（1）式可以求函数Δy的近似值，利用式（2-5-2）、式（2-5-3）可以求函数$y = f(x)$在点x_0邻近的近似值.

例 2.5.4 有一批半径为 5cm 的球，为了提高球面的光洁度，要在球面镀上一层铜，厚度定为 0.01cm．试估计每只球需用铜多少克（铜的密度是 $8.9\ \mathrm{g/cm^3}$）？

解 要求铜的质量，应先求出镀层的体积．因为镀层的体积等于两个球体积之差，所以它就是球体体积$V=\dfrac{4}{3}\pi R^3$当$R_0 = 5,\ \Delta R = 0.01$时的增量$\Delta V$．因为

$$V' = \left(\frac{4}{3}\pi R^3\right)' = 4\pi R^2,$$

所以，根据公式　$\Delta y \approx \mathrm{d}y = f'(x_0)\Delta x$，得

$$\Delta V \approx 4\pi R_0^2 \Delta R \approx 4\times 3.14\times 5^2\times 0.01 = 3.14\ (\mathrm{cm^3}).$$

于是，镀每一只球需用的铜约为 $3.14\times 8.9 \approx 28(\mathrm{g})$.

例 2.5.5 求$\sqrt[3]{1.02}$的近似值.

解 设$f(x)=\sqrt[3]{x}$，$x_0 = 1$，$\Delta x = 0.02$，则

$$f(1)=1，\ f'(x)=\frac{1}{3\sqrt[3]{x^2}}，\ f'(1)=\frac{1}{3}.$$

所以，根据公式$f(x)\approx f(x_0)+ f'(x_0)(x-x_0)$，得

$$\sqrt[3]{1.02} = \sqrt[3]{1+0.02} \approx 1+\frac{1}{3}\times 0.02 \approx 1.0067.$$

例 2.5.6 当$|x|$很小时，有如下常用近似公式：

（1）$\mathrm{e}^x \approx 1+x$；　（2）$(1+x)^\alpha \approx 1+\alpha x$；　（3）$\ln(1+x)\approx x$；

（4*）$\sin x \approx x$；　（5*）$\tan x \approx x$.

下面证明公式（3）.

证（3）令$f(x)=\ln(1+x)$，$f'(x)=\dfrac{1}{1+x}$，

当$x = 0$时，$f(0)=1$，$f'(0)=1$

代入公式$f(x)\approx f(0)+ f'(0)x$

即可得
$$\ln(1+x)\approx x.$$

其他近似公式类似可证.

利用上述近似公式求函数在$x = 0$邻近的值时比较方便．例如，容易算出：

$$\mathrm{e}^{-0.02} \approx 1+(-0.02) = 0.97.$$

$$\ln 0.98 = \ln(1-0.02) \approx -0.02 .$$

$$\sqrt[5]{0.95} = (1-0.05)^{\frac{1}{5}} \approx 1 + \frac{1}{5} \times (-0.05) = 0.99 .$$

二、洛必达法则

如果函数$\frac{f(x)}{g(x)}$当$x \to a$（或$x \to \infty$）时，其分子、分母都趋于零或都趋于无穷大，那么，极限$\lim\limits_{x \to a}\frac{f(x)}{g(x)}$或$\lim\limits_{x \to \infty}\frac{f(x)}{g(x)}$可能存在，也可能不存在．通常称这种极限为未定型，并分别简记为$\frac{0}{0}$型或$\frac{\infty}{\infty}$型．下面介绍一种计算未定型极限的有效方法——洛必达法则．

如果函数$f(x)$与$g(x)$满足下列条件：

（1）$\lim\limits_{x \to a} f(x) = \lim\limits_{x \to a} g(x) = 0$（或$\infty$）；

（2）$f(x)$与$g(x)$在点 a 的某邻域内（a点可除外）可导，且有 $g'(x) \neq 0$；

（3）$\lim\limits_{x \to a}\frac{f'(x)}{g'(x)} = A$ (或∞)；

则
$$\lim_{x \to a}\frac{f(x)}{g(x)} = \lim_{x \to a}\frac{f'(x)}{g'(x)} = A \quad (\text{或}\infty) .$$

说明：洛必达法则中把 $x \to a$ 改为$x \to \infty$仍然成立；洛必达法则可以多次使用．

例 2.5.7　求$\lim\limits_{x \to 1}\frac{x^3-1}{x-1}$．

解　当$x \to 1$时，有$x-1 \to 0$和$x^3-1 \to 0$，这是$\frac{0}{0}$型未定式．由洛必达法则，有

$$\lim_{x \to 1}\frac{x^3-1}{x-1} = \lim_{x \to 1}\frac{(x^3-1)'}{(x-1)'} = \lim_{x \to 1}\frac{3x^2}{1} = 3 .$$

例 2.5.8　求$\lim\limits_{x \to 0}\frac{\ln(1+x)}{x^2}$．

解　当$x \to 0$时，有$\ln(1+x) \to 0$和$x^2 \to 0$，这是$\frac{0}{0}$型未定式．由洛必达法则，有

$$\lim_{x \to 0}\frac{\ln(1+x)}{x^2} = \lim_{x \to 0}\frac{\frac{1}{1+x}}{2x} = \lim_{x \to 0}\frac{1}{2x(1+x)} = \infty .$$

例 2.5.9　求$\lim\limits_{x \to +\infty}\frac{x^3}{e^{\lambda x}}$　$(\lambda > 0)$．

解　当$x \to +\infty$时，有$e^{\lambda x} \to +\infty$和$x^3 \to +\infty$，这是$\frac{\infty}{\infty}$型未定式．由洛必达法则，有

$$\lim_{x \to +\infty}\frac{x^3}{e^{\lambda x}} = \lim_{x \to +\infty}\frac{3x^2}{\lambda e^{\lambda x}} \quad (\text{仍是}\frac{\infty}{\infty}\text{型，再用洛必达法则})$$

$$= \lim_{x \to +\infty}\frac{6x}{\lambda^2 e^{\lambda x}} \quad (\text{仍是}\frac{\infty}{\infty}\text{型，再用洛必达法则})$$

$$=\lim_{x\to+\infty}\frac{6}{\lambda^3 e^{\lambda x}}=0$$

（2）可转化为$\frac{0}{0}$型与$\frac{\infty}{\infty}$型的其他未定式（如$0\cdot\infty$、$\infty-\infty$等形式）.

说明：其他未定式必须先转化为基本未定式$\frac{0}{0}$型与$\frac{\infty}{\infty}$型才能使用洛必达法则.

例 2.5.10 求$\lim\limits_{x\to0^+}x^n\ln x\quad(n>0)$.

解 $\lim\limits_{x\to0^+}x^n\ln x=\lim\limits_{x\to0^+}\dfrac{\ln x}{\frac{1}{x^n}}=\lim\limits_{x\to0^+}\dfrac{(\ln x)'}{\left(\frac{1}{x^n}\right)'}=\lim\limits_{x\to0^+}\dfrac{\frac{1}{x}}{\frac{-n}{x^{n+1}}}=-\lim\limits_{x\to0^+}\dfrac{x^n}{n}=0.$

例 2.5.11 求$\lim\limits_{x\to0}\left(\dfrac{1}{e^x-1}-\dfrac{1}{x}\right)$.

解
$$\lim_{x\to0}\left(\frac{1}{e^x-1}-\frac{1}{x}\right)=\lim_{x\to0}\frac{x-e^x+1}{x(e^x-1)}=\lim_{x\to0}\frac{[x-e^x+1]'}{[x(e^x-1)]'}$$
$$=\lim_{x\to0}\frac{1-e^x}{e^x-1+xe^x}=\lim_{x\to0}\frac{(1-e^x)'}{(e^x-1+xe^x)'}$$
$$=\lim_{x\to0}\frac{-e^x}{2e^x+xe^x}=-\frac{1}{2}.$$

说明：在每次使用前必须验证是否满足洛必达法则的条件．不满足时，不能用洛必达法则，应改用其他方法.

三、知识拓展

在高等数学中常用的微分基本公式还有：

（7）$d(\sin x)=\cos x dx$；（8）$d(\cos x)=-\sin x dx$；

（9）$d(\tan x)=\dfrac{1}{\cos^2 x}dx=\sec^2 x dx$；（10）$d(\cot x)=-\dfrac{1}{\sin^2 x}dx=-\csc^2 x dx$；

（11）$d(\sec x)=\tan x\sec x dx$；（12）$d(\csc x)=-\cot x\csc x dx$；

（13）$d(\arcsin x)=\dfrac{dx}{\sqrt{1-x^2}}$；（14）$d(\arccos x)=-\dfrac{dx}{\sqrt{1-x^2}}$；

（15）$d(\arctan x)=\dfrac{dx}{1+x^2}$；（16）$d(\text{arccot}\, x)=-\dfrac{dx}{1+x^2}$.

习　题　2.5

1．求下列函数的微分.

（1）$y=x^3e^{2x}$；（2）$y=x^2\ln x$；（3）$y=[\ln(1-x)]^2$.

2．证明如下近似式.

（1）$e^x\approx1+x$；（2）$(1+x)^\alpha\approx1+\alpha x$.

3．求下列极限.

（1）$\lim\limits_{x\to 2}\dfrac{x^4-16}{x-2}$；　（2）$\lim\limits_{x\to 1}\dfrac{x^3-3x+2}{x^3-x^2-x+1}$；　（3）$\lim\limits_{x\to 0}\dfrac{e^x-1}{x(x-1)}$；

（4）$\lim\limits_{x\to +\infty}\dfrac{x^n}{e^{\lambda x}}$（$\lambda>0$，$n$ 为正整数）；　（5）$\lim\limits_{x\to 1}\left(\dfrac{x}{x-1}-\dfrac{1}{\ln x}\right)$.

第六节　使用MATLAB求导数与解最优化问题（实验2）

一、使用MATLAB求导数

1. 运行格式

具体运行格式如下：

```
>> syms x
>> 命令
```

2. 导数运算命令

在MATLAB中求函数的导数均由diff命令来完成，具体运算命令如下：

```
diff (f,x)    %函数f(x)对x求导;有时可省略x,直接写成diff(f)
diff (f,x,n) %函数f(x)对x求n阶导;对于一阶导数,可省略n
maple('implicitdiff(f(u,x,y,z,…, )=0,u,x)')%隐函数f对x求导
```

例2.6.1　求 $y=e^{\sqrt{x+1}}$ 的导数.

解　输入：

```
>> syms x
>> diff(exp(sqrt(x+1)))
 ans =
 1/2/(x+1)^(1/2)*exp((x+1)^(1/2))
```

例2.6.2　求 $y=\left[\dfrac{1-(1-x^2)^2}{1+(1-x^2)^2}\right]^3$ 的导数.

解　输入：

```
>> syms x
>> y=((1-(1-x^2)^2)/(1+(1-x^2)^2))^3;diff(y)
 ans =
 12*(1-(1-x^2)^2)^2/(1+(1-x^2)^2)^3*(1-x^2)*x+12*(1-(1-x^2)^2)^3/(1+(1-x^2)^2)^4*(1
-x^2)*x
```

例2.6.3　设 $y=x^3\ln x$，求 y'''.

解　输入：

```
>> syms x
>> diff(x^3*log(x),x,3)
 ans =
6*log(x)+11
```

例 2.6.4 求由方程 $e^y + xy - e = 0$ 所确定的隐函数 $y = y(x)$ 的导数 y'_x.

解 输入：

```
>> pypx=maple('implicitdiff(exp(y)+x*y-exp(1)=0,y,x)')
 pypx =
-y/(exp(y)+x)
```

二、利用 MATLAB 求极值

（1）求极小值点命令.

fmin('fun', a , b)——求函数 y=fun 在区间[a,b]内极小值点.

（2）利用求导数、驻点的方法求极值点.

例 2.6.5 求 $y = x^2$ 在区间[−2,2]内极小值.

解 1 输入：

```
>> syms x y
>> y=x^2;x0=fmin('x^2',-2,2)
x0 =
 -5.5511e-017
>> y=x^2;x0=fmin('x^2',-0.2,0.2)
x0 =
     0
>> y0=subs(y,0)
y0 =
     0
```

解 2 输入：

```
>> dy=diff('x^2',x)
 dy =
 2*x
>> x0=solve(dy)
 x0 =
 0
```

三、最优化模型

最优问题求解步骤：

（1）建立目标函数（对问题建立数学模型）；

（2）求驻点；若目标函数只有唯一驻点，则该点的函数值即为所求的最值.

例 2.6.6 将一边长为 6m 的正方形铁皮的四角各截去一个大小相同的小正方形，然后将四边折起做成一个无盖的方盒．问截掉的小正方形边长为多少时，所得方盒的容积最大.

解 （1）问题假设：设截掉小正方形边长为 x；方盒容积为 V.

（2）模型建立：$V = (6-2x)^2 x$

（3）模型求解：$V'(x) = 0 \Rightarrow x$

MATLAB 运行如下：

```
>> syms x
>> dy=diff('(6-2*x)^2*x',x)
 dy =
 -4*(6-2*x)*x+(6-2*x)^2
 >> x0=solve(dy)
 x0 =
```

```
 [ 1]
 [ 3]
 >> d2y=diff('(6-2*x)^2*x',x,2)
 d2y =
 24*x-48
 >> subs(d2y,1)
ans =
   -24
>> y=(6-2*x)^2*x;y0=subs(y,x0)
 y0 =
 [ 16]
 [  0]
```

例 2.6.7　要建造一个体积为 16π 的圆柱形封闭的容器，问怎样选择它的底半径和高，才能使得所用的材料最省？

解（1）问题假设：设底半径为 r；高为 h；表面积为 S.

（2）模型建立：$S=\dfrac{32\pi}{r}+2\pi r^2$

（3）模型求解：$S'(r)=0\Rightarrow r$

MATLAB 运行如下：

```
>> syms r
>> S=32*pi/r+2*pi*r^2;dS=diff(S,r)
 dS =
 -32*pi/r^2+4*pi*r
 >> r0=solve(dS)
 r0 =
 [            2]
 [ -1+i*3^(1/2)]
 [ -1-i*3^(1/2)]
>> d2S=diff(S,r,2)
 d2S =
 64*pi/r^3+4*pi
 >> subs(d2S,2)
ans =
    37.6991
>> S0=subs(S,r0)
 S0 =
 [                            24*pi]
```

例 2.6.8　某产品生产 x 单位时的总成本为 $C(x)=300+\dfrac{1}{12}x^3-5x^2+170x$，每售出一个单位的产品可收入 134 元，求没有库存时能使利润达到最大的产量.

解（1）问题假设：设售出 x 单位时利润为 L.

（2）模型建立：　$L(x)=134x-(300+\dfrac{1}{12}x^3-5x^2+170x)$

（3）模型求解：$L'(x)=0\Rightarrow x$

MATLAB 运行如下：

```
>> syms x
>> L=-300-x^3/12+5*x^2-36*x;dL=diff(L,x)
 dL =
 -1/4*x^2+10*x-36
```

```
>> x0=solve(dL)
x0 =
[  4]
[ 36]
>> d2L=diff(L,x,2)
d2L =
-1/2*x+10
>> subs(d2L,x0)
ans =
[  8]
[ -8]
>> y0=subs(L,x0)
y0 =
[ -1108/3]
[     996]
```

习　题　2.6

1．求下列函数的导数．

（1）$y=\ln x$；　　（2）$y=3x-\dfrac{e^x}{2}+1$；

（3）$y=\dfrac{1-2x}{x+2}$；　　（4）$y=\sqrt{4-x^2}$．

2．$y=2e^x-x\sin x$，求二阶导数 y''．

3．求 $e^y+xy-e^x=0$ 所确定的隐函数的导数．

4．某房地产公司有 50 套公寓要出租，当租金定为每月 180 元时，公寓会全部租出去．当租金每月增加 10 元时，就有一套公寓租不出去，而租出去的房子每月需花费 20 元的整修维护费．试问房租定为多少可获得最大收入？

5．上机验证上面各例．

6．做相关小节例题与习题中导数及解最优化问题的计算．

第三章　积分及其应用

积分学中有两个基本概念：定积分与不定积分．定积分是一种具有确定结构的和的极限，它有着很强的实际背景，在几何、物理及经济分析等方面都有广泛的应用．不定积分则是求导和微分运算的逆运算．定积分与不定积分之间，存在着非常密切的联系．

第一节　定积分的概念与性质

一、定积分产生的实际背景

案例 3.1.1　曲边梯形面积的求法．

我们将由曲线 $y=f(x)$，直线 $x=a,\ x=b$ 及 x 轴所围成的平面图形称为曲边梯形，如图 3-1-1 所示．

求曲边梯形面积的步骤如下．

（1）分割．用 $n-1$ 个分点

$$a=x_0<x_1<x_2<\cdots<x_{n-1}<x_n=b$$

把区间 $[a,b]$ 分割成 n 个小区间，

$$[x_0,x_1]，[x_1,x_2]，\cdots，[x_{n-1},x_n]，$$

各小区间的长度依次为

$$\Delta x_1=x_1-x_0,\ \Delta x_2=x_2-x_1,\cdots,\Delta x_n=x_n-x_{n-1}.$$

相应的曲边梯形被分割成 n 个小曲边梯形．如图 3-1-2 所示．

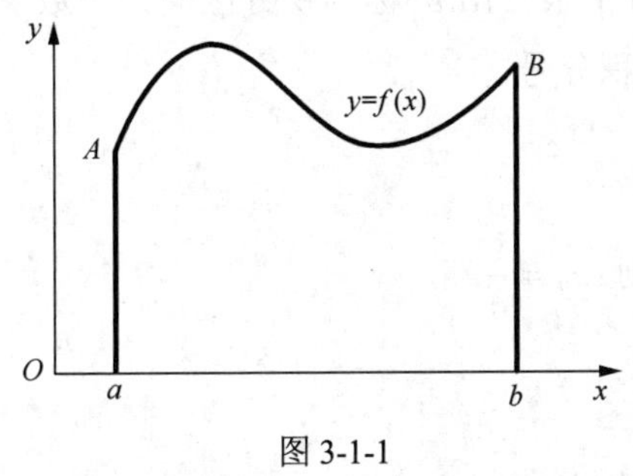

图 3-1-1

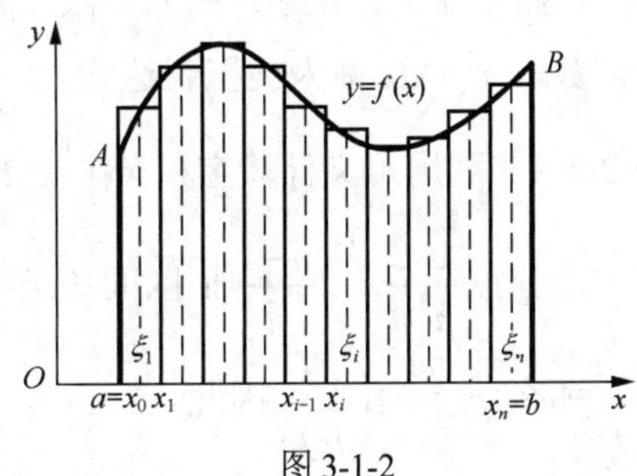

图 3-1-2

（2）求和．在每个小区间 $[x_{i-1},x_i]$ 上任取一点 $\xi_i\ (x_{i-1}\leqslant\xi_i\leqslant x_i)$，用小矩形面积 $f(\xi_i)\Delta x_i$ $(i=1,2,\cdots,n)$，代替第 i 个小曲边梯形的面积，并作和式

$$S_n=\sum_{i=1}^{n}f(\xi_i)\Delta x_i,$$

即得到曲边梯形的面积的近似值.

（3）取极限. 令小区间长度最大值 $\lambda=\max\{\Delta x_1,\Delta x_2,\cdots,\Delta x_n\}$ 趋于零（即 $\lambda\to 0$），取极限，得曲边梯形的面积

$$S=\lim_{\substack{\lambda\to 0\\(n\to\infty)}}\sum_{i=1}^{n}f(\xi_i)\Delta x_i .$$

案例 3.1.2 求变速直线运动的路程.

设某物体作直线运动，已知速度 $v=v(t)$ 是时间间隔 $[T_1,T_2]$ 上 t 的一个连续函数，且 $v(t)\geqslant 0$，求物体在这段时间内所经过的路程.

思路：把整段时间分割成若干小段，每小段上的速度看做不变，求出各小段的路程再相加，便得到路程的近似值，最后通过对时间的无限细分过程求得路程的精确值.

（1）分割. $T_1=t_0<t_1<t_2<\cdots<t_{n-1}<t_n=T_2$；

（2）求和. $S_n=\sum\limits_{i=1}^{n}v(\tau_i)\Delta t_i$.

其中，$\Delta t_i=t_i-t_{i-1}$，$\Delta s_i\approx v(\tau_i)\Delta t_i$　Δs_i 为部分路程的值，$v(\tau_i)$ 是某时刻的运动速度.

（3）取极限. 令 $\lambda=\max\{\Delta t_1,\Delta t_2,\cdots,\Delta t_n\}\to 0$，

得路程的精确值　$S=\lim\limits_{\substack{\lambda\to 0\\(n\to\infty)}}\sum\limits_{i=1}^{n}v(\tau_i)\Delta t_i$.

二、定积分的概念与几何意义

一般地，如果函数 $y=f(x)$ 在闭区间 $[a,b]$ 上连续，则和式极限 $\lim\limits_{\substack{\lambda\to 0\\(n\to\infty)}}\sum\limits_{i=1}^{n}f(\xi_i)\Delta x_i$ 存在. 此时，我们把和式极限 $\lim\limits_{\substack{\lambda\to 0\\(n\to\infty)}}\sum\limits_{i=1}^{n}f(\xi_i)\Delta x_i$ 的值称为函数 $y=f(x)$ 在闭区间 $[a,b]$ 上的定积分，记作 $\int_a^b f(x)\mathrm{d}x$，即

$$\int_a^b f(x)\mathrm{d}x=\lim_{\substack{\lambda\to 0\\(n\to\infty)}}\sum_{i=1}^{n}f(\xi_i)\Delta x_i .$$

其中 x 称为积分变量，a 称为积分下限，b 称为积分上限，$[a,b]$ 称为积分区间，函数 $f(x)$ 称为被积函数，$f(x)\mathrm{d}x$ 称为被积表达式，“$\int$”称为积分号.

例 3.1.1 利用定义计算定积分 $\int_0^1 x^2\mathrm{d}x$.

解 用分点 $\frac{1}{n},\frac{2}{n},\ldots,\frac{n-1}{n}$ 把区间 $[0,1]$ n 等分，则 $\Delta x_i=\frac{1}{n}$,

取 $\xi_i=\frac{i}{n}$, 那么 $f(\xi_i)=\left(\frac{i}{n}\right)^2$. 因此，

$$S_n=\sum_{i=1}^{n}f(\xi_i)\Delta x_i=\sum_{i=1}^{n}\left(\frac{i}{n}\right)^2\cdot\frac{1}{n},$$

所以

$$\int_0^1 x^2\mathrm{d}x.=\lim_{\substack{\lambda\to 0\\(n\to\infty)}}S_n=\lim_{\substack{\lambda\to 0\\(n\to\infty)}}\sum_{i=1}^{n}\left(\frac{i}{n}\right)^2\cdot\frac{1}{n}=\lim_{n\to\infty}\frac{1}{n^3}\frac{n(n+1)(2n+1)}{6}=\frac{1}{3}.$$

从曲边梯形面积的计算可以看出：

当 $f(x)\geqslant 0$ 时，定积分 $\int_a^b f(x)\mathrm{d}x$ 表示由曲线 $y=f(x)$，直线 $x=a,x=b$ 及 Ox 轴所围成的平面图形的面积 S，即 $\int_a^b f(x)\mathrm{d}x=S$.

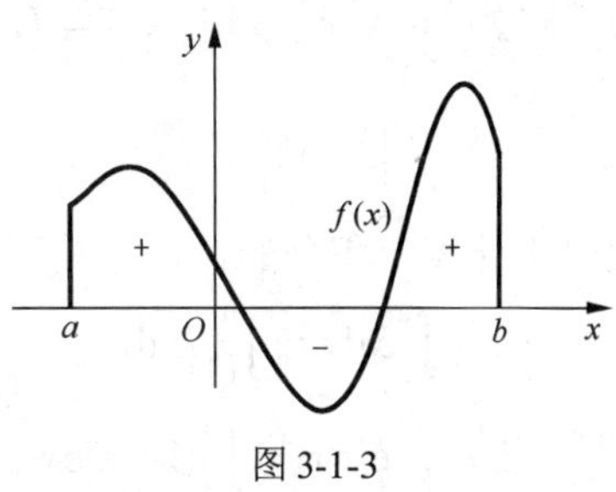

图 3-1-3

当 $f(x)\leqslant 0$ 时，$\int_a^b f(x)\mathrm{d}x=-S$.

因此，定积分 $\int_a^b f(x)\mathrm{d}x$ 的几何意义为：它是介于曲线 $y=f(x)$，直线 $x=a,x=b$ 及 x 轴之间的各部分面积的代数和，在 x 轴上方的面积取正号，在 x 轴下方的面积取负号，如图 3-1-3 所示.

三、定积分的基本性质

（1）当 $a=b$ 时，$\int_a^b f(x)\mathrm{d}x=0$；当 $a>b$ 时，$\int_a^b f(x)\mathrm{d}x=-\int_b^a f(x)\mathrm{d}x$.

（2）当 $f(x)=1$ 时，$\int_a^b 1\mathrm{d}x=\int_a^b \mathrm{d}x=b-a$.

（3）$\int_a^b [f(x)\pm g(x)]\mathrm{d}x=\int_a^b f(x)\mathrm{d}x\pm\int_a^b g(x)\mathrm{d}x$.

（4）$\int_a^b kf(x)\mathrm{d}x=k\int_a^b f(x)\mathrm{d}x$（$k$ 为常数）.

（5）$\int_a^b f(x)\mathrm{d}x=\int_a^c f(x)\mathrm{d}x+\int_c^b f(x)\mathrm{d}x$.

（6）如果在区间 $[a,b]$ 上有 $f(x)\leqslant g(x)$，则 $\int_a^b f(x)\mathrm{d}x\leqslant\int_a^b g(x)\mathrm{d}x$　$(a<b)$.

（7）如果在区间 $[a,b]$ 上 $f(x)\geqslant 0$，则 $\int_a^b f(x)\mathrm{d}x\geqslant 0$ $(a<b)$.

（8）（估值定理）设 M 及 m 分别是函数 $f(x)$ 在区间 $[a,b]$ 上的最大值及最小值，则

$$m(b-a)\leqslant\int_a^b f(x)\mathrm{d}x\leqslant M(b-a).$$

（9）（积分中值定理）如果函数 $f(x)$ 在闭区间 $[a,b]$ 上连续，则在区间 $[a,b]$ 上至少存在一点 ξ，使得

$$\int_a^b f(x)\mathrm{d}x=f(\xi)(b-a)\quad(a\leqslant\xi\leqslant b).$$

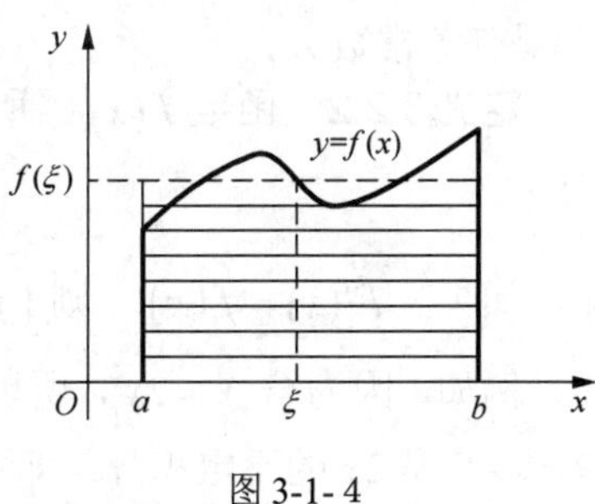

图 3-1-4

数值 $f(\xi)=\dfrac{1}{b-a}\int_a^b f(x)\mathrm{d}x$ 又称为函数 $f(x)$ 在闭区间 $[a,b]$ 上的平均值（见图 3-1-4）.

以上定积分的性质可根据定积分的定义及几何图形或物理性质说明它们的正确性，这些工作留给同学们去完成.

例 3.1.2　比较积分值 $\int_1^2 x^2\mathrm{d}x$ 和 $\int_1^2 x^3\mathrm{d}x$ 的大小.

解　在区间 $[1,2]$ 上，$x^2\leqslant x^3$，由性质（6）知，$\int_1^2 x^2\mathrm{d}x\leqslant\int_1^2 x^3\mathrm{d}x$.

习　题　3.1

1．利用定积分的几何意义说明下列等式成立.

（1）$\int_0^1 x\mathrm{d}x=\frac{1}{2}$；

（2）$\int_0^a \sqrt{a^2-x^2}\mathrm{d}x=\frac{\pi a^2}{4}\ (a>0)$；

（3）$\int_0^3 |2-x|\mathrm{d}x=\frac{5}{2}$.

2．不计算定积分的值，比较下列积分值的大小.

（1）$\int_0^1 x\mathrm{d}x$ 与 $\int_0^1 \sqrt{x}\mathrm{d}x$；

（2）$\int_0^1 \mathrm{e}^x\mathrm{d}x$ 与 $\int_0^1 (1+x)\mathrm{d}x$；

（3）$\int_1^e \ln(1+x)\mathrm{d}x$ 与 $\int_1^e x\mathrm{d}x$.

第二节　原函数与微积分基本公式

在第一节中我们看到，定积分是一种特定的和式的极限，直接用定义计算是十分麻烦的．本节将通过对原函数的讨论，引入不定积分的概念，并通过微积分基本公式，导出一种计算定积分的简便有效的方法.

一、原函数与不定积分的概念

案例 3.2.1　已知生产某产品的边际成本函数为 $C'(q)$，如何求该产品的总成本函数 $C(q)$？

定义 3.2.1　如果在某一区间内，函数 $F(x)$ 的导数为 $f(x)$，即 $F'(x)=f(x)$，则称函数 $F(x)$ 是函数 $f(x)$ 的一个原函数.

实际上，如果 $F'(x)=f(x)$，则有 $[F(x)+C]'=f(x)$（C 是任意常数），所以 $F(x)+C$ 都是函数 $f(x)$ 的原函数.

可以证明，如果 $F(x)$ 是 $f(x)$ 的一个原函数，则 $f(x)$ 的所有原函数可以表示为 $F(x)+C$（C 是任意常数）.

定义 3.2.2　函数 $f(x)$ 的所有原函数，称为 $f(x)$ 的不定积分．记作

$$\int f(x)\mathrm{d}x$$

即，如果　$F'(x)=f(x)$　则 $\int f(x)\mathrm{d}x=F(x)+C$（$C$ 是任意常数）.

例如，因为 $(x^2)'=2x$，所以 x^2 是 $2x$ 的一个原函数，x^2+C 表示了 $2x$ 的所有原函数，所以 x^2+C 是 $2x$ 的不定积分．即

$$\int 2x\mathrm{d}x=x^2+C.$$

课堂练习：

模仿上面例子，完成下列各题填空.

（1）因为（　　）′=1，所以（　　）是函数（　　）的一个原函数，（　　）+C 表示了函数（　　）的所有原函数，所以（　　）+C 是（　　）的不定积分．即

$$\int(\quad)\mathrm{d}x=(\quad)+C.$$

（2）因为（　　）$'=3x^2$，所以（　　）是函数（　　）的一个原函数，（　　）$+C$ 表示了函数（　　）的所有原函数，所以（　　）$+C$ 是（　　）的不定积分．即

$$\int(\quad)\mathrm{d}x=(\quad)+C.$$

（3）因为（　　）$'=\mathrm{e}^x$，所以（　　）是函数（　　）的一个原函数，（　　）$+C$ 表示了函数（　　）的所有原函数，所以（　　）$+C$ 是（　　）的不定积分．即

$$\int(\quad)\mathrm{d}x=(\quad)+C.$$

例 3.2.1　求函数 $f(x)=\frac{1}{x}$ 的不定积分．

解　因为，当 $x>0$ 时，$(\ln x)'=\frac{1}{x}$，　故有　$\int\frac{1}{x}\mathrm{d}x=\ln x+C$，

当 $x<0$ 时，$[\ln(-x)]'=\frac{1}{-x}(-1)=\frac{1}{x}$，　故有　$\int\frac{1}{x}\mathrm{d}x=\ln(-x)+C$，

所以，$\int\frac{1}{x}\mathrm{d}x=\ln|x|+C\ (x\neq 0)$．

二、不定积分的性质

由不定积分定义，我们知道，它们之间有如下关系：

性质 1　不定积分与导数（微分）互为逆运算．

（1）$\left(\int f(x)\mathrm{d}x\right)'=f(x)$ 或　$\mathrm{d}\left(\int f(x)\mathrm{d}x\right)=f(x)\mathrm{d}x$；

（2）$\int f'(x)\mathrm{d}x=f(x)+C$ 或　$\int \mathrm{d}f(x)=f(x)+C$．

性质 2　代数和的不定积分等于不定积分的代数和．

$$\int[f(x)\pm g(x)]\mathrm{d}x=\int f(x)\mathrm{d}x\pm\int g(x)\mathrm{d}x$$

此性质可以推广到有限个函数的情形．

性质 3　被积函数中的非零常数因子可以提到积分号前面．

$$\int kf(x)\mathrm{d}x=k\int f(x)\mathrm{d}x\quad(k\neq 0)$$

三、微积分的基本公式

设函数 $f(x)$ 在区间 $[a,b]$ 上连续，x 为区间 $[a,b]$ 内任意一点，记 $G(x)=\int_a^x f(x)\mathrm{d}x$，则可以把 $G(x)$ 看做积分上限 x 的函数．可以证明：

$$G'(x)=f(x).$$

因此，函数 $G(x)$ 是 $f(x)$ 的一个原函数．

如果 $F(x)$ 也是 $f(x)$ 的一个原函数，则有

$$G(x)=\int_a^x f(x)\mathrm{d}x=F(x)+C,$$

将 $x=a$ 代入 $G(x)$，得

$$G(a)=\int_a^a f(x)\mathrm{d}x=F(a)+C=0,$$

从而　$C=-F(a)$，即有

$$G(x)=\int_a^x f(x)\mathrm{d}x=F(x)-F(a),$$

将 $x=b$ 代入上式，则有

$$\int_a^b f(x)\mathrm{d}x=F(b)-F(a),$$

将 $F(b)-F(a)$ 记为 $F(x)\big|_a^b$，则有

$$\int_a^b f(x)\mathrm{d}x=F(x)\big|_a^b=F(b)-F(a).$$

这就是微积分基本公式，又称为牛顿－莱布尼兹公式.

这个公式表明，计算定积分 $\int_a^b f(x)\mathrm{d}x$，只要求出 $f(x)$ 的一个原函数 $F(x)$，并计算 $F(b)-F(a)$ 的值即可.

微积分基本公式建立了定积分与不定积分之间的联系，简化了定积分的计算，从而使积分学在各个科学领域内得到广泛的应用.

例 3.2.2　求下列定积分.

（1）$\int_0^1 x^2\mathrm{d}x$；　　　　（2）$\int_1^e \frac{1}{x}\mathrm{d}x$；

解　（1）因为 $(\frac{1}{3}x^3)'=x^2$，$\frac{x^3}{3}$ 是 x^2 的一个原函数，所以

$$\int_0^1 x^2\mathrm{d}x=\frac{x^3}{3}\bigg|_0^1=\frac{1}{3}.$$

（2）因为　$\int\frac{1}{x}\mathrm{d}x=\ln|x|+C$，

所以　$\int_1^e\frac{1}{x}\mathrm{d}x=\ln|x|\big|_1^{\mathrm{e}}=\ln\mathrm{e}-\ln 1=1$.

四、不定积分的基本公式

由于积分运算是求导运算的逆运算，所以由导数公式可以得到相应的不定积分公式.

在经济学中常用的不定积分公式有：

（1）$\int k\mathrm{d}x=kx+C$；

（2）$\int x^\mu\mathrm{d}x=\frac{x^{\mu+1}}{\mu+1}+C\quad(\mu\neq-1)$；

（3）$\int\frac{\mathrm{d}x}{x}=\ln|x|+C$；

（4）$\int\mathrm{e}^x\mathrm{d}x=\mathrm{e}^x+C$；

（5）$\int a^x\mathrm{d}x=\frac{a^x}{\ln a}+C$.

利用积分的性质和基本积分公式，可以求一些简单的积分.

例 3.2.3　求下列不定积分.

（1）$\int(x^2+4x-3)\mathrm{d}x$；　　　　（2）$\int\frac{1+x^2}{x\sqrt{x}}\mathrm{d}x$.

解　(1)　$\int(x^2+4x-3)\mathrm{d}x=\int x^2\mathrm{d}x+4\int x\mathrm{d}x-3\int\mathrm{d}x$

$$=\frac{1}{3}x^3+2x^2-3x+C.$$

(2)　$\int\frac{1+x^2}{x\sqrt{x}}\mathrm{d}x=\int\frac{1}{x\sqrt{x}}\mathrm{d}x+\int\sqrt{x}\mathrm{d}x=\int x^{-\frac{3}{2}}\mathrm{d}x+\int x^{\frac{1}{2}}\mathrm{d}x$

$$=-2x^{-\frac{1}{2}}+\frac{2}{3}x^{\frac{3}{2}}+C$$

例 3.2.4　求下列定积分.

(1)　$\int_1^3(x^2+4x-3)\mathrm{d}x$；　　(2)　$\int_1^2\frac{1+x^2}{x\sqrt{x}}\mathrm{d}x$.

解　(1)　$\int_1^3(x^2+4x-3)\mathrm{d}x=(\frac{1}{3}x^3+2x^2-3x)\Big|_1^3=18-(-\frac{2}{3})=\frac{56}{3}$；

(2)　$\int_1^2\frac{1+x^2}{x\sqrt{x}}\mathrm{d}x=(-2x^{-\frac{1}{2}}+\frac{2}{3}x^{\frac{3}{2}})\Big|_1^2=\frac{\sqrt{2}+4}{3}$.

例 3.2.5　求下列定积分.

(1)　$\int_{-1}^3|2-x|\mathrm{d}x$;

(2)　已知 $f(x)=\begin{cases}2x+1, & |x|\leqslant 2,\\ 1+x^2, & 2<x\leqslant 4,\end{cases}$　求 $\int_{-2}^4 f(x)\mathrm{d}x$.

解　(1)　$\int_{-1}^3|2-x|\mathrm{d}x=\int_{-1}^2(2-x)\mathrm{d}x+\int_2^3(x-2)\mathrm{d}x$

$$=(2x-\frac{x^2}{2})\Big|_{-1}^2+(\frac{x^2}{2}-2x)\Big|_2^3$$

$$=5.$$

(2)　$\int_{-2}^4 f(x)\mathrm{d}x=\int_{-2}^2(2x+1)\mathrm{d}x+\int_2^4(1+x^2)\mathrm{d}x$

$$=(x^2+x)\Big|_{-2}^2+(x+\frac{1}{3}x^3)\Big|_2^4$$

$$=\frac{74}{3}=24\frac{2}{3}.$$

在上述积分过程中使用的方法，称为直接积分法.

习　题　3.2

1．填空.

(1)　函数 $F(x)$ 是 $f(x)$ 在区间 I 上的原函数，则必满足条件____________.

(2)　函数 $f(x)$ 的全体原函数 $F(x)+C$ 称为函数 $f(x)$ 的____________.

(3)　$\int_a^x f'(x)\mathrm{d}x=$____________.

(4)　$\int x^{\frac{5}{6}}\mathrm{d}x=$____________.

2．求下列不定积分．

（1）$\int(4x^3+3x^2+2x-1)\mathrm{d}x$；（2）$\int\frac{x^4-1}{x^2+1}\mathrm{d}x$；（3）$\int\frac{3\cdot2^x+4\cdot3^x}{2^x}\mathrm{d}x$．

3．求下列定积分．

（1）$\int_0^2\left(2^x+2x\sqrt{x}\right)\mathrm{d}x$；（2）设 $f(x)=\begin{cases}2x-1, & x\leqslant 2,\\ x^2-x+2, & x>2,\end{cases}$ 求 $\int_0^4 f(x)\mathrm{d}x$．

第三节　换元积分法与分部积分法

利用积分公式，只能求出一些简单的积分.有些不定积分如 $\int 2x\mathrm{e}^{x^2}\mathrm{d}x$，$\int\ln x\mathrm{d}x$ 等，需要寻求其他的积分方法才能解决．本节所介绍的换元法就是最常用的一种积分方法．

一、第一换元积分法

1. 不定积分的第一换元积分法

先观察一个例子．

例 3.3.1　求不定积分 $\int 2x\mathrm{e}^{x^2}\mathrm{d}x$．

解　注意到：$2x\mathrm{d}x=\mathrm{d}x^2$，原积分可作以下变形：

$$\int 2x\mathrm{e}^{x^2}\mathrm{d}x=\int\mathrm{e}^{x^2}\mathrm{d}x^2\overset{令u=x^2}{=}\int\mathrm{e}^u\mathrm{d}u=\mathrm{e}^u+C\overset{回代u=x^2}{=}\mathrm{e}^{x^2}+C.$$

检验：$(\mathrm{e}^{x^2}+C)'=2x\mathrm{e}^{x^2}$，计算结果正确．

以上例子的特点是，通过引入新的变量 u，将原积分化为关于变量 u 的一个简单的积分，再用基本积分公式求解．这样的积分方法，我们称为积分的第一换元法（又称为凑微分法）．

用第一换元法（凑微分法）求不定积分的一般步骤如下：

$$\begin{aligned}\int f[\varphi(x)]\varphi'(x)\mathrm{d}x&\overset{凑微分}{=}\int f[\varphi(x)]\mathrm{d}\varphi(x)\\&\overset{令u=\varphi(x)}{=}\int f(u)\mathrm{d}u=F(u)+C\\&\overset{回代u=\varphi(x)}{=}F[\varphi(x)]+C.\end{aligned}$$

它的基本思想是先凑微分后积分．对积分过程比较熟悉后，不必写出中间变量来．

常用的凑微分形式有：

$\mathrm{d}x=\frac{1}{a}\mathrm{d}(ax+b)$　　$x\mathrm{d}x=\frac{1}{2}\mathrm{d}x^2$　　$\frac{1}{\sqrt{x}}\mathrm{d}x=2\mathrm{d}\sqrt{x}$

$\frac{1}{x}\mathrm{d}x=\mathrm{d}\ln x$　　$\mathrm{e}^x\mathrm{d}x=\mathrm{d}\mathrm{e}^x$

例 3.3.2　求不定积分 $\int(2x+1)^{99}\mathrm{d}x$．

解　$\int(2x+1)^{99}\mathrm{d}x=\frac{1}{2}\int(2x+1)^{99}\mathrm{d}(2x+1)=\frac{1}{200}(2x+1)^{100}+C$．

例 3.3.3　求不定积分 $\int\frac{\mathrm{d}x}{5x-3}$．

解　$\int\frac{\mathrm{d}x}{5x-3}=\frac{1}{5}\int\frac{\mathrm{d}(5x-3)}{5x-3}=\frac{1}{5}\ln|5x-3|+C$.

例 3.3.4　求不定积分$\int\frac{1}{x^2-a^2}\mathrm{d}x$.

解
$$\begin{aligned}\int\frac{1}{x^2-a^2}\mathrm{d}x&=\frac{1}{2a}\int\left(\frac{1}{x-a}-\frac{1}{x+a}\right)\mathrm{d}x\\&=\frac{1}{2a}[\int\frac{1}{x-a}\mathrm{d}(x-a)-\int\frac{1}{x+a}\mathrm{d}(x+a)]\\&=\frac{1}{2a}(\ln|x-a|-\ln|x+a|)+C\\&=\frac{1}{2a}\ln\left|\frac{x-a}{x+a}\right|+C.\end{aligned}$$

2. 定积分的第一换元积分法举例

例 3.3.5　求定积分$\int_0^1 2x\mathrm{e}^{x^2}\mathrm{d}x$.

解　$\int_0^1 2x\mathrm{e}^{x^2}\mathrm{d}x=\int_0^1\mathrm{e}^{x^2}\mathrm{d}x^2=\mathrm{e}^{x^2}\Big|_0^1=\mathrm{e}-1$.

例 3.3.6　求定积分$\int_1^{\mathrm{e}}(\ln x)^2\frac{\mathrm{d}x}{x}$.

解
$$\begin{aligned}\int_1^{\mathrm{e}}(\ln x)^2\frac{\mathrm{d}x}{x}&=\int_1^{\mathrm{e}}(\ln x)^2\mathrm{d}\ln x\\&=\frac{1}{3}(\ln x)^3\Big|_1^{\mathrm{e}}=\frac{1}{3}(\ln\mathrm{e})^3=\frac{1}{3}.\end{aligned}$$

例 3.3.7　求定积分$\int_0^1 x\sqrt{1-x^2}\mathrm{d}x$.

解
$$\begin{aligned}\int_0^1 x\sqrt{1-x^2}\mathrm{d}x&=-\frac{1}{2}\int_0^1(1-x^2)^{\frac{1}{2}}\mathrm{d}(1-x^2)\\&=-\frac{1}{3}(1-x^2)^{\frac{3}{2}}\Big|_0^1=\frac{1}{3}.\end{aligned}$$

二、第二换元积分法

1. 不定积分的第二换元积分法

第一换元积分法是通过选择新的积分变量$u=\varphi(x)$，将积分$\int f[\varphi(x)]\varphi'(x)\mathrm{d}x$化为较容易积分的形式$\int f(u)\mathrm{d}u$. 而有时对某些被积函数则需要作相反的变换方式，即令$x=\varphi(t)$，把t作为积分变量，才能积出结果，于是便有了第二换元积分法.

例 3.3.8　求不定积分$\int\frac{1}{1+\sqrt{x}}\mathrm{d}x$.

解　令$\sqrt{x}=t$，则有$x=t^2$，$\mathrm{d}x=2t\mathrm{d}t$．于是

$$\int\frac{1}{1+\sqrt{x}}\mathrm{d}x=\int\frac{2t}{1+t}\mathrm{d}t=2\int\frac{t+1-1}{1+t}\mathrm{d}t=2\int(1-\frac{1}{1+t})\mathrm{d}t=2(t-\ln|1+t|)+C=2[\sqrt{x}-\ln(1+\sqrt{x})]+C.$$

用第二换元法求不定积分的一般步骤如下：

$$\int f(x)\mathrm{d}x\overset{\text{换元}x=\varphi(t)}{=}\int f[\varphi(t)]\varphi'(t)\mathrm{d}t\overset{\text{积分}}{=}F(t)+c\overset{\text{回代}t=\varphi^{-1}(x)}{=}F[\varphi^{-1}(x)]+C$$

其中$t=\varphi^{-1}(x)$是$x=\varphi(t)$的反函数.

在使用第二换元法时，要求函数$x=\varphi(t)$单调可微，$\varphi'(t)\neq 0$.

第一换元积分法与第二换元积分法统称为换元积分法.

2. 定积分的第二换元法

设$f(x)$在区间$[a,b]$上连续，代换$x=\varphi(t)$满足条件：

（1）$a=\varphi(\alpha)$，$b=\varphi(\beta)$，当t在$[\alpha,\beta]$上变化时，x在$[a,b]$上变化；

（2）$x=\varphi(t)$在$[\alpha,\beta]$上有连续导数，则有换元公式

$$\int_a^b f(x)\mathrm{d}x=\int_\alpha^\beta f[\varphi(t)]\varphi'(t)\mathrm{d}t .$$

使用定积分换元积分法时应注意：变换积分表达式时，要同时变换积分限.

例 3.3.9 求$\int_{\ln 3}^{\ln 8}\sqrt{1+\mathrm{e}^x}\mathrm{d}x$.

解 令$\sqrt{\mathrm{e}^x+1}=t$，则$x=\ln(t^2-1)$，$\mathrm{d}x=\dfrac{2t}{t^2-1}\mathrm{d}t$；

换积分限：当$x=\ln 3$时，$t=2$；$x=\ln 8$时，$t=3$；于是

$$\int_{\ln 3}^{\ln 8}\sqrt{1+\mathrm{e}^x}\mathrm{d}x=\int_2^3 t\cdot\frac{2t}{t^2-1}\mathrm{d}t=2\int_2^3(1+\frac{1}{t^2-1})\mathrm{d}t$$
$$=2(t+\frac{1}{2}\ln\left|\frac{t-1}{t+1}\right|)\Big|_2^3$$
$$=2+\ln\frac{3}{2}.$$

例 3.3.10 证明：

（1）若$f(x)$在区间$[-a,a]$上连续且为奇函数，则有$\int_{-a}^a f(x)\mathrm{d}x=0$成立；

（2）若$f(x)$在区间$[-a,a]$上连续且为偶函数，则有$\int_{-a}^a f(x)\mathrm{d}x=2\int_0^a f(x)\mathrm{d}x$成立.

证明 因为

$$\int_{-a}^a f(x)\mathrm{d}x=\int_{-a}^0 f(x)\mathrm{d}x+\int_0^a f(x)\mathrm{d}x$$

对积分$\int_{-a}^0 f(x)\mathrm{d}x$作代换$x=-t$，由定积分换元法有

$$\int_{-a}^0 f(x)\mathrm{d}x=-\int_a^0 f(-t)\mathrm{d}t=\int_0^a f(-t)\mathrm{d}t$$

（1）若$f(x)$在区间$[-a,a]$上连续且为奇函数，$f(-t)=-f(t)$，所以

$$\int_{-a}^a f(x)\mathrm{d}x=0 ;$$

（2）若$f(x)$在区间$[-a,a]$上连续且为偶函数，$f(-t)=f(t)$，所以

$$\int_{-a}^a f(x)\mathrm{d}x=2\int_0^a f(x)\mathrm{d}x \cdot$$

三、分部积分法

1. 不定积分的分部积分法

如果函数$u=u(x)$与$v=v(x)$都有连续的导数，由函数乘法的导数公式有：

$$(uv)'=vu'+uv' ,$$

即 $$uv' = (uv)' - vu',$$

两边求不定积分，得 $$\int uv'\mathrm{d}x = uv - \int vu'\mathrm{d}x,$$

或 $$\int u\mathrm{d}v = uv - \int v\mathrm{d}u.$$

这个公式叫做分部积分公式．当积分 $\int uv'\mathrm{d}x$ 不易计算，而积分 $\int vu'\mathrm{d}x$ 计算较简单时，可以使用这个公式．

例 3.3.11　求不定积分 $\int xe^{2x}\mathrm{d}x$．

解　$\int xe^{2x}\mathrm{d}x = \frac{1}{2}\int x\mathrm{d}e^{2x} = \frac{1}{2}(xe^{2x} - \int e^{2x}\mathrm{d}x) = \frac{1}{2}(xe^{2x} - \frac{1}{2}e^{2x}) + C$．

例 3.3.12　求不定积分 $\int x\ln x\mathrm{d}x$．

解　$$\int x\ln x\mathrm{d}x = \frac{1}{2}\int \ln x\mathrm{d}x^2 = \frac{1}{2}(x^2\ln x - \int x^2\mathrm{d}\ln x)$$
$$= \frac{1}{2}(x^2\ln x - \int x^2\cdot\frac{1}{x}\mathrm{d}x) = \frac{x^2}{2}(\ln x - \frac{1}{2}) + C.$$

2. 定积分的分部积分法

设函数 $u = u(x)$ 与 $v = v(x)$ 在区间 $[a,b]$ 上有连续的导数，则有定积分的分部积分公式
$$\int_a^b uv'\mathrm{d}x = (uv)\Big|_a^b - \int_a^b vu'\mathrm{d}x.$$
或 $$\int_a^b u\mathrm{d}v = (uv)\Big|_a^b - \int_a^b v\mathrm{d}u.$$

例 3.3.13　求定积分 $\int_1^5 \ln x\mathrm{d}x$．

解　$$\int_1^5 \ln x\mathrm{d}x = x\ln x\Big|_1^5 - \int_1^5 x\mathrm{d}\ln x$$
$$= 5\ln 5 - \int_1^5 x\cdot\frac{1}{x}\mathrm{d}x = 5\ln 5 - x\Big|_1^5 = 5\ln 5 - 4.$$

例 3.3.14　求定积分 $\int_0^1 xe^x\mathrm{d}x$．

解　$$\int_0^1 xe^x\mathrm{d}x = \int_0^1 x\mathrm{d}e^x = xe^x\Big|_0^1 - \int_0^1 e^x\mathrm{d}x$$
$$= e - e^x\Big|_0^1 = 1.$$

例 3.3.15　求定积分 $\int_0^1 e^{\sqrt{x}}\mathrm{d}x$．

解　令 $\sqrt{x} = t$，则 $x = t^2$，$\mathrm{d}x = 2t\mathrm{d}t$．

换积分限：当 $x = 0$ 时，$t = 0$；$x = 1$ 时，$t = 1$．

于是 $$\int_0^1 e^{\sqrt{x}}\mathrm{d}x = 2\int_0^1 te^t\mathrm{d}t = 2(te^t\Big|_0^1 - \int_0^1 e^t\mathrm{d}t)$$
$$= 2(e - e^t\Big|_0^1) = 2.$$

习　题　3.3

1．求下列不定积分.

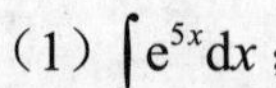

(1) $\int e^{5x}dx$；　(2) $\int(2x-1)^3 dx$；　(3) $\int\frac{x}{4+x^2}dx$；　(4) $\int\frac{\sqrt{1+\ln x}}{x}dx$.

2．求下列不定积分.

(1) $\int\frac{1}{1+\sqrt{2x}}dx$；　(2) $\int\frac{1}{\sqrt{x}+\sqrt[3]{x}}dx$；　(3) $\int\frac{1}{x\sqrt{1-x}}dx$.

3．求下列定积分.

(1) $\int_1^e\frac{\ln x}{x}dx$；　(2) $\int_1^2\frac{1}{x^2}e^{\frac{1}{x}}dx$；　(3) $\int_0^1\frac{1}{1+\sqrt[3]{x}}dx$.

4．用分部积分法求下列不定积分.

(1) $\int xe^{2x}dx$；　(2) $\int x^2\ln x dx$；　(3) $\int x^2e^{-2x}dx$.

5．用分部积分法求下列定积分.

(1) $\int_1^e x\ln x dx$；　(2) $\int_{\frac{1}{e}}^{e}|\ln x|dx$.

第四节　无限区间上的广义积分*

在前面我们讨论定积分时，都是以函数 $f(x)$ 在有限区间 $[a,b]$ 上连续为前提的．但在实际问题中，有时还会遇到积分区间是无限区间的情况.

例 3.4.1　试讨论由曲线 $y=\frac{1}{x^3}$，x 轴及直线 $x=1$ 右边所围成的"开口曲边梯形"的面积（见图 3-4-1）.

图 3-4-1

解　"开口曲边梯形"的面积可表示为

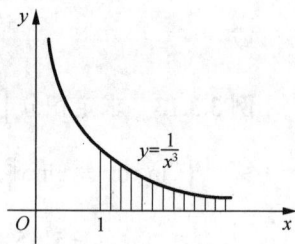

$$S=\int_1^{+\infty}\frac{1}{x^3}dx=\lim_{b\to+\infty}\int_1^b\frac{1}{x^3}dx.$$

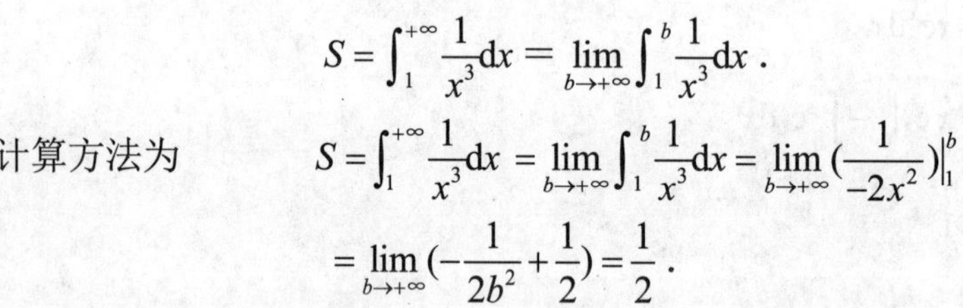

计算方法为

$$S=\int_1^{+\infty}\frac{1}{x^3}dx=\lim_{b\to+\infty}\int_1^b\frac{1}{x^3}dx=\lim_{b\to+\infty}(\frac{1}{-2x^2})\Big|_1^b$$

$$=\lim_{b\to+\infty}(-\frac{1}{2b^2}+\frac{1}{2})=\frac{1}{2}.$$

一般地可定义：若函数 $f(x)$ 在区间 $[a,+\infty)$ 上连续，取 $b>a$，则称极限 $\lim\limits_{b\to+\infty}\int_a^b f(x)dx$ 为函数 $f(x)$ 在区间 $[a,+\infty)$ 上的广义积分，记为

$$\int_a^{+\infty}f(x)dx=\lim_{b\to+\infty}\int_a^b f(x)dx.$$

如果极限 $\lim\limits_{b\to+\infty}\int_a^b f(x)dx$ 存在，则称广义积分 $\int_a^{+\infty}f(x)dx$ 收敛；如果极限 $\lim\limits_{b\to+\infty}\int_a^b f(x)dx$ 不存在，则称广义积分 $\int_a^{+\infty}f(x)dx$ 发散.

类似地，可定义函数 $f(x)$ 在区间 $(-\infty,b]$ 上的广义积分为

$$\int_{-\infty}^b f(x)dx=\lim_{a\to-\infty}\int_a^b f(x)dx.$$

函数$f(x)$在区间$(-\infty,b]$上的广义积分为

$$\int_{-\infty}^{+\infty} f(x)\mathrm{d}x=\int_{-\infty}^{c} f(x)\mathrm{d}x+\int_{c}^{+\infty} f(x)\mathrm{d}x .$$

其中c为任一实数．当右端两个广义积分都收敛时，广义积分$\int_{-\infty}^{+\infty} f(x)\mathrm{d}x$才收敛．

例 3.4.2　求广义积分$\int_{0}^{+\infty} \mathrm{e}^{-x}\mathrm{d}x$．

解　$\int_{0}^{+\infty} \mathrm{e}^{-x}\mathrm{d}x=\lim\limits_{b\to+\infty}\int_{0}^{b} \mathrm{e}^{-x}\mathrm{d}x=\lim\limits_{b\to+\infty}(-\mathrm{e}^{-x})\Big|_{0}^{b}=\lim\limits_{b\to+\infty}(-\mathrm{e}^{-b}+1)=1$．

在实际计算时，也可以把极限符号省约，简写为

$$\int_{0}^{+\infty} \mathrm{e}^{-x}\mathrm{d}x=(-\mathrm{e}^{-x})\Big|_{0}^{+\infty}=(-\mathrm{e}^{-\infty}+1)=1 .$$

例 3.4.3　求广义积分$\int_{-\infty}^{1} x\mathrm{e}^{-x^2}\mathrm{d}x$．

解　$\int_{-\infty}^{1} x\mathrm{e}^{-x^2}\mathrm{d}x=-\frac{1}{2}\int_{-\infty}^{1} \mathrm{e}^{-x^2}\mathrm{d}(-x^2)=-\frac{1}{2}\mathrm{e}^{-x^2}\Big|_{-\infty}^{1}=-\frac{1}{2\mathrm{e}^2}$．

例 3.4.4　讨论$\int_{e}^{+\infty}\frac{1}{x\ln x}\mathrm{d}x$的敛散性．

解　$\int_{e}^{+\infty}\frac{1}{x\ln x}\mathrm{d}x=\int_{e}^{+\infty}\frac{1}{\ln x}\mathrm{d}\ln x=\ln|\ln x|\Big|_{e}^{+\infty}=+\infty$．

即　$\int_{e}^{+\infty}\frac{1}{x\ln x}\mathrm{d}x$发散．

例 3.4.5　讨论广义积分$\int_{1}^{+\infty}\frac{1}{x^p}\mathrm{d}x$的敛散性．

解　（1）当$p>1$时，

$\int_{1}^{+\infty}\frac{1}{x^p}\mathrm{d}x=\frac{1}{1-p}[x^{1-p}]_{1}^{+\infty}=\frac{1}{p-1}$，收敛．

（2）当$p=1$时，

$\int_{1}^{+\infty}\frac{1}{x^p}\mathrm{d}x=\int_{1}^{+\infty}\frac{1}{x}\mathrm{d}x=\ln x\Big|_{1}^{+\infty}=+\infty$，发散．

（3）当$p<1$时，

$\int_{1}^{+\infty}\frac{1}{x^p}\mathrm{d}x=\frac{1}{1-p}[x^{1-p}]_{1}^{+\infty}=+\infty$，发散．

所以，当$p>1$时，积分$\int_{1}^{+\infty}\frac{1}{x^p}\mathrm{d}x$收敛，其值为$\frac{1}{p-1}$；

当$p\leqslant 1$时，积分$\int_{1}^{+\infty}\frac{1}{x^p}\mathrm{d}x$发散．

习　题　3.4

计算下列广义积分．

（1）$\int_{0}^{+\infty}\mathrm{e}^{-3x}\mathrm{d}x$；　（2）$\int_{1}^{+\infty}\frac{1}{x^5}\mathrm{d}x$；　（3）$\int_{0}^{+\infty}x\mathrm{e}^{-x}\mathrm{d}x$．

第五节 积分在经济分析中的应用

定积分是一种实用性很强的数学方法，在科学技术及在经济领域中它有着广泛的应用．本节主要介绍它在经济方面及几何上的一些应用，以帮助读者提高解决实际问题的能力．

一、积分在经济分析中的应用

案例 3.5.1 已知总产量的变化率，如何求总产量？

例 3.5.1 设某产品在时刻 t 总产量的变化率为

$$f(t)=100+12t-0.6t^2 \text{（单位/小时）}$$

求从 $t=2$ 到 $t=4$ 这两小时的总产量．

解 设总产量为 $P(t)$，由已知条件有 $P'(t)=f(t)$，即总产量 $P(t)$ 是 $f(t)$ 的一个原函数，所以从 $t=2$ 到 $t=4$ 这两小时的总产量为

$$P(4)-P(2)=\int_2^4 f(t)\mathrm{d}t=\int_2^4\left(100+12t-0.6t^2\right)\mathrm{d}t$$
$$=\left(100t+6t^2-0.2t^3\right)\Big|_2^4=260.8$$

即从 $t=2$ 到 $t=4$ 这两小时的总产量为 260.8 单位．

1. 已知边际函数，求总量函数

由于总量函数（如总成本、总收益、总利润等）的导数就是边际函数（如边际成本、边际收入、边际利润等），当已知初始条件时，即可用积分来求总量函数．

例如：若已知边际成本 $C'(x)$，边际收入 $R'(x)$，固定成本 C_0，则

总成本函数 $C(x)=\int_0^x C'(x)\mathrm{d}x+C_0$；

总收入函数 $R(x)=\int_0^x R'(x)\,\mathrm{d}x$；

总利润函数 $L(x)=\int_0^x [R'(x)-C'(x)]\,\mathrm{d}x-C_0$．

例 3.5.2 已知某产品的边际成本函数为 $C'(x)=x+24$，固定成本为 1000 元，求总成本函数 $C(x)$．

解 总成本函数

$$C(x)=\int_0^x C'(x)\,\mathrm{d}x+C_0=\int_0^x(x+24)\,\mathrm{d}x+1000$$
$$=(\frac{x^2}{2}+24x)\Big|_0^x+1000=\frac{x^2}{2}+24x+1000\,.$$

2. 已知边际函数，求总量函数的极值

设边际收入为 $R'(x)$，边际成本为 $C'(x)$，固定成本为 C_0，已知 $R'(x)=C'(x)$ 时，即 $x=x_0$ 时利润最大，则最大利润为 $L(x_0)=\int_0^{x_0}[R'(x)-C'(x)]\,\mathrm{d}x-C_0$．

例 3.5.3 某种产品每天生产 x 单位时固定成本为 100 元，边际成本为 $C'(x)=0.6x+20$（元/单位），边际收入 $R'(x)=38$（元/单位），求：

（1）每天生产多少单位时利润最大？最大利润是多少？

（2）从利润最大时的产量又生产了 10 个单位的产品，利润将减少多少？

解　（1）由利润最大原则知，当 $R'(x)=C'(x)$ 时利润最大，即

$$38=0.6x+20,$$

从而得 $x_0=30$，即 $x_0=30$ 时利润最大，这时最大利润为

$$L(30)=\int_0^{30}[R'(x)-C'(x)]dx-C_0=\int_0^{30}(38-0.6x-20)dx-100$$

$$=(18x-0.3x^2)\Big|_0^{30}-100=170\text{（元）}.$$

（2）$L(40)-L(30)=\int_{30}^{40}[R'(x)-C'(x)]dx=\int_{30}^{40}(18-0.6x)dx$

$$=(18x-0.3x^2)\Big|_{30}^{40}=-30\text{（元）}.$$

即从最大利润的产量 $x=30$ 单位，再生产 10 个单位产品利润减少 30 元.

例 3.5.4　设某种商品每天生产 x 单位时边际成本函数为 $C'(x)=0.4x+2$（元/单位），固定成本为 20 元，求总成本函数 $C(x)$. 若这种商品规定的售价为 18 元，且产品可以全部售出，求总利润函数 $L(x)$，并问每天生产多少单位时才能获得最大利润.

解　总成本函数为

$$C(x)=\int_0^x C'(x)dx+C_0=\int_0^x(0.4x+2)dx+20$$

$$=(0.2x^2+2x)\Big|_0^x+20=0.2x^2+2x+20.$$

设销售 x 单位商品得到的总收益为 $R(x)$，则由题意有 $R(x)=18x$，

总利润函数为

$$L(x)=R(x)-C(x)=18x-(0.2x^2+2x+20)$$

$$=16x-0.2x^2-20.$$

由　$L'(x)=16-0.4x=0$，解得 $x=40$，而 $L''(x)=-0.4<0$，所以每天生产 40 单位时才能获最大利润. 最大利润为

$$L(40)=16\times40-0.2\times40^2-20=300\text{（元）}.$$

3. 资本现值与投资问题

若现有本金 p_0 元，以年利率 r 的连续复利计算 t 年后的本利和为 $A(t)=p_0e^{rt}$.

反之，若某项投资资金 t 年后的本利和 A 已知，则按连续复利计算，现在应有资金 $p_0=Ae^{-rt}$，称 p_0 为资本现值.

在时间区间 $[0,T]$ 内，t 时刻的单位时间收入为 $A(t)$，称此为收入率，按年利率 r 的连续复利计算，则在时间区间 $[t,t+dt]$ 内的收入现值为 $A(t)e^{-rt}dt$，在 $[0,T]$ 内得到的总收入现值为 $p=\int_0^T A(t)e^{-rt}dt$.

特别地，当收入率为常数 A 时，$p=\int_0^T Ae^{-rt}dt=\frac{A}{r}\left(1-e^{-rT}\right)$.

纯收入的贴现值＝总收入现值－总投资.

例 3.5.5　对某企业给予一笔投资 B，经测算该企业可以按每年 a 元的均匀收入率获得收入，若年利率为 r，试求该投资的纯收入的贴现值及收回该笔投资的时间.

解　因收入率为 a，年利率为 r，故投资 T 年后总收入的现值为

$$p=\int_0^T a\mathrm{e}^{-rt}\mathrm{d}t=\frac{a}{r}(1-\mathrm{e}^{-rT}),$$

从而投资所得的纯收入的贴现值为

$$R=P-B=\frac{a}{r}(1-\mathrm{e}^{-rT})-B.$$

收回投资所用的时间，也就是总收入的现值等于投资，故有

$$\frac{a}{r}(1-\mathrm{e}^{-rT})=B,$$

由此解得收回投资的时间 $T=\frac{1}{r}\ln\frac{a}{a-Br}$.

例如，若对某企业投资 1000 万元，年利率为 5%，设 20 年内每年均匀收入率为 $a=200$ 万元，则总收入的现值为

$$P=\frac{a}{r}(1-\mathrm{e}^{-rT})=\frac{200}{0.05}(1-\mathrm{e}^{-0.05\times 20})=4000(1-\mathrm{e}^{-1})\approx 2528.5\ （万元）,$$

从而投资所得的纯收入的贴现值为

$$R=P-B=2528.5-1000=1528.5\ （万元）,$$

收回投资的时间为

$$T=\frac{1}{r}\ln\frac{a}{a-Br}=\frac{1}{0.05}\ln\frac{200}{200-1000\times 0.05}=20\ln\frac{4}{3}\approx 5.75\ （年）,$$

即该投资在 20 年中可获纯利润约 1528.5 万元，投资回收期约为 5.75 年.

例 3.5.6 有一个大型投资项目，投资成本为 $B=10000$（万元），投资年利率为 5%，每年的均匀收入率为 $a=2000$（万元），求该投资为无限期时的纯收入的贴现值.

解 由已知条件收入率为 $a=2000$（万元），年利率为 $r=5\%$，故无限期的投资的总收入的贴现值为

$$y=\int_0^{+\infty}A\mathrm{e}^{-rt}\mathrm{d}t$$

$$=\int_0^{+\infty}2000\mathrm{e}^{-0.05t}\mathrm{d}t=\frac{2000}{0.05}(-\mathrm{e}^{-0.05t})\Big|_0^{+\infty}=2000\times\frac{1}{0.05}=40000\ （万元）,$$

从而投资为无限期时的纯收入的贴现值为

$$R=y-B=40000-10000=30000\ （万元）.$$

二、积分在几何上的应用举例

1. 在直角坐标系下求平面图形的面积

（1）由定积分的几何意义我们知道，由曲线 $y=f(x)$，$(f(x)\geqslant 0)$ 及直线 $x=a$ 与 $x=b$（$a<b$）与 x 轴所围成的曲边梯形面积的计算公式为

$$A=\int_a^b f(x)\mathrm{d}x.$$

一般地，由曲线 $y=f(x)$ 及直线 $x=a$ 与 $x=b$（$a<b$）与 x 轴所围成的图形面积为

$$A=\int_a^b|f(x)|\mathrm{d}x.$$

说明：此时 $f(x)$ 在 $[a,b]$ 上可正可负，它的面积 A 的微元是以 $|f(x)|$ 为高，$\mathrm{d}x$ 为底的矩形面积，即 $\mathrm{d}A=|f(x)|\mathrm{d}x$.

（2）由上下两条曲线 $y=f(x)$ 与 $y=g(x)$ 及直线 $x=a$，$x=b$（$a<b$）所围成的图形面积为（见图 3-5-1）

$$A=\int_a^b |f(x)-g(x)|\mathrm{d}x\ .$$

（3）由左右两条曲线 $x=\phi(y)$ 与 $x=\varphi(y)$ 及直线 $y=c$，$y=d$（$c<d$）所围成的图形面积为（见图 3-5-2）

$$A=\int_a^b |\phi(y)-\varphi(y)|\,\mathrm{d}y\ .$$

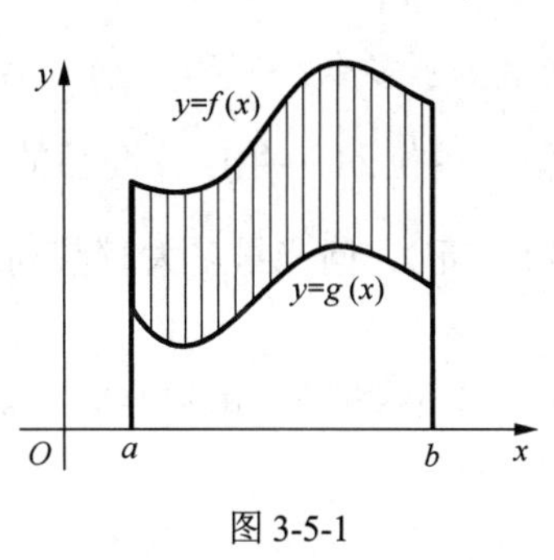

图 3-5-1

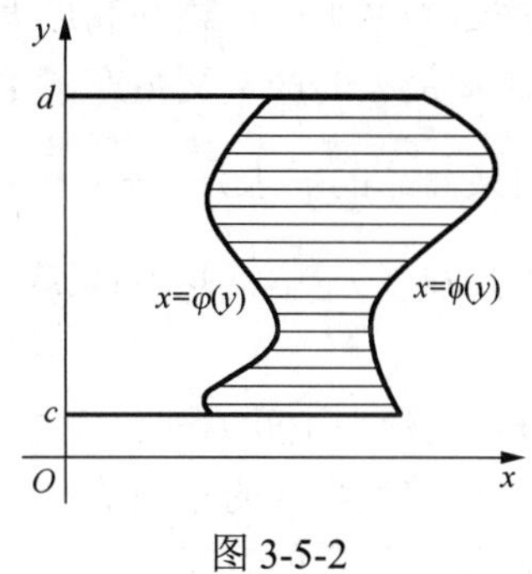

图 3-5-2

例 3.5.7　求由曲线 $y=x^3$ 与直线 $x=-2$、$x=2$ 及 x 轴所围成的平面图形的面积.

解　$A=\int_{-2}^{2}|x^3|\mathrm{d}x=\int_{-2}^{0}(-x^3)\mathrm{d}x+\int_0^2 x^3\mathrm{d}x$

$=(-\frac{1}{4}x^4)\Big|_{-2}^{0}+\frac{1}{4}x^4\Big|_0^2=4+4=8\ .$

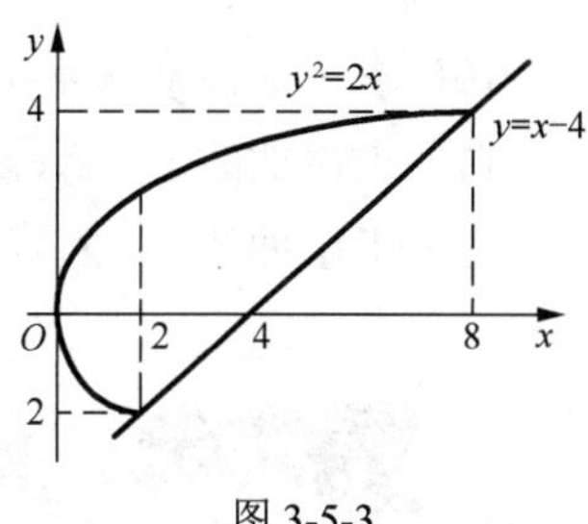

图 3-5-3

例 3.5.8　计算抛物线 $y^2=2x$ 与直线 $y=x-4$ 所围成的图形面积.

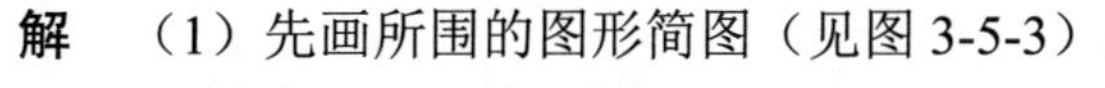

解　（1）先画所围的图形简图（见图 3-5-3）.

解方程 $\begin{cases} y^2=2x \\ y=x-4 \end{cases}$，得交点：$(2,-2)$ 和 $(8,4)$.

（2）选取 y 为积分变量，则 $-2\leqslant y\leqslant 4$.

$$A=\int_{-2}^{4}\left(y+4-\frac{1}{2}y^2\right)\mathrm{d}y=\left[\frac{y^2}{2}+4y-\frac{y^3}{6}\right]_{-2}^{4}=18\ .$$

本题若选择 x 为积分变量，则计算会麻烦些.

习　题　3.5

1．已知某产品总产量的变化率是时间 t（单位：年）的函数 $f(t)=2t+5$（$t\geqslant 0$），求第 1 个五年和第 2 个五年的总产量各为多少.

2．已知生产某商品 x 单位时，边际收入函数为 $R'(x)=200-\frac{x}{50}$（元/单位），试求生产 x 单位时总收入函数 $R(x)$ 以及平均单位收入 $\overline{R}(x)$.并求生产这种产品 2000 单位时的总收入和平均单位收入.

3．设某产品的边际成本是产量q的函数，$C'(q)=4+0.25q$（万元 / 吨），边际收入也是产量q的函数，$R'(q)=80-q$（万元 / 吨）.

（1）求产量由 10t 增加到 50t 时，总成本和总收入各增加多少？

（2）设固定成本为$C(0)=10$（万元），求总成本函数和总收入函数.

4．某产品的总成本 C（万元）的变化率（边际成本）$C'=1$，总收入 R（万元）的变化率（边际收入）为生产量x（百台）的函数$R'(x)=5-x$，

（1）求产量为多少时，总利润最大?

（2）从利润最大的产量又生产了 100 台，总利润减少了多少?

5．已知某商品的需求为$Q=150-\frac{1}{3}p$（p为价格，单位:元）生产该商品的边际成本为$C'(Q)=42+0.8Q$（元/单位），固定成本为$C(0)=1240$（元），问产量多大时获利最大？最大利润是多少?

6．某投资总额为 100 万元，在 20 年中每年可获收益 25 万元，年利率为 5%，试求:

（1）该投资的纯收入的贴现值;

（2）回收该项投资的时间.

7．求由曲线$y=\sqrt{x}$与$y=x^3$所围成的平面图形的面积.

8．求由曲线$y=\mathrm{e}^x$，$y=x^2$，$x=0$, $x=1$所围成的图形面积.

9．求由曲线$y=\mathrm{e}^x$，$y=\mathrm{e}^{-x}$，$x=1$所围成的图形面积.

10．求由曲线$y^2=4-x$，$y^2=3x$所围成的图形面积.

11．求由曲线$y=x^2$，$x+y=2$所围成的图形面积.

12．求由曲线$y=2x-x^2$，$x+y=0$所围成的图形面积.

第六节 使用 MATLAB 求积分（实验 3）

MATLAB 积分命令如表 3-6-1 所示。

表 3-6-1

命令	解 释
int(f) 或 int(f,x)	计算$\int f(x)\mathrm{d}x$
int(f,a,b)或 int(f,x,a,b)	计算$\int_a^b f(x)\mathrm{d}x$

例 3.6.1 求$\int\frac{1+x^2}{x\sqrt{x}}\mathrm{d}x$.

解

```
>> syms x
>> int((1+x^2)/(x*sqrt(x)))
 ans =
```

```
2/3*x^(3/2)-2/x^(1/2)
```

例 3.6.2　求$\int_{-1}^{3}|2-x|\mathrm{d}x$.

解

```
>> clear
>> syms x
>> int(abs(2-x),x,-1,3)
ans =
5
```

例 3.6.3　求$\int_{-\infty}^{+\infty}\frac{1}{1+x^2}\mathrm{d}x$.

解

```
>> clear
>> syms x
>> int(1/(1+x^2),x,-inf,+inf)
 ans =
 pi
```

例 3.6.4　已知某产品的边际成本和边际收入分别为

$$C'(x)=x^2-4x+6\text{，}\quad R'(x)=105-2x$$

其中x为销售量．求当销售量为多少时有最大利润？最大利润是多少？

解　利润函数为$L(x)=R(x)-C(x)$，令 $L'(x)=R'(x)-C'(x)=0$，

在 MATLAB 窗口中输入：

```
>> clear
>> syms x dR dC dL
>> dR=105-2*x;dC=x^2-4*x+6;dL=dR-dC
dL =
99+2*x-x^2
>> x0=solve(dL)
x0 =
 -9
 11
>> d2L=diff(99+2*x-x^2,x)
d2L =
2-2*x
>> subs(d2L,11)
ans =
    -20
```

解得驻点$x_0=11$，即销售量为 11 时利润最大．最大利润为$L=\int_{0}^{11}L'(x)\mathrm{d}x$.

在 MATLAB 窗口中输入：

```
>> L=int(dL,x,0,11)
 L =2299/3
```

所以最大利润为 766.3.

例 3.6.5 近年来，世界范围内每年的石油消耗率呈指数增长．设从 1980 年起（t=0）第 t 年的石油消耗率为 $r'(t)=231\mathrm{e}^{0.09t}$(亿桶)．求从 1980 年到 2000 年石油消耗总量.

解 模型求解思路如下：

$$r(20)-r(0)=\int_0^{20} r'(t)\mathrm{d}t$$

MATLAB 运行如下：

```
>> syms t r
>> r=int(231*exp(0.09*t),0,20)
 r =
 7700/3*exp(9/5)-7700/3
```

所以从 1980 年到 2000 年石油消耗总量为 12961 亿桶.

习 题 3.6

1．上机验证上面各例.

2．做相关小节例题与习题中积分计算.

3．求下列积分.

（1）$\int \frac{\mathrm{e}^{\frac{1}{x}}}{x^2}\mathrm{d}x$；（2）$\int x^2 \sin x\,\mathrm{d}x$；（3）$\int_0^3 \frac{x}{\sqrt{x+1}}\mathrm{d}x$；（4）$\int_0^1 x\mathrm{e}^{2x}\mathrm{d}x$.

第四章　多元函数微分及其经济应用

在自然科学、经济关系和工程技术的研究中常常遇到依赖于两个或更多个自变量的函数，这种函数统称为多元函数．本章将在一元函数微分学的基础上，讨论多元函数的基本概念和微分法及其应用．因为，从一元推广到二元时会产生许多新问题，而由二元推广到三元或更多元时，一般不会有太多变化．所以，本书主要讨论二元函数．学习本章内容时，要注意与一元函数对照，注意它们之间的联系和区别，以便更好地掌握多元函数的基本概念和方法．

第一节　二元函数与偏导数

一、二元函数的概念

经济现象中，有的经济变量的变化，由另外两个或两个以上的经济变量的取值确定．观察下面的案例．

案例 4.1.1　工厂生产 A、B 两种产品的单位可变成本分别为 5 元/kg、3 元/kg，在生产过程中还需要支付机器设备维护费等固定成本 60000 元．若该厂下月生产 A、B 两种产品的产量分别 x、y kg，则该厂下月生产 A、B 两种产品的总成本为多少？

解　设总成本为 C，则

$$C = C(x,y) = 5x + 3y + 60000$$

案例 4.1.2　（柯布-道格拉斯生产函数）经济学中，生产的产量 Q 的多少，由生产过程中消耗的各种生产要素确定，在约定其他生产要素不变的条件下，产量 Q 主要由投入的劳动量 L 和资本量 K 这两种生产要素确定．其函数可表示如下：

$$Q = f(L,K)$$

经济学中称为生产函数．著名的柯布-道格拉斯生产函数

$$Q = AL^{\alpha}K^{1-\alpha}$$

就是生产函数的一种具体形式，其中 A 与 α 是常数，且 $0<\alpha<1$．

定义 4.1.1　设有 3 个变量 x,y 和 z，如果变量 x 和 y 在某一范围 D 内取一对确定值 (x,y) 时，按照法则 f 有确定的 z 值与之对应，则称 z 是 x,y 的二元函数，记作：$z=f(x,y)$．其中，z 为函数（因变量），x,y 为自变量，f 为对应法则。

二元函数概念的几点说明．

（1）类似的有二元以上函数的定义，如三元函数、四元函数等．

（2）二元及二元以上的函数统称为多元函数．

（3）二元函数定义域的几何意义是平面点集，函数 $z=f(x,y)$ 的图形一般是空间的一张曲面．三元函数定义域的几何意义是空间点集，三元以上函数已没有几何意义．

例 4.1.1 圆柱体的底面半径为r，高为h，则圆柱体积

$$v=\pi\cdot r^2\cdot h$$

这是一个以r，h为自变量，v为因变量的二元函数．根据问题的实际意义，函数的定义域为

$$D=\{(r,h)|r>0,h>0\}$$

例 4.1.2 某企业生产某种产品的产量Q与投入的劳动力L和资金K有下面的关系：

$$Q=AL^{\alpha}K^{\beta}\quad（A，\alpha，\beta \text{均为正常数}）$$

根据问题的实际意义，函数的定义域为

$$D=\{(L,K)|L>0,K>0\}$$

求二元函数的定义域与一元函数相似．

例 4.1.3 求函数$z=\dfrac{\sqrt{x-y^2}}{\ln(1-x^2-y^2)}$的定义域．

解

$$\begin{cases}x-y^2\geqslant 0\\1-x^2-y^2>0\\1-x^2-y^2\neq 0\end{cases}$$

即

$$\begin{cases}x\geqslant y^2\\x^2+y^2<1\\x\neq 0,y\neq 0\end{cases}$$

于是，函数的定义域为$D=\{(x,y)|x\geqslant y^2,x^2+y^2<1,x\neq 0,y\neq 0\}$．

二、偏导数

偏增量：$\Delta_x z=f(x_0+\Delta x,y_0)-f(x_0,y_0)$称为函数$f(x,y)$关于$x$的偏增量．

$\Delta_y z=f(x_0,y_0+\Delta y)-f(x_0,y_0)$称为函数$f(x,y)$关于$y$的偏增量．

全增量：$\Delta z=f(x_0+\Delta x,y_0+\Delta y)-f(x_0,y_0)$称为函数$f(x,y)$的全增量．

1. 定义

定义 4.1.2 若极限$\lim\limits_{\Delta x\to 0}\dfrac{\Delta_x z}{\Delta x}$存在，则称此极限值为$f(x,y)$在$(x_0,y_0)$处对$x$的偏导数．记为

$$f_x'(x_0,y_0)\text{或}\left.\frac{\partial f}{\partial x}\right|_{(x_0,y_0)}，\left.\frac{\partial z}{\partial x}\right|_{(x_0,y_0)}，z_x|_{(x_0,y_0)}$$

若极限$\lim\limits_{\Delta y\to 0}\dfrac{\Delta_y z}{\Delta y}$存在，则称此极限值为$f(x,y)$在$(x_0,y_0)$处对$y$的偏导数．记为

$$f_y'(x_0,y_0)\text{或}\left.\frac{\partial f}{\partial y}\right|_{(x_0,y_0)}，\left.\frac{\partial z}{\partial y}\right|_{(x_0,y_0)}，z_y|_{(x_0,y_0)}$$

若函数$z=f(x,y)$对于平面区域D内每一点(x,y)处都存在对x(或y)的偏导数，则称$f_x'(x,y)$和$f_y'(x,y)$为偏导函数，简称为偏导数．记作

$$f_x'(x,y)，\ \frac{\partial f(x,y)}{\partial x}，\ \frac{\partial z}{\partial x}，\ z_x'$$

$$f_y'(x,y)，\ \frac{\partial f(x,y)}{\partial y}，\ \frac{\partial z}{\partial y}，\ z_y'$$

2. 偏导数的计算

根据偏导数的定义，求$\frac{\partial z}{\partial x}$（或$\frac{\partial z}{\partial y}$）时，视$y$（或$x$）为常量，此时$z$就可以看做是$x$（或$y$）的一元函数，用一元函数的求导公式法则计算即可．一般地，多元函数对一个自变量求偏导数，视其余的自变量为常量，用一元函数的求导法则计算．

例 4.1.4　设$f(x,y)=x^3-2x^2y+3y^4$，求$f_x'(x,y)$，$f_y'(x,y)$，$f_x'(1,1)$，$f_y'(1,1)$．

解　$f_x'(x,y)=3x^2-4xy$　　　$f_y'(x,y)=-2x^2+12y^3$

$f_x'(1,1)=3\times1^2-4\times1\times1=-1$　　　$f_y'(1,1)=-2\times1^2+12\times1^3=10$

例 4.1.5　设$z=y^x$，求z_x',z_y'．

解　$z_x'=y^x\cdot\ln y$　　　$z_y'=x\cdot y^{x-1}$

例 4.1.6　设$z=(x^2+y^2)\ln(x^2+y^2)$，求$\frac{\partial z}{\partial x}$，$\frac{\partial z}{\partial y}$．

解
$$\frac{\partial z}{\partial x}=2x\ln(x^2+y^2)+(x^2+y^2)\cdot\frac{1}{(x^2+y^2)}\cdot2x=2x(1+\ln(x^2+y^2))$$
$$\frac{\partial z}{\partial y}=2y\ln(x^2+y^2)+(x^2+y^2)\cdot\frac{1}{(x^2+y^2)}\cdot2y=2y(1+\ln(x^2+y^2))$$

3. 二阶偏导数

设$z=f(x,y)$在区域D内偏导数存在，则$f_x'(x,y)$和$f_y'(x,y)$也是x,y的二元函数，叫做$z=f(x,y)$的一阶偏导数．如果其偏导数也存在，则一阶偏导数的偏导数称为二阶偏导数．按照求导次序的不同分别记作

$$\frac{\partial^2 z}{\partial x^2}\quad\frac{\partial^2 z}{\partial x\partial y}\quad\frac{\partial^2 z}{\partial y\partial x}\quad\frac{\partial^2 z}{\partial y^2}$$

或
$$f_{xx}''(x,y)，\ f_{xy}''(x,y)，\ f_{yx}''(x,y)，\ f_{yy}''(x,y)$$

当$f_{xy}''(x,y)$，$f_{yx}''(x,y)$为x,y的连续函数时，有$f_{xy}''(x,y)=f_{yx}''(x,y)$．

例 4.1.7　设$z=x^4+4x^3y+x^2y^4-2y^5$，求$\frac{\partial^2 z}{\partial x^2}$，$\frac{\partial^2 z}{\partial x\partial y}$，$\frac{\partial^2 z}{\partial y\partial x}$，$\frac{\partial^2 z}{\partial y^2}$．

解　$\frac{\partial z}{\partial x}=4x^3+12x^2y+2xy^4$　　　$\frac{\partial z}{\partial y}=4x^3+4x^2y^3-10y^4$

$\frac{\partial^2 z}{\partial x^2}=12x^2+24xy+2y^4$　　　$\frac{\partial^2 z}{\partial x\partial y}=12x^2+8xy^3$

$\frac{\partial^2 z}{\partial y\partial x}=12x^2+8xy^3$，　　　$\frac{\partial^2 z}{\partial y^2}=12x^2y^2-40y^3$

三、全微分

1. 定义

定义 4.1.3　若$z=f(x,y)$在(x,y)处的全增量$\Delta z=f(x_0+\Delta x,y_0+\Delta y)-f(x_0,y_0)$可以表示

成$\Delta z = A\Delta x + B\Delta y + o(\rho)$（其中$A,B$是与$\Delta x,\Delta y$无关的量，$\rho = \sqrt{(\Delta x)^2 + (\Delta y)^2}$），则称$z = f(x,y)$在$(x,y)$处可微分，并称$A\Delta x + B\Delta y$为$z = f(x,y)$在$(x,y)$处的全微分．记作

$$dz = A\Delta x + B\Delta y$$

若$z = f(x,y)$在(x,y)处有连续偏导数，则有$dz = f_x'(x,y)dx + f_y'(x,y)dy$．

2．全微分的计算

例 4.1.8 求函数$z = x^4 + 4x^3y + x^2y^4 - 2y^5$的全微分$dz$．

解 因为$\frac{\partial z}{\partial x} = 4x^3 + 12x^2y + 2xy^4$，$\frac{\partial z}{\partial y} = 4x^3 + 4x^2y^3 - 10y^4$

所以 $dz = \frac{\partial z}{\partial x}dx + \frac{\partial z}{\partial y}dy$

$$= \left(4x^3 + 12x^2y + 2xy^4\right)dx + \left(4x^3 + 4x^2y^3 - 10y^4\right)dy$$

例 4.1.9 设$z = e^{xy}$，求（1）dz；（2）当$x = 1, y = 1, \Delta x = 0.01, \Delta y = 0.02$时的$dz$值。

解 （1）因为$z_x' = ye^{xy}$，$z_y' = xe^{xy}$

所以$dz = z_x' \cdot dx + z_y' \cdot dy = e^{xy}\left(ydx + xdy\right)$

（2）$dz = e^{1\times 1}(1\times 0.01 + 1\times 0.02) = e\times 0.03 = 0.03e$

四、复合函数与隐函数的微分法

1．复合函数的微分法

设$z = f(u,v)$是变量u,v的函数，而u,v又是x,y的函数：$u = \varphi(x,y), v = \psi(x,y)$，于是$z$就是$x,y$的一个二元复合函数：$z = f\left(\varphi(x,y), \psi(x,y)\right)$．

下面我们直接从函数$z = f(u,v)$的偏导数与$u = \varphi(x,y), v = \psi(x,y)$的偏导数计算出函数$z$对自变量$x$与$y$的偏导数．

定理 4.1.1 设函数$u = \varphi(x,y), v = \psi(x,y)$在点$(x,y)$处有偏导数，而函数$z = f(u,v)$在对应点$(u,v)$有连续偏导数，则复合函数$z = f\left(\varphi(x,y), \psi(x,y)\right)$在点$(x,y)$有偏导数$\frac{\partial z}{\partial x}$和$\frac{\partial z}{\partial y}$，且

$$\frac{\partial z}{\partial x} = \frac{\partial z}{\partial u}\cdot\frac{\partial u}{\partial x} + \frac{\partial z}{\partial v}\cdot\frac{\partial v}{\partial x}$$
$$\frac{\partial z}{\partial y} = \frac{\partial z}{\partial u}\cdot\frac{\partial u}{\partial y} + \frac{\partial z}{\partial v}\cdot\frac{\partial v}{\partial y}$$

此计算法则称为链式法则．

特别$\frac{dz}{dx} = \frac{\partial z}{\partial u}\frac{du}{dx} + \frac{\partial z}{\partial v}\frac{dv}{dx}$称为全导数公式．

求复合函数偏导数方法步骤：

第一步，弄清找准复合关系，写出公式；

第二步，求公式中的每一个导数．

例 4.1.10 设$z = e^u \ln v$，$u = xy$，$v = x + y$，求$\frac{\partial z}{\partial x}$，$\frac{\partial z}{\partial y}$．

解　由复合函数求导公式得

$$\begin{aligned}\frac{\partial z}{\partial x}&=\frac{\partial z}{\partial u}\cdot\frac{\partial u}{\partial x}+\frac{\partial z}{\partial v}\cdot\frac{\partial v}{\partial x}\\&=\mathrm{e}^{u}\ln v\cdot y+\mathrm{e}^{u}\frac{1}{v}\\&=\mathrm{e}^{xy}\left[y\ln(x+y)+\frac{1}{x+y}\right]\end{aligned}$$

$$\begin{aligned}\frac{\partial z}{\partial y}&=\frac{\partial z}{\partial u}\cdot\frac{\partial u}{\partial y}+\frac{\partial z}{\partial v}\cdot\frac{\partial v}{\partial y}\\&=\mathrm{e}^{u}\ln v\cdot x+\mathrm{e}^{u}\frac{1}{v}\\&=\mathrm{e}^{xy}\left[x\ln(x+y)+\frac{1}{x+y}\right].\end{aligned}$$

例 4.1.11　设 $z=\left(x^2-2y\right)^{xy}$ 求 $\frac{\partial z}{\partial x}$，$\frac{\partial z}{\partial y}$.

解　令 $u=x^2-2y$，$v=xy$，这时 $z=u^v$

$$\begin{aligned}\frac{\partial z}{\partial x}&=\frac{\partial z}{\partial u}\cdot\frac{\partial u}{\partial x}+\frac{\partial z}{\partial v}\cdot\frac{\partial v}{\partial x}=vu^{v-1}\cdot 2x+u^{v}\ln u\cdot y\\&=u^{v}\left(\frac{2xv}{u}+y\ln u\right)=\left(x^2-2y\right)^{xy}\left(\frac{2x^2y}{x^2-2y}+y\ln\left(x^2-2y\right)\right)\end{aligned}$$

$$\begin{aligned}\frac{\partial z}{\partial y}&=\frac{\partial z}{\partial u}\cdot\frac{\partial u}{\partial y}+\frac{\partial z}{\partial v}\cdot\frac{\partial v}{\partial y}=vu^{v-1}\cdot(-2)+u^{v}\ln u\cdot x\\&=u^{v}\left(\frac{-2v}{u}+x\ln u\right)=\left(x^2-2y\right)^{xy}\left(\frac{-2xy}{x^2-2y}+x\ln\left(x^2-2y\right)\right)\end{aligned}$$

例 4.1.12　设 $z=f\left(x^2-y^2,xy\right)$，求 $\frac{\partial z}{\partial x}$，$\frac{\partial z}{\partial y}$.

解　令 $u=x^2-y^2$，$v=xy$，这时 $z=f(u,v)$

$$\frac{\partial z}{\partial x}=\frac{\partial z}{\partial u}\cdot\frac{\partial u}{\partial x}+\frac{\partial z}{\partial v}\cdot\frac{\partial v}{\partial x}=\frac{\partial z}{\partial u}\cdot 2x+\frac{\partial z}{\partial v}\cdot y=2x\frac{\partial z}{\partial u}+y\frac{\partial z}{\partial v}$$

$$\frac{\partial z}{\partial y}=\frac{\partial z}{\partial u}\cdot\frac{\partial u}{\partial y}+\frac{\partial z}{\partial v}\cdot\frac{\partial v}{\partial y}=\frac{\partial z}{\partial u}(-2y)+\frac{\partial z}{\partial v}\cdot x=x\frac{\partial z}{\partial v}-2y\frac{\partial z}{\partial u}$$

2. 隐函数的微分法

如果方程 $F(x,y,z)=0$ 能确定 z 是 x,y 的函数 $z=f(x,y)$，且 $z=f(x,y)$ 具有连续偏导数，则 $F\left(x,y,f(x,y)\right)\equiv 0$．这时的 $z=f(x,y)$ 称为隐函数.

如何求 z'_x，z'_y 呢？

因为　　$F\left(x,y,f(x,y)\right)\equiv 0$

所以　　$F'_x+F'_z\cdot Z'_x=0$

移项得　　$\frac{\partial z}{\partial x}=z'_x=-\frac{F'_x}{F'_z}$

同理得 $$\frac{\partial z}{\partial y}=z'_y=-\frac{F'_y}{F'_z}$$

例 4.1.13 设方程 $\mathrm{e}^z=xyz$ 确定隐函数 $z=f(x,y)$ 求 $\frac{\partial z}{\partial x}$，$\frac{\partial z}{\partial y}$.

解法一 令 $F(x,y,z)=\mathrm{e}^z-xyz$

因为 $$F'_x=-yz,\ F'_x=-xz,\ F'_x=\mathrm{e}^z-xy$$

所以 $$\frac{\partial z}{\partial x}=-\frac{F'_x}{F'_z}=-\frac{-yz}{\mathrm{e}^z-xy}=\frac{yz}{\mathrm{e}^z-xy}$$

$$\frac{\partial z}{\partial y}=-\frac{F'_y}{F'_z}=-\frac{-xz}{\mathrm{e}^z-xy}=\frac{xz}{\mathrm{e}^z-xy}$$

解法二 等式两边对 x 求偏导.

$$\mathrm{e}^z\cdot\frac{\partial z}{\partial x}=yz+xy\cdot\frac{\partial z}{\partial x}$$

移项得 $$\frac{\partial z}{\partial x}=\frac{yz}{\mathrm{e}^z-xy}$$

同理得 $$\frac{\partial z}{\partial y}=\frac{xz}{\mathrm{e}^z-xy}$$

例 4.1.14* 设方程 $\ln\sqrt{x^2+y^2}=\arctan\frac{y}{x}$，确定隐函数 $y=f(x)$，求 y'.

解 设 $F(x,y)=\ln\sqrt{x^2+y^2}-\arctan\frac{y}{x}$，则

$$\frac{\partial F}{\partial x}=\frac{x}{x^2+y^2}-\frac{1}{1+(\frac{y}{x})^2}(-\frac{y}{x^2})=\frac{x+y}{x^2+y^2}.$$

$$\frac{\partial F}{\partial y}=\frac{x}{x^2+y^2}-\frac{1}{1+(\frac{y}{x})^2}(\frac{1}{x})=\frac{y-x}{x^2+y^2}.$$

于是 $$y'=-\frac{\frac{\partial F}{\partial x}}{\frac{\partial F}{\partial y}}=\frac{x+y}{x-y}.$$

习 题 4.1

1. 求下列二元函数的定义域.

（1）$z=\sqrt{x}+\sqrt{y}$；（2）$z=\ln(-x-y)$；

（3）$f(x,y)=\sqrt{x+y}$；（4）$f(x,y)=\frac{1}{\sqrt{x^2+y^2}}$；

（5）$f(x,y)=\ln(1+x+y)$；（6）$f(x,y)=\frac{1}{\sqrt{1-x^2-y^2}}$；

（7）$z=\frac{1}{\sqrt{y-x}}$；（8）$f(x,y)=\sqrt{x\cdot y}$.

2. 求下列多元函数的一阶偏导数.

（1）$z = xy + \dfrac{x}{y}$；　（2）$z = axe^{-y} + by$（a,b 都是常数）；

（3）$z = x^3 + 2x^2y^3 + e^{xy}$；　（4）$z = \dfrac{xy}{x+y}$；

（5）$z = \ln\left(x + \ln y\right)$；　（6）$u = y^{\frac{z}{x}}$.

3. 求 $z = 3x^2 + 5xy + y^3$ 在点（0，2）的偏导数.

4. 设 $f(x,y) = \ln\left[x(1+\dfrac{2}{y})\right]$，求 $\left.\dfrac{\partial f}{\partial y}\right|_{\substack{x=1\\y=1}}$.

5. 求下列函数的二阶偏导数.

（1）$z = x^4 - 4x^2y^2 + y^4$；　（2）$z = x\ln(x+y)$；

（3）$z = e^{xy} + x$；　（4）$z = \dfrac{1}{2}\ln\left(x^2 + y^2\right)$.

6. 设 $f(x,y) = e^{x^2 - y^2}$，求在点（1，1）的二阶偏导数.

7. 设 $z = x^3y + \ln(x^2 + y^2)$，求 $\left.\dfrac{\partial^2 z}{\partial x \partial y}\right|_{\substack{x=1\\y=1}}$.

8. 设 $f(x,y,z) = xy^2 + yz^2 + zx^2$，求 $f''_{xx}(0,0,1), f''_{xy}(1,0,2), f''_{yz}(0,-1,0), f'''_{zzx}(2,0,1)$.

9. 求下列函数的全微分.

（1）$z = e^{xy}$；　（2）$z = \sqrt{x^2 + y^2}$；

（3）$z = \dfrac{1}{2}\ln(1 + x^2 + y^2)$；　（4）$u = x^{yz}$.

10. 求函数 $z = \dfrac{y}{x}$ 在点（2，1）处，当 $\Delta x = 0.1,\ \Delta y = -0.2$ 时的全增量与全微分.

11. 设 $z = u^2\ln v$，$u = \dfrac{y}{x}$，$v = 2x - 3y$，求 $\dfrac{\partial z}{\partial x}$，$\dfrac{\partial z}{\partial y}$.

12. 求下列函数的偏导数（其中 f 可微）.

（1）$z = \left(2x + y\right)^{2x+y}$；　（2）$z = (x^2 + y^2)^{xy}$；

（3）$z = f(x, xy)$；　（4）$u = f(\dfrac{x}{y}, \dfrac{y}{z})$.

13. 求由下列各方程确定的隐函数的导数或偏导数.

（1）$x^2 + y^2 + 2x - 2yz = e^z$，求 $\dfrac{\partial z}{\partial x}$，$\dfrac{\partial z}{\partial y}$；

（2）$\dfrac{x}{z} = \ln\dfrac{z}{y}$，求 $\dfrac{\partial z}{\partial x}$，$\dfrac{\partial z}{\partial y}$.

14. 设 $x^3 + y^3 + z^3 + xyz = 6$，确定的隐函数 $z = f(x,y)$，求 $\left.\dfrac{\partial z}{\partial x}\right|_{(1,2,-1)}$，$\left.\dfrac{\partial z}{\partial y}\right|_{(1,2,-1)}$.

第二节　偏导数在经济中的应用

在科学技术、经济管理等各个领域中所提出的大量的最优化问题，有相当一部分可以归结为多元函数的极值问题. 例如，在物流运输方面，在人力、物力一定的条件下，如何安排物质运输，使得运输量最高或总利润最大，以及在现有的运输条件下，怎样安排物质的运输，才能使总成本最小.

在一元函数中，我们利用导数进行经济学的边际函数分析，同时还利用函数的一阶、二阶导数来求函数的极值，使得最大值、最小值的应用问题得到进一步解决. 本节将讨论应用偏导数来进行经济学的边际函数分析及求二元函数的无条件极值和最值问题，这些方法都可以推广到更多变量的情形.

一、边际分析

设某商品的需求量 q 是其价格 p 及消费者收入 m 的函数 $q=f(p,m)$.

当消费者收入 m 保持不变，价格 p 改变 Δp，需求量 q 对应的偏增量为

$$\Delta_p q=f(p+\Delta p,m)-f(p,m)$$

这时比值

$$\frac{\Delta_p q}{\Delta p}=\frac{f(p+\Delta p,m)-f(p,m)}{\Delta p}$$

是需求量 q 对于价格 p 由 p 变到 $p+\Delta p$ 时的偏平均变化率. 而该比值的极限值

$$\lim_{\Delta p\to 0}\frac{\Delta_p q}{\Delta p}=\frac{\partial q}{\partial p}$$

是需求量 q 对于价格 p 在当价格为 p、消费者收入为 m 时的偏变化率，也称为需求量 q 对价格 p 的偏边际。它反映当价格为 p、收入为 m 时，收入不变、价格变化 1 个单位时，需求量变化偏边际 $\frac{\partial q}{\partial p}$ 个单位.

类似地，$\Delta_m q=f(p,m+\Delta m)-f(p,m)$ 是当价格 p 不变、消费者收入从 m 改变到 $m+\Delta m$ 时，需求量 q 对于收入 m 的偏增量。其比值

$$\frac{\Delta_m q}{\Delta m}=\frac{f(p,m+\Delta m)-f(p,m)}{\Delta m}$$

是需求量 q 对于收入 m 由 m 变到 $m+\Delta m$ 时的偏平均变化率. 而其比值的极限值

$$\lim_{\Delta m\to 0}\frac{\Delta_m q}{\Delta m}=\frac{\partial q}{\partial m}$$

是需求量 q 对于收入 m 在当价格为 p、消费者收入为 m 时的偏变化率，也称为需求量 q 对收入 m 的偏边际.

例 4.2.1　某工厂的生产函数是 $Q=f(K,L)=200K^{\frac{1}{2}}L^{\frac{2}{3}}$，其中 Q 是产量（单位：件），K 是资本投入（单位；千元），L 是劳力投入（单位：千工时），求当 $L=8,K=9$ 时的边际产量，并解释其意义.

解　由题知资本的边际产量是　$\dfrac{\partial Q}{\partial K}=100\dfrac{L^{2/3}}{K^{1/2}}=\dfrac{1}{2}\dfrac{Q}{K}$,

而劳力的边际产量　$\dfrac{\partial Q}{\partial L}=\dfrac{400}{3}\dfrac{K^{1/2}}{L^{1/3}}=\dfrac{2}{3}\dfrac{Q}{L}$,

$$Q\Big|_{\substack{L=8\\K=9}}=200\times3\times4=2400,$$

$$\frac{\partial Q}{\partial K}\Big|_{\substack{L=8\\K=9}}=\frac{400}{3},\frac{\partial Q}{\partial L}\Big|_{\substack{L=8\\K=9}}=200\,.$$

这就是说，当劳力投入 8 个单位和资本投入 9 个单位时产量是 2400 件。若劳力投入保持不变，对每一个资本投入的增加，产量增加 400/3；若资本投入保持不变，对每一单位劳力投入的增加，产量增加 200 件.

二、二元函数极值的概念

1. 定义

定义 4.2.1　若 $f(x,y)$ 在 (x_0,y_0) 附近有 $f(x,y)<f(x_0,y_0)$ 或 $f(x,y)>f(x_0,y_0)$，$(x,y)\neq(x_0,y_0)$，则称 $f(x_0,y_0)$ 为 $f(x,y)$ 的极大值（或极小值）.

2. 极值的必要条件

如果函数 $f(x,y)$ 在点 (x_0,y_0) 处有极值，且在 (x_0,y_0) 处存在一阶偏导数，则

$$f'_x(x_0,y_0)=0\text{，}\ f'_y(x_0,y_0)=0\,.$$

3. 极值存在的充分条件

如果函数 $f(x,y)$ 在点 (x_0,y_0) 的附近有二阶连续偏导数，且 $f'_x(x_0,y_0)=0$，$f'_y(x_0,y_0)=0$. 记

$$A=f''_{xx}(x_0,y_0)\text{，}\ B=f''_{xy}(x_0,y_0)\text{，}\ C=f''_{yy}(x_0,y_0)\text{，}$$

则　（1）当 $B^2-AC>0$ 时，$f(x_0,y_0)$ 不是极值；

（2）当 $B^2-AC<0$ 且 $A<0$ 时，$f(x_0,y_0)$ 是极大值；

（3）当 $B^2-AC<0$ 且 $A>0$ 时，$f(x_0,y_0)$ 是极小值；

（4）当 $B^2-AC=0$ 时，不能判定 $f(x_0,y_0)$ 是否为极值，这时，需用其他方法判定方法.

4. 无条件极值的求法

设 $z=f(x,y)$ 在 D 内有二阶连续偏导数.

第一步：求出 $z=f(x,y)$ 在 D 内一阶及二阶偏导数.

第二步：解方程组 $\begin{cases}f'_x(x,y)=0\\f'_y(x,y)=0\end{cases}$，求得驻点.

第三步：计算驻点处的二阶偏导数.

令　$A=f''_{xx}(x_0,y_0)$，$B=f''_{xy}(x_0,y_0)$，$C=f''_{yy}(x_0,y_0)$，

根据 B^2-AC 的值判断情况.

例 4.2.2　求函数 $z=x^3+y^3-3xy$ 的极值.

解　联立方程

$$\begin{cases}f'_x(x,y)=3x^2-3y=0\\f'_y(x,y)=3y^2-3x=0\end{cases}$$

解之得驻点$(0,0)$，$(1,1)$，分别代入二阶偏导数得

$$A=f''_{xx}(0,0)=0，\ B=f''_{xy}(0,0)=-3，\ C=f''_{yy}(0,0)=0$$

$$A=f''_{xx}(1,1)=6，\ B=f''_{xy}(1,1)=-3，\ C=f''_{yy}(1,1)=6$$

这时在点$(0,0)$处 $B^2-AC=9>0$，所以$z=f(x,y)$在$(0,0)$处无极值；

而在点$(1,1)$处$B^2-AC=-27<0$且$A>0$，所以$z=f(x,y)$在$(1,1)$有极大值，即$z=-1$.

例 4.2.3 求函数$f(x,y)=\mathrm{e}^{x-y}(x^2-2y^2)+3$的极值.

解 由方程组

$$\begin{cases}f'_x=\mathrm{e}^{x-y}(x^2-2y^2)+2x\mathrm{e}^{x-y}=0\\ f'_y=-\mathrm{e}^{x-y}(x^2-2y^2)-4y\mathrm{e}^{x-y}=0\end{cases}$$

解得函数的两个驻点P_1（0,0），P_2（$-4,-2$），由于

$$f''_{xx}=\mathrm{e}^{x-y}(x^2-2y^2+4x+2)$$
$$f''_{xy}=\mathrm{e}^{x-y}(2y^2-x^2-2x-4y)$$
$$f''_{yy}=\mathrm{e}^{x-y}(x^2-2y^2+8y-4)$$

在点$P_1(0,0)$处，$A=2,\ B=0,\ C=-4$

$$B^2-AC=8>0$$

由极值的充分条件可知点$P_1(0,0)$不是函数的极值点，$f(0,0)$不为函数的极值.

在点$P_2(-4,-2)$处，

$$A=-6\mathrm{e}^{-2},\quad B=8\mathrm{e}^{-2},\quad C=-12\mathrm{e}^{-2}$$
$$B^2-AC=64\mathrm{e}^{-4}-72\mathrm{e}^{-4}=-8\mathrm{e}^{-4}<0$$
$$A=-6\mathrm{e}^{-2}<0$$

由极值的充分条件可知点$P_2(-4,-2)$为函数的极大值点，$f(-4,-2)=8\mathrm{e}^{-2}+3$为函数的极大值.

三、最大、最小值的问题

例 4.2.4 某工厂生产两种产品A和B，其销售单价分别为$p_{\mathrm{A}}=10,\ p_{\mathrm{A}}=10$（单价：元）总成本函数（单价：万元）是两种产品产量x和y（单位：千件）的函数，

$$C(x,y)=400+2x+3y+0.01\cdot(3x^2+xy+3y^2)$$

当两种产品产量为多少时，可获利润最大？最大利润是多少？

解 收益函数为

$$R(x,y)=p_{\mathrm{A}}\cdot x+p_{\mathrm{B}}\cdot y=10x+9y$$

利润函数为

$$\begin{aligned}L(x,y)&=R(x,y)-C(x,y)\\&=(10x+9y)-[400+2x+3y+0.01\cdot(3x^2+xy+3y^2)]\\&=8x+6y-0.01\cdot(3x^2+xy+3y^2)-400\end{aligned}$$

$$\begin{cases}L_x(x,y)=8-0.01\cdot(6x+y)=0\\ L_y(x,y)=6-0.01(x+6y)=0\end{cases}$$

解得唯一驻点（120，80），这时有$L(120,80)=320$.

由题意知，生产120单位产品A，80单位产品B利润最大，最大利润为320（万元）.

例 4.2.5　设Q_1，Q_1分别为商品X_1，X_2的需求量，而它们的需求函数为

$$Q_1 = 8 - p_1 + 2p_2 , \qquad Q_2 = 10 + 2p_1 - 5p_2$$

总成本函数为$C = 3Q_1 + 2Q_2$，其中p_1，p_2为商品X_1，X_2的价格，试问价格p_1和p_2取何值时可使总利润最大？

解　因为总收入函数为

$$R = p_1Q_1 + p_2Q_2 = p_1(8 - p_1 + 2p_2) + p_2(10 + 2p_1 - 5p_2) ,$$

所以总利润函数为

$$L = R - C = (p_1 - 3)(8 - p_1 + 2p_2) + (p_2 - 2)(10 + 2p_2 - 5p_2).$$

解方程组

$$\frac{\partial L}{\partial p_1} = 8 - p_1 + 2p_2 + (-1)(p_1 - 3) + 2(p_2 - 2) = 7 - 2p_1 + 4p_2 = 0$$

$$\frac{\partial L}{\partial p_2} = 2(p_1 - 3) + (10 + 2p_1 - 5p_2) + (-5)(p_2 - 2) = 14 + 4p_1 - 10p_2 = 0$$

得驻点$p_1 = \dfrac{63}{2}, p_2 = 14$，在此驻点上有

$$A = \frac{\partial^2 L}{\partial p_1^2} = -2, \quad B = \frac{\partial^2 L}{\partial p_1 \partial p_2} = 4, \quad C = \frac{\partial^2 L}{\partial P_2^2} = -10,$$

得$B^2 - AC = 16 - 20 < 0$且$A = -2 < 0$，因此驻点$\left(\dfrac{63}{2}, 14\right)$是极大值点，又由于它是唯一驻点，且实际问题存在最大利润，故它也是最大值点，即当取价格$p_1 = \dfrac{63}{2}$，$p_2 = 14$时可获得最大利润，

$$L = \left(\frac{63}{2} - 3\right)\left(8 - \frac{63}{2} + 2\times 14\right) + (14 - 2)\left(10 + 2\times\frac{63}{2} - 5\times 14\right) = 164.25 .$$

四、条件极值的求法

求函数$z = f(x,y)$在约束条件$g(x,y) = 0$下的极值，可以先构造拉格朗日函数$F(x,y,\lambda) = f(x,y) + \lambda g(x,y)$.

解方程组

$$\begin{cases} F'_x = f'_x + \lambda g'_x = 0 \\ F'_x = f'_y + \lambda g'_y = 0 \\ F'_x = g = 0 \end{cases}$$

其解就是可能的极值点，然后根据题意进一步判断即可.

例 4.2.6　假设某企业在两个相互分割的市场上出售同一种产品，两个市场的需求函数分别是$P_1 = 18 - 2Q_1$，$P_2 = 12 - Q_2$，其中P_1和P_2分别表示该产品在两个市场的价格（单位：万元/t），Q_1和Q_2分别表示该产品在两个市场的销售量（即需求量，单位：t），并且该企业生产这种产品的总成本函数是$C = 2Q + 5$，其中Q表示该产品在两个市场的销售总量，即$Q = Q_1 + Q_2$.

（1）如果该企业实行价格差别策略，试确定两个市场上该产品的销售量和价格，使该企业获得最大利润；

（2）如果该企业实行价格无差别策略，试确定两个市场上该产品的销售量和统一价格，使该企业获得最大利润，并比较二者的总利润大小.

解　（1）总利润 $L=L(Q_1,Q_2)$

$$=R-C=P_1Q_1+P_2Q_2-\left[2(Q_1+Q_2)+5\right]$$

$$=-2Q_1^2-Q_2^2+16Q_1+10Q_2-5$$

求当 $Q_1\geqslant 0$，$Q_2\geqslant 0$ 时，$L(Q_1,Q_2)$ 的最大值点.

于是有

$$\begin{cases}\dfrac{\partial L}{\partial Q_1}=-4Q_1+16=0\\ \dfrac{\partial L}{\partial Q_2}=-2Q_2+10=0\end{cases}$$

解得唯一驻点 $(Q_1,Q_2)=(4,5)$，由于实际问题存在最大值，故最大值必在驻点达到。因此，产品在两个市场上该产品的销售量分别为 $Q_1=4$（t），$Q_2=5$（t），相应的价格 $P_1=10$（万元/t），$P_1=7$（万元/t）时，获得最大利润：

$$L=-2\times4^2-5^2+16\times4+10\times5-5=52\text{（万元）}$$

（2）这是条件极值问题.

约束条件是 $P_1=P_2$，即 $18-2Q_1=12-Q_2$，得 $2Q_1-Q_2-6=0$，求 $L(Q_1,Q_2)$ 在条件 $2Q_1-Q_2-6=0$（$Q_1\geqslant 0$，$Q_2\geqslant 0$）下的最大值点.

令 $$F(Q_1,Q_2,\lambda)=-2Q_1^2-Q_2^2+16Q_1+10Q_2-5+\lambda(2Q_1-Q_2-6)$$

于是有

$$\begin{cases}\dfrac{\partial F}{\partial Q_1}=-4Q_1+16+2\lambda=0\\ \dfrac{\partial F}{\partial Q_2}=-2Q_2+10-\lambda=0\\ \dfrac{\partial F}{\partial \lambda}=-2Q_1-Q_2-6=0\end{cases}$$

解得 $Q_1=5$，$Q_2=4$，$\lambda=2$，相应地 $P_1=P_2=8$，因为驻点唯一，实际问题存在最大值，故最大值必在驻点 $(5,4)$ 处达到. 因此，产品在两个市场上该产品的销售量分别为 $Q_1=5$（t），$Q_2=4$（t），统一价格为 $P_1=P_2=8$（万元/t）时，获得最大利润：

$$L=-2\times5^2-4^2+16\times5+10\times4-5=49\text{（万元）}$$

由上述计算结果可知，企业实际定价所得最大总利润大于统一定价时的最大总利润.

习题 4.2

1．求下列函数的极值.

（1）$f(x,y)=\mathrm{e}^{2x}(x+2y+y^2)$；

（2）$f(x,y)=x^3-4x^2+2xy-y^2$；

（3）$f(x,y)=x^2+xy+y^2+x-y+1$；

（4）$f(x,y)=\sin x+\cos y+\cos(x-y)$，$\left(0\leqslant x\leqslant\dfrac{\pi}{2},0\leqslant y\leqslant\dfrac{\pi}{2}\right)$.

2．某工厂生产的某种产品同时在两个不同的市场上销售，售价分别为p_1和p_2，销量分别为q_1和q_2，且需求函数$q_1=24-0.2p_1$，$q_2=10-0.025p_2$，总成本函数$C=35+40(q_1+q_2)$试问厂家应如何确定两个市场产品的售价，使其获总利润最大？最大利润是多少？

3．某厂为促销产品需同时制作两种不同的广告宣传，当广告费分别为x,y时销售量$Q=\dfrac{200x}{x+5}+\dfrac{100y}{y+10}$，利润函数$L=\dfrac{1}{5}Q-(x+y)$，若两种不同的广告费共 25（千元），问应如何分配两种不同的广告费才能使利润最大？

4．已知某工厂生产甲、乙两种产品，当产量分别为x,y单位时，其总成本函数为$C=x^2+2xy+3y^2+2$，若设两种产品的销量单价分别为 4、8，求该厂利润最大时两种产品的产量以及最大利润.

5．某企业全年计划产量 5000 件，分若干批进行生产，每批生产准备费为 30 元，设产品均匀投入市场，每件产品每年平均库存费为 0.3 元，求一年中使生产准备费与库存费之和达到最少的最佳批数和批量.

第三节　使用 MATLAB 求偏导数与多元函数的最值（实验 4）

一、使用 MATLAB 求偏导数

diff 命令亦可以用来求函数的偏导数.

例 4.3.1　设$f(x,y)=x^3-2x^2y+3y^4$，求$f'_x(x,y)$，$f'_y(x,y)$，$f'_x(1,1)$，$f'_y(1,1)$.

解　输入：

```
>> syms x y
>> f=x^3-2*x^2*y+3*y^4;
>> fx=diff(f,x)
fx =
3*x^2-4*x*y
```

得$f'_x(x,y)=3x^2-4xy$

```
>> fy=diff(f,y)
fy =
-2*x^2+12*y^3
```

得$f'_y(x,y)=-2x^2+12y^3$

```
>> x=1;y=1;
>> fx = 3*x^2-4*x*y;
>> fx
fx =
```

```
-1
```

得 $f_x'(1,1)=-1$

```
>> fy =-2*x^2+12*y^3;
>> fy
fy =
10
```

得 $f_y'(1,1)=10$

例 4.3.2 求 $Z=x^4+y^4-4x^2y^2$ 的二阶偏导数.

解 输入：

```
>>syms x y
>>Z=x^4+y^4-4*x^2*y^2;
>>Zxx=diff(Z,x,2)
Zxx=
12*x^2-8*y^2
```

得 $\dfrac{\partial^2 z}{\partial^2 x}=12x^2-8y^2$

```
>>Zyy=diff(Z,y,2)
Zyy=
12*y^2-8*x^2
```

得 $\dfrac{\partial^2 z}{\partial^2 x}=12y^2-8x^2$

```
>>Zx=diff(Z,x)
Zx=
4*x^3-8*x*y^2
>>Zxy=diff(Zx,y)
Zxy=
-16*x*y
```

得 $\dfrac{\partial^2 z}{\partial x\partial y}=-16xy$.

二、多元函数的最值

1. 非线性无约束情形

求最（或极）小值点或最（或极）大值点的调用格式为

```
[x,fval]=fminsearch('f',x0)
```

其中，F 是被最小化的目标函数名，x0 是求解的初始值向量.

例 4.3.3 求二元函数 $f(x,y)=2x^3+4xy^3-10xy+y^2$ 的极值.

解 打开 M 文件编辑窗口，在其中输入下面命令集：

%必须对自变量进行转化 $x=x(1),y=x(2)$

```
[Xmin,fmin]=fminsearch('2*x(1)^3+4*x(1)*x(2)^3-10*x(1)*x(2)+x(2)^2',[0,0]);
[Xmax,Fmin]=fminsearch('-2*x(1)^3-4*x(1)*x(2)^3+10*x(1)*x(2)-x(2)^2',[0,0]);
fmax=-Fmin;
Xmin,fmin        %极（或最）小值点，极（或最）小值
Xmax,fmax        %极（或最）大值点，极（或最）大值
```

取名为 exa10 保存，再在命令窗口中输入命令 exa10，程序运行结果如下：

```
Xmin =
    1.0016    0.8335
```

```
fmin =
   -3.3241
Xmax =
   -1.0000    1.0000
fmax =
   5.0000
```

2. 非线性有约束情形

非线性有约束优化问题的数学模型如下：

$$\begin{aligned}&\min \quad f(x)\\&c(x)\leqslant 0\\&ceq(x)=0\\&A*x\leqslant b\\&Aeq\ x\leqslant beq\\&lb\leqslant x\leqslant ub\end{aligned}$$

式中，x,b,beq,lb 和 ub 是向量，A 和 Aeq 是矩阵，$c(x)$和 $ceq(x)$为函数，返回标量，$f(x)$，$c(x)$ 和 $ceq(x)$可以是非线性函数，求最（或极）小值点或最（或极）大值点的调用格式如下：

```
[x,fval]= fmincon('fun', x0,A,b, Aeq, beq,lb,ub, nonlcon)
```

nonlcon 参数计算非线性不等式约束 c(x)<=0 和非线性等式约束 ceq(x)=0.

例 4.3.4　求表面积为 6m^2 的体积最大的长方体体积.

解　设长方体的长、宽、高分别为 x1、x2、x3，则

```
f(x)=-x(1)*x(2)*x(3),
s.t   x(1)*x(2)+x(2)*x(3)+x(3)*x(1)-3=0,
x(i)>0,i=1,2,3.
```

（1）建立函数文件 fun1.

打开 M 文件编辑窗口，在其中输入下面命令集：

```
function F=fun1(x)
F=-x(1)*x(2)*x(3);
```

单击“保存”按钮，自动取名为 fun1，再单击“保存”按钮.

（2）建立非线性约束函数文件 yoeq.

```
function [c,ceq]=yoeq(x)
c=x(1)*x(2)+x(2)*x(3)+x(3)*x(1)-3;
ceq=[];
```

保存方法同上，自动取名为 yoeq，再单击“保存”按钮.

（3）编制主程序.

打开 M 文件编辑窗口，在其中输入下面命令集：

```
x0=[3;3;3]; %给长宽高一个初值
A=[];b=[];
Aeq=[];beq=[];
lb=[0,0,0];ub=[];
[xmax,fmin]= fmincon('fun1', x0,A,b,Aeq,beq,lb,ub,'yoeq'); %函数要加单引号
Vmax=-fmin;
xmax,Vmax
```

取名为 exa11 保存，再在命令窗口中输入命令 exa11，程序运行结果如下：

```
xmax =
    1.0000
    1.0000
```

```
   1.0000
Vmax =
   1.0000
```

习题 4.3

1. 上机验证上面各例.
2. 做相关小节例题与习题中偏导数及多元函数最值计算.

第五章　线性规划数学模型

第一节　行列式、矩阵、向量

一、行列式

在生产经营活动和科学技术中的许多问题归结到解线性方程组的问题，而行列式是研究线性代数的重要工具，这里将在二元、三元一次方程组的解中，由此引出二阶、三阶行列式的定义，然后推广到高阶行列式的定义、性质和运算.

（一）二阶行列式

1. 二阶行列式的定义

用加减消元法求解二元一次方程组

$$\begin{cases} a_{11}x_1 + a_{12}x_2 = b_1 \\ a_{21}x_1 + a_{22}x_2 = b_2 \end{cases} \tag{5-1-1}$$

$$\Rightarrow \begin{cases} (a_{11}a_{22} - a_{12}a_{21})x_1 = b_1a_{22} - b_2a_{12} \\ (a_{11}a_{22} - a_{12}a_{21})x_2 = b_2a_{11} - b_1a_{21} \end{cases}$$

当 $a_{11}a_{22} - a_{12}a_{21} \neq 0$ 时，方程组（5-1-1）有唯一解：

$$x_1 = \frac{b_1a_{22} - b_2a_{12}}{a_{11}a_{22} - a_{12}a_{21}},$$

$$x_2 = \frac{b_2a_{11} - b_1a_{21}}{a_{11}a_{22} - a_{12}a_{21}}.$$

为了便于记忆上述公式，引进记号：

$$\begin{vmatrix} a_{11} & a_{12} \\ a_{21} & a_{22} \end{vmatrix} = a_{11}a_{22} - a_{12}a_{21},$$

并称 $\begin{vmatrix} a_{11} & a_{12} \\ a_{21} & a_{22} \end{vmatrix}$ 为二阶行列式. 其中 a_{11}，a_{12}，a_{21}，a_{22} 叫做二阶行列式的元素. 横排称为行，竖排称为列.

因此，二元一次方程组（5-1-1）的解为

$$x_1 = \frac{D_1}{D}, \quad x_2 = \frac{D_2}{D}.$$

其中 $D=\begin{vmatrix} a_{11} & a_{12} \\ a_{21} & a_{22} \end{vmatrix} \neq 0$ 是方程组（5-1-1）的系数行列式；

$D_1=\begin{vmatrix} b_1 & a_{12} \\ b_2 & a_{22} \end{vmatrix}$ 是把系数行列式中 x_1 的系数换成方程组（5-1-1）右端的常数项；

$D_2=\begin{vmatrix} a_{11} & b_1 \\ a_{21} & b_2 \end{vmatrix}$ 是把系数行列式中 x_2 的系数换成方程组（5-1-1）右端的常数项.

2. 二阶行列式的计算

对角线法则：$\begin{vmatrix} a_{11} & a_{12} \\ a_{21} & a_{22} \end{vmatrix}$ (-) (+)

从左上角到右下角的对角线称为主对角线（实线），从左下角到右上角的对角线称为次对角线（虚线）. 二阶行列式的值是两项的代数和. 这两项按上图所示记忆，一项是实线上的两个元素的乘积取正号，另一项是虚线上的两个元素的乘积取负号.

例 5.1.1 计算行列式$\begin{vmatrix} 1 & 2 \\ 3 & 4 \end{vmatrix}$的值.

解 $\begin{vmatrix} 1 & 2 \\ 3 & 4 \end{vmatrix} = 1\times 4 - 2\times 3 = -2$.

（二）三阶行列式

1. 三阶行列式的定义

类似地，为了便于表示三元一次方程组

$$\begin{cases} a_{11}x_1 + a_{12}x_2 + a_{13}x_3 = b_1 \\ a_{21}x_1 + a_{22}x_2 + a_{23}x_3 = b_2 \\ a_{31}x_1 + a_{32}x_2 + a_{33}x_3 = b_3 \end{cases} \tag{5-1-2}$$

的解，引入记号

$$D=\begin{vmatrix} a_{11} & a_{12} & a_{13} \\ a_{21} & a_{22} & a_{23} \\ a_{31} & a_{32} & a_{33} \end{vmatrix}$$

$$= a_{11}a_{22}a_{33} + a_{12}a_{23}a_{31} + a_{21}a_{32}a_{13} - a_{31}a_{22}a_{13} - a_{32}a_{23}a_{11} - a_{12}a_{21}a_{33} .$$

$\begin{vmatrix} a_{11} & a_{12} & a_{13} \\ a_{21} & a_{22} & a_{23} \\ a_{31} & a_{32} & a_{33} \end{vmatrix}$ 称为三阶行列式.

2. 三阶行列式的计算

对角线法则：

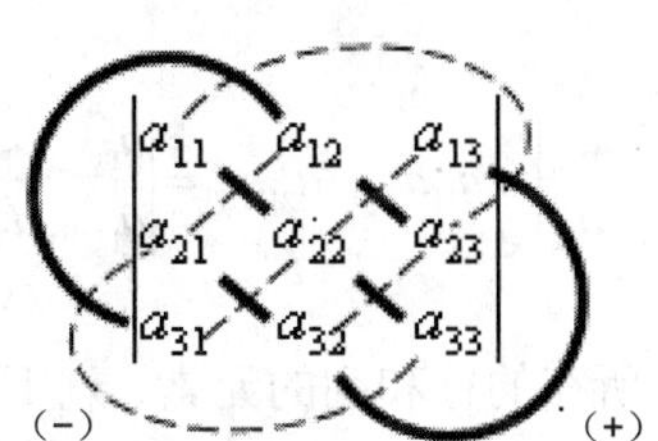

三阶行列式的计算可按上图六条对角线法进行记忆：实线上三个元素的连乘积取正号，虚线上三个元素的连乘积取负号，即

$$D=\begin{vmatrix} a_{11} & a_{12} & a_{13} \\ a_{21} & a_{22} & a_{23} \\ a_{31} & a_{32} & a_{33} \end{vmatrix}$$

$$=a_{11}a_{22}a_{33}+a_{12}a_{23}a_{31}+a_{21}a_{32}a_{13}-a_{31}a_{22}a_{13}-a_{32}a_{23}a_{11}-a_{12}a_{21}a_{33}.$$

因此，三元一次方程组（5-1-2）的解为

$$x_1=\frac{D_1}{D}，\quad x_2=\frac{D_2}{D}，\quad x_3=\frac{D_3}{D}.(D\neq 0)$$

其中D为方程组（5-1-2）的系数行列式，D_1, D_2, D_3是D的第一、二、三列分别为换成常数列得到的三阶行列式.

（三）n阶行列式

由n^2个元素组成的算式$D=\begin{vmatrix} a_{11} & a_{12} & \cdots & a_{1n} \\ a_{21} & a_{22} & \cdots & a_{2n} \\ \vdots & \vdots & & \vdots \\ a_{n1} & a_{n2} & \cdots & a_{nn} \end{vmatrix}$

称为n阶行列式，其中a_{ij}称为D的第i行第j列元素$\left(i,j=1.2.3\cdots n\right)$.

1.　n阶行列式的性质

我们知道，二阶、三阶行列式用对角线法则可以解决它们的计算问题，对于三阶以上的行列式是没有对角线法则的. 为进一步讨论n阶行列式，便于简化n阶行列式的计算，在介绍行列式的性质之前，先给出n阶转置行列式的概念及代数余子式的概念.

（1）转置行列式的定义.

如果把n阶行列式

$$D=\begin{vmatrix} a_{11} & a_{12} & \cdots & a_{1n} \\ a_{21} & a_{22} & \cdots & a_{2n} \\ \vdots & \vdots & & \vdots \\ a_{n1} & a_{n2} & \cdots & a_{nn} \end{vmatrix}$$

中的行与列按原来的顺序互换得到新的行列式：

$$D^{\mathrm{T}}=\begin{vmatrix} a_{11} & a_{21} & \cdots & a_{n1} \\ a_{12} & a_{22} & \cdots & a_{n2} \\ \vdots & \vdots & & \vdots \\ a_{1n} & a_{2n} & \cdots & a_{nn} \end{vmatrix},$$

那么行列式D^{T}称为D的转置行列式，显然D也是D^{T}的转置行列式.

性质 1　行列式D与它的转置行列式D^{T}相等，即$D=D^{\mathrm{T}}$.

例如，二阶行列式

$$D=\begin{vmatrix}a_{11} & a_{12}\\ a_{21} & a_{22}\end{vmatrix}=a_{11}a_{22}-a_{21}a_{12}=\begin{vmatrix}a_{11} & a_{21}\\ a_{12} & a_{22}\end{vmatrix}=D^{\mathrm{T}}.$$

（2）代数余子式的定义.

在行列式D中，划去元素a_{ij}所在的行和列的元素，剩下的元素按原来的次序构成一个低一阶的行列式，称为元素a_{ij}的余子式，记M_{ij}；而将$(-1)^{i+j}M_{ij}$称为元素a_{ij}的代数余子式，记为A_{ij}，即$A_{ij}=(-1)^{i+j}M_{ij}$.

例如，三阶行列式

$$D=\begin{vmatrix}a_{11} & a_{12} & a_{13}\\ a_{21} & a_{22} & a_{23}\\ a_{31} & a_{32} & a_{33}\end{vmatrix}$$

的元素a_{21},a_{32}的代数余子式分别是

$$A_{21}=(-1)^{2+1}\begin{vmatrix}a_{12} & a_{13}\\ a_{32} & a_{33}\end{vmatrix},$$

$$A_{32}=(-1)^{3+2}\begin{vmatrix}a_{11} & a_{13}\\ a_{21} & a_{23}\end{vmatrix}.$$

课堂练习：写出四阶行列式

$$\begin{vmatrix}1 & 0 & 5 & -4\\ 15 & -9 & 6 & 13\\ -2 & 3 & 12 & 7\\ 10 & -14 & 8 & 11\end{vmatrix}$$

的元素a_{32}的余子式和代数余子式.

性质 2 行列式D等于它的任意一行（或列）中所有元素与它们各自的代数余子式乘积之和，即

$$D=\sum_{K=1}^{n}a_{iK}A_{iK}\text{ 或 }D=\sum_{K=1}^{n}a_{Kj}A_{Kj}.$$

其中i，$j=1, 2, \cdots, n$. 换句话说，行列式可以按任意一行（或列）展开.

如果按第一行展开，那么

$$D=a_{11}A_{11}+a_{12}A_{12}+\cdots+a_{1n}A_{1n}=\sum_{j=1}^{n}a_{1j}A_{1j}.$$

其中A_{ik}为元素a_{ik}的代数余子式，D的展开式中共有n！个乘积项，每个乘积项中有n个取自不同行、不同列的元素，并且带正号和带负号的项各占一半.

当$n=1$时，规定：$D=|a_{11}|=a_{11}$.

当$n=2$时，即$D=\begin{vmatrix}a_{11} & a_{12}\\ a_{21} & a_{22}\end{vmatrix}=a_{11}A_{11}+a_{12}A_{12}=a_{11}a_{22}-a_{12}a_{21}$.

例如，三阶行列式

$$D=\begin{vmatrix}a_{11}&a_{12}&a_{13}\\a_{21}&a_{22}&a_{23}\\a_{31}&a_{32}&a_{33}\end{vmatrix}$$

$$=a_{11}A_{11}+a_{12}A_{12}+a_{13}A_{13}$$

$$=a_{11}(-1)^{1+1}M_{11}+a_{12}(-1)^{1+2}M_{12}+a_{13}(-1)^{1+3}M_{13}.$$

其中$M_{11}=\begin{vmatrix}a_{22}&a_{23}\\a_{32}&a_{33}\end{vmatrix}$，$M_{12}=\begin{vmatrix}a_{21}&a_{23}\\a_{31}&a_{33}\end{vmatrix}$，$M_{13}=\begin{vmatrix}a_{21}&a_{22}\\a_{31}&a_{32}\end{vmatrix}$分别为元素$a_{11}$. a_{12}. a_{13}的余子式，即

$$D=a_{11}A_{11}+a_{12}A_{12}+a_{13}A_{13}=\sum_{j=1}^{3}a_{1j}A_{1j}.$$

例 5.1.2　分别用对角线法和余子式法计算行列式$D=\begin{vmatrix}7&0&9\\1&2&3\\4&5&0\end{vmatrix}$的值.

解法 1　（对角线法）

$$D=\begin{vmatrix}7&0&9\\1&2&3\\4&5&0\end{vmatrix}$$

$$=7\times2\times0+0\times3\times4+9\times1\times5$$

$$-4\times2\times9-5\times3\times7-0\times1\times0=-132.$$

解法 2　（余子式法）

$$D=\begin{vmatrix}7&0&9\\1&2&3\\4&5&0\end{vmatrix}$$

$$=7\times(-1)^{1+1}\begin{vmatrix}2&3\\5&0\end{vmatrix}+0\times(-1)^{1+2}\begin{vmatrix}1&3\\4&0\end{vmatrix}+9\times(-1)^{1+3}\begin{vmatrix}1&2\\4&5\end{vmatrix}$$

$$=-105+0-27=-132.$$

例 5.1.3　解方程$\begin{vmatrix}2+x&-3&1\\1&5&3\\x+5&-4&2\end{vmatrix}=0$.

解　$\begin{vmatrix}2+x&-3&1\\1&5&3\\x+5&-4&2\end{vmatrix}=(2+x)\cdot5\cdot2+(-3)\cdot3\cdot(x+5)+1\cdot1\cdot(-4)$

$$-(x+5)\cdot5\cdot1-(-4)\cdot3\cdot(2+x)-2\cdot1\cdot(-3)$$

$$=8x-24.$$

所以原方程为　$8x-24=0$.

解之得　　　$x=3$.

性质 3

n 阶对角形行列式 $\begin{vmatrix} a_{11} & 0 & \cdots & 0 \\ 0 & a_{22} & \cdots & 0 \\ \vdots & \vdots & & \vdots \\ 0 & 0 & \cdots & a_{nn} \end{vmatrix} = a_{11}a_{22}\dots a_{nn}$

n 阶下三角形行列式 $\begin{vmatrix} a_{11} & 0 & \cdots & 0 \\ a_{21} & a_{22} & \cdots & 0 \\ \vdots & \vdots & & \vdots \\ a_{n1} & a_{n2} & \cdots & a_{nn} \end{vmatrix} = a_{11}a_{22}\dots a_{nn}$

n 阶上三角形行列式 $\begin{vmatrix} a_{11} & a_{12} & \cdots & a_{1n} \\ 0 & a_{22} & \cdots & a_{2n} \\ \vdots & \vdots & & \vdots \\ 0 & 0 & \cdots & a_{nn} \end{vmatrix} = a_{11}a_{22}\dots a_{nn}$

性质 4 行列式的行（或列）公因子可提到行列式记号的外面.

例如，二阶行列式

$$D=\begin{vmatrix} 6 & -2 \\ 1 & 8 \end{vmatrix}=2\begin{vmatrix} 3 & -1 \\ 1 & 8 \end{vmatrix}=2\begin{vmatrix} 6 & -1 \\ 1 & 4 \end{vmatrix}=50.$$

推论 1 行列式中有一行（或列）的元素全为零，行列式的值为零.

例如，三阶行列式

$$D_1=\begin{vmatrix} 1 & 2 & -1 \\ 0 & 0 & 0 \\ -3 & 1 & 0 \end{vmatrix}=0,$$

或

$$D_2=\begin{vmatrix} 1 & 0 & -1 \\ 0 & 0 & 3 \\ -3 & 0 & 5 \end{vmatrix}=0.$$

性质 5 行列式中一行（或列）的每一个元素可写成两数之和，则此行列式等于两个行列式之和.

例如，二阶行列式

$$D=\begin{vmatrix} 6 & -2 \\ 1 & 8 \end{vmatrix}=\begin{vmatrix} 4+2 & 3-5 \\ 1 & 8 \end{vmatrix}=\begin{vmatrix} 4 & 3 \\ 1 & 8 \end{vmatrix}+\begin{vmatrix} 2 & -5 \\ 1 & 8 \end{vmatrix}=50.$$

性质 6 行列式中两行（或列）对应元素全部相同，则此行列式的值为零.

由性质 4 和性质 6，得如下推论:

推论 2 行列式中两行（或列）对应元素成比例，则此行列式的值为零.

例如，三阶行列式

$$D_3=\begin{vmatrix} 1 & 2 & -1 \\ 2 & 0 & 3 \\ 1 & 2 & -1 \end{vmatrix}=0,$$

$$D_4=\begin{vmatrix} 1 & 2 & -1 \\ 2 & 4 & 3 \\ -3 & -6 & 5 \end{vmatrix}=0.$$

由性质 4 和推论 2，有

性质 7　行列式的某一行（或列）的倍数加到另一行（或列）对应元素上去，行列式的值不变.

例如，二阶行列式

$$D=\begin{vmatrix}6 & -2\\1 & 8\end{vmatrix}=\begin{vmatrix}6 & -2\\2\times6+1 & 2\times(-2)+8\end{vmatrix}=\begin{vmatrix}6 & -2\\13 & 4\end{vmatrix}=50.$$

性质 8　行列式的任意两行（或列）互换，行列式的值变号.

例如，二阶行列式

$$D=\begin{vmatrix}6 & -2\\1 & 8\end{vmatrix}=-\begin{vmatrix}1 & 8\\6 & -2\end{vmatrix}=50.$$

例 5.1.4　计算行列式的值：

$$D=\begin{vmatrix}3 & 1 & 2\\290 & 106 & 196\\5 & -3 & 2\end{vmatrix}$$

解　$D=\begin{vmatrix}3 & 1 & 2\\290 & 106 & 196\\5 & -3 & 2\end{vmatrix}=\begin{vmatrix}3 & 1 & 2\\300-10 & 100+6 & 200-4\\5 & -3 & 2\end{vmatrix}$

$$=\begin{vmatrix}3 & 1 & 2\\300 & 100 & 200\\5 & -3 & 2\end{vmatrix}+\begin{vmatrix}3 & 1 & 2\\-10 & 6 & -4\\5 & -3 & 2\end{vmatrix}$$

$$=0+\begin{vmatrix}3 & 1 & 2\\-10 & 6 & -4\\5 & -3 & 2\end{vmatrix}=(-2)\begin{vmatrix}3 & 1 & 2\\5 & -3 & 2\\5 & -3 & 2\end{vmatrix}=0.$$

3. 行列式的计算.

（1）化三角形法.

利用行列式的性质把它逐步化为上（或下）三角形行列式，再由前面介绍的结论可知，其行列式的值为主对角线上元素的连乘积，这种方法是行列式的基本计算方法之一，称为“化三角形法”.

在行列式的行变换过程中，我们引入记号写在等号上（或下）面：

例如，“2③”表示第三行（或列）提出公因子 2；

“②(−1)+④”表示第二行（或列）的−1 倍加到第四行（或列）上去；

“（②，④）”表示第二行（或列）与第四行（或列）互换.

如果在一个等号上（或下）面出现几个同样的记号，那么按顺序进行变换. 规定: 上述记号写在等号的上面表示行变换，写在等号的下面表示列变换.

例 5.1.5　计算四阶行列式

$$D=\begin{vmatrix}1 & 2 & 0 & 1\\1 & 3 & 5 & 0\\0 & 1 & 5 & 6\\1 & 2 & 3 & 4\end{vmatrix}.$$

解 利用行列式的性质，把行列式D化为上三角形行列式，再求值.

$$D \xlongequal[\text{①}(-1)+\text{④}]{\text{①}(-1)+\text{②}} \begin{vmatrix} 1 & 2 & 0 & 1 \\ 0 & 1 & 5 & -1 \\ 0 & 1 & 5 & 6 \\ 0 & 0 & 3 & 3 \end{vmatrix} \xlongequal{\text{②}(-1)+\text{③}} \begin{vmatrix} 1 & 2 & 0 & 1 \\ 0 & 1 & 5 & -1 \\ 0 & 0 & 0 & 7 \\ 0 & 0 & 3 & 3 \end{vmatrix}$$

$$\xlongequal{(\text{③},\text{④})} -\begin{vmatrix} 1 & 2 & 0 & 1 \\ 0 & 1 & 5 & -1 \\ 0 & 0 & 3 & 3 \\ 0 & 0 & 0 & 7 \end{vmatrix} = -(1\times1\times3\times7) = -21.$$

（2）降阶法.

计算行列式的另一种方法是选择零元素最多的行（或列），按这一行（或列）展开；也可以先利用性质把某一行（或列）的元素化为仅有一个非零元素，然后再按这一行（或列）展开. 这种方法称为降阶法.

例 5.1.6 计算四阶行列式

$$D = \begin{vmatrix} 3 & 1 & -1 & 2 \\ -5 & 1 & 3 & -4 \\ 2 & 0 & 1 & -1 \\ 1 & -5 & 3 & -3 \end{vmatrix}.$$

解 $$D = \begin{vmatrix} 3 & 1 & -1 & 2 \\ -5 & 1 & 3 & -4 \\ 2 & 0 & 1 & -1 \\ 1 & -5 & 3 & -3 \end{vmatrix} \xlongequal[\text{③}+\text{④}]{\text{③}(-2)+\text{①}} \begin{vmatrix} 5 & 1 & -1 & 1 \\ -11 & 1 & 3 & -1 \\ 0 & 0 & 1 & 0 \\ -5 & -5 & 3 & 0 \end{vmatrix}.$$

$$= (-1)^{3+3} \begin{vmatrix} 5 & 1 & 1 \\ -11 & 1 & -1 \\ -5 & -5 & 0 \end{vmatrix} = \begin{vmatrix} 5 & 1 & 1 \\ -11 & 1 & -1 \\ -5 & -5 & 0 \end{vmatrix}$$

$$\xlongequal{\text{①}+\text{②}} \begin{vmatrix} 5 & 1 & 1 \\ -6 & 2 & 0 \\ -5 & -5 & 0 \end{vmatrix} = (-1)^{1+3} \begin{vmatrix} -6 & 2 \\ -5 & -5 \end{vmatrix} = 40.$$

例 5.1.7 计算四阶行列式 $D = \begin{vmatrix} 3 & 2 & 0 & 8 \\ 4 & -9 & 2 & 10 \\ -1 & 6 & 0 & -7 \\ 0 & 0 & 0 & 5 \end{vmatrix}$.

解 因为第三列中有 3 个零元素，由性质 2，按第三列展开，得

$$D = 2\cdot(-1)^{2+3} \begin{vmatrix} 3 & 2 & 8 \\ -1 & 6 & -7 \\ 0 & 0 & 5 \end{vmatrix} = -2\begin{vmatrix} 3 & 2 & 8 \\ -1 & 6 & -7 \\ 0 & 0 & 5 \end{vmatrix}.$$

上面的三阶行列式第三行中有 3 个零元素，由性质 2，按第三行展开，得

$$D = -2\cdot5\cdot(-1)^{3+3} \begin{vmatrix} 3 & 2 \\ -1 & 6 \end{vmatrix} = -200.$$

第一步也可以按第四行展开，作为练习请读者自行完成.

二、矩阵

矩阵是线性代数中一个重要概念，它是从许多实际问题的计算中抽象出来的一个数学概念，是研究线性函数的有力工具，它在自然科学、工程技术和经济管理的许多学科中有着广泛的应用. 这里主要介绍矩阵的概念、特殊矩阵、矩阵的运算、矩阵的逆及矩阵的秩的概念和求法.

（一）矩阵的概念

1. 矩阵的概念

矩阵是数（或函数）的矩形阵表，在工程技术、生产活动和日常生活中，我们常常用数表表示一些量或关系，如工厂中的产量统计表，市场上的价目表等. 在给出矩阵定义之前，先看几个例子.

案例 5.1.1　在物资调运中，某类物资有三个产地、四个销地，它的调运情况如表 5-1-1 所示：

表 5-1-1

产地 \ 调运吨数 \ 销地	I	II	III	IV
A	0	3	4	7
B	8	2	3	0
C	5	4	0	6

如果我们用一个三行四列的数表表示该调运方案，可以简记为

$$\begin{pmatrix} 0 & 3 & 4 & 7 \\ 8 & 2 & 3 & 0 \\ 5 & 4 & 0 & 6 \end{pmatrix}$$

其中每一行表示各产地调往四个销地的调运量，每一列表示三个产地调到该销地的调运量.

案例 5.1.2　一家食品店做甲、乙、丙三种不同规格的生日蛋糕，每种蛋糕配料的比例（以千克为单位来度量）可以用下面一个三行六列的数表表示为

$$\begin{array}{c} \\ 甲 \\ 乙 \\ 丙 \end{array}\begin{array}{c} \begin{array}{cccccc} 水果 & 黄油 & 糖 & 面粉 & 鸡蛋 & 白兰地 \end{array} \\ \begin{pmatrix} 0.2 & 0.8 & 0.8 & 0.075 & 0.5 & 0.3 \\ 0.15 & 0.6 & 0.6 & 0.05 & 0.4 & 0.2 \\ 0.1 & 0.4 & 0.4 & 0.025 & 0.3 & 0.1 \end{pmatrix} \end{array}$$

案例 5.1.3　含有 n 个未知量、m 个方程的线性方程组

$$\begin{cases} a_{11}x_1 + a_{12}x_2 + \cdots + a_{1n}x_n = b_1 \\ a_{21}x_1 + a_{22}x_2 + \cdots + a_{2n}x_n = b_2 \\ \cdots\cdots\cdots\cdots\cdots\cdots\cdots\cdots \\ a_{m1}x_1 + a_{m2}x_2 + \cdots + a_{mn}x_n = b_m \end{cases}$$

如果把它的系数 $a_{ij}(1=1,2,\cdots,m;\ j=1,2,\cdots,n)$ 和常数项 $b_i\left(i=1,2,\cdots,m\right)$ 按原来顺序写出，得到一个 m 行、$n+1$ 列的数表

$$\begin{pmatrix} a_{11} & a_{12} & \cdots & a_{1n} & b_1 \\ a_{21} & a_{22} & \cdots & a_{2n} & b_2 \\ \cdots & \cdots & \cdots & \cdots & \cdots \\ a_{m1} & a_{m2} & \cdots & a_{mn} & b_m \end{pmatrix}.$$

定义 5.1.1 由 $m\times n$ 个数 $a_{ij}\ (i=1,2,\cdots,m, j=1,2,\cdots,n)$ 排成一个 m 行 n 列的数表

$$\begin{pmatrix} a_{11} & a_{12} & \cdots & a_{1n} \\ a_{21} & a_{22} & \cdots & a_{2n} \\ \vdots & \vdots & & \vdots \\ a_{m1} & a_{m2} & \cdots & a_{mn} \end{pmatrix}$$

称为 m 行 n 列矩阵（或 $m\times n$ 矩阵），通常用大写字母 $\boldsymbol{A},\boldsymbol{B},\boldsymbol{C},\cdots$ 表示，上述矩阵可以记作 $\boldsymbol{A}$ 或 $\boldsymbol{A}_{m\times n}$，也可简记作 $\boldsymbol{A}=(a_{ij})_{m\times n}$.

当 $m=n$ 时，称 $\boldsymbol{A}$ 为 n 阶矩阵（或 n 阶方阵）；

当 $m=1$ 时，$\boldsymbol{A}=(a_{11}\quad a_{12}\quad \cdots\quad a_{1n})$ 称为行矩阵；

当 $n=1$ 时，$\boldsymbol{A}=\begin{pmatrix} a_{11} \\ a_{21} \\ \vdots \\ a_{m1} \end{pmatrix}$ 称为列矩阵.

元素全为零的 $m\times n$ 矩阵称为零矩阵，记作 $\mathbf{0}_{m\times n}$ 或 $\mathbf{0}$，如

$$\mathbf{0}_{2\times 2}=\begin{pmatrix} 0 & 0 \\ 0 & 0 \end{pmatrix},\quad \mathbf{0}_{3\times 4}=\begin{pmatrix} 0 & 0 & 0 & 0 \\ 0 & 0 & 0 & 0 \\ 0 & 0 & 0 & 0 \end{pmatrix},$$

分别为 2 阶零矩阵和 3×4 零矩阵.

在矩阵 $\boldsymbol{A}=(a_{ij})_{m\times n}$ 中各个元素前面都添上负号（即取相反数）得到的矩阵，称为 $\boldsymbol{A}$ 的负矩阵，记作 $-\boldsymbol{A}$，即 $-\boldsymbol{A}=-(a_{ij})_{m\times n}$，如

$$\boldsymbol{A}=\begin{pmatrix} 1 & -3 & 4 \\ 2 & 0 & -2 \\ -1 & 3 & 3 \end{pmatrix},\quad -\boldsymbol{A}=\begin{pmatrix} -1 & 3 & -4 \\ -2 & 0 & 2 \\ 1 & -3 & -3 \end{pmatrix}.$$

2. 矩阵与行列式的区别

（1）行列式是一个算式，一个数字行列式可以通过计算求得其值，而矩阵是一个数表无值；

（2）行列式的行数与列数相等，矩阵的行数与列数可以不相等；

（3）方阵 A 与方阵行列式 $\det A$ 是不同的两个概念.

3. 特殊矩阵

在 n 阶矩阵中，从左上角到右下角的对角线称为主对角线，从左下角到右上角的对角线称为次对角线.

主对角线上（或下）方的元素全为零的 n 阶矩阵，称为 n 阶下（或上）三角矩阵，上三角矩阵和下三角矩阵统称为三角矩阵. 例如

$$A=\begin{pmatrix}1 & -3 & 4\\ 0 & 0 & 0\\ 0 & 0 & 3\end{pmatrix},\quad B=\begin{pmatrix}2 & 0 & 0 & 0\\ 4 & -6 & 0 & 0\\ 0 & -1 & 8 & 0\\ 1 & 1 & 3 & 0\end{pmatrix},$$

分别是一个三阶上三角矩阵和一个四阶下三角矩阵.

值得注意的是，上（或下）三角矩阵的主对角线下（或上）方的元素一定全是零而其他元素可以是零也可以不是零.

如果一个矩阵 A 既是上三角矩阵又是下三角矩阵，则称矩阵 A 为 n 阶对角矩阵，即对角矩阵是非零元素只能在主对角线上出现的方阵，如

$$A=\begin{pmatrix}-2 & 0 & 0 & 0\\ 0 & 0 & 0 & 0\\ 0 & 0 & 3 & 0\\ 0 & 0 & 0 & 7\end{pmatrix}$$

是个四阶对角矩阵.

主对角线上元素都是1，其余元素都是0的 n 阶矩阵，称为 n 阶单位矩阵，记作 E_n.例如

$$E_2=\begin{pmatrix}1 & 0\\ 0 & 1\end{pmatrix},\quad E_3=\begin{pmatrix}1 & 0 & 0\\ 0 & 1 & 0\\ 0 & 0 & 1\end{pmatrix},$$

是二阶、三阶单位矩阵.

（二）矩阵的运算

我们从实际问题中抽象出来的矩阵，往往将几个矩阵联系起来，讨论它们是否相等，它们在什么条件下可以进行何种运算，这些运算具有哪些性质等问题是我们所要讨论的主要内容.

1. 矩阵相等

定义 5.1.2　若两个矩阵 $A=(a_{ij})$，$B=(b_{ij})$ 的行数和列数分别相同，而且各对应元素相等，则称矩阵 A 与矩阵 B 相等，记作

$$A=B.$$

即如果 $A=(a_{ij})_{m\times n}$，$B=(b_{ij})_{m\times n}$，且 $a_{ij}=b_{ij}\ (i=1,2,\cdots,m;\ j=1,2,\cdots,n)$，那么 $A=B$.

例 5.1.8　设矩阵

$$A=\begin{pmatrix}a & -1 & 3\\ 0 & b & -4\\ -5 & 8 & 7\end{pmatrix},\quad B=\begin{pmatrix}3 & -1 & c\\ 0 & 2 & -4\\ -5 & d & 7\end{pmatrix},$$

且 $A=B$.求 a, b, c, d.

解　由 $A=B$, 即

$$\begin{pmatrix}a & -1 & 3\\ 0 & b & -4\\ -5 & -8 & 7\end{pmatrix}=\begin{pmatrix}3 & -1 & c\\ 0 & 2 & -4\\ -5 & d & 7\end{pmatrix},$$

根据定义 2，得 $a=3$，$b=2$，$c=3$，$d=-8$.

2. 矩阵的加法

定义 5.1.3　设有两个矩阵 $A=(a_{ij})_{m\times n}$，$B=(b_{ij})_{m\times n}$，矩阵 A 与 B 的和规定为 A 与 B 对应

元素相加，即

$$A+B=(a_{ij}+b_{ij})_{m\times n}=\begin{pmatrix} a_{11}+b_{11} & a_{12}+b_{12} & \cdots & a_{1n}+b_{1n} \\ a_{21}+b_{21} & a_{22}+b_{22} & \cdots & a_{2n}+b_{2n} \\ \vdots & \vdots & & \vdots \\ a_{m1}+b_{m1} & a_{m2}+b_{m2} & \cdots & a_{mn}+b_{mn} \end{pmatrix},$$

$$A-B=A+(-B)=(a_{ij})_{m\times n}+-(b_{ij})_{m\times n}=(a_{ij}-b_{ij})_{m\times n}.$$

由定义 5.1.3 可知，只有行数、列数分别相同的两个矩阵，才可以做加法运算.

加法运算律：

$$\begin{aligned} &A+B=B+A \\ &A+B+C=(A+B)+C=A+(B+C) \\ &A+0=A \\ &A-A=A+(-A)=0 \end{aligned}$$

3. 数乘矩阵

定义 5.1.4 数 k 与矩阵 $A=(a_{ij})_{m\times n}$ 的乘积为 $kA=(ka_{ij})_{m\times n}$，即用数 k 去乘矩阵 A 的每一个元素，即

$$kA=(ka_{ij})_{m\times n}=\begin{pmatrix} ka_{11} & ka_{12} & \cdots & ka_{1n} \\ ka_{21} & ka_{22} & \cdots & ka_{2n} \\ \vdots & \vdots & & \vdots \\ ka_{m1} & ka_{m2} & \cdots & ka_{mn} \end{pmatrix}$$

称为数 k 与矩阵 A 相乘，简称数乘矩阵.

例 5.1.9 设矩阵 $A=\begin{pmatrix} 1 & 2 \\ 3 & 4 \end{pmatrix}$，$B=\begin{pmatrix} 1 & 0 \\ -1 & 1 \end{pmatrix}$，求 $A+B$，$2A-B$.

解 根据定义有

$$A+B=\begin{pmatrix} 1 & 2 \\ 3 & 4 \end{pmatrix}+\begin{pmatrix} 1 & 0 \\ -1 & 1 \end{pmatrix}=\begin{pmatrix} 1+1 & 2+0 \\ 3-1 & 4+1 \end{pmatrix}=\begin{pmatrix} 2 & 2 \\ 2 & 5 \end{pmatrix}.$$

$$2A-B=2\begin{pmatrix} 1 & 2 \\ 3 & 4 \end{pmatrix}-\begin{pmatrix} 1 & 0 \\ -1 & 1 \end{pmatrix}=\begin{pmatrix} 2 & 4 \\ 6 & 8 \end{pmatrix}-\begin{pmatrix} 1 & 0 \\ -1 & 1 \end{pmatrix}=\begin{pmatrix} 1 & 4 \\ 7 & 7 \end{pmatrix}.$$

例 5.1.10 设有两种物资（单位 t）从三个产地运往四个销地，其调运方案分别为矩阵 A 与 B，

$$A=\begin{pmatrix} 30 & 25 & 17 & 0 \\ 20 & 0 & 14 & 23 \\ 0 & 20 & 20 & 30 \end{pmatrix},\quad B=\begin{pmatrix} 10 & 15 & 13 & 30 \\ 0 & 40 & 16 & 17 \\ 50 & 10 & 0 & 10 \end{pmatrix}.$$

试问，从各产地运往各销地两种物资的总运量是多少？

解 设矩阵 C 为两种物资的总运量，那么矩阵 C 是矩阵 A 与 B 的和，即

$$C=A+B=\begin{pmatrix} 30 & 25 & 17 & 0 \\ 20 & 0 & 14 & 23 \\ 0 & 20 & 20 & 30 \end{pmatrix}+\begin{pmatrix} 10 & 15 & 13 & 30 \\ 0 & 40 & 16 & 17 \\ 50 & 10 & 0 & 10 \end{pmatrix}$$

$$=\begin{pmatrix}30+10 & 25+15 & 17+13 & 0+30\\ 20+0 & 0+40 & 14+16 & 23+17\\ 0+50 & 20+10 & 20+0 & 30+10\end{pmatrix}=\begin{pmatrix}40 & 40 & 30 & 30\\ 20 & 40 & 30 & 40\\ 50 & 30 & 20 & 40\end{pmatrix}.$$

课堂练习

设从某四个地区到另三个地区的距离（单位：km）为

$$\boldsymbol{A}=\begin{pmatrix}40 & 60 & 105\\ 175 & 130 & 190\\ 120 & 70 & 135\\ 80 & 55 & 100\end{pmatrix}.$$

已知货物每吨运费是 2.40 元/km.用矩阵表示各地区之间每吨货物的运费.

答案：$2.4\times\boldsymbol{A}=\begin{pmatrix}96 & 144 & 252\\ 420 & 312 & 456\\ 288 & 168 & 324\\ 192 & 132 & 240\end{pmatrix}$.

4. 矩阵的乘法

案例 5.1.4 某地区甲、乙、丙三家商场同时销售两种品牌的家用电器，如果用矩阵 $\boldsymbol{A}$ 表示各商场销售这两种品牌的家用电器的日平均销售量（单位：台），用 $\boldsymbol{B}$ 表示两种家用电器的单位售价（单位：千元）和单位利润（单位：千元）：

$$\boldsymbol{A}=\begin{pmatrix}20 & 10\\ 25 & 11\\ 18 & 9\end{pmatrix},\quad \boldsymbol{B}=\begin{pmatrix}3.5 & 0.8\\ 5 & 1.2\end{pmatrix},$$

用矩阵 $\boldsymbol{C}=(c_{ij})_{3\times 2}$ 表示这三家商场销售两种家用电器的每日总收入和总利润，那么

$$\boldsymbol{C}=\begin{pmatrix}c_{11} & c_{12}\\ c_{21} & c_{22}\\ c_{31} & c_{32}\end{pmatrix}=\begin{pmatrix}20\times 3.5+10\times 5 & 20\times 0.8+10\times 1.2\\ 25\times 3.5+11\times 5 & 25\times 0.8+11\times 1.2\\ 18\times 3.5+9\times 5 & 18\times 0.8+9\times 1.2\end{pmatrix}=\begin{pmatrix}120 & 28\\ 142.5 & 33.2\\ 108 & 25.2\end{pmatrix}.$$

定义 5.1.5 设 $\boldsymbol{A}=(a_{ij})_{m\times s}$，$\boldsymbol{B}=(b_{ij})_{s\times n}$，规定矩阵 A 与矩阵 B 的乘积 $\boldsymbol{AB}=\boldsymbol{C}=(c_{ij})_{m\times n}$，其中 c_{ij} 等于 $\boldsymbol{A}$ 的第 i 行与 $\boldsymbol{B}$ 的第 j 列对应元素的乘积之和，即

$$c_{ij}=a_{i1}b_{1j}+a_{i2}b_{2j}+\cdots+a_{is}b_{sj}=\sum_{K=1}^{s}a_{iK}b_{Kj},$$

一般情况 $\boldsymbol{AB}\neq\boldsymbol{BA}$.

注意：

（1）左乘矩阵 $\boldsymbol{A}$ 的列数与右乘矩阵 $\boldsymbol{B}$ 的行数相等时，才有 $\boldsymbol{AB}$;

（2）$\boldsymbol{AB}$ 是矩阵，其行数等于 $\boldsymbol{A}$ 的行数，列数等于 $\boldsymbol{B}$ 的列数；

（3）$\boldsymbol{C}$=$\boldsymbol{AB}$ 用行乘列法则.

例 5.1.11 设矩阵 $\boldsymbol{A}=\begin{pmatrix}1 & 0 & 3\\ 2 & -1 & 0\end{pmatrix}$，$\boldsymbol{B}=\begin{pmatrix}1 & -1\\ 2 & 3\\ 4 & 0\end{pmatrix}$，求 $\boldsymbol{AB}$及$\boldsymbol{BA}$.

解 根据定义，有

$$AB=\begin{pmatrix}1&0&3\\2&-1&0\end{pmatrix}\begin{pmatrix}1&-1\\2&3\\4&0\end{pmatrix}$$

$$=\begin{pmatrix}1\times1+0\times2+3\times4 & 1\times(-1)+0\times3+3\times0\\ 2\times1+(-1)\times2+0\times4 & 2\times(-1)+(-1)\times3+0\times0\end{pmatrix}$$

$$=\begin{pmatrix}13&-1\\0&-5\end{pmatrix},$$

$$BA=\begin{pmatrix}1&-1\\2&3\\4&0\end{pmatrix}\begin{pmatrix}1&0&3\\2&-1&0\end{pmatrix}=\begin{pmatrix}-1&1&3\\8&-3&6\\4&0&12\end{pmatrix}.$$

例 5.1.11 表明，AB 不一定等于 BA，即矩阵乘法不满足交换律.

另外，即使两个矩阵 A、B 满足 $AB=\mathbf{0}$，也不能得出 $A=\mathbf{0}$ 或 $B=\mathbf{0}$．例如，设 $A=\begin{pmatrix}2&4\\-3&-6\end{pmatrix}$，$B=\begin{pmatrix}-2&4\\1&-2\end{pmatrix}$，虽然 $AB=\begin{pmatrix}0&0\\0&0\end{pmatrix}$，但 A，B 均不是零矩阵.

矩阵的乘法满足结合律与分配律，即

（1）$(AB)C=A(BC)$；

（2）$A(B+C)=AB+AC$，$(B+C)A=BA+CA$；

（3）$\lambda(AB)=(\lambda A)B=A(\lambda B)$，其中$\lambda$为数.

5. 矩阵的初等行变换

定义 5.1.6 下列三种变换称为矩阵的初等行变换.

（1）对换矩阵两行的位置（对换变换）记(i,j)；

（2）用一个非零数k遍乘矩阵的某一行（倍数变换）记ik；

（3）将矩阵某一行的倍数加到另一行上（倍加变换）记$i+jk$.

定义中对矩阵施行的三种行变换改为列变换称为矩阵的初等列变换

矩阵A经过初等变换后变为B，记$A\to B$，并称B与A等价.

（三）矩阵的逆

依据矩阵的乘法原则可知，任一个线性方程组都可以表示为矩阵方程式，即

$$Ax=B.$$

为了寻求线性方程组的解，希望能将矩阵方程 $Ax=B$ 化为 $x=c$ 的形式，因此我们引入逆矩阵的概念及其求法.

1. 可逆矩阵与逆矩阵

定义 5.1.7 对于n阶矩阵A，如果有一个n阶矩阵B，使$AB=BA=I$，则称矩阵A是可逆的，并把B称为A的逆矩阵，记为$B=A^{-1}$.

例如，对于矩阵$\begin{pmatrix}1&-1\\1&1\end{pmatrix}$，因为

$$\begin{pmatrix}1&-1\\1&1\end{pmatrix}\begin{pmatrix}0.5&0.5\\-0.5&0.5\end{pmatrix}=\begin{pmatrix}0.5&0.5\\-0.5&0.5\end{pmatrix}\begin{pmatrix}1&-1\\1&1\end{pmatrix}=\begin{pmatrix}1&0\\0&1\end{pmatrix}$$

所以
$$\begin{pmatrix}1&-1\\1&1\end{pmatrix}^{-1}=\begin{pmatrix}0.5&0.5\\-0.5&0.5\end{pmatrix}.$$

定理 5.1.1　$\boldsymbol{A}$ 可逆当且仅当对应的行列式 $|\boldsymbol{A}| \neq 0$.

证明（略）.

2. 用初等行变换求逆矩阵

$$(\boldsymbol{A}\quad \boldsymbol{E}) \xrightarrow{\text{初等行变}} (\boldsymbol{E}\quad \boldsymbol{A}^{-1})$$

在 $(\boldsymbol{A}\quad \boldsymbol{E})$ 进行的初等行变换时的左半部分出现零行，即 $\det \boldsymbol{A}=0$，可判定 $\boldsymbol{A}$ 不可逆，不出现零行，A 可逆.左半部分变为 E，右半部分就是所求 $\boldsymbol{A}^{-1}$.

例 5.1.12　设矩阵 $\boldsymbol{A}=\begin{pmatrix}1 & -1 & 1\\ 1 & 1 & 3\\ 2 & -3 & 2\end{pmatrix}$，求逆矩阵 $\boldsymbol{A}^{-1}$.

解　因为

$$(\boldsymbol{A}\quad \boldsymbol{E})=\begin{pmatrix}1 & -1 & 1 & 1 & 0 & 0\\ 1 & 1 & 3 & 0 & 1 & 0\\ 2 & -3 & 2 & 0 & 0 & 1\end{pmatrix}\to\begin{pmatrix}1 & -1 & 1 & 1 & 0 & 0\\ 0 & 2 & 2 & -1 & 1 & 0\\ 0 & -1 & 0 & -2 & 0 & 1\end{pmatrix}$$

$$\to\begin{pmatrix}1 & -1 & 1 & 1 & 0 & 0\\ 0 & 1 & 1 & -\frac{1}{2} & \frac{1}{2} & 0\\ 0 & 0 & 0 & -\frac{5}{2} & \frac{1}{2} & 1\end{pmatrix}\to\begin{pmatrix}1 & 0 & 0 & \frac{11}{2} & -\frac{1}{2} & -2\\ 0 & 1 & 0 & 2 & 0 & -1\\ 0 & 0 & 1 & -\frac{5}{2} & \frac{1}{2} & 1\end{pmatrix},$$

所以

$$\boldsymbol{A}^{-1}=\begin{pmatrix}\frac{11}{2} & -\frac{1}{2} & -2\\ 2 & 0 & -1\\ -\frac{5}{2} & \frac{1}{2} & 1\end{pmatrix}.$$

例 5.1.13　设矩阵 $\boldsymbol{A}=\begin{pmatrix}-2 & -1 & 6\\ 4 & 0 & 5\\ -6 & -1 & 1\end{pmatrix}$，问 $\boldsymbol{A}$ 是否可逆？若可逆，求逆矩阵 $\boldsymbol{A}^{-1}$.

解　因为

$$(\boldsymbol{A}\quad \boldsymbol{E})=\begin{pmatrix}-2 & -1 & 6 & 1 & 0 & 0\\ 4 & 0 & 5 & 0 & 1 & 0\\ -6 & -1 & 1 & 0 & 0 & 1\end{pmatrix}$$

$$\to\begin{pmatrix}-2 & -1 & 6 & 1 & 0 & 0\\ 0 & -2 & 17 & 2 & 1 & 0\\ 0 & 2 & -17 & -3 & 0 & 1\end{pmatrix}$$

$$\to\begin{pmatrix}-2 & -1 & 6 & 1 & 0 & 0\\ 0 & -2 & 17 & 2 & 1 & 0\\ 0 & 0 & 0 & -1 & 1 & 1\end{pmatrix}$$

（$\boldsymbol{A}\quad \boldsymbol{E}$）中左边的矩阵 $\boldsymbol{A}$ 经过初等行变换后出现零行，即 $\det \boldsymbol{A}=0$，所以矩阵 $\boldsymbol{A}$ 不可逆.

（四）矩阵的秩

矩阵的秩是用来对线性方程组解的情况（唯一解、无穷解、无解）判定的，从而预见线性方程组有解、无解的情况，进行线性方程组的求解. 那么什么叫矩阵的秩，又如何求矩阵的秩呢？在这里我们作简要的介绍.

1. 矩阵秩的概念

子式的定义：设 $\boldsymbol{A}$ 是 $m\times n$ 矩阵，在 $\boldsymbol{A}$ 中位于任意选定的 k 行 k 列交点上的 k^2 个元素，按原来的次序组成的 k 阶行列式，称为 $\boldsymbol{A}$ 的一个 k 阶子式.

秩的定义：矩阵 $\boldsymbol{A}$ 的非零子式的最高阶数称为矩阵 $\boldsymbol{A}$ 的秩，记 $r(\boldsymbol{A})$.

规定：$r(0)=0$

例 5.1.14 求矩阵 $\boldsymbol{A}=\begin{pmatrix}1 & -2 & 3 & 5\\ 0 & 1 & 2 & 1\\ 1 & -1 & 5 & 6\end{pmatrix}$ 的秩.

解 因为 $\boldsymbol{A}$ 的一个二阶子式

$$\begin{vmatrix}1 & -2\\ 0 & 1\end{vmatrix}\neq 0,$$

所以，$\boldsymbol{A}$ 的非零子式的最高阶数至少是 2，即 $r(\boldsymbol{A})\geqslant 2$. $\boldsymbol{A}$ 中共有 4 个三阶子式：

$$\begin{vmatrix}1 & -2 & 3\\ 0 & 1 & 2\\ 1 & -1 & 5\end{vmatrix}=0,\quad \begin{vmatrix}1 & -2 & 5\\ 0 & 1 & 1\\ 1 & -1 & 6\end{vmatrix}=0,\quad \begin{vmatrix}1 & 3 & 5\\ 0 & 2 & 1\\ 1 & 5 & 6\end{vmatrix}=0,\quad \begin{vmatrix}-2 & 3 & 5\\ 1 & 2 & 1\\ -1 & 5 & 6\end{vmatrix}=0,$$

即所有三阶子式均为零，故 $r(\boldsymbol{A})=2$.

2. 用初等行变换计算矩阵的秩

定理 5.1.2 矩阵的初等行变换不改变矩阵的秩.

阶梯形矩阵：一个矩阵的每一行第一个非零元素称为首非零元. 如果一个矩阵的所有首非零元的下方元素全为零，则称这个矩阵为阶梯形矩阵. 如果一个矩阵的所有首非零元全为 1，且每个首非零元所在的列的其余元素全为零，则称这个矩阵为行简化阶梯形矩阵.

满足下列两个条件的矩阵称为阶梯形矩阵：

（1）若矩阵有零行，零行全部在下方；

（2）各非零行的第一个不为零的元素的列标随着行标的递增而严格增大.

如，$\begin{pmatrix}2 & -3 & 3 & 5\\ 0 & 5 & 0 & 1\\ 0 & 0 & 0 & -2\\ 0 & 0 & 0 & 0\\ 0 & 0 & 0 & 0\end{pmatrix}$，$\begin{pmatrix}2 & 0 & -1 & 3 & 5\\ 0 & 0 & 2 & 0 & 2\\ 0 & 0 & 0 & 0 & 0\end{pmatrix}$，$\begin{pmatrix}-1 & 3 & 5\\ 0 & 4 & -1\\ 0 & 0 & 2\end{pmatrix}$

都是阶梯形矩阵.

定理 5.1.3 设一个矩阵 $\boldsymbol{A}$ 用行初等变换化为阶梯形矩阵后，这个阶梯形矩阵有 k 个非零行（元素不全为零的行），则矩阵 $\boldsymbol{A}$ 的秩为 k，记为 $r(\boldsymbol{A})=k$.

例 5.1.15 设矩阵

$$\boldsymbol{A}=\begin{pmatrix}2 & 0 & 5 & 2\\ -2 & 4 & 1 & 0\end{pmatrix},\ \boldsymbol{B}=\begin{pmatrix}-1 & 1 & 4 & 0\\ 3 & -2 & 5 & -3\\ 2 & 0 & -6 & 4\\ 0 & 1 & 1 & 2\end{pmatrix},$$

求 $r(\boldsymbol{A})$，$r(\boldsymbol{B})$.

解 因为 $\boldsymbol{A}=\begin{pmatrix}2&0&5&2\\-2&4&1&0\end{pmatrix}\to\begin{pmatrix}2&0&5&2\\0&4&6&2\end{pmatrix}$

所以 $r(\boldsymbol{A})=2$.

因为 $\boldsymbol{B}=\begin{pmatrix}-1&1&4&0\\3&-2&5&-3\\2&0&-6&4\\0&1&1&2\end{pmatrix}\to\begin{pmatrix}-1&1&4&0\\0&1&17&-3\\0&2&2&4\\0&1&1&2\end{pmatrix}$

$$\to\begin{pmatrix}-1&1&4&0\\0&1&17&-3\\0&0&-32&10\\0&0&-16&5\end{pmatrix}\to\begin{pmatrix}-1&1&4&0\\0&1&17&-3\\0&0&-32&10\\0&0&0&0\end{pmatrix}.$$

所以 $r(\boldsymbol{B})=3$.

3. 满秩矩阵

定义 5.1.8 设 $\boldsymbol{A}$ 是 n 阶矩阵，若 $r(\boldsymbol{A})=n$，则称 $\boldsymbol{A}$ 为满秩矩阵.

定理 5.1.4 n 阶矩阵 $\boldsymbol{A}$ 可逆的充要条件是 $\boldsymbol{A}$ 为满秩矩阵，即 $r(\boldsymbol{A})=n$.

例 5.1.16 判断下列矩阵是否为满秩矩阵？是否可逆？

（1）$\boldsymbol{A}=\begin{pmatrix}1&-1&1\\1&1&3\\2&3&2\end{pmatrix}$，（2）$\boldsymbol{B}=\begin{pmatrix}2&2&-1\\3&4&1\\-2&0&6\end{pmatrix}$.

解（1）因为 $\boldsymbol{A}=\begin{pmatrix}1&-1&1\\1&1&3\\2&3&2\end{pmatrix}\to\begin{pmatrix}1&-1&1\\0&2&2\\0&5&0\end{pmatrix}\to\begin{pmatrix}1&-1&1\\0&2&2\\0&0&-5\end{pmatrix}$.

即 $r(\boldsymbol{A})=3$. 所以三阶矩阵 $\boldsymbol{A}$ 是满秩矩阵，是可逆矩阵.

（2）因为 $\boldsymbol{B}=\begin{pmatrix}2&2&-1\\3&4&1\\-2&0&6\end{pmatrix}\to\begin{pmatrix}2&2&-1\\0&1&\frac{5}{2}\\0&2&5\end{pmatrix}\to\begin{pmatrix}2&2&-1\\0&1&\frac{5}{2}\\0&0&0\end{pmatrix}$.

即 $r(\boldsymbol{B})=2\neq3$. 所以三阶矩阵 $\boldsymbol{B}$ 不是满秩矩阵，因此是不可逆矩阵.

三、n 维向量及其相关性

用消元法可以判断一个线性方程组有没有解.有多少解？并且在有解时，可以把解求出来.但这种方法做起来往往很麻烦，因此我们希望直接从原方程组的系数和常数项就能判断出线性方程组有无解的问题.为了解决这个问题，我们引进 n 维向量以及与之有关的一些概念，这些概念也是深入学习线性代数的重要基础.

（一）n 维向量的定义

n 元线性方程

$$a_1x_1+a_2x_2+\cdots+a_nx_n=b$$

可以用一个 $n+1$ 元有序数组

$$(a_1 \quad a_2 \quad \cdots \quad a_n \quad b)$$

表示，n元线性方程组的一个解也可以用n元有序数组表示.

定义 5.1.9 由n个数$a_1, a_2, \cdots, a_n$组成的n元有序数组

$$\boldsymbol{\alpha}=\begin{pmatrix} a_1 \\ a_2 \\ \vdots \\ a_n \end{pmatrix}$$

称为一个n维向量，记作$\boldsymbol{\alpha}$. 其中$\boldsymbol{\alpha}_i(i=1, 2, \cdots, n)$称为$n$维向量$\boldsymbol{\alpha}$的第$i$个分量.

向量一般用小写希腊字母$\boldsymbol{\alpha}, \boldsymbol{\beta}, \boldsymbol{\gamma}, \cdots$ 表示.

向量有时也以下面的形式给出：

$$\boldsymbol{\alpha}^{\mathrm{T}}=(a_1 \ a_2 \ \cdots \ a_n)$$

一般称$\boldsymbol{\alpha}$为列向量，$\boldsymbol{\alpha}^{\mathrm{T}}$称为行向量.

一个3×4矩阵

$$\boldsymbol{A}=\begin{pmatrix} 1 & 2 & -1 & 3 \\ 5 & -2 & 7 & 8 \\ -3 & 6 & 1 & 4 \end{pmatrix}$$

中的每一列都是由三个有序数组成的，因此都可以看做三维向量. 我们把这四个三维向量

$$\begin{pmatrix} 1 \\ 5 \\ -3 \end{pmatrix}, \begin{pmatrix} 2 \\ -2 \\ 6 \end{pmatrix}, \begin{pmatrix} -1 \\ 7 \\ 1 \end{pmatrix}, \begin{pmatrix} 3 \\ 8 \\ 4 \end{pmatrix}$$

称为矩阵$\boldsymbol{A}$的列向量. 同样，$\boldsymbol{A}$中的每一行都是由四个有序数组成的，因此亦都可以看做四维向量. 我们把这三个维四向量

$$(1 \quad 2 \quad -1 \quad 3), (5 \quad -2 \quad 7 \quad 8), (-3 \quad 6 \quad 1 \quad 4)$$

称为矩阵$\boldsymbol{A}$的行向量.

由此可知，n维向量和$n\times 1$矩阵是本质相同的两个概念.所以，在n维向量之间，我们规定n维向量相等、相加、数乘与列矩阵之间的相等、相加、数乘都是对应相同的.

例 5.1.17 设$\boldsymbol{\alpha}_1=(-2 \ 0 \ 1 \ 3)$, $\boldsymbol{\alpha}_2=(5 \ -7 \ 4 \ 6)$, $\boldsymbol{\alpha}_3=(3 \ -1 \ 7 \ 2)$，求$3\boldsymbol{\alpha}_1+\boldsymbol{\alpha}_2+2\boldsymbol{\alpha}_3$.

解

$$\begin{aligned} 3\boldsymbol{\alpha}_1+\boldsymbol{\alpha}_2+2\boldsymbol{\alpha}_3 &= 3(-2 \quad 0 \quad 1 \quad 3)+(5 \quad -7 \quad 4 \quad 6)+2(3 \quad -1 \quad 7 \quad 2) \\ &= (-6 \quad 0 \quad 3 \quad 9)+(5 \quad -7 \quad 4 \quad 6)+(6 \quad -2 \quad 14 \quad 4) \\ &= (5 \quad -9 \quad 21 \quad 19) \end{aligned}$$

（二）n维向量的线性关系

1. 线性组合

由例 5.1.17 看出，$\boldsymbol{\alpha}_1, \boldsymbol{\alpha}_2, \boldsymbol{\alpha}_3$都是四维向量，$3\boldsymbol{\alpha}_1+\boldsymbol{\alpha}_2+2\boldsymbol{\alpha}_3$仍是四维向量，这个向量称为$\boldsymbol{\alpha}_1, \boldsymbol{\alpha}_2, \boldsymbol{\alpha}_3$的一个线性组合. 一般地，有

定义 5.1.10 设$\boldsymbol{\alpha}_1, \boldsymbol{\alpha}_2, \cdots, \boldsymbol{\alpha}_m$为$m$个$n$维向量，若有$m$个实数$k_1, k_2, \cdots, k_m$，使得

$$\boldsymbol{\alpha}=k_1\boldsymbol{\alpha}_1+k_2\boldsymbol{\alpha}_2+\cdots+k_m\boldsymbol{\alpha}_m,$$

则称$\boldsymbol{\alpha}$为$\boldsymbol{\alpha}_1, \boldsymbol{\alpha}_2, \cdots, \boldsymbol{\alpha}_m$的一个线性组合，或者称$\boldsymbol{\alpha}$由$\boldsymbol{\alpha}_1, \boldsymbol{\alpha}_2, \cdots, \boldsymbol{\alpha}_m$线性表出，其中$k_1, k_2, \cdots, k_m$称$\boldsymbol{\alpha}$为这个组合的系数.

2. **线性相关与线性无关**

定义 5.1.11 设$\boldsymbol{\alpha}_1,\boldsymbol{\alpha}_2,\cdots,\boldsymbol{\alpha}_m$为$m$个$n$维向量，若有不全为零的$m$个实数$k_1,k_2,\cdots,k_m$，使得

$$k_1\boldsymbol{\alpha}_1+k_2\boldsymbol{\alpha}_2+\cdots+k_m\boldsymbol{\alpha}_m=0$$

成立，则称向量组$\boldsymbol{\alpha}_1,\boldsymbol{\alpha}_2,\cdots,\boldsymbol{\alpha}_m$线性相关；否则，称向量组$\boldsymbol{\alpha}_1,\boldsymbol{\alpha}_2,\cdots,\boldsymbol{\alpha}_m$线性无关. 也就是说，若仅当$k_1,k_2,\cdots,k_m$全为零时，才能使等式成立，则$\boldsymbol{\alpha}_1,\boldsymbol{\alpha}_2,\cdots,\boldsymbol{\alpha}_m$线性无关.

如果把$k_1\boldsymbol{\alpha}_1+k_2\boldsymbol{\alpha}_2+\cdots+k_m\boldsymbol{\alpha}_m=0$视为以$\boldsymbol{\alpha}_1,\boldsymbol{\alpha}_2,\cdots,\boldsymbol{\alpha}_m$为系数的列向量、以$k_1,k_2,\cdots,k_m$为未知量的齐次线性方程组，即

$$k_1\begin{pmatrix}a_{11}\\a_{21}\\\vdots\\a_{m1}\end{pmatrix}+k_2\begin{pmatrix}a_{12}\\a_{22}\\\vdots\\a_{m2}\end{pmatrix}+\cdots+k_m\begin{pmatrix}a_{1m}\\a_{2m}\\\vdots\\a_{mm}\end{pmatrix}=\begin{pmatrix}0\\0\\\vdots\\0\end{pmatrix}$$

那么，有

定理 5.1.5 关于向量组$\boldsymbol{\alpha}_1,\boldsymbol{\alpha}_2,\cdots,\boldsymbol{\alpha}_m$，若齐次线性方程组

$$k_1\boldsymbol{\alpha}_1+k_2\boldsymbol{\alpha}_2+\cdots+k_m\boldsymbol{\alpha}_m=0$$

有非零解，则向量组$\boldsymbol{\alpha}_1,\boldsymbol{\alpha}_2,\cdots,\boldsymbol{\alpha}_m$线性相关；若齐次线性方程组只有唯一的零解，则向量组$\boldsymbol{\alpha}_1,\boldsymbol{\alpha}_2,\cdots,\boldsymbol{\alpha}_m$线性无关.

定理 5.1.6 关于列（行）向量组$\boldsymbol{\alpha}_1,\boldsymbol{\alpha}_2,\cdots,\boldsymbol{\alpha}_m$，设矩阵

$$\boldsymbol{A}=(\boldsymbol{\alpha}_1\quad\boldsymbol{\alpha}_2\quad\cdots\quad\boldsymbol{\alpha}_m)$$

或

$$\boldsymbol{A}=(\boldsymbol{\alpha}_1\quad\boldsymbol{\alpha}_2\quad\cdots\quad\boldsymbol{\alpha}_m)^{\mathrm{T}}$$

若$\boldsymbol{r}(\boldsymbol{A})<\boldsymbol{m}$，则向量组$\boldsymbol{\alpha}_1,\boldsymbol{\alpha}_2,\cdots,\boldsymbol{\alpha}_m$线性相关；若$r(\boldsymbol{A})=m$，则向量组$\boldsymbol{\alpha}_1,\boldsymbol{\alpha}_2,\cdots,\boldsymbol{\alpha}_m$线性无关.

定理 5.1.7 向量组$\boldsymbol{\alpha}_1,\boldsymbol{\alpha}_2,\cdots,\boldsymbol{\alpha}_m(m\geqslant 2)$线性相关的充分必要条件是：其中至少有一个向量可以由其余向量线性表出.

定理 5.1.8 向量组$\boldsymbol{\alpha}_1,\boldsymbol{\alpha}_2,\cdots,\boldsymbol{\alpha}_m(m\geqslant 2)$线性无关的充分必要条件是：其中每一个向量都不能由其余向量线性表出.

$$\boldsymbol{\alpha}_1,\boldsymbol{\alpha}_2,\cdots,\boldsymbol{\alpha}_s(s\leqslant m)$$

3. **向量的秩**

极大无关组的定义.

若向量组$\boldsymbol{\alpha}_1,\boldsymbol{\alpha}_2,\cdots,\boldsymbol{\alpha}_m$，中的部分向量组$\boldsymbol{\alpha}_1,\boldsymbol{\alpha}_2,\cdots,\boldsymbol{\alpha}_s(s\leqslant m)$满足下列条件：

（1）$\boldsymbol{\alpha}_1,\boldsymbol{\alpha}_2,\cdots,\boldsymbol{\alpha}_s$线性无关；

（2）向量组$\boldsymbol{\alpha}_1,\boldsymbol{\alpha}_2,\cdots,\boldsymbol{\alpha}_m$中的任意一个向量都可以由$\boldsymbol{\alpha}_1,\boldsymbol{\alpha}_2,\cdots,\boldsymbol{\alpha}_s$，线性表出.

则称部分向量组$\boldsymbol{\alpha}_1,\boldsymbol{\alpha}_2,\cdots,\boldsymbol{\alpha}_s$为向量组$\boldsymbol{\alpha}_1,\boldsymbol{\alpha}_2,\cdots,\boldsymbol{\alpha}_m$的一个极大无关组.

例 5.1.18 设向量组$\boldsymbol{\alpha}_1=(-1\quad 0\quad 2),\boldsymbol{\alpha}_2=(1\quad -1\quad 1),\boldsymbol{\alpha}_3=(1\quad 0\quad -2)$，可以验证：向量组$\boldsymbol{\alpha}_1$，$\boldsymbol{\alpha}_2$，$\boldsymbol{\alpha}_3$线性相关.

（1）用定理 5.1.2 验证.

因为方程组 $k_1\boldsymbol{\alpha}_1+k_2\boldsymbol{\alpha}_2+k_3\boldsymbol{\alpha}_3=0$

即
$$k_1\begin{pmatrix}-1\\0\\2\end{pmatrix}+k_2\begin{pmatrix}1\\-1\\1\end{pmatrix}+k_3\begin{pmatrix}1\\0\\-2\end{pmatrix}=\begin{pmatrix}0\\0\\0\end{pmatrix}$$
$$\begin{cases}-k_1+k_2+k_3=0\\k_2=0\\2k_1+k_2-2k_3=0\end{cases}$$
有非零解.

所以向量组$\boldsymbol{\alpha}_1,\boldsymbol{\alpha}_2,\boldsymbol{\alpha}_3$线性相关.

（2）用定理 5.1.3 验证.

因为 $\boldsymbol{A}=\begin{pmatrix}-1&1&1\\0&-1&0\\2&1&-2\end{pmatrix}\to\begin{pmatrix}-1&1&1\\0&-1&0\\0&0&0\end{pmatrix}$，　$r(\boldsymbol{A})=2<3$,

所以向量组$\boldsymbol{\alpha}_1,\boldsymbol{\alpha}_2,\boldsymbol{\alpha}_3$线性相关.

但其中部分向量组如$\boldsymbol{\alpha}_1,\boldsymbol{\alpha}_2$线性无关，而且$\boldsymbol{\alpha}_1,\boldsymbol{\alpha}_2,\boldsymbol{\alpha}_3$都可以由$\boldsymbol{\alpha}_1,\boldsymbol{\alpha}_2$线性表出：
$$\boldsymbol{\alpha}_1=1\boldsymbol{\alpha}_1+0\boldsymbol{\alpha}_2$$
$$\boldsymbol{\alpha}_2=0\boldsymbol{\alpha}_1+1\boldsymbol{\alpha}_2$$
$$\boldsymbol{\alpha}_3=1\boldsymbol{\alpha}_1+0\boldsymbol{\alpha}_2$$

所以$\boldsymbol{\alpha}_1,\boldsymbol{\alpha}_2$为$\boldsymbol{\alpha}_1,\boldsymbol{\alpha}_2,\boldsymbol{\alpha}_3$的一个极大无关组.

同样可以验证部分向量组如$\boldsymbol{\alpha}_1,\boldsymbol{\alpha}_2$也是$\boldsymbol{\alpha}_1,\boldsymbol{\alpha}_2,\boldsymbol{\alpha}_3$的一个极大无关组.

一般地，向量组的极大无关组可能不止一个，但这些极大无关组所含向量的个数却是相同的.我们有

定理 5.1.9　向量组中若有多个极大无关组，则它们所含向量的个数是相同的.

向量组的秩的定义.

向量组$\boldsymbol{\alpha}_1,\boldsymbol{\alpha}_2,\cdots,\boldsymbol{\alpha}_m$的极大无关组所含向量的个数称为向量组的秩.记作
$$r(\boldsymbol{\alpha}_1,\ \boldsymbol{\alpha}_2,\ \cdots,\ \boldsymbol{\alpha}_m).$$

定理 5.1.10　若一个向量组$\boldsymbol{\alpha}_1,\boldsymbol{\alpha}_2,\cdots,\boldsymbol{\alpha}_m$线性无关，则$r(\boldsymbol{\alpha}_1,\ \boldsymbol{\alpha}_2,\ \cdots,\ \boldsymbol{\alpha}_m)=m$；反之，若向量组$\boldsymbol{\alpha}_1,\boldsymbol{\alpha}_2,\cdots,\boldsymbol{\alpha}_m$的$r(\boldsymbol{\alpha}_1,\ \boldsymbol{\alpha}_2,\ \cdots,\ \boldsymbol{\alpha}_m)=m$, 则$\boldsymbol{\alpha}_1,\boldsymbol{\alpha}_2,\cdots,\boldsymbol{\alpha}_m$一定线性无关.

对于一个向量组，如何求它的秩和极大无关组呢？

案例 5.1.5　对于构成阶梯形矩阵
$$\boldsymbol{A}=\begin{pmatrix}1&2&1&-2&5\\0&0&-5&6&4\\0&0&0&3&-3\end{pmatrix}$$
的五个列向量，因为主元所在的第一、三、四列的列向量组是线性无关的，若再加一个列向量就是线性相关的，所以这五个列向量构成的向量组的秩为 3，极大无关组就是主元所在列的列向量组.

案例 5.1.5 的结论对一般的阶梯形矩阵都成立.我们有

定理 5.1.11　阶梯形矩阵的列向量组的秩等于非零行的行数，等于阵的秩，主元所在列的列向量构成极大无关组.

可以证明;

定理 5.1.12　列向量组通过初等行变换不改变线性相关性.

定理 5.1.13　矩阵 $\boldsymbol{A}$ 的秩=矩阵 $\boldsymbol{A}$ 列向量组的秩=矩阵 $\boldsymbol{A}$ 行向量组的秩.

求一向量组的秩和极大无关组，就是把这些向量作为矩阵的列构成一个矩阵，用初等行变换将其化为阶梯形矩阵，则非零行的个数就是向量组的秩，主元所在列对应的原来向量组中的向量就是极大无关组.

例 5.1.19　设向量组

$$\boldsymbol{\alpha}_1=\begin{pmatrix}-1\\2\\0\\0\end{pmatrix},\boldsymbol{\alpha}_2=\begin{pmatrix}1\\-1\\1\\-1\end{pmatrix},\boldsymbol{\alpha}_3=\begin{pmatrix}0\\1\\1\\-1\end{pmatrix},\boldsymbol{\alpha}_4=\begin{pmatrix}-1\\4\\2\\1\end{pmatrix},\boldsymbol{\alpha}_5=\begin{pmatrix}-2\\8\\4\\1\end{pmatrix}.$$

求向量组的秩及其一个极大无关组.

解　作矩阵 $\boldsymbol{A}=\begin{pmatrix}\alpha_1 & \alpha_2 & \alpha_3 & \alpha_4 & \alpha_5\end{pmatrix}$，用初等行变换把 $\boldsymbol{A}$ 化为阶梯形矩阵，即

$$\boldsymbol{A}=\begin{pmatrix}-1&1&0&-1&-2\\2&-1&1&4&8\\0&1&1&2&4\\0&-1&-1&1&1\end{pmatrix}\to\begin{pmatrix}-1&1&0&-1&-2\\0&1&1&2&4\\0&1&1&2&4\\0&0&0&3&5\end{pmatrix}\to\begin{pmatrix}-1&1&0&-1&-2\\0&1&1&2&4\\0&0&0&3&5\\0&0&0&0&0\end{pmatrix}$$

所以 $r(\boldsymbol{\alpha}_1,\boldsymbol{\alpha}_2,\boldsymbol{\alpha}_3,\boldsymbol{\alpha}_4,\boldsymbol{\alpha}_5)=3$, 且 $\boldsymbol{\alpha}_1,\boldsymbol{\alpha}_2,\boldsymbol{\alpha}_4$ 为其中的一个极大无关组.

习题 5.1

1．计算下列二阶行列式.

（1）$\begin{vmatrix}1&3\\1&4\end{vmatrix}$，　（2）$\begin{vmatrix}2&1\\-1&2\end{vmatrix}$.

2．分别用对角线法、降阶法计算三阶行列式.

$$\begin{vmatrix}-2&-4&1\\3&0&3\\5&4&-2\end{vmatrix}$$

3．把下列行列式化为上三角形行列式，并计算其值.

$$\begin{vmatrix}2&3&150&97&508\\-1&4&43&78&968\\0&0&2&1&0\\0&0&0&3&4\\0&0&1&0&2\end{vmatrix}$$

4．计算下列行列式.

$$\begin{vmatrix}-2&2&-4&0\\4&-1&3&5\\3&1&-2&-3\\2&0&5&1\end{vmatrix}$$

5．设矩阵 $\boldsymbol{A}=\begin{pmatrix}1 & 2\\ 3 & 4\end{pmatrix}, \boldsymbol{B}=\begin{pmatrix}1 & 0\\ -1 & 1\end{pmatrix}$. 求 $\boldsymbol{A}+\boldsymbol{B}$, $2\boldsymbol{A}-\boldsymbol{B}$, $\boldsymbol{AB}$.

6．某工厂生产三种产品：A，B，C．它们的成本分为三类：原料费、工资和管理费．表 5-1-2 给出生产单个产品时估计需要的每一类成本（单位：元），表 5-13 给出每季度生产每种产品的数量估计（单位：个）．试用矩阵计算每一季度中的每一类成本是多少，并用一个表格展示出计算的结果.

表 5-1-2　　（单位：元）

单位产品的成本	产品		
	A	B	C
原料费	0.20	0.60	0.30
工资	0.60	0.80	0.50
管理费	0.20	0.40	0.30

表 5-1-3　　（单位：个）

产品	季度			
	春季	夏季	秋季	冬季
A	2000	2250	2250	2000
B	1000	1300	1200	1100
C	2900	3100	3000	3000

7．判别下列方阵是否可逆？若可逆，求逆矩阵.

$$\begin{pmatrix}2 & 2 & 3\\ 1 & -1 & 0\\ -1 & 2 & 1\end{pmatrix}$$

8．求下列矩阵的秩.

$$\begin{pmatrix}1 & 0 & 1 & 1 & 0 & 1 & 1\\ 1 & 1 & 0 & 1 & 1 & 0 & 0\\ 1 & 0 & 1 & 2 & 1 & 0 & 1\\ 2 & 1 & 1 & 3 & 2 & 0 & 1\end{pmatrix}$$

9．设向量组 $\boldsymbol{\alpha}_1=(1\ \ -1\ \ 2\ \ 1\ \ 0)$, $\boldsymbol{\alpha}_2=(2\ \ -2\ \ 4\ \ -2\ \ 0)$, $\boldsymbol{\alpha}_3=(3\ \ 0\ \ 6\ \ -1\ \ 1)$, $\boldsymbol{\alpha}_4=(0\ \ 3\ \ 0\ \ 0\ \ 1)$. 求向量组的秩及其一个极大无关组.

第二节　线性规划数学模型

在所有的管理与经营活动中，都要涉及资金、时间、人力、物力等资源的消耗. 如何优化资源配置，使有限的资源产生最大的效益，这就是规划论.

规划论分为线性规划与非线性规划.

线性规划是运筹学中研究最为深入、应用范围最广、使用效果也最为明显的一个分支，它主要研究两类问题：一是对已确定的任务如何统筹安排，使完成这项任务所需的人力、物力、资源最少；二是如何安排一定数量的人力、物力、资源，使完成的任务最多. 例如，任务安排问题、配料问题、布局问题、下料问题、库存问题、运输问题等.

这一节我们将简单地介绍建立线性规划问题数学模型的方法，线性规划问题的标准形式，求解两个变量线性规划问题的图解法.

一、线性规划数学模型

线性规划数学模型是描述实际问题的数学形式，由于实际问题往往比较复杂，建立线性规划数学模型时，就要对问题认真分析，抓住本质，用简单的数学式子描述出来，使建立的数学模型既简单，又能正确地反映问题的本质.

例 5.2.1　某厂计划安排生产 A、B 两种产品，已知生产单位产品的利润与所需的劳动力，设备台时及原材料消耗如表 5-2-1 所示，问如何安排生产获利最大？试列出数学模型.

表 5-2-1

	产品 A	产品 B	资源限制
劳动力（工时）	9	4	360
设备（台时）	4	5	200
原材料（公斤）	3	10	300
单位产品利润	70	120	

解　设安排生产 A 产品 x_1 个单位，生产 B 产品 x_2 个单位，则

$$\max Z = 70x_1 + 120x_2.$$

$$s.t.\begin{cases} 9x_1 + 4x_2 \leqslant 360, \\ 4x_1 + 5x_2 \leqslant 200, \\ 3x_1 + 10x_2 \leqslant 300, \\ x_1 \geqslant 0, x_2 \geqslant 0. \end{cases}$$

例 5.2.2　A_1, A_2 两个煤矿给 B_1, B_2, B_3 三个城市供煤. 各煤矿产量和各城市需求量以及各地之间的单位运价如表 5-2-2、表 5-2-3、表 5-2-4 所示，问该如何调运，才能既满足城市需求，又使总运费最小？试列出数学模型.

表 5-2-2

煤矿	日产量（t）	城市	需求量（t）
A_1	200	B_1	100
		B_2	150
A_2	250	B_3	200

表 5-2-3

运价（元/t） 煤矿	B_1	B_2	B_3
A_1	90	70	100
A_2	80	65	80

表 5-2-4

销地 / 产地	B_1 运价(元/t)	B_2 运价(元/t)	B_3 运价(元/t)	产量（t）
A_1	90	70	100	200
A_2	80	65	80	250
销量（t）	100	150	200	

解 设 x_{ij} 表示产地 A_i 运往销地 B_j 煤的数量 $\left(i=1,2;j=1,2,3\right)$.

$$\max Z = 90x_{11}+70x_{12}.+100x_{13}+80x_{21}+65x_{22}+80x_{23}.$$

$$s.t.\begin{cases} x_{11}+x_{12}+x_{12}=200, \\ x_{21}+x_{22}+x_{23}=250, \\ x_{11}+x_{21}=100, \\ x_{12}+x_{22}=150, \\ x_{13}+x_{23}=200, \\ x_{ij}\geqslant 0\left(i=1,2;j=1,2,3\right). \end{cases}$$

二、线性规划问题的形式

1. 线性规划问题的一般形式

对于一般线性规划模型，目标函数可以求最大，也可以求最小；约束条件可以是“$\leqslant$”也可以是“$\geqslant$”或“$=$”，因此，一般线性规划模型可表示为

$$\max(\min)Z = c_1x.+c_2x_2+\cdots+c_nx_n .$$

$$s.t.\begin{cases} a_{11}x_1+a_{12}x_2+\cdots+a_{1n}x_n\leqslant(\geqslant,=)b_1, \\ a_{21}x_1+a_{22}x_2+\cdots+a_{2n}x_n\leqslant(\geqslant,=)b_2, \\ \cdots\cdots\cdots\cdots\cdots\cdots\cdots\cdots\cdots\cdots\cdots\cdots \\ a_{m1}x_1+a_{m2}x_2+\cdots+a_{mn}\leqslant(\geqslant,=)b_m, \\ x_j\geqslant 0\left(j=1,2,\cdots,n\right). \end{cases}$$

2. 线性规划问题的标准形式

$$\max Z=\sum_{j=1}^{n}c_jx_j .$$

$$s.t.\begin{cases} \sum_{j=1}^{n}a_{ij}x_j=b_i\left(i=1,2,\cdots,m\right), \\ x_j\geqslant 0\left(j=1,2,\cdots,n\right). \end{cases}$$

三、线性规划问题的图解法

对于一个线性规划问题建立数学模型之后，就面临着如何求解的问题. 我们仅介绍线性规划问题的图解法，并且仅介绍含有两个决策变量的情况，它简单直观，由此便可以了解线性规划问题求解的基本原理.

图解法的步骤如下：

（1）在平面上建立直角坐标系；

（2）图示约束条件，找出可行区域（满足约束条件的解组成的一个区域称为可行区域）；

（3）图示目标函数，即画出目标函数等值线（把目标函数 Z 看做一个参数，当 Z 取定值时，如取 $Z=0$，它是一条直线，而且这条直线上的任何一点都使目标函数值为零，称此直线为目标函数等值线）；

（4）对目标函数等值线问题朝着增大（减少）纵截距的方向移动等值线至可行区域的某个边界点；

（5）寻找该边界点的坐标得到最优解（使目标函数达到最大值或最小值的可行解，称为最优解）.

例 5.2.3　用图解法求线性规划.

$$\max Z = 2x_1 + 3x_2 .$$

$$s.t.\begin{cases} x_1 + x_2 \leqslant 6, \\ 3x_1 + 2x_2 \leqslant 12, \\ x_1 \geqslant 0, x_2 \geqslant 0. \end{cases}$$

解　先画出线性规划的可行区域（阴影部分）；再画出目标函数等值线，朝着增大纵截距的方向移动等值线至阴影部分的边缘点 A（见图 5-2-1）.

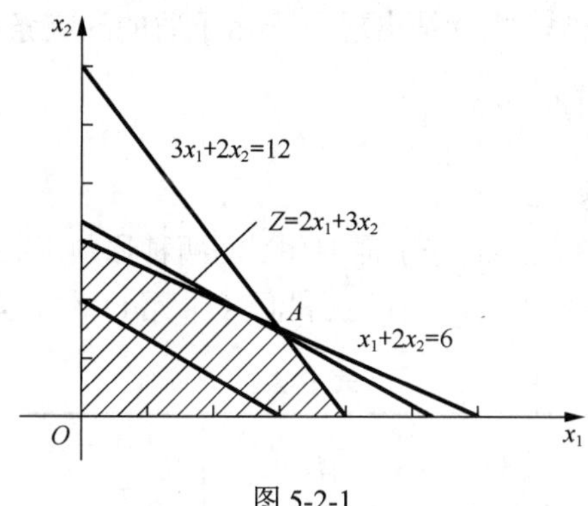

图 5-2-1

最后求解方程组 $\begin{cases} x_1 + 2x_2 = 6, \\ 3x_1 + 2x_2 = 12. \end{cases}$

得点 A 的坐标 $A\left(2, \dfrac{3}{2}\right)$.

解得最优解 $x^* = \left(3, \dfrac{3}{2}\right)^{\mathrm{T}}$.

代入 Z 的表达式，求得最大值 $Z\left(x^*\right) = \dfrac{21}{2}$.

例 5.2.4　用图解法求线性规划.

$$\max Z = 2x_1 + x_2 .$$

$$s.t.\begin{cases} x_1 - 4x_2 \leqslant -3, \\ 3x_1 + 5x_2 \leqslant 25, \\ x_1 \geqslant 1. \end{cases}$$

解 先画出线性规划的可行区域（阴影部分）；再画出目标函数等值线，朝着增大纵截距的方向移动等值线至阴影部分的边缘点B（见图 5-2-2）.

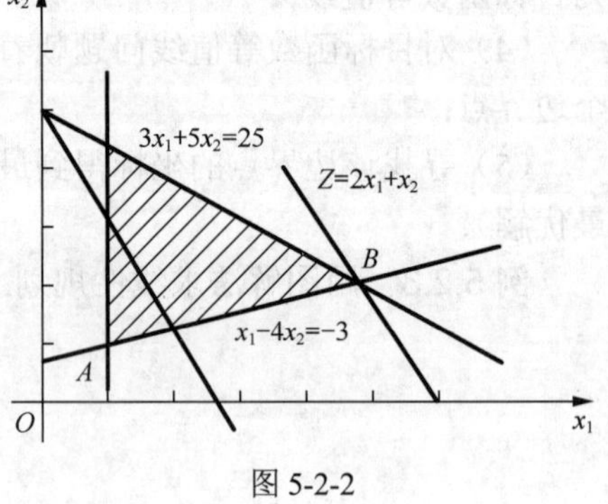

图 5-2-2

最后求解方程组$\begin{cases} x_1 - 4x_2 = -3, \\ 3x_1 + 5x_2 = 25. \end{cases}$

得点B的坐标$B(5,2)$.

解得最优解$x^* = (5,2)^{\mathrm{T}}$代入Z的表达式，求得最大值$Z(x^*) = 12$.

上面两个例子中，求解得到的问题的最优解是唯一的，但对一般线性规划问题，求解结果还可能出现其他情况.有时可能出现多个最优解（但对应着相同的最优值）；有时可能出现无穷多个最优解（但对应着相同的最优值）；有时可能没有最优解（例如，当可行区域是无界区域，或可行区域为空集时）.

当根据实际问题建立的线性规划模型的求解结果出现无解的情况时，一般说明建模有错误，或者缺乏必要的约束条件，或者是出现了互相矛盾的约束条件，建模时要特别注意.

四、线性规划问题举例

例 5.2.5　利润最大问题.

某企业生产三种产品，这些产品分别需要甲、乙两种原料. 生产每种产品 1t 所需原料（t）和每天原料总限量（t）及每吨不同产品可获利润（千元/t）情况如表 5-2-5 所示.

表 5-2-5

原料 \ 产品	A_1	A_2	A_3	原料总限量（t）
甲	1	2	2	100
乙	3	1	3	100
利润	4	3	7	

试问，该企业怎样安排生产，才能使每天的利润最大？

解 设该企业生产产品A_1，A_2，A_3分别为x_1，x_2，x_3吨，则总利润的表达式为

$$Z = 4x_1 + 3x_2 + 7x_3.$$

我们希望在现有资源条件下总利润最大，现有资源的限制为

$$x_1 + 2x_2 + 2x_3 \leqslant 100 \text{（原料甲的限制）},$$

$$3x_1 + x_2 + 3x_3 \leqslant 100 \text{（原料乙的限制）}.$$

此外，由于未知数（称为决策变量）x_1，x_2，x_3是计划产量，应有x_1，x_2，x_3列为非负的限制，即

$$x_j \geqslant 0 (j = 1,2,3).$$

由此得到问题的数学模型为

$$\max Z = 4x_1 + 3x_2 + 7x_3 .$$

$$s.t.\begin{cases} x_1 + 2x_2 + 2x_3 \leqslant 100, \\ 3x_1 + x_2 + 3x_3 \leqslant 100, \\ x_j \geqslant 0, (j = 1,2,3). \end{cases}$$

其中 $s.t.$ 表示决策变量 $x_j \geqslant 0, (j=1,2,3)$ 受它后面的条件的约束.

求出这个问题的最优解为 $x_1 = 0$，$x_2 = 25$，$x_3 = 25$.

代入总利润的表达式

$$Z = 4x_1 + 3x_2 + 7x_3,$$

对应的目标函数最大值为 250.

由此得到该企业在现有资源条件下，日生产的最优安排是：产品 A_1 不生产，A_2 生产 25t，A_3 生产 25t，可实现最大利润 250（千元/日）.

例 5.2.6　成本最小问题.

某钢铁厂熔炼一种新型不锈钢，需要 T_1、T_2、T_3、T_4 四种合金为原料，经测定这四种原料关于元素络 (Cr)、锰 (Mn)、和镍 (Ni) 的质量分数（%）、单价以及这种新型不锈钢所需络 (Cr)、锰 (Mn) 和镍 (Ni) 的最低质量分数（%）如表 5-2-6 所示.

表 5-2-6

原料 成分 质量与单价	T_1	T_2	T_3	T_4	不锈钢所需各元素的最低质量分数（%）
各成分质量分数(%) (Cr)	3.21	4.53	2.19	1.76	3.20
(Mn)	2.04	1.12	3.57	4.33	2.10
(Ni)	5.82	3.06	4.27	2.73	4.30
单价（万元/t）	11.5	9.7	8.2	7.6	

假设熔炼时重量没有消耗，问：要熔炼 100t 这样的不锈钢，应选用原料 T_1、T_2、T_3、T_4 各多少吨，能够使成本最小？

解　选用原料 T_1、T_2、T_3、T_4 分别为 x_1，x_2，x_3，x_4 吨，由于追求的目标是成本最小，故有最小成本表达式为

$$\min Z = 11.5x_1 + 9.7x_2 + 8.2x_3 + 7.6x_4 .$$

关于约束条件，由于假设熔炼时重量没有消耗，熔炼该种不锈钢 100t，它由原料 T_1、T_2、T_3、T_4 熔炼而成，故有等式约束

$$x_1 + x_2 + x_3 + x_4 = 100 .$$

又因该不锈钢所需络 (Cr)、锰 (Mn) 和镍 (Ni) 的最低质量分数由四种合金 T_1、T_2、T_3、T_4 对应元素的质量分数构成，注意到要熔炼该种不锈钢 100t，于是得到络 (Cr)、锰 (Mn) 和镍 (Ni) 的质量分数满足的不等式约束依次为

$$3.2x_1 + 4.53x_2 + 2.19x_3 + 1.76x_4 \geqslant 3.20 \times 100,$$

$$2.04x_1 + 1.12x_2 + 3.57x_3 + 4.33x_4 \geqslant 2.10 \times 100,$$

$$5.28x_1+3.06x_2+4.27x_3+2.73x_4 \geqslant 4.30\times 100.$$

此外，各种合金的加入量以整吨为单位，即有限制 x_1，x_2，x_3，$x_4 \geqslant 0$ 且为整数.

综合上述讨论，得到该问题的线性规划模型为

$$\begin{cases} \min Z = 11.5x_1+9.7x_2+8.2x_3+7.6x_4. \\ 3.2x_1+4.53x_2+2.19x_3+1.76x_4 \geqslant 320, \\ s.t. \quad 2.04x_1+1.12x_2+3.57x_3+4.33x_4 \geqslant 210, \\ 5.28x_1+3.06x_2+4.27x_3+2.73x_4 \geqslant 430, \\ x_1,\ x_2,\ x_3,\ x_4 \geqslant 0 \text{且为整数}. \end{cases}$$

其解为 $x=(27,32,41,0)^{\mathrm{T}}, \min Z = 957.1$.

即选用原料 T_1、T_2、T_3、T_4 依次为 27t、32t、41t、0t，最低成本 957.1 万元.

例 5.2.7 运输问题.

一个企业有若干个生产基地与销售站点，根据各生产基地的产量及销售站点的销量，如何制订调运方案，使某种一定量的产品从若干个产地运到若干个销售地的总运费最小？

如某建材公司有三个水泥厂 A_1、A_2、A_3，四个经销商 B_1、B_2、B_3、B_4. 其产量、销量、运费（元/t）如表 5-2-7 所示.

表 5-2-7

销售地 / 产地	B_1	B_2	B_3	B_4	产量（t）
A_1	8	7	3	2	2000
A_2	4	7	5	1	10000
A_3	2	4	9	6	4000
销量（t）	3000	2000	4000	5000	

如何制定调运方案，使总的费用最小？

解 设由生产基地 $A_i(i=1,2,3)$ 运到销售地 $B_j(j=1,2,3,4)$ 的货运量为 x_{ij}，则得到问题的线性规划模型为

$$\min Z = 8x_{11}+7x_{12}+3x_{13}+2x_{14}+4x_{21}+7x_{22}+5x_{23}+x_{24}+2x_{31}+4x_{32}+9x_{33}+6x_{34}.$$

$$s.t.\begin{cases} x_{11}+x_{12}+x_{13}+x_{14} \leqslant 2000, \\ x_{21}+x_{22}+x_{23}+x_{24} \leqslant 10000, \\ x_{31}+x_{32}+x_{33}+x_{34} \geqslant 4000, \\ x_{11}+x_{21}+x_{31} \geqslant 3000 \\ x_{12}+x_{22}+x_{32} \geqslant 2000, \\ x_{13}+x_{23}+x_{33} \geqslant 4000, \\ x_{14}+x_{24}+x_{34} \geqslant 5000, \\ x_{ij} \geqslant 0(i=1,2,3;j=1,2,3,4)\text{且为整数}. \end{cases}$$

其解为 $x=(0,0,2000,0,1000,0,2000,5000,2000,2000,0,0)^{\mathrm{T}}, \min Z = 37000$. 最佳运输方案如表 5-2-8 所示.

表 5-2-8

产地＼销售地	B_1	B_2	B_3	B_4	产量（t）
A_1	0	0	2000	0	2000
A_2	1000	0	2000	5000	10000
A_3	2000	2000	0	0	4000
销量（t）	3000	2000	4000	5000	

例 5.2.8 合理下料问题.

现有一批长度一定的原料钢管，由于生产的需要，要求截去不同规格的钢管若干. 试问应如何下料，既能满足生产的需要，又使得使用的原材料钢管数量(即废料) 最少?

具体问题；料长 7.4m，要求截成 2.9m、2.1m、1.5m 的钢管分别为 1000 根、2000 根、1000 根.如何截取，才使得总用料最省？

解 把所有可能的下料方式，按照各种下料方式从料长 7.4m 的原料上得到的不同规格钢管的根数、残料长度，以及需要量列于表 5-2-9 中，如按下料方式 B_1 可以得到 2.9m 钢管 2 根，1.5 m 钢管 1 根.

表 5-2-9

钢管规格（m）＼下料方式	B_1	B_2	B_3	B_4	B_5	B_6	B_7	B_8	需要量（根）
2.9	2	1	1	1	0	0	0	0	1000
2.1	0	0	2	1	2	1	3	0	2000
1.5	1	3	0	1	2	3	0	4	1000
残料长度（m）	0.1	0	0.3	0.9	0.2	0.8	1.1	1.4	

问题转化为确定每种下料方式各用多少根 7.4 m 的原料.

设 $x_1,x_2,\cdots,x_8$ 分别为按 $B_1,B_2,\cdots,B_8$ 方式下料的原料根数，则得到问题的线性规划模型为

$$\min Z = x_1 + x_2 + \cdots + x_8.$$

$$s.t.\begin{cases} 2x_1 + x_2 + x_3 + x_4 \geqslant 1000, \\ 2x_3 + x_4 + 2x_5 + x_6 + 3x_7 \geqslant 2000, \\ x_1 + 3x_2 + x_4 + 2x_5 + 3x_6 + 4x_8 \geqslant 1000, \\ x_j \geqslant 0\left(j = 1,2,\cdots,8\right) \text{且为整数}. \end{cases}$$

其解为 $x = \left(0,200,800,0,200,0,0,0\right)^{\mathrm{T}}, \min Z = 1200.$

最佳下料方案为：

方式 B_2：200 根；方式 B_3：800 根；方式 B_5：200 根.

习题 5.2

1．某厂生产甲、乙两种产品，生产甲种产品每件要消耗煤 9t，电力 4kW，使用劳动力 3 个，获利 70 元；生产乙种产品每件要消耗煤 4t，电力 5kW，使用劳动力 10 个，获利 120 元. 有

一个生产日，这个厂可动用的煤是 360t，电力是 200kW，劳动力是 300 个，问应该如何安排甲、乙两种产品的生产，才能使工厂在当日的获利最大，并问该厂当日的最大获利是多少？

2．设有 A_1、A_2 两个香蕉基地，产量分别为 60t 和 80t，联合供应 B_1、B_2、B_3 三个销地的销售量经预测分别为 50t、50t 和 40t. 两个产地到三个销地的单位运价如表 5-2-10 所示（单位：元/t）：

表 5-2-10

产地 \ 单位运价 \ 销地	B_1	B_2	B_3
A_1	600	300	400
A_2	400	700	300

试建立每个产地向每个销地发货多少可使总的运费最少的线性规划模型.

3．现要用 100cm×50cm 厘米的板料若干块裁剪出规格分别为 40cm×40cm 与 50cm×20cm 的零件，前者需要 25 件，后者需要 30 件．问如何裁剪，才能最省料？

第三节 使用 MATLAB 进行矩阵运算及线性规划问题（实验 5）

一、使用 MATLAB 进行矩阵运算

1．矩阵的加、减

（1）维数相同，即行数和列数都分别相等；

（2）矩阵相应位置的元素相加、减.

例 5.3.1 求矩阵 $\boldsymbol{A}=\begin{pmatrix}1&2&3\\2&1&2\\3&3&1\end{pmatrix}$ 与矩阵 $\boldsymbol{B}=\begin{pmatrix}3&2&4\\2&5&3\\2&3&1\end{pmatrix}$ 的和与差.

解 程序设计：

```
>> clear
>> A=[1 2 3;2 1 2;3 3 1];
>> B=[3 2 4;2 5 3;2 3 1];
>> C=A+B;
>> D=A-B;
>> C，D
```

运行结果：

```
C=
    4      4      7
```

```
     4      6      5
     5      6      2
D=
    -2      0     -1
     0     -4     -1
     1      0      0
```

注意：

（1）在进行矩阵相加的运算时，$\boldsymbol{A}+\boldsymbol{B}$ 和 $\boldsymbol{B}+\boldsymbol{A}$ 的值相同，满足加法交换律；

（2）进行加、减运算的矩阵必须是同型的，即级数相同.

2. 数与矩阵相乘

数与矩阵相乘，是数与矩阵中的每个元素相乘.

例 5.3.2　求矩阵 $\boldsymbol{A}=\begin{pmatrix}1 & 0 & 1\\ 2 & 1 & 1\\ 1 & 2 & 1\end{pmatrix}$ 与 5 的乘积.

解

```
>> clear
>> A=[1 0 1;2 1 1;1 2 1];
>> B=5*A
>> C=A*5
```

运行结果：

```
B=
     5      0      5
    10      5      5
     5     10      5
C=
     5      0      5
    10      5      5
     5     10      5
```

程序说明： 5*$\boldsymbol{A}$ 与 $\boldsymbol{A}$*5 的值相同，类与矩阵相乘满足交换律.

3. 矩阵与矩阵相乘

两矩阵相乘时，第一个矩阵（左矩阵）的列数必须等于第二个矩阵（右矩阵）的行数.

例 5.3.3　求 $\boldsymbol{A}=\begin{pmatrix}1 & 2 & 3\\ 2 & 1 & 2\\ 3 & 3 & 1\end{pmatrix}$ 与 $\boldsymbol{B}=\begin{pmatrix}3 & 2 & 4\\ 2 & 5 & 3\\ 2 & 3 & 1\end{pmatrix}$ 的乘积.

解

```
>> clear
>> A=[1 2 3;2 1 2;3 3 1];
>> B=[3 2 4;2 5 3;2 3 1];
>> C=A*B ，D=B*A
```

运行结果：

```
C=
        13    21    13
        12    15    13
        17    24    22
D=
        19    20    17
        21    18    19
        11    10    13
```

注意：

比较 ***C*** 和 ***D***，可以看出 ***A**B*** 和 ***B**A*** 的结果完全不同． 所以矩阵乘不满足交换率．

4. 求矩阵的逆

如果矩阵 *A* 是方阵且是非奇异的（可逆），则可求其逆矩阵.求 ***A*** 的逆矩阵命令为 inv(A)

例 5.3.4 求矩阵 $\boldsymbol{A}=\begin{pmatrix}1 & -1 & 2\\0 & 1 & -1\\2 & 1 & 0\end{pmatrix}$ 的逆矩阵.

解

```
>> clear
>> A=[1 -1 2;0 1 -1;2 1 0];
>> C= inv (A)
```

运行结果：

```
  C=
      -1    -2     1
       2     4    -1
       2     3    -1
```

注意：如果矩阵不可逆，则运行结果会给出警告信息.

例 5.3.5 利用矩阵的初等行变换求上例矩阵的逆矩阵.

解 程序设计：

```
>> clear
>> B=[1 -1 2 1 0 0;0 1 -1 0 1 0;2 1 0 0 0 1];      %矩阵 A 的增广矩阵
>> format rat                                        %以有理格式输出
>> C=rref (B)                                        %给出矩阵 B 的行最简形
C=
   1    0    0    -1    -2     1
   0    1    0     2     4    -1
   0    0    1     2     3    -1
>> D=C(:,4:6)                     %取矩阵 C 的 4 到 6 列，D 即为矩阵 A 的逆矩阵
 D=
     -1    -2     1
```

    2   4   −1
    2   3   −1

说明：由线性代数的知识可知，矩阵 $\boldsymbol{A}$ 和其同型的单位矩阵 $\boldsymbol{E}$ 组成增广矩阵 $\boldsymbol{B}$，对 $\boldsymbol{B}$ 进行初等行变换，当矩阵 $\boldsymbol{A}$ 变为单位阵时，单位矩阵 $\boldsymbol{E}$ 变为矩阵 $\boldsymbol{A}$ 的逆.

5. 矩阵相除

在 MATLAB 中，矩阵相除可以利用运算符“\”（左除）和“/”（右除），而在线性代数中并没有定义矩阵的除法.

例 5.3.6　求矩阵 $\boldsymbol{A}=\begin{pmatrix}1&2&3\\4&2&1\\2&1&3\end{pmatrix}$ 和 $\boldsymbol{B}=\begin{pmatrix}2&1&2\\1&2&1\\3&2&1\end{pmatrix}$ 相除.

解

```
>> clear
>> A=[1 2 3;4 2 1;2 1 3];
>> B=[2 1 2;1 2 1;3 2 1];
>> C=A\B                    %矩阵左除，相当于 inv (A)*B，inv (A)为矩阵 A 的逆
C=
        1/3          3/5          −1/5
       −2/3         −2/5           4/5
        1            2/5           1/5
>> D=A/B                    %矩阵右除，相当于 A*inv (B)
D=
        4/3          4/3          −1
        0           −1/2           3/2
        5/3          1/6          −1/2
```

说明：

（1）矩阵的左除和右除概念完全不同，要注意区分；

（2）可以利用矩阵的右除求解线性方程组 $XA=b$，其中 $X=b/A$；

（3）可以利用矩阵的左除求解线性方程组 $AX=b$，其中 $X=A\backslash b$.

6. 矩阵的秩

求 $\boldsymbol{A}$ 的秩命令： rank(A)

例 5.3.7　求矩阵 $\boldsymbol{A}=\begin{pmatrix}2&1&1&2\\1&2&2&1\\1&2&1&2\\2&2&1&1\end{pmatrix}$ 的秩.

解

```
>>clear;
>>A=[2 1 1 2;1 2 2 1;1 2 1 2;2 2 1 1];
>>rank(A)
 ans=
```

4

因为 rank(A)=4，所以矩阵 $\boldsymbol{A}$ 的行向量或列向量线性无关.

二、求解非线性规划

非线性规划问题也是运筹学中的重要分支之一，广泛应用于最优化设计、管理科学、系统控制等领域.

当目标函数或约束条件中有一个或多个为非线性规划函数，则称这样的规划问题为非线性规划（Nonlinear Programming）.工程应用中所遇到的问题大量是非线性的，其数学模型为

$$\min(\text{或}\max)\quad f(x_1,x_2,\cdots,x_n).$$

$$s.t.\begin{cases} g_i(x_1,x_2,\cdots,x_n)\geqslant(=,\leqslant)0, \\ x_j\geqslant 0, \\ i=1,2,\cdots,m, \\ j=1,2,\cdots,n. \end{cases}$$

1. 无约束优化

用于求解单变量无约束非线性规划的 MATLAB 函数为 fminbnd、fminsearch 和 fminunc；用于求解多变量无约束非线性规划的 MATLAB 函数为 fminsearch 和 fminunc.

（1）fminbnd 函数. 利用 fminbnd 函数可求解区间[x_1,x_2]内单变量函数的最小值，工程应用中常用的调用格式如下：

① [x,fval]=fminbnd(fun,x_1,x_2)，返回区间上最小解 x 及解 x 处的目标函数值；

② [x,fval]=fminbnd(fun,x_1,x_2,options)，采用 options 参数指定的优化参数进行最小化；若没有设置 options 选项，可令 options=[]，同时返回区间上最小解 x 及解 x 处的目标函数值.

（2）fminunc 函数. 利用 fminunc 函数可求解单变量及多变量的极小值，工程应用中常用的调用格式如下：

① [x,fval]= fminunc (fun,x_0)，给定初值 x_0，返回目标函数的极小值 x 和目标函数值；

② [x,fval]= fminunc (fun, x_0,options)，给定初值 x_0，用 options 参数指定的优化参数进行最小化；若没有设置 options 选项，可令 options=[]，同时返回目标函数的极小值 x 和目标函数值.

（3）fminsearch 函数. 利用 fminsearch 函数可求解单变量及多变量的极小值，工程应用中常用的调用格式如下：

① [x,fval]= fminsearch (fun,x_0)，给定初值 x_0，返回目标函数的极小值 x 和目标函数值；

② [x,fval]= fminsearch (fun, x_0,options)，给定初值 x_0，用 options 参数指定的优化参数进行最小化；若没有设置 options 选项，可令 options=[]，同时返回目标函数的极小值 x 和目标函数值.

（4）参数说明.

① fun 为目标函数，若对应的函数采用 M 文件表示，即 fun='myfun'，则 myfun.m 必须采用下面的形式，即

```
function f=myfun(x)
    f=…
```

② options 为优化参数选项，可以通过 options 函数设置或改变这些参数.

（5）注意事项.

① 三个函数均可能只输出局部最优解；

② 三个函数均只对变量为实数的问题进行优化；

③ fminbnd 函数和 fminunc 函数要求目标函数必须连续；

④ 若变量为复数，对于 fminunc 函数和 fminsearch 函数来说，需将相应的复数分为实部和虚部两部分分别进行优化计算.

例 5.3.8 求 $\min \mathrm{e}^{-x}+x^2$，搜索区间为（0,1）.

解 在 MATLAB 命令窗口输入：

```
>> x1=0;
>> x2=1;
>> [x,fval]=fminbnd('exp(−x)+x^2',x1,x2)
```

按回车键得到：

```
x =
     0.3517
fval =
     0.8272
```

例 5.3.9 求 $\min \mathrm{e}^{x_1}(4x_1^2+2x_2^2+4x_1x_2+2x_2+1)$，搜索区间为[−1,1].

解 在 MATLAB 命令窗口输入：

```
>> x0=[−1,1];
>>[x,fval]=fminunc('exp(x(1))*(4*x(1)^2+2*x(2)^2+4*x(1)*x(2)+2*x(2)+1)',x0)
```

按回车键得到：

```
x =
     0.5000    −1.0000
fval =
   3.6609e−015
```

例 5.3.10 求 $\min(\sin^2(x)+5)$.（在 2 附件搜索）

解 在 MATLAB 命令窗口输入：

```
>> x0=2;
>> [x,fval]=fminsearch('sin(x)^2+5',x0)
```

按回车键得到：

```
x =
     3.1416
fval =
     5.0000
```

2. 约束优化

用于求解多变量有约束非线性函数最小化的 MATLAB 函数主要是 fmincon 函数，数学模型为

$$\min \quad f(x).$$

$$s.t.\begin{cases} c(x) \leqslant 0, \\ ceq(x) = 0, \\ A * x \leqslant b, \\ Aeq * x = beq, \\ lb \leqslant x \leqslant ub. \end{cases}$$

工程应用中常用 fmincon 函数调用格式如下.

（1）[x,fval]= fmincon(fun, x_0,A,b),给定初值 x_0，求解目标函数的最小值 x，约束条件为 $A * x \leqslant b$，同时返回解 x 处的目标函数值.

（2）[x,fval]= fmincon(fun, x_0,A,b，Aeq，beq),给定初值 x_0，求解目标函数的最小值 x，约束条件为 $Aeq * x = beq$ 和 $A * x \leqslant b$；若没有不等式约束条件存在，则设 A=[],b=[],同时返回解 x 处的目标函数值.

（3）[x,fval]= fmincon(fun, x_0,A,b，Aeq，beq,lb,ub),给定初值 x_0，求解目标函数的最小值 x，约束条件为 $Aeq * x = beq$ 和 $A * x \leqslant b$,定义变量 x 的下界 lb 和上界 ub. 若无等式约束条件存在，则设 Aeq=[]或 beq=[] ;若没有不等式约束条件存在，则设 A=[],b=[],同时返回解 x 处的目标函数值.

例 5.3.11　求解如下约束非线性规划.

min $-x_1x_2x_3$　　　　%x_1, x_2, x_3 三者乘积的负数.

s.t. $0 \leqslant x_1 + 2x_2 + 2x_3 \leqslant 27$.

初始值 x_0 分别取 1.

解　将模型化为下列形式，即

$$\min \ -x_1x_2x_3.$$

$$s.t.\begin{cases} -x_1 - 2x_2 - 2x_3 \leqslant 0, \\ x_1 + 2x_2 + 2x_3 \leqslant 27. \end{cases}$$

在 MATLAB 命令窗口输入：

```
>> A=[−1, −2, −2;1,2,2];
>> b=[0;27];
>> x0=[1;1;1];
>> [x,fval]=fmincon('−x(1)*x(2)*x(3)',x0,A,b)
```

按回车键得到：

```
x =
    9.0000
    4.5000
    4.5000
fval =
   −182.2500
```

例 5.3.12　求表面积为 300m² 的体积最大的圆柱体体积.

解　设圆柱体的半径和高分别为 x_1, x_2，根据题意建立下面的数学模型，即

$$\max \ \pi x_1^2 x_2.$$

$$s.t.\begin{cases}2\pi x_1x_2+2\pi x_1^2=300,\\x_1,x_2\geqslant 0.\end{cases}$$

即求解

$$\min\quad -\pi x_1^2 x_2 .$$

$$s.t.\begin{cases}\pi x_1x_2+\pi x_1^2=150,\\x_1,x_2\geqslant 0.\end{cases}$$

首先，编写 M−文件来定义函数：

```
function f=myfun1(x)
f=−3.14*x(1)*x(1)*x(2);
```

以文件名 myfun1.m 保存文件.

其次，由于约束条件是非线性不等式约束，因此需要编写一个约束条件的 M−文件，即

```
function [c,ceq]=mycon(x)
c=[];
ceq=3.14*x(1)*x(2)+3.14*x(1)^2−150;
```

以文件名 mycon.m 保存文件.

在 MATLAB 命令窗口输入：

```
>> x0=[1,1];
>> lb=zeros(2,1);
>> [x,fval]=fmincon('myfun1',x0,[],[],[],[],lb,[],'mycon')
```

按回车键得到：

```
x =
     3.9904     7.9809
fval =
     −399.0434
```

可见，当圆柱体的半径和高分别为 4m、8m 时圆柱体的体积最大，为 399m^3.

三、求解线性规划问题

用于线性规划的 MATLAB 函数主要是 linprog.假设线性问题的数学模型为

$$s.t.\begin{cases}\min\quad f^{\mathrm{T}}x,\\A*x\leqslant b,\\Aeq*x=beq,\\lb\leqslant x\leqslant ub.\end{cases}$$

式中 f、x、b、beq、lb和ub 为向量,A 和 Aeq 为矩阵.

需要提醒的是,MATLAB 中给向量和矩阵的赋值是逐行进行的，行之间用分号“;”隔开，每行元素之间可用“,”或空格隔开，矩阵右上角用符号“′”表示转置运算.

linprog 函数的调用格式如下：

（1）[x,fval]=linprog(f,A,b)，求解线性规划问题的 $\min f^{\mathrm{T}}x$，约束条件为 $A*x\leqslant b$，同时返回解 x 处的目标函数值 fval;

（2）[x,fval]=linprog(f,A,b,Aeq,beq)，求解线性规划问题的 $\min f^{\mathrm{T}}x$，约束条件为 $A*x\leqslant b$，

但增加等式约束的条件 $Aeq*x=beq$；若不等式不存在，则令 A=[]、b=[]，同时返回解 x 处的目标函数值 fval；

（3）[x,fval]=linprog(f,A,b,Aeq,beq,lb,ub),求解线性规划问题的 $\min f^{\mathrm{T}}x$，约束条件为 $A*x\leqslant b$ 及 $Aeq*x=beq$，并定义变量 x 的下界 lb 和上界 ub,使得 x 始终在该范围内；若不等式不存在，则令 Aeq=[]、beq=[]，同时返回解 x 处的目标函数值 fval.

例 5.3.13 求线性规划问题.

$$\min\ -6x_1-5x_2.$$

$$s.t.\begin{cases}5x_1+3x_2\leqslant 100,\\6x_1+7x_2\leqslant 160,\\5x_2\leqslant 180,\\x_1,x_2\geqslant 0.\end{cases}$$

解 在 MATLAB 命令窗口输入：

```
>> f=[-6, -5]';
>> A=[5,3;6,7;0,5];
>> b=[100,160,180]';
>> lb=[0,0]';
>> [x,fval]=linprog(f,A,b,[],[],lb)
```

按回车键得到：

```
Optimization terminated.
x =
    12.9412
    11.7647
fval =
    -136.4706
```

例 5.3.14 某车间生产 A、B 两种产品，已知生产产品 A、B 需要用原料分别为 2 个单位和 3 个单位，所需的工时分别为 4 个单位和 2 个单位，现在可以应用的原料为 100 个单位，工时为 120 个单位，每生产一台 A 和 B 分别可获得 6 元和 4 元，应当安排生产 A、B 各多少台，才能获得最大利润.

解 令生产产品 A、B 分别为 x_1、x_2 台，由题意可建立下面的模型.

$$\max\quad 6x_1+4x_2.$$

$$s.t.\begin{cases}2x_1+3x_2\leqslant 100,\\4x_1+2x_2\leqslant 120,\\x_1,x_2\geqslant 0.\end{cases}$$

将该模型按照 MATLAB 的要求转换为目标函数最小化，即

$$\min\ -6x_1-4x_2.$$

$$s.t.\begin{cases}2x_1+3x_2\leqslant 100,\\4x_1+2x_2\leqslant 120,\\x_1,x_2\geqslant 0.\end{cases}$$

在 MATLAB 命令窗口输入：

```
>> f=[-6, -4]';
>> A=[2,3;4,2];
>> b=[100,120]';
>> lb=[0,0]';
>> [x,fval]=linprog(f,A,b,[],[],lb)
```

按回车键得到：

```
Optimization terminated.
x =
    20.0000
    20.0000
fval =
    -200.0000
```

结果说明，生产产品 A、B 的数量分别为 20 台、20 台时，最大利润为 200 元.

例 5.3.15　工程项目投资问题.某公司有一批资金欲投资到 5 个项目中，各工程项目的净收益（投入资金的百分比）如表 5-3-1 所示.

表 5-3-1

工程项目	A	B	C	D	E
收益/%	10	12	15	12	8

由于一些原因，公司决定用于项目 A 的投资不大于其他各项投资之和，而用于项目 B 和项目 D 的投资要大于项目 C 和项目 E 的投资.试确定投资分配方案，使该公司收益达到最大.

解　设 x_1、x_2、x_3、x_4、x_5 分别表示用于项目 A、B、C、D、E 的投资百分数，由于各项目百分数之和等于 100%，所以

$$x_1+x_2+x_3+x_4+x_5=1$$

根据题意可建立下面的模型，即

$$\max\quad 0.1x_1+0.12x_2+0.15x_3+0.12x_4+0.08x_5.$$

$$s.t.\begin{cases}x_1-x_2-x_3-x_4-x_5\leqslant 0,\\ x_2-x_3+x_4-x_5\geqslant 0,\\ x_1+x_2+x_3+x_4+x_5=1,\\ x_j\geqslant 0,(j=1,2,\cdots,5).\end{cases}$$

将该模型转换为目标函数最小化，即

$$\min\quad -0.1x_1-0.12x_2-0.15x_3-0.12x_4-0.08x_5.$$

$$s.t.\begin{cases}x_1-x_2-x_3-x_4-x_5\leqslant 0,\\ -x_2+x_3-x_4+x_5\leqslant 0,\\ x_1+x_2+x_3+x_4+x_5=1,\\ x_j\geqslant 0,(j=1,2,\cdots,5).\end{cases}$$

在 MATLAB 命令窗口输入：

```
>> f=[-0.1, −0.12, −0.15,−0.12,−0.08]′;
>> A=[1,-1, −1, −1, −1;0,−1,1,−1,1];
```

```
>> b=[0,0]';
>> Aeq=[1,1,1,1,1];
>> beq=[1];
>> lb=[0,0,0,0,0]';
>> [x,fval]=linprog(f,A,b,Aeq,beq,lb)
```

按回车键得到：

```
Optimization terminated.
x =
    0.0000
    0.2500
    0.5000
    0.2500
    0.0000
fval =
   -0.1350
```

可见，5 个项目的投资百分数分别为 0、25%、50%、25%和 0 时可使该公司获得最大的收益，且最大收益为 13.5%.

习题 5.3

1．求下列行列式的值.

（1）$\begin{vmatrix} 4 & 1 & 2 & 4 \\ 1 & 2 & 0 & 2 \\ 10 & 5 & 2 & 0 \\ 0 & 1 & 1 & 7 \end{vmatrix}$；　（2）$\begin{vmatrix} 1 & 2 & 0 & 1 \\ 2 & 5 & 2 & 0 \\ 0 & 3 & 8 & -4 \\ 5 & 10 & 8 & 4 \end{vmatrix}$；　（3）$\begin{vmatrix} a & 1 & 0 & 0 \\ -1 & b & 1 & 0 \\ 0 & -1 & c & 1 \\ 0 & 0 & -1 & d \end{vmatrix}$

2．计算$\begin{pmatrix} 1 & 3 & 7 \\ -3 & 9 & -1 \end{pmatrix}+\begin{pmatrix} 2 & 3 & -2 \\ -1 & 6 & -7 \end{pmatrix}$.

3．求矩阵$\begin{pmatrix} 1 & 3 & 0 \\ -2 & -1 & 1 \end{pmatrix}$与$\begin{pmatrix} 1 & 3 & -1 & 0 \\ 0 & -1 & 2 & 1 \\ 2 & 4 & 0 & 1 \end{pmatrix}$的乘积.

4．求矩阵$\begin{pmatrix} 1 & 2 & 3 & 4 \\ 2 & 3 & 1 & 2 \\ 1 & 1 & 1 & -1 \\ 1 & 0 & -2 & -6 \end{pmatrix}$的逆.

5．求矩阵$\boldsymbol{A}=\begin{pmatrix} 2 & 3 & -2 \\ -1 & 6 & -7 \\ 0 & 1 & 2 \end{pmatrix}$和$\boldsymbol{B}=\begin{pmatrix} 1 & 3 & 7 \\ 1 & 0 & 1 \\ -3 & 9 & -1 \end{pmatrix}$相除.

6．求矩阵$\begin{pmatrix} 4 & 1 & 2 & 4 \\ 1 & 2 & 0 & 2 \\ 10 & 5 & 2 & 0 \\ 0 & 1 & 1 & 7 \end{pmatrix}$的秩.

7．求下列方程组的解.

（1）$\begin{cases} 2x+3y=4 \\ x-y=1 \end{cases}$；　　（2）$\begin{cases} x_1+x_2+x_3+x_4=5 \\ x_1+2x_2-x_3+4x_4=-2 \\ 2x_1-3x_2-x_3-5x_4=-2 \\ 3x_1+x_2+2x_3+11x_4=0 \end{cases}$.

8．已知矩阵 $\boldsymbol{A}=\begin{pmatrix} 1 & 2 & -3 \\ 4 & 0 & 5 \end{pmatrix}$，$\boldsymbol{B}=\begin{pmatrix} 7 & 0 & 5 \\ 6 & 4 & 1 \end{pmatrix}$.若已知矩阵 $\boldsymbol{X}$ 满足：$2\boldsymbol{X}-\boldsymbol{A}=\boldsymbol{B}$，求矩阵 $\boldsymbol{X}$.

9．　已知某经济系统的直接消耗系数矩阵为

$$\boldsymbol{A}=\begin{pmatrix} 0.2 & 0.2 & 0.2 \\ 0.1 & 0.1 & 0.3 \\ 0.2 & 0.2 & 0 \end{pmatrix}$$

求系统的完全消耗系数矩阵.

10．一根铁丝截成两段，一段弯成圆圈，另一段弯成方形.问应以怎样的比例截断铁丝，才能使圆和方形面积之和为最小.

11．求 $\min \sin(x^2)+e^x$，搜索区间（0,1）.

12．求 $\min(\cos^3(x)-1)$.

13．求解约束非线性规划.

$$\min \quad e^{x_1x_2x_3}.$$

$$s.t.\begin{cases} x_1+x_2-x_3 \geqslant 0, \\ x_2-2x_3-8 \leqslant 0. \end{cases}$$

初始值 x_0 分别取 1.

14．求线性规划问题.

$$\min \ z=x_1+x_2.$$

$$s.t.\begin{cases} x_1-x_2 \leqslant 1, \\ x_1 \geqslant 0. \end{cases}$$

15．求线性规划问题.

$$\min \ m=13x-y+5z.$$

$$s.t.\begin{cases} x+y \geqslant 7, \\ y+z<10, \\ x>2, \\ y>0, \\ z>0. \end{cases}$$

16．现有三种食品 A1、A2、A3，各含有两种营养成分 B1、B2，每单位食物 Ai 含有 Bj 成分的数量及每种食物的单价如表 5-3-2 所示.

表 5-3-2

成分 \ 种类	A1	A2	A3	营养成分需要量
B1	2	0	4	5
B2	2	3	1	4
单价	4	2	3	

问应如何选购食物，才能既满足对营养成分 B1、B2 的需要，又使费用最少？

17．上机验证上面各例.

18．做相关小节例题与习题中矩阵计算及线性规划问题.

第六章　投入产出数学模型

第一节　线性方程组及其解法

一、高斯消元法与矩阵的行初等变换

n 元线性方程组的一般形式为

$$\begin{cases} a_{11}x_1 + a_{12}x_2 + \cdots + a_{1n}x_n = b_1 \\ a_{21}x_1 + a_{22}x_2 + \cdots + a_{2n}x_n = b_2 \\ \cdots\cdots\cdots\cdots\cdots\cdots\cdots\cdots \\ a_{m1}x_1 + a_{m2}x_2 + \cdots + a_{mn}x_n = b_m \end{cases} \tag{6-1-1}$$

我们可以用高斯消元法，也就是通常的加减消元法解这类方程组.

例 6.1.1　用高斯消元法解下列四元线性方程组

$$\begin{cases} 2x_1 + 6x_2 + 2x_3 + 4x_4 = 8 \\ 3x_1 + 4x_2 + 2x_3 - 3x_4 = 6 \\ -x_1 - 5x_2 + 4x_3 + x_4 = 11 \\ 2x_1 + 7x_2 + x_3 - 6x_4 = -5 \end{cases} \tag{6-1-2}$$

解　式（6-1-2）的第 1 个方程等号两边乘以$\dfrac{1}{2}$，得到同解方程组

$$\begin{cases} x_1 + 3x_2 + x_3 + 2x_4 = 4 \\ 3x_1 + 4x_2 + 2x_3 - 3x_4 = 6 \\ -x_1 - 5x_2 + 4x_3 + x_4 = 11 \\ 2x_1 + 7x_2 + x_3 - 6x_4 = -5 \end{cases} \tag{6-1-3}$$

式（6-1-3）的第 2 个方程减去第一个方程的 3 倍，第 3 个方程加上第 1 个方程，第 4 个方程减去第 1 个方程的 2 倍，消去 x_1，得到同解方程组

$$\begin{cases} x_1 + 3x_2 + x_3 + 2x_4 = 4 \\ -5x_2 - 2x_3 - 9x_4 = -6 \\ -2x_2 + 5x_3 + 3x_4 = 15 \\ x_2 - x_3 - 10x_4 = -13 \end{cases} \tag{6-1-4}$$

交换第 2 个方程与第 4 个方程的位置，得到同解方程组

$$\begin{cases} x_1 + 3x_2 + x_3 + 2x_4 = 4 \\ x_2 - x_3 - 10x_4 = -13 \\ -2x_2 + 5x_3 + 3x_4 = 15 \\ -5x_2 - 2x_3 - 9x_4 = -6 \end{cases} \tag{6-1-5}$$

式（6-1-5）的第 3 个方程加上第 2 个方程的 2 倍，第 4 个方程加上第 2 个方程的 5 倍，得到同解方程组

$$\begin{cases} x_1 + 3x_2 + x_3 + 2x_4 = 4 \\ x_2 - x_3 - 10x_4 = -13 \\ 3x_3 - 17x_4 = -11 \\ -6x_3 - 59x_4 = -71 \end{cases} \tag{6-1-6}$$

式（6-1-6）的第 4 个方程加上第 3 个方程的 2 倍，得到同解方程组

$$\begin{cases} x_1 + 3x_2 + x_3 + 2x_4 = 4 \\ x_2 - x_3 - 10x_4 = -13 \\ 3x_3 - 17x_4 = -11 \\ -93x_4 = -93 \end{cases} \tag{6-1-7}$$

式（6-1-7）的第 4 个方程乘以 $-\frac{1}{93}$，得到同解方程组

$$\begin{cases} x_1 + 3x_2 + x_3 + 2x_4 = 4 \\ x_2 - x_3 - 10x_4 = -13 \\ 3x_3 - 17x_4 = -11 \\ x_4 = 1 \end{cases} \tag{6-1-8}$$

式（6-1-8）的第 1 个方程减去第 4 个方程的 2 倍，第 2 个方程加上第 4 个方程的 10 倍，第 3 个方程加上第 4 个方程的 17 倍，得到同解方程组

$$\begin{cases} x_1 + 3x_2 + x_3 = 2 \\ x_2 - x_3 = -3 \\ 3x_3 = 6 \\ x_4 = 1 \end{cases} \tag{6-1-9}$$

式（6-1-9）的第 3 个方程乘以 $\frac{1}{3}$，得到同解方程组

$$\begin{cases} x_1 + 3x_2 + x_3 = 2 \\ x_2 - x_3 = -3 \\ x_3 = 2 \\ x_4 = 1 \end{cases} \tag{6-1-10}$$

往下不难看出原方程组的解为

$$\begin{cases} x_1 = 3 \\ x_2 = -1 \\ x_3 = 2 \\ x_4 = 1 \end{cases}$$

一般地，解线性方程组用到下列三种同解变形：

（1）互换两个方程的位置；

（2）用一个非零数乘某一个方程；

（3）把一个方程的倍数加到另一个方程上.

注意到上述求解过程只对线性方程组的系数和常数项进行运算，我们定义矩阵来简化这种运算过程.

定义 6.1.1 由 $m\times n$ 个数排成 m 行、n 列的一张表

$$\begin{pmatrix} a_{11} & a_{12} & \cdots & a_{1n} \\ a_{21} & a_{22} & \cdots & a_{2n} \\ \vdots & \vdots & & \vdots \\ a_{m1} & a_{m2} & \cdots & a_{mn} \end{pmatrix}$$

称为一个 $m\times n$ 矩阵，简记为 $(a_{ij})_{m\times n}$，其中每一个数 a_{ij} 称为这个矩阵的一个元素.

在不引起混淆的情况下，$(a_{ij})_{m\times n}$ 可以简记为 (a_{ij}).

由线性方程组的系数和常数项按原来的顺序构成的矩阵，称为线性方程组的增广矩阵.只由线性方程组的系数按原来的顺序构成的矩阵称为线性方程组的系数矩阵. 例如，线性方程组（6-1-2）的增广矩阵与系数矩阵分别为

$$\begin{pmatrix} 1 & 3 & 1 & 2 & 4 \\ 3 & 4 & 2 & -3 & 6 \\ -1 & -5 & 4 & 1 & 11 \\ 2 & 7 & 1 & -6 & -5 \end{pmatrix}, \begin{pmatrix} 1 & 3 & 1 & 2 \\ 3 & 4 & 2 & -3 \\ -1 & -5 & 4 & 1 \\ 2 & 7 & 1 & -6 \end{pmatrix}.$$

定义 6.1.2 下述三种变换称为矩阵的行初等变换：

（1）交换矩阵的第 i 行与第 j 行，记为 $r_i \leftrightarrow r_j$；

（2）用一个非零数 k 乘以矩阵的第 i 行，记为 kr_i；

（3）把矩阵的第 j 行的 k 倍加到第 i 行上，记为 $r_i + kr_j$.

例 6.1.1 中的线性方程组（6-1-2）的求解过程用矩阵的行初等变换表示如下：

$$\begin{pmatrix} 2 & 6 & 2 & 4 & 8 \\ 3 & 4 & 2 & -3 & 6 \\ -1 & -5 & 4 & 1 & 11 \\ 2 & 7 & 1 & -6 & -5 \end{pmatrix} \xrightarrow{\frac{1}{2}r_1} \begin{pmatrix} 1 & 3 & 1 & 2 & 4 \\ 3 & 4 & 2 & -3 & 6 \\ -1 & -5 & 4 & 1 & 11 \\ 2 & 7 & 1 & -6 & -5 \end{pmatrix} \xrightarrow[\substack{r_3+r_1 \\ r_4-2r_1}]{r_2-3r_1}$$

$$\begin{pmatrix} 1 & 3 & 1 & 2 & 4 \\ 0 & -5 & -1 & -9 & -6 \\ 0 & -2 & 5 & 3 & 15 \\ 0 & 1 & -1 & -10 & -13 \end{pmatrix} \xrightarrow{r_2 \leftrightarrow r_4} \begin{pmatrix} 1 & 3 & 1 & 2 & 4 \\ 0 & 1 & -1 & -10 & -13 \\ 0 & -2 & 5 & 3 & 15 \\ 0 & -5 & -1 & -9 & -6 \end{pmatrix} \xrightarrow[r_3+2r_2]{r_4+5r_2}$$

$$\begin{pmatrix} 1 & 3 & 1 & 2 & 4 \\ 0 & 1 & -1 & -10 & -13 \\ 0 & 0 & 3 & -17 & -11 \\ 0 & 0 & -6 & -59 & -71 \end{pmatrix} \xrightarrow{r_4+2r_3} \begin{pmatrix} 1 & 3 & 1 & 2 & 4 \\ 0 & 1 & -1 & -10 & -13 \\ 0 & 0 & 3 & -17 & -11 \\ 0 & 0 & 0 & -93 & -93 \end{pmatrix}$$

$$\xrightarrow{-\frac{1}{93}r_4}\begin{pmatrix}1&3&1&2&4\\0&1&-1&-10&-13\\0&0&3&-17&-11\\0&0&0&1&1\end{pmatrix}\xrightarrow[r_1-2r_4]{\substack{r_3+17r_4\\r_2+10r_4}}\begin{pmatrix}1&3&1&0&2\\0&1&-1&0&-3\\0&0&3&0&6\\0&0&0&1&1\end{pmatrix}$$

$$\xrightarrow{\frac{1}{2}r_4}\begin{pmatrix}1&3&1&0&2\\0&1&-1&0&-3\\0&0&1&0&2\\0&0&0&1&1\end{pmatrix}\xrightarrow[r_2+r_3]{r_1-r_3}\begin{pmatrix}1&3&0&0&0\\0&1&0&0&-1\\0&0&1&0&2\\0&0&0&1&1\end{pmatrix}\xrightarrow{r_1+3r_2}\begin{pmatrix}1&0&0&0&3\\0&1&0&0&-1\\0&0&1&0&2\\0&0&0&1&1\end{pmatrix}$$

从最后一个矩阵得到原线性方程组（6-1-2）的解 $x_1=3,\quad x_2=-1,\quad x_3=2,\quad x_4=1$.

例 6.1.2 用矩阵的行初等变换解下列线性方程组

$$\begin{cases}x_1+3x_2-4x_3+2x_4=0,\\3x_1-x_2+2x_3-x_4=0,\\-2x_1+4x_2-x_3+3x_4=0,\\3x_1+9x_2-7x_3+6x_4=0.\end{cases}\tag{6-1-11}$$

解 因为线性方程组的常数项全为零，我们只需考虑对系数矩阵作初等变换.

$$\begin{pmatrix}1&3&-4&2\\3&-1&2&-1\\-2&4&-1&3\\3&9&-7&6\end{pmatrix}\to\begin{pmatrix}1&3&-4&2\\0&-10&14&-7\\0&10&-9&7\\0&0&5&0\end{pmatrix}\to\begin{pmatrix}1&3&-4&2\\0&-10&14&-7\\0&0&5&0\\0&0&5&0\end{pmatrix}$$

$$\to\begin{pmatrix}1&3&-4&2\\0&-10&14&-7\\0&0&5&0\\0&0&0&0\end{pmatrix}\to\begin{pmatrix}1&3&-4&2\\0&1&-\frac{7}{5}&\frac{7}{10}\\0&0&1&0\\0&0&0&0\end{pmatrix}\to\begin{pmatrix}1&3&0&2\\0&1&0&\frac{7}{10}\\0&0&1&0\\0&0&0&0\end{pmatrix}$$

$$\to\begin{pmatrix}1&0&0&-\frac{1}{10}\\0&1&0&\frac{7}{10}\\0&0&1&0\\0&0&0&0\end{pmatrix}\tag{6-1-12}$$

式（6-1-12）还原为线性方程组，得

$$\begin{cases}x_1\qquad\qquad-\frac{1}{10}x_4=0\\ \qquad x_2\qquad+\frac{7}{10}x_4=0\\ \qquad\qquad x_3\qquad\quad=0\end{cases}\tag{6-1-13}$$

式（6-1-13）与式（6-1-11）等价，所以式（6-1-11）的解为

$$x_1=\frac{1}{10}x_4,x_2=-\frac{7}{10}x_4,x_3=0,\tag{6-1-14}$$

其中 x_4 为自由未知量.

式（6-1-11）有无穷多组解，式（6-1-14）是这无穷多组解的一种表示方法. 自由未知量 x_4 取不同的值，就得到不同的解.

例 6.1.3　解下列线性方程组

$$\begin{cases} x_1 + 2x_2 - 3x_3 = 1 \\ 2x_1 + 4x_2 - 6x_3 = 1 \end{cases}$$

解　对线性方程组的增广矩阵施以行初等变换，得

$$\begin{pmatrix} 1 & 2 & -3 & 1 \\ 2 & 4 & -6 & 1 \end{pmatrix} \xrightarrow{r_2-2r_1} \begin{pmatrix} 1 & 2 & -3 & 1 \\ 0 & 0 & 0 & -1 \end{pmatrix}$$

出现矛盾方程 $0x_1 + 0x_2 + 0x_3 = -1$，所以原线性方程组无解.

一个矩阵的每一行第一个非零元素称为首非零元. 如果一个矩阵的所有首非零元的下方元素全为零，则称这个矩阵为阶梯形矩阵. 如果一个矩阵的所有首非零元全为 1，且每个首非零元所在的列的其余元素全为零，则称这个矩阵为行简化阶梯形矩阵.

本节介绍的解线性方程组的思路是：用行初等变换把线性方程组的增广矩阵化为阶梯形矩阵，再化为行简化阶梯形矩阵，然后写出线性方程组的解.

设一个矩阵 $\boldsymbol{A}$ 用行初等变换化为阶梯形矩阵后，这个阶梯形矩阵有 k 个非零行（元素不全为零的行），则称矩阵 $\boldsymbol{A}$ 的秩为 k，记为 $r(A) = k$.

定理 6.1.1　一个具有 n 个未知量的线性方程组的系数矩阵记为 $\boldsymbol{A}$，增广矩阵记为 $\overline{\boldsymbol{A}}$，则有

（1）如果 $r(\boldsymbol{A}) < r(\overline{\boldsymbol{A}})$，则线性方程组无解；

（2）如果 $r(\boldsymbol{A}) = r(\overline{\boldsymbol{A}}) = n$，则线性方程组有唯一一组解；

（3）如果 $r(\boldsymbol{A}) = r(\overline{\boldsymbol{A}}) < n$，则线性方程组有无穷多组解，有 $n - r(\boldsymbol{A})$ 个自由未知量.

证明：略.

例 6.1.1 中，$r(\boldsymbol{A}) = r(\overline{\boldsymbol{A}}) = n = 4$，所以线性方程组有唯一一组解.

例 6.1.2 中，$r(\boldsymbol{A}) = r(\overline{\boldsymbol{A}}) = 3 < n = 4$，所以线性方程组有无穷多组解，有 $n - r(\boldsymbol{A}) = 1$ 个自由未知量.

例 6.1.3 中，$r(\boldsymbol{A}) = 1 < r(\overline{\boldsymbol{A}}) = 2$，所以线性方程组无解.

二、用矩阵表示线性方程组及其解的方法

线性方程组

$$\begin{cases} a_{11}x_1 + a_{12}x_2 + \dots + a_{1n}x_n = b_1 \\ a_{21}x_1 + a_{22}x_2 + \dots + a_{2n}x_n = b_2 \\ \dots \quad \dots \quad \dots \quad \dots \quad \dots \\ a_{m1}x_1 + a_{m2}x_2 + \dots + a_{mn}x_n = b_m \end{cases}$$

可以表示为矩阵的形式：

$$\begin{pmatrix} a_{11} & a_{12} & \cdots & a_{1n} \\ a_{21} & a_{22} & \cdots & a_{2n} \\ \vdots & \vdots & & \vdots \\ a_{m1} & a_{m2} & \cdots & a_{mn} \end{pmatrix} \begin{pmatrix} x_1 \\ x_2 \\ \vdots \\ x_n \end{pmatrix} = \begin{pmatrix} b_1 \\ b_2 \\ \vdots \\ b_m \end{pmatrix} \tag{6-1-15}$$

其中 $\boldsymbol{A} = \begin{pmatrix} a_{11} & a_{12} & \cdots & a_{1n} \\ a_{21} & a_{22} & \cdots & a_{2n} \\ \vdots & \vdots & & \vdots \\ a_{m1} & a_{m2} & \cdots & a_{mn} \end{pmatrix}$ 为线性方程组的系数矩阵，$\boldsymbol{X} = \begin{pmatrix} x_1 \\ x_2 \\ \vdots \\ x_n \end{pmatrix}$ 为由未知量构成的 $n \times 1$ 矩阵，也称为 n 维列向量，$\boldsymbol{b} = \begin{pmatrix} b_1 \\ b_2 \\ \vdots \\ b_m \end{pmatrix}$ 为常数列向量．利用这些记号，线性方程组（6-3-1）简记为 $\boldsymbol{AX} = \boldsymbol{b}$．用列向量表示线性方程组的解是一种常用的方法．

例 6.1.4 试用列向量表示线性方程组（6-1-11）的解．

解 令 $x_4 = k$，代入式（6-1-14），得

$$\begin{cases} x_1 = 0.1k \\ x_2 = -0.7k \\ x_3 = 0 \\ x_4 = k \end{cases}$$

因此

$$\begin{pmatrix} x_1 \\ x_2 \\ x_3 \\ x_4 \end{pmatrix} = k \begin{pmatrix} 0.1 \\ -0.7 \\ 0 \\ 1 \end{pmatrix}$$

为式（6-1-11）的所有解，其中 k 为参数．

例 6.1.5 用向量表示线性方程组

$$\begin{cases} x_1 + 2x_2 - 3x_3 = 0 \\ 2x_1 + 4x_2 - 6x_3 = 0 \end{cases}$$

的解．

解 显然，上述方程组等价于 $x_1 = -2x_2 + 3x_3$，令 $x_2 = k_1, x_3 = k_2$，得

$$\begin{cases} x_1 = -2k_1 + 3k_2 \\ x_2 = k_1 \\ x_3 = k_2 \end{cases}$$

$$\begin{pmatrix} x_1 \\ x_2 \\ x_3 \end{pmatrix} = k_1 \begin{pmatrix} -2 \\ 1 \\ 0 \end{pmatrix} + k_2 \begin{pmatrix} 3 \\ 0 \\ 1 \end{pmatrix}$$

三、逆矩阵

定义 6.1.3　对于 n 阶矩阵 $\boldsymbol{A}$，如果有一个 n 阶矩阵 $\boldsymbol{B}$，使 $\boldsymbol{AB}=\boldsymbol{BA}=\boldsymbol{I}$，则称矩阵 $\boldsymbol{A}$ 是可逆的，并把 $\boldsymbol{B}$ 称为 $\boldsymbol{A}$ 的逆矩阵，记为 $\boldsymbol{B}=\boldsymbol{A}^{-1}$.

例如，对于矩阵 $\begin{pmatrix}1 & -1\\ 1 & 1\end{pmatrix}$，因为

$$\begin{pmatrix}1 & -1\\ 1 & 1\end{pmatrix}\begin{pmatrix}0.5 & 0.5\\ -0.5 & 0.5\end{pmatrix}=\begin{pmatrix}0.5 & 0.5\\ -0.5 & 0.5\end{pmatrix}\begin{pmatrix}1 & -1\\ 1 & 1\end{pmatrix}=\begin{pmatrix}1 & 0\\ 0 & 1\end{pmatrix}.$$

所以 $\begin{pmatrix}1 & -1\\ 1 & 1\end{pmatrix}^{-1}=\begin{pmatrix}0.5 & 0.5\\ -0.5 & 0.5\end{pmatrix}$.

定理 6.1.2　$\boldsymbol{A}$ 可逆当且仅当对应的行列式 $|\boldsymbol{A}|\neq 0$.

证明：（略）

下面给出用矩阵的行初等变换求矩阵的逆的算法．构造分块矩阵 $(\boldsymbol{A}\vdots\boldsymbol{I})$，采用一系列的行初等变换把左边的 $\boldsymbol{A}$ 化为单位矩阵 $\boldsymbol{I}$，同时也就把右边的 $\boldsymbol{I}$ 化为 $\boldsymbol{A}^{-1}$．如果逆矩阵不存在，则不能用一系列的行初等变换把 $\boldsymbol{A}$ 化为 $\boldsymbol{I}$，这在计算过程中可以看出，而不必事先判断 $\boldsymbol{A}$ 是否可逆.

例 6.1.6　设 $\boldsymbol{A}=\begin{pmatrix}1 & 2 & 3\\ 2 & 1 & 2\\ 1 & 3 & 4\end{pmatrix}$，用初等变换法求 $\boldsymbol{A}^{-1}$，并解矩阵方程 $\boldsymbol{AX}=\boldsymbol{B}$，其中 $\boldsymbol{B}=\begin{pmatrix}1 & 0 & -1\\ 0 & 1 & 0\\ 1 & -1 & 0\end{pmatrix}$.

解：
$$(\boldsymbol{A}\vdots\boldsymbol{I})=\left(\begin{array}{ccc:ccc}1 & 2 & 3 & 1 & 0 & 0\\ 2 & 1 & 2 & 0 & 1 & 0\\ 1 & 3 & 4 & 0 & 0 & 1\end{array}\right)\xrightarrow[r_3-r_1]{r_2-2r_1}\left(\begin{array}{ccc:ccc}1 & 2 & 3 & 1 & 0 & 0\\ 0 & -3 & -4 & -2 & 1 & 0\\ 0 & 1 & 1 & -1 & 0 & 1\end{array}\right)$$

$$\xrightarrow{r_2\leftrightarrow r_3}\left(\begin{array}{ccc:ccc}1 & 2 & 3 & 1 & 0 & 0\\ 0 & 1 & 1 & -1 & 0 & 1\\ 0 & -3 & -4 & -2 & 1 & 0\end{array}\right)\xrightarrow[r_3+3r_2]{r_1-2r_2}\left(\begin{array}{ccc:ccc}1 & 0 & 1 & 3 & 0 & -2\\ 0 & 1 & 1 & -1 & 0 & 1\\ 0 & 0 & -1 & -5 & 1 & 3\end{array}\right)$$

$$\xrightarrow[r_2+r_3]{r_1+r_3}\left(\begin{array}{ccc:ccc}1 & 0 & 0 & -2 & 1 & 1\\ 0 & 1 & 0 & -6 & 1 & 4\\ 0 & 0 & -1 & -5 & 1 & 3\end{array}\right)\xrightarrow{-r_3}\left(\begin{array}{ccc:ccc}1 & 0 & 0 & -2 & 1 & 1\\ 0 & 1 & 0 & -6 & 1 & 4\\ 0 & 0 & 1 & 5 & -1 & -3\end{array}\right)$$

所以

$$\boldsymbol{A}^{-1}=\begin{pmatrix}-2 & 1 & 1\\ -6 & 1 & 4\\ 5 & -1 & -3\end{pmatrix}$$

对矩阵方程 $\boldsymbol{AX}=\boldsymbol{B}$，由于 $\boldsymbol{A}$ 可逆，方程两边同时左乘 $\boldsymbol{A}^{-1}$，有 $\boldsymbol{X}=\boldsymbol{A}^{-1}\boldsymbol{B}$，即

$$\boldsymbol{X}=\begin{pmatrix}-2 & 1 & 1\\ -6 & 1 & 4\\ 5 & -1 & -3\end{pmatrix}\begin{pmatrix}1 & 0 & -1\\ 0 & 1 & 0\\ 1 & -1 & 0\end{pmatrix}=\begin{pmatrix}-1 & 0 & 2\\ -2 & -3 & 6\\ 2 & 2 & -5\end{pmatrix}$$

需要说明的是，如果矩阵方程为 $XA = B$，且 A 可逆，则方程两边同时右乘 A^{-1}，有 $X = BA^{-1}$，注意 BA^{-1} 与 $A^{-1}B$ 一般是不同的.

习题 6.1

1. 用矩阵的行初等变换解下列线性方程组.

（1）$\begin{cases} x_1 + x_2 + x_3 + x_4 = 5 \\ x_1 + 2x_2 - x_3 + x_4 = -2 \\ 2x_1 + 3x_2 - x_3 - 5x_4 = -2 \\ 3x_1 + x_2 + 2x_3 + 3x_4 = 4 \end{cases}$

（2）$\begin{cases} -2x_1 + x_2 = 0 \\ -4x_1 + 2x_2 = 0 \\ x_1 + x_3 = 0 \end{cases}$

2. 分别以 x_3,x_4；x_2,x_4；x_1,x_4；x_2,x_3；x_1,x_3；x_1,x_2 为自由未知量表示下列线性方程组的解

$$\begin{cases} 2x_1 + 4x_2 + x_3 = 80 \\ 3x_1 + x_2 + x_4 = 60 \end{cases}$$

3. 判断方阵

$$A = \begin{pmatrix} 1 & 1 & 1 \\ 1 & 0 & -2 \\ 2 & 1 & -1 \end{pmatrix}$$

是否可逆.

4. 解矩阵方程 $AX = B$，其中 $A = \begin{pmatrix} 1 & -2 \\ -1 & 1 \end{pmatrix}$，$B = \begin{pmatrix} -1 & 0 & 2 \\ 2 & 1 & 1 \end{pmatrix}$.

5. 解矩阵方程 $AX = B$，其中

$$A = \begin{pmatrix} 1 & 0 & 1 \\ 2 & 1 & 0 \\ -3 & 2 & -5 \end{pmatrix},\quad B = \begin{pmatrix} 1 & -2 & -1 \\ 4 & -5 & 2 \\ 1 & -4 & -1 \end{pmatrix}.$$

第二节 投入产出数学模型

投入产出分析是应用数学方法和计算机，研究国民经济各部门间投入原材料和产出产品的平衡关系的一种现代管理方法.

一、投入产出数学模型的概念

投入产出数学模型是通过编制投入产出表，运用线性代数工具建立起来的关于投入和产出关系的线性模型，反映了国民经济各部门、再生产各环节之间的内在关系.该方法最早由美

国著名经济学家瓦·列昂捷夫提出.

在投入产出理论中，投入是指从事一项经济活动的消耗，产出是指从事经济活动的结果.

1. 投入产出表的结构

例 6.2.1 设某企业的生产体系划为三个部门，2010 年度三个部门的生产与消耗情况如表 6-2-1 所示.

表 6-2-1

投入 \ 部门间流量 \ 产出		消耗部门			最终产品	总产出
		部门一	部门二	部门三		
生产部门	部门一	18	24	20	38	100
	部门二	10	12	8	30	60
	部门三	12	9	16	43	80
新创造价值		60	15	36		
总产品价值		100	60	80		

表 6-2-1 的结构说明：

（1）表 6-2-1 结构：生产部门，消耗部门，部门间流量，最终产品，总产出，新创造价值，总产品价值.

（2）水平方向表示的是每个部门总产出（也叫总产值）的分配情况.

每个部门的总产出应等于提供给各部门消耗的中间产品与最终产品的价值量之和.

（3）表中的竖直方向，反映的是每个部门总投入的构成情况.

每个部门的总投入应等于其所消耗的部门产品与新创造价值量之和.

（4）结论：每个部门的总投入与总产出是相互平衡的.

列举经济系统各部门在某个时期的投入产出关系的表，称为投入产出表.以货币计量单位编制的投入产出表叫做价值型投入产出表. 表 6-2-1 就是价值型投入产出表.

一般地，价值型投入产出表的基本结构如表 6-2-2 所示.它的行表示某部门的产出，列表示某部门的投入.例如表中第一行 x_1 表示部门 1 的总产出水平，x_{11} 为本部门的使用量，$x_{1j}(j=1,2,\cdots,n)$为部门 1 提供给部门 j 的使用量，各部门的供给最终需求（包括居民消耗、政府使用、出口和社会储备等）为 $y_j(j=1,2,\cdots,n)$. 这几个方面投入的总和代表了这个时期的总产出水平.

表 6-2-2 中有关数据的经济意义如下：

x_i 表示第 i 部门总产出的价值量，或是第 i 部门总投入的价值量；

y_i 表示第 i 部门生产的用作最终使用部分的产品的价值量；

x_{ij} 表示第 i 部门分配给第 j 部门的产品的价值量，或第 j 部门消耗第 i 部门生产的产品的价值量，该量又称为部门间的流量；

v_j 表示第 j 部门发给劳动者的劳动报酬；

m_j 表示第 j 部门创造的纯收入；

z_j 表示第 j 部门新创造的价值量（增加值）．（$i,j=1,2,\cdots,n$）

表 6-2-2

部门间流量（投入＼产出）		消耗部门 1	2	…	n	消费	积累	出口	合计	总产出
生产部门	1	x_{11}	x_{12}	…	x_{1n}				y_1	x_1
	2	x_{21}	x_{22}	…	x_{2n}				y_2	x_2
	⋮	⋮	⋮	…	⋮				⋮	⋮
	n	x_{n1}	x_{n2}	…	x_{nn}				y_n	x_n
新创价值	劳动报酬	v_1	v_2	…	v_n					
	纯收入	m_1	m_2	…	m_n					
	合计	z_1	z_2	…	z_n					
总投入		X_1	x_2	…	x_n					

（表头中“最终需求”包括消费、积累、出口、合计四栏。）

表 6-2-2 分成四部分，分别称为第Ⅰ、Ⅱ、Ⅲ、Ⅳ象限，如表 6-2-3 所示.

表 6-2-3

部门间流量（投入＼产出）		中间使用	最终需求：消费	积累	出口	合计	总产出
生产部门		Ⅰ	Ⅱ				
新创价值	劳动报酬	Ⅲ	Ⅳ				
	纯收入						
	合计						
总投入							

消耗部门产品的价值也称中间使用的价值量，生产部门的价值量也称中间投入的价值量，新创造价值也称增加值.

第Ⅰ象限：行方向表明某部门生产的产品分配给各部门使用的价值量，也称中间产品或中间使用；列方向表示某部门在生产过程中消耗各部门的产品的价值量，也称中间投入或中间消耗.

第Ⅱ象限：反映了最终产品的构成.

第Ⅲ象限：反映了国民收入的初次分配情况.

第Ⅳ象限：反映了国民收入再次分配情况，一般空出不用.

2. 投入产出的基本平衡关系

（1）分配平衡方程组.

反映各部门生产的总产品的分配使用去向的平衡关系是：中间产品+最终产品=总产出. 由此得分配平衡方程组为

$$\begin{cases} x_1 = x_{11} + x_{12} + \cdots + x_{1x} + y_1 \\ x_2 = x_{21} + x_{22} + \cdots + x_{2x} + y_2 \\ \cdots\cdots\cdots\cdots\cdots \\ x_n = x_{n1} + x_{n2} + \cdots + x_{nx} + y_n \end{cases} \tag{6-2-1}$$

或记为

$$x_i=\sum_{j-1}^{n}x_{ij}+y_i,(i=1,2,\cdots,n).\qquad(6\text{-}2\text{-}2)$$

（2）需求平衡方程组.

反映总产品价值的形成过程的平衡关系是：中间投入+增加值=总投入.

由此得投入平衡方程组（也称消耗平衡方程组）为

$$\begin{cases}x_1=x_{11}+x_{12}+\cdots+x_{n1}+z_1\\x_2=x_{12}+x_{22}+\cdots+x_{n1}+z_2\\\cdots\cdots\cdots\cdots\cdots\\x_n=x_{1n}+x_{2n}+\cdots+x_{nn}+z_n\end{cases}\qquad(6\text{-}2\text{-}3)$$

或记为

$$x_j=\sum_{i=1}^{n}x_{ij}+z_j,(j=1,2,\cdots,n).\qquad(6\text{-}2\text{-}4)$$

由式（6-2-1）和式（6-2-3）可得$\sum_{i=1}^{n}y_i=\sum_{j=1}^{n}z_j$.（6-2-5）

这表明就整个国民经济来讲，用于非生产的消费、积累、储备、出口等方面产品的总价值与整个国民经济净产值的总和相等.

二、直接消耗系数表示的投入产出数学模型

1. 直接消耗系数

第j部门生产单位价值产品所直接消耗i部门的产品价值量，称为第j部门对第i部门的直接消耗系数，记为a_{ij}.即

$$a_{ij}=\frac{x_{ij}}{x_j}(i,j=1,2,\cdots,n).\qquad(6\text{-}2\text{-}6)$$

由n个部门相互之间的直接消耗系数构成的n阶方阵$\boldsymbol{A}=(a_{ij})$，称为直接消耗系数矩阵，记作

$$\boldsymbol{A}=\begin{bmatrix}a_{11}&a_{12}&\cdots&a_{1x}\\a_{21}&a_{22}&\cdots&a_{2x}\\\vdots&\vdots&&\vdots\\a_{n1}&a_{n2}&\cdots&a_{nn}\end{bmatrix}.$$

例 6.2.2 已知某经济系统在一个生产周期内投入产出情况如表 6-2-4 所示，试求直接消耗系数矩阵.

表 6-2-4

投入 \ 产出		中间消耗 1 2 3	最终需求	总产出
中间投入	1	100 25 30		400
	2	80 50 30		250
	3	40 25 60		300
净产值				
总投入		400 250 300		

解 由直接消耗系数 $a_{ij}=\dfrac{x_{ij}}{xj}$，得直接消耗系数矩阵

$$A=\begin{bmatrix}0.25 & 0.10 & 0.10\\ 0.20 & 0.20 & 0.10\\ 0.10 & 0.10 & 0.20\end{bmatrix}.$$

直接消耗系数 a_{ij} 具有如下性质：

性质 1：$0\leqslant a_{ij}<1 \quad (i,j=1,2,\cdots,n)$；

性质 2：$\sum\limits_{i=1}^{n}a_{ij}<1 \quad (j=1,2,\cdots,n)$.

2. 平衡方程组的解

（1）分配平衡方程组的解.

由直接消耗系数的定义 $a_{ij}=\dfrac{x_{ij}}{x_j}$，代入分配平衡方程组（6-2-1），得

$$\begin{cases}x_1=a_{11}x_1+a_{12}x_2+\cdots+a_{1n}x_n+y_1\\ x_2=a_{21}x_1+a_{22}x_2+\cdots+a_{2n}x_n+y_2\\ \cdots\cdots\cdots\cdots\\ x_n=a_{n1}x_1+a_{n2}x_2+\cdots+a_{nn}x_n+y_n\end{cases} \qquad (6\text{-}2\text{-}7)$$

设 $\boldsymbol{X}=(x_1x_2\cdots x_n)',\boldsymbol{Y}=(y_1y_2\cdots y_n)'$, 则式（6-2-7）可表示为 $\boldsymbol{X}=\boldsymbol{AX}+\boldsymbol{Y}$，或

$$(\boldsymbol{E}-\boldsymbol{A})\boldsymbol{X}=\boldsymbol{Y} \qquad (6\text{-}2\text{-}8)$$

称矩阵 $\boldsymbol{E}-\boldsymbol{A}$ 为列昂捷夫矩阵.

定理 6.2.1 列昂捷夫矩阵 $\boldsymbol{E}-\boldsymbol{A}$ 是可逆的.

如果各部门的最终需求 $\boldsymbol{Y}=(y_1y_2\cdots y_n)'$ 已知，则由定理 1 知，方程（6-2-8）存在唯一解

$$\boldsymbol{X}=(x_1x_2\cdots x_n)'=(\boldsymbol{E}-\boldsymbol{A})^{-1}\boldsymbol{Y}. \qquad (6\text{-}2\text{-}9)$$

（2）投入平衡方程组的解.

类似地把 $a_{ij}=\dfrac{x_{ij}}{x_j}$ 代入投入平衡方程组（6-2-3），得

$$\begin{cases}x_1=a_{11}x_1+a_{21}x_1+\cdots+a_{n1}x_1+z_1\\ x_2=a_{12}x_2+a_{22}x_2+\cdots+a_{n2}x_n+z_2\\ \cdots\cdots\cdots\cdots\\ x_n=a_{1n}x_n+a_{2n}x_n+\cdots+a_{nn}x_n+z_n\end{cases} \qquad (6\text{-}2\text{-}10)$$

简记为

$$x_j=\sum_{i=1}^{n}a_{ij}x_j+z_j,(j=1,2,\cdots,n).$$

得

$$z_j=(1-\sum_{i=1}^{n}a_{ij})x_j\text{，}\quad(j=1,2,n,\cdots,n) \qquad (6\text{-}2\text{-}11)$$

$$x_j = \frac{z_j}{1-\sum_{i=1}^{n} a_{ij}} \quad (j=1,2,n,\cdots,n) \tag{6-2-12}$$

写成矩阵形式为

$$\boldsymbol{X}=\boldsymbol{DX}+\boldsymbol{Z} \text{ 或} (\boldsymbol{E}-\boldsymbol{D})\boldsymbol{X}=\boldsymbol{Z}. \tag{6-2-13}$$

其中 $\boldsymbol{D}=\mathrm{diag}\left(\sum_{i=1}^{n} a_{i1} \sum_{i=1}^{n} a_{i2} \cdots \sum_{i=1}^{n} a_{in}\right)$，　$\boldsymbol{Z}=\left(z_1 z_2 \cdots z_n\right)'$.

例 6.2.3　设某企业有三个部门，在某一生产周期内各部门间的直接消耗系数及最终产值如表 6-2-5 所示. 求：（1）各部门的总产出；（2）各部门新创造价值；（3）各部门间流量.

表 6-2-5　　　　单位：万元

投入＼接消耗系数＼产出		中间使用			最终产品
		部门一	部门二	部门三	
中间投入	部门一	0.25	0.1	0.1	245
	部门二	0.20	0.2	0.1	90
	部门三	0.1	0.1	0.2	175

解　（1）设三个部门的总产出分别为 x_1、x_2、x_3，相应的矩阵为

$$\boldsymbol{X}=\begin{bmatrix} x_1 \\ x_2 \\ x_3 \end{bmatrix}.$$

直接消耗矩阵及最终产值矩阵分别为

$$\boldsymbol{A}=\begin{bmatrix} 0.25 & 0.10 & 0.10 \\ 0.20 & 0.20 & 0.10 \\ 0.10 & 0.10 & 0.20 \end{bmatrix}, \boldsymbol{Y}=\begin{bmatrix} 245 \\ 90 \\ 175 \end{bmatrix}.$$

由 $\boldsymbol{X}=(\boldsymbol{E}-\boldsymbol{A})^{-1}\boldsymbol{Y}$ 可得

$$\boldsymbol{X}=\begin{bmatrix} 1-0.25 & 1-0.10 & 1-0.10 \\ 1-0.20 & 1-0.20 & 1-0.10 \\ 1-0.10 & 1-0.10 & 1-0.20 \end{bmatrix}^{-1}\begin{bmatrix} 245 \\ 90 \\ 175 \end{bmatrix}=\left[\frac{10}{891}\right]\begin{bmatrix} 126 & 18 & 18 \\ 34 & 118 & 19 \\ 20 & 17 & 116 \end{bmatrix}\begin{bmatrix} 245 \\ 90 \\ 175 \end{bmatrix}=\begin{bmatrix} 400 \\ 250 \\ 300 \end{bmatrix}.$$

即三部门在一个生产周期内的总产出分别为 400、250、300 万元.

（2）由式（6-2-11）得各部门新创造价值 z_1, z_2, z_3 为

$$z_1=(1-\sum_{i=1}^{3} a_{i1})x_1=(1-0.55)\times 400=180 \text{（万元）},$$

$$z_2=(1-\sum_{i=1}^{3} a_{i2})x_2=(1-0.40)\times 250=150 \text{（万元）},$$

$$z_3=(1-\sum_{i=1}^{3} a_{i3})x_3=(1-0.40)\times 300=180 \text{（万元）},$$

（3）由 $x_{ij}=a_{ij}x_j$ 得部门间流量分别为

$$x_{11}=100, x_{12}=25, x_{13}=30,$$

$$x_{21}=80, x_{22}=50, x_{23}=30,$$
$$x_{31}=40, x_{32}=25, x_{33}=60.$$

三、完全消耗系数表示的投入产出模型

由于直接消耗系数只反映各部门间的直接消耗，不能反映各部门间的间接消耗，为此我们给出完全消耗系数的定义.

定义 6.2.1 第 j 部门生产单位价值产品直接和间接消耗的第 i 部门的价值产品的总和，称为第 j 部门对第 i 部门的完全消耗系数，记作 $b_{ij}(i,j=1,2,\cdots,n)$.由 b_{ij} 构成的 n 阶方阵 $\boldsymbol{B}=(b_{ij})$ 称为各部门间完全消耗系数矩阵.

定理 6.2.2 第 j 部门对第 i 部门的完全消耗系数 b_{ij} 满足方程

$$b_{ij}=a_{ij}+\sum_{k=1}^{n}b_{ik}a_{kj}\,(i,j=1,2,\cdots,n). \tag{6-2-14}$$

定理 6.2.3 设 n 个部门的直接消耗系数矩阵为 $\boldsymbol{A}$，完全消耗系数矩阵为 $\boldsymbol{B}$，则有

$$\boldsymbol{B}=(\boldsymbol{E}-\boldsymbol{A})^{-1}-\boldsymbol{E} \tag{6-2-15}$$

例 6.2.4 假设某企业三个生产部门间的价值型投入产出表如表 6-2-6 所示，求各部门间的完全消耗系数矩阵.

表 6-2-6

投入＼产出		中间消耗			最终需求	总产出
		1	2	3		
中间投入	1	1500	0	600	400	2500
	2	0	610	600	1840	3050
	3	250	1525	3600	625	6000

解 分别用各部门的总产值去除中间消耗栏中各列，得到直接消耗系数矩阵为

$$\boldsymbol{A}=\begin{bmatrix}0.6&0&0.1\\0&0.2&0.1\\0.1&0.5&0.6\end{bmatrix}=\frac{1}{10}\begin{bmatrix}6&0&1\\0&2&1\\1&5&6\end{bmatrix},$$

$$\boldsymbol{E}-\boldsymbol{A}=\frac{1}{10}\begin{bmatrix}4&0&-1\\0&8&-1\\-1&-5&4\end{bmatrix},$$

$$(\boldsymbol{E}-\boldsymbol{A})^{-1}=\frac{1}{10}\begin{bmatrix}27&5&8\\1&15&4\\8&20&32\end{bmatrix},$$

则得完全消耗系数矩阵为

$$\boldsymbol{B}=(\boldsymbol{E}-\boldsymbol{A})^{-1}-\boldsymbol{E}=\begin{bmatrix}1.7&0.5&0.8\\0.1&0.5&0.4\\0.8&2&2.2\end{bmatrix}.$$

四、投入产出数学模型的简单应用

投入产出法来源于一个经济系统各部门生产、消耗的实际统计资料，它描述了当时各部

门之间的投入与产出协调关系，反映了产品供应与需求的平衡关系，因而在实际中有广泛应用.下面通过几个实例，可了解其在经济预测、编制经济计划、进行经济调整等方面的应用.

1. 在经济预测中的应用

在经济预测中，根据搜集到的过去的投入产出等资料整理出来的数据叫做报告期的数据，如报告期的直接消耗系数等.计划将来的一些数据叫做计划期的数据，如计划期的最终需求等.

例 6.2.5　设某省的支柱产业经济体系划为机械制造、煤炭、其他产业，上一年度的生产消耗情况如表 6-2-7 所示.根据表中的经济系统的生产发展情况，预测计划期总产出可在报告期的基础上分别增长 5%、8%、10%，预测最终需求增长情况.

解　设该经济系统计划期总产出和最终需求分别为

$$\boldsymbol{X}=\begin{bmatrix}x_1\\x_2\\x_3\end{bmatrix},\quad \boldsymbol{Y}=\begin{bmatrix}y_1\\y_2\\y_3\end{bmatrix}.$$

根据表中报告期总产品数据以及预计的计划期总产品增长的幅度，该系统三个部门的计划期总产品分别为

机械制造业：$x_1=1000\times(1+5\%)=1050$（亿元），

煤炭产业：$x_2=600\times(1+8\%)=648$（亿元），

其他产业：$x_3=800\times(1+10\%)=880$（亿元）.

得

$$\boldsymbol{A}=\begin{bmatrix}0.18&0.40&0.25\\0.10&0.20&0.10\\0.12&0.15&0.20\end{bmatrix},\quad (\boldsymbol{E}-\boldsymbol{A})=\begin{bmatrix}0.82&-0.40&-0.25\\-0.10&0.80&-0.10\\-0.12&-0.15&0.80\end{bmatrix}.$$

由 $\boldsymbol{Y}=(\boldsymbol{E}-\boldsymbol{A})\boldsymbol{X}$，得计划期最终需求为

$$\begin{bmatrix}y_1\\y_2\\y_3\end{bmatrix}=\begin{bmatrix}0.82&-0.40&-0.25\\-0.10&0.80&-0.10\\-0.12&-0.15&0.80\end{bmatrix}\begin{bmatrix}1050\\648\\880\end{bmatrix}=\begin{bmatrix}381.8\\325.4\\480.8\end{bmatrix},$$

则可对三个产业的计划期最终需求相对于报告期最终产品作出预测：

机械制造业增长幅度：$\dfrac{y_1-380}{380}=\dfrac{381.8-380}{380}=0.47\%$，

煤炭产业增长幅度：$\dfrac{y_2-300}{300}=\dfrac{325.4-300}{300}=8.47\%$，

其他产业增长幅度：$\dfrac{y_3-430}{430}=\dfrac{480.8-430}{430}=11.81\%$.

表 6-2-7　　单位：亿元

部门间流量（投入＼产出）		消耗部门			最终需求	总产出
		机械制造	煤炭	其他产业		
生产部门	机械制造	180	240	200	380	1000
	煤炭	100	120	80	300	600
	其他	120	90	160	430	800
增加值		600	150	360		
总产值		1000	600	800		

2. 在编制计划中的应用

编制计划的一种做法是先规定各部门计划期的总产量，然后计算出各部门的最终需求；另一种做法是确定计划期各部门的最终需求，然后计算出各部门的总产出.

例 6.2.6 给定价值型投入产出表如表 6-2-8 所示，预先确定计划期各部门最终需求如表 6-2-4 所示.根据投入产出表中的数据，算出报告期的直接消耗系数矩阵 **A**.假定计划期的直接消耗系数是相同的，求各部门总产出及各部门间应提供的中间需求.

表 6-2-8　　单位：万元

		中间需求						消费	积累	合计	总产出
		1	2	3	4	5	6				
中间投入	1	20	10	35	5	15	5	110	40	150	240
	2	0	0	65	0	0	10	60	25	85	160
	3	30	20	90	10	15	10	225	80	305	480
	4	10	10	25	5	5	5	15	5	20	80
	5	10	15	25	5	5	5	17	8	25	90
	6	5	20	15	5	5	5	10	5	15	70

表 6-2-9　　单位：万元

部门	1	2	3	4	5	6
消费	115	62	240	15	18	11
积累	50	28	100	7	10	6
合计	165	90	340	22	28	17

解 通过直接消耗系数公式的计算得

$$\boldsymbol{A}=\begin{bmatrix}0.083 & 0.063 & 0.073 & 0.063 & 0.167 & 0.071\\ 0.00 & 0.00 & 0.135 & 0.00 & 0.00 & 0.143\\ 0.125 & 0.125 & 0.188 & 0.125 & 0.167 & 0.143\\ 0.042 & 0.063 & 0.052 & 0.063 & 0.056 & 0.071\\ 0.042 & 0.094 & 0.052 & 0.063 & 0.056 & 0.071\\ 0.021 & 0.125 & 0.031 & 0.063 & 0.056 & 0.071\end{bmatrix},$$

$$(\boldsymbol{E}-\boldsymbol{A})^{-1}=\begin{bmatrix}1.132 & 0.142 & 0.155 & 0.124 & 0.245 & 0.160\\ 0.036 & 1.060 & 0.194 & 0.046 & 0.055 & 0.203\\ 0.215 & 0.263 & 1.341 & 0.234 & 0.307 & 0.305\\ 0.073 & 0.114 & 0.108 & 1.102 & 0.105 & 0.132\\ 0.074 & 0.147 & 0.114 & 0.104 & 1.107 & 0.138\\ 0.074 & 0.172 & 0.088 & 0.098 & 0.097 & 1.135\end{bmatrix}.$$

由 $\boldsymbol{X}=(\boldsymbol{E}-\boldsymbol{A})^{-1}\boldsymbol{Y}$ 得总产出

$$\boldsymbol{X}=(264.568\ 173.303\ 534.014\ 88.453\ 99.830\ 77.322\ ')$$

于是各部门在计划期的总产出依次是（万元）：

264.568 ,173.303 ,534.014, 88.453 ,99.830 ,77.322.

若各部门能完成计划期的上述总产出值，那么就能保证完成各部门最终需求的计划任务.根据公式 $x_{ij}=a_{ij}x_j\,(i,j=1,2,\cdots,6)$ 可得各部门间应提的中间需求 x_{ij} .数值表如表 6-2-10 所示.

表 6-2-10

部门	1	2	3	4	5	6	合计
1	21.96	10.92	38.98	5.57	16.64	5.49	99.56
2	0.00	0.00	72.09	0.00	0.00	11.06	83.15
3	33.07	21.66	11.39	11.06	16.67	11.06	193.91
4	11.11	10.09	27.77	5.57	5.59	5.49	66.46
5	11.11	16.29	27.77	5.57	5.59	5.49	71.82
6	11.11	16.29	27.77	5.57	5.59	5.49	60.42
	5.56	21.66	16.55	5.57	5.59	5.49	
合计	82.81	81.45	283.55	33.35	50.08	44.08	

例 6.2.7 以例 6.2.5 中的表 6-2-7 作为报告期投入产出表.三个产业的计划期最终产品分别确定为 $y_1 = 500$ 亿元，$y_2 = 450$ 亿元，$y_3 = 600$ 亿元.编制该经济系统计划期投入产出表.

解 由例 6.2.5 知

$$A = \begin{bmatrix} 0.18 & 0.40 & 0.25 \\ 0.10 & 0.20 & 0.10 \\ 0.12 & 0.15 & 0.20 \end{bmatrix},$$

$$(\boldsymbol{E} - \boldsymbol{A})^{-1} = \begin{bmatrix} 1.3952 & 0.7981 & 0.5358 \\ 0.2054 & 1.3975 & 0.2389 \\ 0.2478 & 0.3817 & 1.3752 \end{bmatrix}.$$

所以由题意可知 $\boldsymbol{Y} = \begin{bmatrix} 500 \\ 450 \\ 600 \end{bmatrix}$.

于是由公式 $\boldsymbol{X} = (\boldsymbol{E} - \boldsymbol{A})^{-1}\boldsymbol{Y}$ 得 $\boldsymbol{X} = \begin{bmatrix} 1.3952 & 0.7981 & 0.5358 \\ 0.2054 & 1.3975 & 0.2389 \\ 0.2478 & 0.3817 & 1.3752 \end{bmatrix}\begin{bmatrix} 500 \\ 450 \\ 600 \end{bmatrix} = \begin{bmatrix} 1378.23 \\ 874.92 \\ 1120.79 \end{bmatrix}$,

即 $x_1 = 1378.23$ 亿元，$x_2 = 874.92$ 亿元，$x_3 = 1120.79$ 亿元.

由公式 $x_{ij} = a_{ij}x_j$ 计算计划期各部门间产品流量为

$$\begin{bmatrix} x_{11} & x_{12} & x_{13} \\ x_{21} & x_{22} & x_{23} \\ x_{31} & x_{32} & x_{33} \end{bmatrix} = \begin{bmatrix} 0.18x_1 & 0.40x_2 & 0.25x_3 \\ 0.10x_1 & 0.20x_2 & 0.10x_3 \\ 0.12x_1 & 0.15x_2 & 0.20x_3 \end{bmatrix} = \begin{bmatrix} 248.08 & 349.97 & 380.20 \\ 137.82 & 174.98 & 112.08 \\ 165.39 & 131.24 & 224.16 \end{bmatrix}$$

由 $z_j = x_j - \sum_{i=1}^{3} x_{ij} \ (j = 1,2,3)$ 可得三个部门的新创造价值为

$$\begin{bmatrix} z_1 \\ z_2 \\ z_3 \end{bmatrix} = \begin{bmatrix} 826.94 \\ 218.73 \\ 504.35 \end{bmatrix},$$

从而得计划期投入产出如表 6-2-11 所示.

表 6-2-11　　　　单位：亿元

部门间流量 投入＼产出		中间使用 机械制造	煤炭	其他产业	最终需求	总产出
中间投入	机械制造	248.08	249.97	280.20	500	1378.23
	煤炭	137.82	174.98	112.08	450	874.92
	其他	165.39	131.24	224.16	600	1120.79
增加值		826.94	218.73	504.35		
总产值		1378.23	874.92	1120.79		

以经济系统各部门最终产品，而不是以总产值作为编制计划的出发点，是利用投入产出模型编制计划的最大特点.

3. **在计划调整中的应用**

如果某个部门的最终产品需求量发生变化时，对所有部门总产出情况都会带来影响.假设最终产品改变量为

$$\Delta \boldsymbol{Y}=\begin{bmatrix}\Delta y_1\\ \Delta y_2\\ \vdots\\ \Delta y_n\end{bmatrix},$$

相应的总产出也有改变量

$$\Delta \boldsymbol{X}=\begin{bmatrix}\Delta x_1\\ \Delta x_2\\ \vdots\\ \Delta x_n\end{bmatrix},$$

则有

$$\boldsymbol{X}+\Delta\boldsymbol{X}=(\boldsymbol{E}-\boldsymbol{A})^{-1}(\boldsymbol{Y}+\Delta\boldsymbol{Y})=(\boldsymbol{E}-\boldsymbol{A})^{-1}\boldsymbol{Y}+(\boldsymbol{E}-\boldsymbol{A})^{-1}\Delta\boldsymbol{Y}=\boldsymbol{X}+(\boldsymbol{E}-\boldsymbol{A})^{-1}\Delta\boldsymbol{Y},$$

即 $\Delta\boldsymbol{X}=(\boldsymbol{E}-\boldsymbol{A})^{-1}\Delta\boldsymbol{Y}$.　　　　(6-2-16)

例 6.2.8　在例 6.2.7 中，假设下一计划期内，三个部门的最终产品比较当前最终产品的改变量为 $\Delta\boldsymbol{Y}=\begin{bmatrix}0\\-10\\10\end{bmatrix}$，试制订三个部门下一计划期内的总产品生产计划.

解　由例 6.2.7 中的 $(\boldsymbol{E}-\boldsymbol{A})^{-1}$ 结果代入式（6-2-16），得

$$\Delta\boldsymbol{X}=(\boldsymbol{E}-\boldsymbol{A})^{-1}\Delta\boldsymbol{Y}=\begin{bmatrix}1.3952&0.7981&0.5358\\0.2054&1.3975&0.2389\\0.2478&0.3817&1.3752\end{bmatrix}\begin{bmatrix}0\\-10\\10\end{bmatrix}=\begin{bmatrix}-2.623\\-11.586\\9.935\end{bmatrix}.$$

所以原计划作如下调整：

第一部门的计划总产值由 $x_1=1378.23$（亿元），

调整为 $x_1=1378.23-2.623=1375.61$（亿元）；

第二部门的计划总产值由 $x_2=874.92$（亿元），

调整为 $x_2 = 874.92 - 11.586 = 863.33$（亿元）；

第三部门的计划总产值由 $x_3 = 1120.79$（亿元），

调整为 $x_3 = 1120.79 + 9.935 = 1130.73$（亿元）.

习题 6.2

1．价值型投入产出表有哪些基本平衡关系？并试述其意义.

2．直接消耗系数和完全消耗系数各有什么特点？

3．根据给定的资料，完成下列投入产出表（写出计算过程），如表 1 所示.

$$\boldsymbol{A} = \begin{bmatrix} 0.10 & 0.10 & 0.05 & 0.05 \\ 0.13 & 0.30 & 0.35 & 0.15 \\ 0.03 & 0.01 & 0.03 & 0.05 \\ 0.05 & 0.05 & 0.08 & 0.10 \end{bmatrix}$$

表 1

		中间使用				最终使用	总产出
		1	2	3	4		
中间投入	1	60					
	2						
	3						200
	4					164	
增加值			648				
总投入							

4．某地区有四个支柱产业，在过去一年内，产业流量和总产出如表 2 所示. 求：（1）各产业的最终产品的价值 $y_i (i = 1,2,3,4)$；（2）各产业新创造的价值 $z_j (j = 1,2,3,4)$.

表 2

部门间流量（产出 / 投入）		消耗部门				最终产品	总产出
		制造	通信	服务	能源		
生产部门	产业一	360	480	400	200		2000
	产业二	200	240	160	280		1700
	产业三	240	180	320	300		1800
	产业四	350	320	260	220		1600
新创造价值							
总产品价值		2000	1700	1800	1600		

5．计算例 6.2.1 的直接消耗系数矩阵.

6．假设某企业三个生产部门间的投入产出表如表 3 所示，求各部门间的完全消耗系数矩阵.

表3

产出投入		中间使用			最终产品	总产出
		1	2	3		
中间投入	1	100	50	50	300	500
	2	120	120	60	300	600
	3	75	75	225	375	750

第三节　使用 MATLAB 求解线性方程组（实验 6）

使用 MATLAB 求线性方程组的解.

1. 解齐次线性方程组 AX=0

通过求系数矩阵 $\boldsymbol{A}$ 的秩来判断解的情况（方程组中未知数的个数为 n）:

（1）如果系数矩阵的秩为 n，则方程组只有零解；

（2）如果系数矩阵的秩小于 n，则方程组有无穷多解.

2. 非齐次线性方程组 AX=b

根据系数矩阵 $\boldsymbol{A}$ 的秩和增广矩阵 $\boldsymbol{B}=[\boldsymbol{A}\ \boldsymbol{b}]$的秩和未知数个数 n 的关系，判断方程组 $\boldsymbol{AX}=\boldsymbol{b}$ 的解的情况：

（1）如果系数矩阵的秩等于增广矩阵的秩等于 n，则方程组有唯一解；

（2）如果系数矩阵的秩等于增广矩阵的秩小于 n，则方程组有无穷多解；

（3）如果系数矩阵的秩小于增广矩阵的秩，则方程组无解.

例 6.3.1　求解方程组 $\begin{cases} -x_1 - 2x_2 + 4x_3 = 0 \\ 2x_1 + x_2 + x_3 = 0 \\ x_1 + x_2 - x_3 = 0 \end{cases}$.

解

```
>>clear
>>A=[-1 -2 4;2 1 1;1 1 -1];
>>rank(A)
ans=
2
>>rref(A)                    %求矩阵 A 的行最简形矩阵
  ans=
                   1    0    2
                   0    1   -3
                   0    0    0
```

说明方程有无穷多解，并且解为$[-2k\ \ 3k\ \ k]^T$.

例 6.3.2　解方程组 $\boldsymbol{AX}=\boldsymbol{b}$，其中 $\boldsymbol{A}=\begin{pmatrix} 2 & 1 & 2 \\ 2 & 1 & 4 \\ 3 & 2 & 1 \end{pmatrix}, \boldsymbol{b}=\begin{pmatrix} 3 \\ 1 \\ 7 \end{pmatrix}$.

解

```
>> clear
>> A=[2 1 2; 2 1 4; 3 2 1];
>> b=[3 1 7]';            %[3 1 7]'为矩阵 (3 1 7)ᵀ 的转置
>> X=A\b
X=

   2
   1
  -1
```

注：$[3\ 1\ 7]'$ 为矩阵 $\begin{pmatrix}3\\1\\7\end{pmatrix}$ 的转置

例 6.3.3　解下列方程组 $\begin{cases} x_1 - x_2 + x_3 - x_4 = 1 \\ -x_1 + x_2 + x_3 - x_4 = 1 \\ 2x_1 - 2x_2 - x_3 + x_4 = -1 \end{cases}$.

解

```
>>clear
>>A=[1 -1 1 -1;-1 1 1 -1;2 -2 -1 1];
>> b=[1 1 -1]';
>>C=[rank(A)   rank([A b])]
C=

        2  2
```

表示系数矩阵 A 的秩 2 等于增广矩阵[Ab]的秩 2，小于未知数的个数 4. 再输入

```
>> rref([A b])
ans=

      1  -1  0    0  0
      0   0  1   -1  1
      0   0  0    0  0
```

表示行最简形矩阵，得通解

$x_1 = x_2, x_3 = x_4 + 1$　（x_2, x_4 为自由未知数）.

习题 6.3

上机验证上面各例.

第七章 决策与数理统计方法

人的一生都离不开决策，所谓决策就是为了到达某种预定的目标，采用一定的科学方法和手段，从若干个可供选择的方案中，选择一个最佳方案的分析判断过程．决策也是经济管理工作的本质．经营管理的各项职能——计划、组织、领导、实施、控制、创新都离不开决策．

数理统计方法是研究和揭示随机现象的统计规律性的一门学科，是近代经济领域中应用和研究的重要数学工具．

本章首先介绍概率论及决策的基本知识，决策方法、数理统计基本原理和统计推断方法．

第一节 随机事件与概率

一、随机事件

在自然界和人的实践活动中经常遇到各种各样的现象，这些现象大体可分两类．一类是具有确定性的，如现在把钱存我国的银行必有利息，垂直上抛一块石头必然落下等，这种在一定条件下有确定结果的现象称为确定性现象．

另一类现象是随机性的，如在含有次品的一批产品中任取一个，可能取得合格品，也可能是取得次品；在一次生产经营中可能出现盈利，也可能出现亏损．以上所举的现象都具有随机性，如这些在一定条件下进行试验或观察会出现不同的结果，而且在每次试验之前都无法预知确切的结果的现象称为随机性现象．在自然界和人们的实践活动中经常遇到各种各样的随机现象，人们需要了解和掌握这些随机现象的内在规律，经过长期实践并深入研究之后，发现这类现象在大量重复试验或观察下，它的结果却呈现出某种规律性．例如，多次重复抛一枚硬币大致有一半次数是正面朝上；同一台仪器观察中所呈现的固有规律性，就是我们所说的统计规律性．对随机现象的观察称为随机试验，并称每种可能发生的可能结果为随机事件，一般常用大写英文字母 $A, B, C, \cdots$ 或 $A_1, A_2 \cdots$ 表示．还有两个特殊事件：在每次试验中它总是发生的，称为必然事件，一般用 Ω 表示，每次试验都不发生的事件，称为不可能事件，用 Φ 表示．概率论就是揭示随机现象中这些随机事件发生可能性大小的理论与方法，从而可以用来指导人们的决策与行为．

例 7.1.1 在一次生产经营中，可用 A 表示事件“盈利”，B 表示事件“亏损”等．

例 7.1.2 已知一批产品共有 10 件，内含正品 6 件、次品 4 件，从中进行一次抽取 5 件的试验，可用 A_i＝“被取的 5 件产品中恰有 i 件次品”，i＝0，1，2，3，4；

B＝“被取出的 5 件产品中最多有 3 件次品”；

C＝“被取出的 5 件产品中次品不超过 2 件”；

D＝“被取出的 5 件产品中至少有 2 件正品”．

这些都是随机事件．它们具有在一次试验中可能发生也可能不发生的特点．而Ω=“被取的 5 件产品中有正品”为必然事件，Φ = “被取的 5 件产品中无正品”为不可能事件．

二、随机事件的关系与运算

不可能再分的事件称为基本事件．由若干个基本事件组成的事件称为复合事件．例如例 7.1.2 中的 A_i，i=0，1，2，3，4 为基本事件，而 B，C，D 为复合事件．所有基本事件组成的集合叫该试验的样本空间．事件间的关系与集合间的关系相似．

1．事件的包含关系

若事件 A 发生必然导致事件 B 发生，则称事件 B 包含了 A，或称 A 包含于 B，记作 $A\subset B$ 或 $B\supset A$．

例 7.1.3　设某种动物能活到 25 岁的记为 A，能活到 20 岁的记为 B，则 $A\subset B$．

$A\subset B$ 可以给上述含义一个几何解释，如图 7-1-1 所示．其他的类似，设必然事件Ω是一个矩形，A，B 是两个事件，也就是说，它们是Ω的子集，“A 发生必然导致 B 发生”是意味着在 A 中的点也在 B 中．

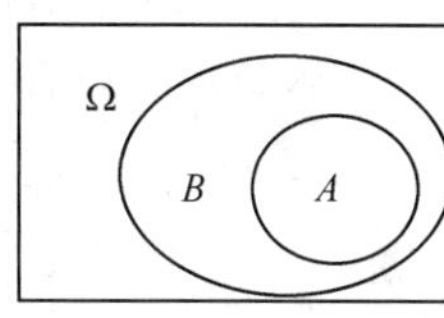

图 7-1-1

由此可见，事件 $A\subset B$ 的含义与集合论是一致的．

特别地，对任何事件 A 都有 $A\subset\Omega$，$\Phi\subset A$．

2．事件的相等

设 $A\subset B$ 且 $B\subset A$，即 A=B，称 A 与 B 相等，记为 A=B．易知相等的两个事件 A，B 总是同时发生或同时不发生的．

3．并（和）事件与积（交）事件

称事件“A 与 B 中至少有一个发生”为 A 和 B 的和事件或并事件，记作 $A\bigcup B$ 或 A+B．实质上 $A\bigcup B$ = “A 或 B 发生”．

例 7.1.4　设某种圆柱形产品，若底面直径和高都合格，则该产品合格．

令 A={直径不合格}，B={高度不合格}，则 $A\bigcup B$ ={产品不合格}．

和事件的概念还可以推广到多个事件和的情形．

称“A 与 B 同时发生”这一事件为 A 和 B 的积事件或交事件，记作 AB 或 $A\bigcap B$．

例如例 7.1.4 中，若 C={直径合格}，D={高度合格}，则 CD={产品合格}．

同样，积事件的概念也可以推广为多个事件积的情形．

4．差事件

称“A 发生 B 不发生”这一事件为 A 与 B 的差事件，记作 $A-B$．

例如例 7.1.4 中 $A-B$ ={该产品的直径不合格，高度合格}．

5．逆（对立）事件

称“A 不发生”为 A 的对立事件或称为 A 的逆事件，记作 $\overline{A}$．

$$A\bigcup\overline{A}=\Omega，\ A\bigcap\overline{A}=\Phi．$$

由此说明，在一次试验中 A 与 $\overline{A}$ 有且仅有一个发生，即不是 A 发生就是 $\overline{A}$ 发生．

显然 $\overline{\overline{A}}=A$，由此说明 A 与 $\overline{A}$ 互为逆事件．

$$\overline{\Omega}=\Phi,\overline{\Phi}=\Omega,A-B=A\overline{B}．$$

例 7.1.5　设有 100 件产品，其中 5 件产品为次品，从中任取 50 件产品．

记 A={50 件产品中至少有一件次品}则 $\overline{A}$ ={50 件产品中没有次品}={50 件产品全是正品}．

一般地，若事件 A 比较复杂，往往它的对立事件比较简单，因此，我们在求复杂事件的概率时，往往可能转化为求它的对立事件的概率.

6. 互不相容事件（互斥事件）

称不能同时发生的两个事件 A 与 B，即 $AB=\Phi$，为互不相容事件（或互斥事件）.

注意，任意两个基本事件都是互斥的.

若 A，B 为互斥事件，A，B 不一定为对立事件．但若 A，B 为对立事件，则 A，B 一定是互斥事件.

事件运算时，要经常运用下述定律：设 A，B，C 为事件，则有

交换律 $A\cup B=B\cup A$，$A\cap B=B\cap A$；

结合律 $A\cup(B\cup C)=(A\cup B)\cup C$，$A\cap(B\cap C)=(A\cap B)\cap C$；

分配律 $A\cup(B\cap C)=(A\cup B)\cap(A\cup C)$；

$A\cap(B\cup C)=(A\cap B)\cup(A\cap C)$.

摩根律 $\overline{A\cup B}=\overline{A}\cap\overline{B}$，$\overline{A\cap B}=\overline{A}\cup\overline{B}$.

一般地，事件运算时的定律可推广到有限，如

$$\overline{A_1\cup A_2\cup\cdots\cup A_n}=\overline{A_1}\cap\overline{A_2}\cap\cdots\cap\overline{A_n}；$$

$$\overline{A_1\cap A_2\cap\cdots\cap A_n}=\overline{A_1}\cup\overline{A_2}\cup\cdots\cup\overline{A_n}.$$

例 7.1.6 设 A，B，C 为 Ω 中的随机事件，试用 A，B，C 表示下列事件.

（1）A 与 B 发生而 C 不发生　　$AB-C$ 或 $AB\overline{C}$；

（2）A 发生，B 与 C 不发生　　$A-B-C$ 或 $A\overline{B}\overline{C}$；

（3）三个事件都发生　　ABC;

（4）至少有一个事件发生　　$A\cup B\cup C$；

（5）A, B, C 都不发生　　$\overline{ABC}=\overline{A}\cup\overline{B}\cup\overline{C}$.

三、随机事件的概率

研究随机现象，不仅要关心试验中会出现哪些事件，更重要的是想知道事件出现的可能性大小，也就是事件的概率．概率是随机事件发生可能性大小的度量，事件发生的可能性越大，概率就越大．例如，了解发生意外人身事故的可能性大小，确定保险金额的多少．了解来商场购物的顾客人数的各种可能性大小，合理配置服务人员．了解每年最大洪水超警戒线可能性大小，合理确定堤坝高度等.

定义 7.1.1 随机事件 A 发生的可能性大小的度量(数值)，称为 A 发生的概率，记为 $P(A)$.

对于一个随机事件来说，它发生可能性大小的度量是其自身决定的，并且是客观存在的．概率是随机事件发生可能性大小的度量，是自身的属性．一个根本问题是，对于一个给定的随机事件发生可能性大小的度量——概率，究竟有多大呢？

先来看一个古老的试验，掷硬币的试验，做一次试验，事件 A（正面朝上）是否发生是不确定的．然而这是问题的一个方面，当试验大量重复做的时候，事件 A 发生的次数，也称为频数，体现出一定的规律性，约占总试验次数的一半，也可写成

$$f_n(A)=A\text{ 发生的频率=频数/试验总次数接近于 }\frac{1}{2}.$$

一般地，设随机事件 A 在 n 次试验中出现 k 次，比值

$$f_n(A)=\frac{k}{n}$$

称为事件 A 在这 n 次试验中出现的频率．频率有偶然性，但当试验的次数 n 逐渐增多时，它会在一个常数 P 附近摆动，而逐渐稳定于这个常数 P，这个常数 P 是客观存在的．"频率稳定性"的性质，不断地为人类的实践活动所证实，它揭示了隐藏在随机现象中的规律性．频率逐渐稳定的这个常数 P 就是度量随机事件 A 发生的可能性大小的数值，即 A 发生的概率 $P(A)$．

显然，概率有如下性质：

（1）对任一事件 A，都有 $0\leqslant P(A)\leqslant 1$；

（2）$P(\Omega)=1$，$P(\Phi)=0$；

（3）A，B 为互不相容的事件，则 $P(A\cup B)=P(A)+P(B)$；

（4）$P(A)=1-P(\overline{A})$．

例 7.1.7　在产品抽验过程中，已知抽得合格品的概率是 0.95．求抽得次品的概率是多少？

解　设 A={抽得合格品}，则 $\overline{A}$={抽得次品}，所以

$$P(\overline{A})=1-P(A)=1-0.95=0.05$$

即抽得次品的概率是 0.05．

习　题　7.1

1．袋中有三个球编号为 1，2，3，从中任意摸出一球，观察其号码，记 A＝{球的号码小于 3}, B＝{球的号码为奇数}, C＝{球的号码为 3}，问：

（1）A 与 B，A 与 C，B 与 C 是否互不相容？

（2）A，B，C 对立事件是什么？

（3）A 与 B 的和事件，积事件，差事件各是什么？

2．填空，设 A，B，C 为 3 个事件：

（1）它们都不发生的事件可表示为 ____________．

（2）不多于 2 个发生的事件可表示为____________．

（3）至少有 2 个发生的事件可表示为____________．

3．设 A，B 互不相容，$P(A)=\frac{1}{3}$，$P(B)=\frac{1}{4}$，求 $P(A\cup B), P(\overline{A})$．

第二节　常见概率模型及分布

一、古典概型

如果试验具有以下两个特征：

（1）试验只有有限个基本事件；

（2）试验的每个基本事件是等可能发生的．

则对于任何事件 A 都有

$$P(A)=\frac{A\text{包含的基本事件数}k}{\text{总的基本事件总数}n}=\frac{k}{n} \tag{7-2-1}$$

称这一概率模型为古典概型.

在计算古典概型的概率时，经常会利用排列、组合等知识，下面我们先简要复习一下排列、组合的相关概念与计算公式.

1. 加法原理

设要完成一件事有 m 种方式，第一种方式有 n_1 种方法，第二种方式有 n_2 种方法……第 m 种方式有 n_m 种方法，无论通过哪种方法都可以完成这件事，则完成这件事总共有 $n_1+n_2+\cdots+n_m$ 种方法.

例如，某人要从甲地到乙地去，可以乘火车，也可以乘轮船. 火车有两班，轮船有三班，乘坐不同班次的火车和轮船，共有几种方法?

答：共有 $3+2=5$ 种方法.

2. 乘法原理

设完成一件事分为 m 个步骤，第一个步骤有 n_1 种方法，第二个步骤有 n_2 种方法……；第 m 个步骤有 n_m 种方法，则完成这件事共有 $n_1n_2\cdots n_m$ 种方法.

例如，一个人用三顶帽子和两套衣服搭配，问他可以有多少种打扮？

答：可以有 $3\times2=6$ 种打扮.

3. 排列

从 n 个不同元素中取 k 个按顺序排成一排，称为一个排列，所有的不同排列总数为

$$P_n^k=n(n-1)\cdots(n-k+1).$$

4. 组合

从 n 个不同元素中取 k 个作为一组不管顺序，称为一个组合，所有的不同组合总数为

$$C_n^k=\frac{n!}{(n-k)!k!}=\frac{n(n-1)\cdots(n-k+1)}{k!}.$$

例如，从 5 位学生中任选 3 位出来做代表的选法共有多少种?

答：共有 $C_5^3=10$ 种.

又如，1～5 五个数字可组成多少个没有重复数字的三位数______?

答：$P_5^3=60$（种）.

以上是排列还是组合的根本区别，在于是否要考虑顺序.

例 7.2.1 一个袋子中装有 10 个大小相同的球，其中 3 个是黑球，7 个是白球，求：

（1）从袋子中任取一球，这个球是黑球的概率；

（2）从袋子中任取两球，刚好一个白球一个黑球的概率，以及两个球全是黑球的概率.

解 （1）设事件 A 为“取到的球是黑球”，10 个球中任取一个，共有 $C_{10}^1=10$ 种不同的取法，A 包含 $C_3^1=3$ 种.

所以由古典概型公式得 $P(A)=\frac{3}{10}$.

（2）10 个球中任取两球的取法有 C_{10}^2 种，刚好一个白球、一个黑球的取法有 $C_7^1C_3^1$ 种. 刚好两个黑球的取法有 C_3^2 种，记 B 为“刚好一个白球一个黑球”，C 为“取两个球全是黑球”，则

$$P(B)=\frac{C_3^1C_7^1}{C_{10}^2}=\frac{21}{45}=\frac{7}{15};$$

$$P(C)=\frac{C_3^2}{C_{10}^2}=\frac{3}{45}=\frac{1}{15}.$$

例 7.2.2 将两颗骰子掷一次，求它们点数之和为 6 点的概率.

解 设 A={点数之和为 6 点}，则

$$P(A)=\frac{6}{36}=\frac{1}{6}.$$

二、概率的加法公式

对于任意事件 A，B 都有

$$P(A+B)=P(A)+P(B)-P(AB) \qquad (7\text{-}2\text{-}2)$$

特别地，若 A 与 B 为互不相容事件，则有

$$P(A+B)=P(A)+P(B) \qquad (7\text{-}2\text{-}3)$$

（证略）.

称式（7-2-2）式（7-2-3）为概率加法公式.

例 7.2.3 甲乙两组同时开发一项新技术，甲成功的概率为 0.8，乙成功的概率为 0.85，两组同时开发成功的概率为 0.68，求新技术开发成功的概率.

解 设 A 表示“甲开发成功”，B 表示“乙开发成功”，则有

$$P(A)=0.8，P(B)=0.85，P(AB)=0.68.$$

新技术开发成功的事件是 $A+B$，由概率的加法公式（7-2-2）有

$$\begin{aligned}P(A+B)&=P(A)+P(B)-P(AB)\\&=0.8+0.85-0.68\\&=0.97.\end{aligned}$$

则新技术开发成功的概率为 0.97.

例 7.2.4 某厂产品有一、二等品及废品 3 种，若一、二等品率分别为 0.63 及 0.35，且一、二等品均为合格品，求产品的合格率与废品率.

解 令事件 A 表示产品为合格品，A_1，A_2 分别表示一、二等品．显然 A_1，A_2 互不相容，并且 $A=A_1+A_2$，$P(A_1)=0.63$，$P(A_2)=0.35$，则由式（7-2-3）有

$$P(A)=P(A_1+A_2)=p(A_1)+P(A_2)=0.63+0.35=0.98;$$

$$P(\overline{A})=1-P(A)=1-0.98=0.02.$$

答：该厂产品的合格率与废品率分别为 0.98 和 0.02.

三、条件概率与概率乘法公式

1. 条件概率的定义

在实际问题中，人们除了要考虑事件 A 的概率外，有时还需要考虑事件 B 发生条件下，事件 A 发生的概率．一般来说，两者的概率未必相同，为了区别起见，记后者为 $P(A|B)$．一般情况下，$P(A|B)\neq P(A)$.

例如，在 10 件产品中有 7 件正品，3 件次品，7 件正品中有 3 件一等品，4 件二等品．现从这 10 件中任取一件，记 A={取到一等品}，B={取到正品}，则

$$P(A)=\frac{3}{10},\quad P(A|B)=\frac{3}{7}=\frac{\frac{3}{10}}{\frac{7}{10}}=\frac{P(AB)}{P(B)}.$$

类似地，对于一般古典概型问题，任意事件 A，B，当 $P(A)\neq 0$ 时，总有

$$P(B\mid A)=\frac{P(AB)}{P(A)}.$$

可将上面关系式作为条件概率的定义，称为在事件 A 发生的条件下，事件 B 的条件概率.

2. **概率乘法公式**

当 $P(A)>0$ 时，$P(AB)=P(A)P(B|A)$；

当 $P(B)>0$ 时，$P(AB)=P(B)P(A|B)$.

称为概率乘法公式.

乘法公式可推广到多个事件的情形.

当 $P(AB)>0$ 时，

$$P(ABC)=P(A)P(B|A)P(C|AB);$$

当 $P(A_1A_2\cdots A_{n-1})>0$ 时，

$$P(A_1A_2\cdots A_n)=P(A_1)P(A_2|A_1)P(A_3|A_1A_2)\cdots P(A_n|A_1A_2\cdots A_{n-1}).$$

例 7.2.5 设某一商品，第一次落下时损坏的概率为 1/2，若第一次落下时未损坏，第二次落下损坏的概率为 7/10，若前两次落下未损坏，第三次落下损坏的概率为 9/10. 求该商品落下三次而未损坏的概率.

解 以 $A_i\,(i=1, 2, 3)$表示事件“商品第 i 次落下时损坏”，以 B 表示事件“商品落下三次而未损坏”，有

$$\begin{aligned}P(B)&=P(\overline{A}_1\overline{A}_2\overline{A}_3)=P(\overline{A}_1)P(\overline{A_2}|\overline{A_1})P(\overline{A_3}|\overline{A_1}\,\overline{A_2})\\&=\left(1-\frac{1}{2}\right)\left(1-\frac{7}{10}\right)\left(1-\frac{9}{10}\right)=\frac{3}{200}.\end{aligned}$$

答：该商品落下三次而未损坏的概率为 3/200.

四、全概率公式

定理 7.2.1 设事件组 $A_1,A_2,\cdots,A_n$ 两两互不相容，$P(A_i)>0$, i=1, 2, …, n，且 $\sum\limits_{i=1}^{n}A_i=\Omega$，$B$ 是任意一个事件，则

$$P(B)=\sum_{i=1}^{n}P(A_i)P(B|A_i)$$

称为全概率公式.

例 7.2.6 某商店收进甲厂生产的产品 300 件，乙厂生产的同种产品 200 件，已知甲厂的废品率为 0.06，乙厂的废品率为 0.05，若将所有产品混放一起，求任取一件为废品的概率.

解 记事件 A、B 分别为甲、乙两厂的产品，C 为废品，则

$$P(A)=\frac{300}{500}=0.6,\quad P(B)=\frac{200}{500}=0.4,$$

$$P(C|A)=0.06,\quad P(C|B)=0.05.$$

则由全概率公式得

$$P(C)=P(A)P(C|A)+P(B)P(C|B)=0.6\times0.06+0.05=0.056\ .$$

答：任取一件为废品的概率 0.056.

定理[*]7.2.2 设事件组 A_1，A_2，…，A_n 两两互不相容，$P(A_i)>0$，i=1，2，…，n，且 $\sum_{i=1}^{n}A_i=\Omega$，B 是任意一个事件，则

$$P(A_i|B)=\frac{P(A_i)P(B|A_i)}{\sum_{i=1}^{n}P(A_i)P(B|A_i)} \qquad i=1，2，\cdots，n$$

称为贝叶斯公式，它是在观察到事件 B 已发生的条件下，寻找导致 B 发生的每个原因的概率的公式.

五、独立性与贝努利概型

1. 独立性

定义 7.2.1 若两事件 A、B 满足 $P(AB)=P(A)P(B)$，则称 A、B 独立，或称 A、B 相互独立.

显然，A、B 相互独立与 $P(A|B)=P(A)$ 是等价的.

可以证明：若两事件 A、B 独立，则 $\overline{A}$与B, A与$\overline{B}$, $\overline{A}$与$\overline{B}$ 也相互独立.

例 7.2.7 100 件产品中有 6 件次品，从中抽取两次，每次任取一件，每次取后放回，求两次都取得次品的概率.

解 设 A 表示“第一次取得次品”，B 表示“第二次取得次品”，则 A、B 独立，有

$$P(A)=P(B)=6/100=0.06，$$
$$P(AB)=P(A)P(B)=0.06\times0.06=0.0036.$$

定义 7.2.2 设 $A_1,A_2,\cdots,A_n$ 是 n 个事件，如果对于其中任意 k（$2\leqslant k\leqslant n$）个事件 $A_{i_1},A_{i_2},\cdots,A_{i_K}$（其中，$1\leqslant i_1\leqslant i_2\leqslant\cdots\leqslant i_k\leqslant n$），都有

$$P(A_{i_1}A_{i_2}\cdots A_{i_k})=P(A_{i_1})P(A_{i_2})\cdots P(A_{i_k})\ .$$

则称 $A_1,A_2,\cdots,A_n$ 相互独立.

显然，n 个相互独立事件 $A_1,A_2,\cdots,A_n$，有

$$P(A_1A_2\cdots A_n)=P(A_1)P(A_2)\cdots P(A_n)\ .$$

若设 $A_1,A_2,\cdots,A_n$ 是 n 个相互独立事件，$A_1,A_2,\cdots,A_n$ 发生的概率分别为 $p_1,p_2,\cdots,p_n$，则 $A_1,A_2,\cdots,A_n$ “至少有一个发生”的概率为

$$\begin{aligned}P(A_1+A_2+\cdots+A_n)&=1-P(\overline{A_1+A_2+\cdots+A_n})\\&=1-P(\overline{A_1}\ \overline{A_2}\cdots\overline{A_n})\\&=1-P(\overline{A_1})P(\overline{A_2})\cdots P(\overline{A_n})\\&=1-(1-p_1)(1-p_2)\cdots(1-p_n).\end{aligned}$$

类似可得：$A_1,A_2,\cdots,A_n$ “至少有一个不发生”的概率为

$$P(\overline{A_1}+\overline{A_2}+\cdots+\overline{A_n})=1-p_1p_2\cdots p_n\ .$$

例 7.2.8 设加工某一零件共需经过三道工序，第一、二、三道工序的次品率分别为 0.02，0.03，0.05，各道工序互不影响，求加工出来的零件的次品率.

解 设 A_i 表示“第 i 道工序的次品”（i=1，2，3），则 A_1,A_2,A_3 相互独立，

且 $P(A_1)=0.02$，$P(A_2)=0.03$，$P(A_3)=0.05$.

又设 A 表示“加工出来的零件是次品”，则 $A=A_1+A_2+A_3$，所以

$$P(A)=1-(1-0.02)(1-0.03)(1-0.05)=0.09693.$$

答：加工出来的零件的次品率为 0.09693.

2. 贝努利概型

如果随机试验只有两种可能的结果：A 发生（记为 A）与 A 不发生（记为 $\overline{A}$），则称这样的试验为贝努利试验. $P(A)=p$，$P(\overline{A})=1-P\ (0<p,q<1,p+q=1)$.

将伯努利试验在相同的条件下独立地重复进行 n 次，称这一串重复的独立试验为 n 重贝努利试验（也称 n 次独立试验），或简称为贝努利试验.

贝努利概型：设在一次试验中，事件 A 发生的概率为 $p(0<p<1)$则在 n 重贝努利试验中，事件 A 恰好发生 k 次的概率为

$$b(k;n,p)=P_n(k)=C_n^k p^k(1-p)^{n-k} \qquad (k=0,1,\cdots,n).$$

例 7.2.9 一条自动生产线上产品的一级品率为 0.6，现检测了 10 件，求

（1）恰有两件一级品的概率；

（2）至少有两件一级品的概率.

解 设 A 表示“10 件中恰有两件一级品”，B 表示“10 件中至少有两件一级品”，则由贝努利概型得

（1）$P(A)=P_{10}(2)=C_{10}^2 0.6^2(1-0.6)^{10-2}=0.044618$；

（2）$P(B)=1-P_{10}(0)-P_{10}(1)=1-0.4^{10}-C_{10}^1\times0.6\times0.4^9\approx0.998$.

六、随机变量的分布

1. 随机变量

我们知道，对随机试验来说，每次试验结果可能有多种，我们可用一个变量 X 取不同的值来表示不同的可能结果，这个变量 X 称为随机变量.

例 7.2.10 在 10 件产品中含有 3 件次品、7 件正品，从中任取 2 件，那么“抽得的次品数”可用一个随机变量 X 来表示：

$\{X=k\}$表示“次品数为 k”，显然，k=0，1，2.

例 7.2.11 某路公共汽车，每 5min 来一趟车，乘客等车时间 X 是一个随机变量，显然，$X\in(0,5)$.

2. 随机变量的分类及其分布

（1）离散型随机变量.

如果随机变量 X 的全部可能取值是有限个或可列无限个，则称 X 为离散型随机变量，如例 7.2.10．对离散型随机变量一般用分布列来描述.

离散型随机变量的分布：设离散型随机变量 X 的所有可能取值为 $x_1,x_2,\cdots,x_n,\cdots$.

$$P\{X=x_n\}=p_n \quad (n=1,2,\cdots)$$

称为离散型随机变量 X 的分布律或分布列，也称概率分布函数.

分布列常用如下表格形式来表示：

X	x_1	x_2	x_3	…	x_k	…
$p_k=P\{X=x_k\}$	p_1	p_2	p_3	…	p_k	…

例 7.2.12 某批商品的合格率是 0.9，从中有放回地每次取一件，连续取两次，求取得合格品数 X 的概率分布.

解 X 可取值为 0, 1, 2.

$$P\{X=0\}=(0.1)(0.1)=0.01\ .$$
$$P\{X=1\}=2(0.9)(0.1)=0.18\ .$$
$$P\{X=2\}=(0.9)(0.9)=0.81\ .$$

于是，X 的概率分布可表示为

X	0	1	2
P_i	0.01	0.18	0.81

（2）连续型随机变量.

如果一个随机变量的全部可能取值连续地充满某个区间，甚至整个数轴，则称这个随机变量为连续型随机变量，如例 7.2.11.

连续型随机变量的分布：由于连续型随机变量的全部可能取值连续地充满某个区间，甚至整个数轴，所以连续型随机变量的概率分布不可能用一一列举的形式来描述，而我们又要了解它的分布情况，比较可行的办法是用随机变量 X 取值在某个区间的概率来描述，即用 $P\{a<X\leqslant b\}$ 来描述.

一般地，设 X 是连续型随机变量，如果存在一个非负函数 $f(x)$，其中 $-\infty<x<+\infty$，对于任意实数 a，b，都有

$$P\{a<X\leqslant b\}=\int_a^b f(x)\mathrm{d}x.\ (a\leqslant b)\ .$$

则称函数 $f(x)$ 为连续型随机变量 X 的概率密度函数，简称密度函数.

函数 $F(x)=\int_{-\infty}^{x} f(t)\mathrm{d}t$ 称为随机变量 X 的概率分布函数 $F(x)$.

显然，有

$$P\{a<X<b\}=P\{a\leqslant X<b\}=P\{a<X\leqslant b\}=P\{a\leqslant X\leqslant b\}$$
$$=\int_a^b f(x)\mathrm{d}x=F(b)-F(a).$$

（3）随机变量的数字特征.

对于一个随机变量 X 来说，当知道其概率分布时，随机变量的可能取值和取某些值的概率就确定了，那么 X 的全部概率特征也就知道了．然而，在实际问题中，分布函数一般是较难确定的，而在一些实际应用中，人们并不需要知道随机变量的一切概率，只要知道它的某些数字特征就够了，因此，在对随机变量的研究中，确定某些数字特征是重要的，在这些数字特征中，最常用的是期望和方差.

七、知识拓展 随机变量的数字特征

1. 随机变量的数学期望

平均值是日常生活中最常用的一个数字特征，它对评判事物并作出决策等具有重要作用.

例如，某商场计划于 5 月 1 日在户外搞一次促销活动，统计资料表明，如果在商场内搞活动可获得经济效益 3 万元；在商场外搞活动，如果不遇雨天可获得 12 万元，遇到雨天则带来经济损失 5 万元；若前一天的天气预报称当日有雨的概率为 40%，则商场应如何选择促销方式？

显然商场在该日搞户外促销活动预期获得的经济效益 X 是一个随机变量，其概率分布为

$$P\{X=x_1\}=P\{X=12\}=0.6=p_1\ ,$$

$$P\{X=x_2\}=P\{X=-5\}=0.4=p_2\ .$$

要作出决策就要将此时的平均效益与 3 万元进行比较，如何求平均效益呢？要客观地反映平均效益，既要考虑 X 的所有取值，又要考虑 X 取每一个值时的概率，即

$$\sum_{i=1}^{2}x_ip_i=12\times0.6+(-5)\times0.4=5.2\ （万元）.$$

称这个平均效益 5.2 万元为随机变量 X 的数学期望．显然商场在该日搞户外促销活动预期获得的平均经济效益大于在商场内搞活动获得的经济效益，所以应选择搞户外促销活动．

一般地，设 X 是离散型随机变量，其概率分布为

$$P\{X=x_i\}=p_i\ ,\quad i=1,2,\cdots$$

称 $E(X)=\sum_{i=1}^{\infty}x_ip_i$ 为离散型随机变量 X 的数学期望．它是描述随机变量 X 取值平均程度的一个数字特征．

例 7.2.13　某企业就是否与一外国企业合资联营需作出决策．据有关专家估计，合资联营成功率为 0.4，若合资联营成功则可增加利润 7 万美元，合资联营失败要减少利润 4 万美元，若不联营利润不变，问该企业如何作出决策．

解　用 X 表示合资联营能增加的利润值，则 X 的概率分布为

$$P\{X=7\}=0.4\ ,\quad P\{X=-4\}=0.6\ .$$

所以选择合资联营能增加的利润期望值为

$$E(X)=7\times0.4+(-4)\times0.6=0.4\ (万美元).$$

由于不合资联营增加的利润为零，故应作出合资联营的决策．

连续型随机变量的数学期望：

设 X 是连续型随机变量，其密度函数为 $f(x)$，

$$E(X)=\int_{-\infty}^{+\infty}xf(x)\mathrm{d}x$$

称为连续型随机变量 X 的数学期望．

2. 随机变量的方差

前面介绍的随机变量的数学期望，它体现了随机变量取值的平均水平，是随机变量的一个重要的数字特征，但是对有些问题，仅仅知道平均值是不够的，还需要引进另一个数字特征，用它来度量随机变量取值在其中心附近的离散程度．这个数字特征叫做方差．

一般地，设 X 是随机变量，称

$$D(X)=E[X-E(X)]^2$$

为随机变量 X 的方差．它是用来度量随机变量 X 取值在其中心附近的离散程度的一个数字特征．

当 X 是离散随机变量时，其概率分布为

$$P\{X=x_i\}=p_i\ ,\quad i=1,2,\cdots$$

$$D(X)=\sum_i[x_i-E(X)]^2p_i$$

当 X 是连续型随机变量时，其概率分布密度函数为 $f(x)$，

$$D(X)=\int_{-\infty}^{+\infty}[x-E(X)]^2f(x)\mathrm{d}x$$

计算方差的一个简化公式为

$$D(X)=E(X^2)-[E(X)]^2$$

例 7.2.14　某公司有两个投资方案，每一种方案的投资收益（单位：万元）是一个随机变量，分别用 X_1,X_2 表示，其分布律如下：

X_1	100	200	300
p	03	0.5	0.2

X_2	160	200	210
p	03	0.5	0.2

由于资金有限，该公司只能选择一种方案进行投资．请问该公司应该选择哪种投资方案？

解　一般情况下，公司应该选择期望收益更高的方案进行投资，但计算发现：

$$E(X_1)=100\times0.3+200\times0.5+300\times0.2=190\ （万元），$$

$$E(X_2)=160\times0.3+200\times0.5+210\times0.2=190\ （万元），$$

两个投资方案的期望收益相等，此时无法通过投资收益的期望值来作出选择．这时还可考虑投资收益的稳定性．因为

$$D(X_1)=(100-190)^2\times0.3+(200-190)^2\times0.5+(300-190)^2\times0.2=4900,$$

$$D(X_2)=(160-190)^2\times0.3+(200-190)^2\times0.5+(210-190)^2\times0.2=400.$$

第一方案的投资收益结果比第二种方案更为分散（即投资的各种可能结果与期望值的偏差更大），即第一种方案的投资收益的不确定性更大，故公司应选择风险相对较小的第二种方案进行投资．

注：$\sqrt{D(X)}$ 叫做均方差或标准差，有时也用来度量随机变量 X 取值在其中心附近的离散程度．

习　题　7.2

1．一批产品共 200 件，其中有 6 件次品．求：

（1）这批产品的次品率；

（2）任取 3 件恰有一件次品的概率；

（3）任取 3 件全是合格品的概率．

2．在 1，2，…，1000 这些数中任取一个，求它能被 2 或 3 整除的概率．

3．袋内有 5 个正品和 3 个次品，从袋内取出一个产品后，取后不放回，再从袋内取出一个产品．求

（1）第一次取到正品的概率；

（2）第一次取到正品后，第二次再取到正品的概率；

（3）第一次取到次品后，第二次再取到正品的概率．

4．甲、乙、丙 3 台机床加工同一种零件，零件由各台机床加工的百分比依次是 50%，30%，20%．各机床加工的优质品率依次是 80%，85%，90%，将加工的零件放在一起，从中任取 1 个，求取得优质品的概率．

5．100 件产品中有 5 件次品，有放回地抽取 3 次，求恰有两次取得次品的概率．

6．一辆汽车沿街行驶，需通过 3 个均设有红绿信号灯的路口，每个信号灯为红或绿不依赖于其他信号灯，而且红绿两种信号显示的时间相等，以 X 表示该汽车首次遇到红灯前已通过的路口数，求 X 的分布律．

7．某厂就是否需要用新工艺进行生产作出决策．有关资料表明采用新工艺成功的概率为 0.5，这时可增加利润 50000 元；失败的概率也是 0.5，这时要减少利润 30000 元；如果采用旧工艺，则利润不变．试问某厂应作如种决策？

8．债券 A 的可能收益率分别为 0%、10%、18%和 30%，它们的可能性分别为 0.3、0.2、0.4 和 0.1，其预期收益率为 12.2%；债券 B 的可能收益率分别为 5%、8%、10%，它们的可能性分别为 0.3、0.4、0.3，其预期收益率为 7.7%；试比较哪种债券投资风险比较小．

第三节 决策的有关概念及方法

一、决策的有关概念

决策是经营管理工作的本质．决策一词的意思就是为了达到一定目标，采用一定的科学方法和手段，从两个以上的方案中选择一个满意方案的分析判断过程．例如，经营管理就是决策，是指通过分析、比较，在若干种可供选择的方案中选定最优方案的过程．决策过程中常会面对几种不同的自然情况，这些不同的自然情况，决策方法中称为自然状态，或称状态，又称客观条件．这些状态是不以人的意志为转移的，是不可控的因素．面对这些自然状态，人们可能采取的几种不同方案，称为行动方案，简称方案．人们采取何种行动方案，由决策者决定．

从环境因素的可控制程度看，决策主要有三种类型：确定型决策；风险型决策；不确定型决策．

二、确定型决策

它是指决策过程中，提出各备选方案在确知的客观条件下，每个方案只有一种结果，比较其结果优劣作出最优选择的决策．确定型决策是一种肯定状态下的决策．决策者对被决策的问题的条件、性质、后果都有充分了解，各个备选的方案只能有一种结果．这类决策的关键在于选择肯定状态下的最佳方案．

确定型决策问题的主要特征有四方面：

一是只有一个状态；

二是有决策者希望达到的一个明确的目标；

三是存在着可供决策者选择的两个或两个以上的方案；

四是不同方案在该状态下的收益值是清楚的．

例 7.3.1 有三个单位集资，分别付给 8%、9%、11%的利率，如果不考虑风险等其他因素，投资者则可以选择最佳后果的方案作出决策，即选择利率最高的 11%的单位投资．

确定型决策在经济分析中最常用的方法是盈亏平衡分析法，也称量本利分析法．

1．盈亏平衡分析原理

要使企业盈亏平衡必须满足下列条件：

$$销售收入-总成本=0.$$

其中：销售收入=产品单价×销售量；

$$总成本=固定成本+总的变动成本；$$

$$总的变动成本=单位变动成本×销售量.$$

盈亏平衡分析法的首要问题是找出盈亏平衡点．寻找出盈亏平衡点有两种方法，即图解法和公式法．

（1）图解法如图 7-3-1 所示．

（2）公式法分为以下两种．

① 盈亏平衡点销售量计算法公式：

$$x_0 = \frac{c_1}{p - c_2}.$$

式中：c_1为固定成本；P为单位价格；c_2为单位变动成本．

② 盈亏平衡点销售额计算法公式：

$$y_0 = x_0 p = \frac{c_1}{p - c_2} p = \frac{c_1}{1 - \frac{c_2}{p}}.$$

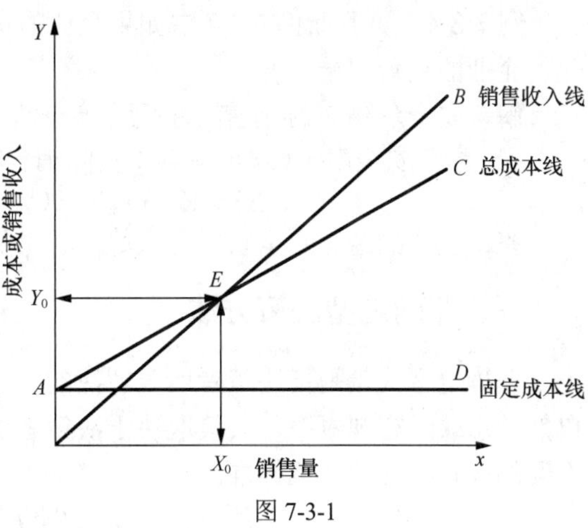

图 7-3-1

例 7.3.2　某机床厂销售机床每台售价 10 万元，单位变动成本每台 6 万元，固定成本 400 万元，求盈亏平衡点．

解　已知$c_1 = 400$，$c_2 = 6$，p=10（单位：万元）．

$$x_0 = \frac{c_1}{p - c_2} = \frac{400}{10 - 6} = 100 \text{（台）}.$$

$$y_0 = x_0 p = \frac{c_1}{p - c_2} = \frac{c_1}{1 - \frac{c_2}{p}} = \frac{400}{1 - \frac{6}{10}} = 1000 \text{（万元）}.$$

答：该厂盈亏平衡点销售量为 100 台，盈亏平衡点销售额为 1000 万元．

2. 销售利润决策分析

当目标利润为约束条件时，可以利用盈亏平衡分析原理直接确定达到目标利润的销售额．

$$y_z = \frac{c_1 + p_z}{1 - \frac{c_2}{p}}.$$

式中：y_z为实现目标利润的销售额；p_z为目标利润．

例 7.3.3　东风机床厂销售机床每台售价 10 万元，单位变动成本 6 万元，固定成本 400 万元，若组织要实现利润 400 万元，其销售额应达到多少？销售量应达到多少？

解　已知$c_1 = 400$，$p_z = 400$，$c_2 = 6$，p=10（单位：万元），

$$y_z = \frac{c_1 + p_z}{1 - \frac{c_2}{p}} = \frac{400 + 400}{1 - \frac{6}{10}} = 2000 \text{（万元）}.$$

销售量$q = \frac{y_z}{p} = \frac{2000}{10} = 200$（台）．

答：该厂要实现 400 万元利润，其销售额应达到 2000 万元，销售量应达到 200 台．

3. 企业经营安全状况分析

当目标利润为约束条件时，企业经营的安全状况可用安全余额和经营安全率来表示．

*安全余额=实际销售额−盈亏平衡点销售额．

*经营安全率=（安全余额÷实际销售额）×100%．

一般经营安全率为 0～1，越趋近 0 越不安全，越趋近 1 越安全，且赢利可能越大．

判断企业经营安全状况标准表如表 7-3-1 所示．

例 7.3.4 试判断例 7.3.2 中如果企业的实际销售额是 1283 万元，企业的经营安全状况.

解 安全余额=实际销售额−盈亏平衡点销售额=1283−1000=283.

经营安全率=（安全余额÷实际销售额）×100%

=（283÷1283）×100%=0.221.

答：企业的经营安全状况不太好.

表 7-3-1

经营安全率	经营状况
30%以上	安全
25%～30%	比较安全
15%～25%	不太好
10%～15%	要警惕
10%以下	很不安全

三、非确定型决策方法

非确定型决策是指决策者所要解决的问题有若干个方案可供选择，但对事物发生的各种自然状态缺乏客观概率，决策取决于决策者的主观概率估计和他所持有的决策标准. 因此，不同的人有不同的决策标准.

例 7.3.5 某厂准备生产 Y 种新产品，对未来的销售前景预测不准，可能出现高需求、中需求、低需求三种自然状态. 组织有三个方案可供选择：新建一个车间；扩建原有车间；对原有车间的生产线进行局部改造. 三个方案在 5 年内的经济效益见表 7-3-2.

表 7-3-2 单位：万元

方案	高需求	中需求	低需求
新建	600	200	−160
扩建	400	250	0
改造	300	150	80

决策者可以根据不同的标准或原则选择一个他所满意的方案，一般可分为以下几种方案.

1. 乐观决策

乐观准则：比较乐观的决策者愿意争取一切机会获得最好结果. 决策步骤是从每个方案中选一个最大收益值，再从这些最大收益值中选一个最大值，该最大值对应的方案便是入选方案，又称最大准则. 决策表如表 7-3-3 所示.

表 7-3-3

状态 / 益损值 / 方案	高需求	中需求	低需求	每个方案最大效益值
新建	600	200	−160	600
扩建	400	250	0	400
改造	300	150	80	300
决策→	最大效益的最大值			600

最大收益是 600 万元，所以乐观决策是新建一个车间.

2. 悲观决策

悲观准则：比较悲观的决策者总是小心谨慎，从最坏结果着想. 决策步骤是先从各方案中选一个最小收益值，再从这些最小收益值中选出一个最大收益值，其对应方案便是最优方案. 这是在各种最不利的情况下又从中找出一个最有利的方案，决策稳妥可靠. 悲观准则又叫从小中取最大准则.

按此准则，在低需求的自然状态下，5 年内新建方案亏损 160 万元，扩建方案保本，改造方案获利 80 万元. 改造方案最佳.

3. 乐观系数决策

有些决策者认为乐观准则太冒险，悲观准则太保守，主张平衡一些用一个数字表达乐观程度，该数字称为乐观系数. 在经济领域中是根据市场情况和个人经验，预先确定一个乐观系数（k）作为客观概率，然后选出每个方案的最大和最小损益值，用 k 乘以最大损益值，加上 $1-k$ 乘以最小损益值，作为该方案的期望收益（E）. 比较各方案的期望收益值，大者为最佳方案. k 取不同的值，可能得到不同的决策方案，到底 k 应取什么样的值要看具体情况而定，如果当时条件比较乐观，k 应取大些，反之，应取小一点.

比如例 7.3.5 中如取乐观系数 k=0.7，则

新建 $E=0.7\times600+(1-0.7)\times(-160)=372$（万元）

扩建 $E=0.7\times400+(1-0.7)\times0=280$（万元）

改造 $E=0.7\times300+(1-0.7)\times80=234$（万元）

比较结果得，新建方案最佳.

4. 最大最小后悔决策方法

当某一种自然状态出现时，那时将会明确哪一种方案收益值是最大的. 如果决策人当初并未采取这一方案，而是采取了其他方案，这时就会感到后悔. 每种自然状态的最大收益值与所采取方案的收益值之差，叫做后悔值. 按照这种分析方法，先找出各个方案的最大后悔值，然后选择最大后悔值为最小的方案作为最优方案. 这种方法称为最大最小后悔决策方法.

最大最小后悔决策方法是用后悔值计算表进行计算的. 例 7-3-5 的后悔表计算值如表 7-3-4 所示.

表 7-3-4

状态 / 后悔值 / 方案	高需求	中需求	低需求	最大后悔值
新建	0	50	240	240
扩建	200	0	80	200
改造	300	100	0	300

所以扩建方案的后悔值最小，即为最优方案.

上述决策方法的应用，应同决策者的经验判断过程结合起来，方能取得最好效果.

四、风险型决策

它是指在决策过程中提出各个备选方案，每个方案都有几种不同结果可以知道，其发生的概率也可测算，在这样条件下的决策，就是风险型决策. 这类决策问题与确定型决策只在第一点特征上有所区别：风险型情况下，未来可能状态不只一种，究竟出现哪种状态，不能事先肯定，只知道各种状态出现的可能性大小（如概率、频率、比例或权等）.

风险型决策与非确定型决策的区别在于：风险型决策中，每一方案产生的几种可能结果及其发生概率都知道，非确定型决策只知道每一方案产生的几种可能结果，但发生的概率并不知道.

例如，某企业为了增加利润，提出两个备选方案，一个方案是扩大老产品的销售，另一个方案是开发新产品. 不论哪一种方案都会遇到市场需求高、市场需求一般和市场需求低三种不同的可能性，它们发生的概率都可测算，若遇到市场需求低，企业就要亏损. 因而在上述条件下决策，带有一定的风险性，故称为风险型决策. 风险型决策之所以存在，是因为影响预测，目标的各种市场因素是复杂多变的，因而每个方案的执行结果都带有很大的随机性. 决策中，不论选择哪种方案，都存在一定的风险性.

在经济领域中风险型决策最常用的方法有两种.

1. 决策收益表

风险型决策是以决策收益表为基础的，通过决策收益表分别计算各个方案在不同自然情况下的收益，然后按照客观概率的大小，加权平均计算出各个方案的收益值进行比较，从中选择一个最优方案.

例 7.3.6　某肉食加工厂，去年 6～8 月份熟食日销售量统计资料如下：

日销售量 100t 有 18 天；日销售量 110t 有 36 天；日销售量 120t 有 27 天；日销售量 130t 有 9 天. 预测今年 6～8 月熟食需求量与去年相同，每销售一吨可获利 50 元，每剩余一吨要增加 30 元费用，该厂日生产计划应如何决策？

表 7-3-5

自然情况	天数	概率
100t	18	0.2
110t	36	0.4
120t	27	0.3
130t	9	0.1
Σ	90	1.0

解

自然情况统计概率如表 7-3-5 所示.

决策收益表如表 7-3-6 所示.

表 7-3-6

方案（日产量） \ 自然状态 / 概率 / 益损值	日产量（t）				期望利润（元）
	100	110	120	130	
	0.2	0.4	0.3	0.1	
（1）100	5000	5000	5000	5000	5000
（2）110	4700	5500	5500	5500	5340
（3）120	4400	5200	6000	6000	5360
（4）130	4100	4900	5700	6500	5140

其中：

期望利润（1）=（5000×0.2）+（5000×0.4）+（5000×0.3）+（5000×0.1）=5000.

期望利润（2）=（4700×0.2）+（5500×0.4）+（5500×0.3）+（5500×0.1）=5340.

期望利润（3）=（4400×0.2）+（5200×0.4）+（6000×0.3）+（6000×0.1）=5360.

期望利润（4）=（4100×0.2）+（4900×0.4）+（5700×0.3）+（6500×0.1）=5140.

根据计算结果，日产 120t，期望利润 5360 元，大于其他方案.

2. 决策树

风险型决策一般常用决策树，决策树的基本原理也是以决策收益计算为依据进行选优决策. 所不同的是，决策树是一种图解方式，对分析复杂问题较为实用.

决策树一般都是自上而下来生成的. 每个决策或事件（即自然状态）都可能引出两个或多个事件，导致不同的结果，把这种决策分支画成图形很像一棵树的枝干，故称决策树.

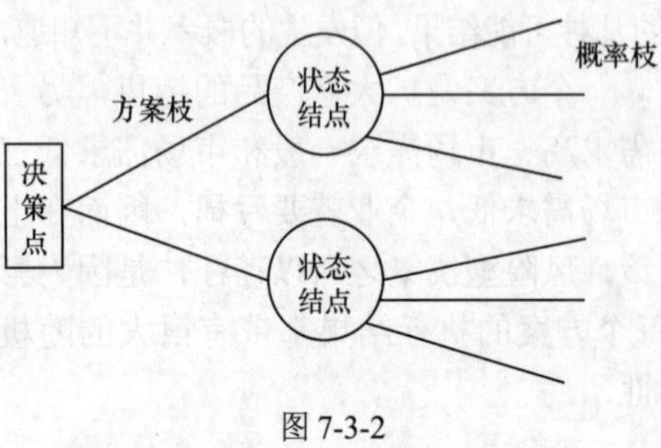

图 7-3-2

决策树的构成有四个要素：决策点、方案枝、状态结点和概率枝（见图 7-3-2）.

总之，决策树一般由方块结点、圆形结点、方案枝、概率枝等组成，方块结点称为决策结点，由结点引出若干条细支，每条细支代表一个方案，称为方案枝；圆形结点称为状态结点，由状态结点引出若干条细支，表示不同的自然状态，称为概率枝. 每条概率枝代表一种自然状态. 在每条细枝上

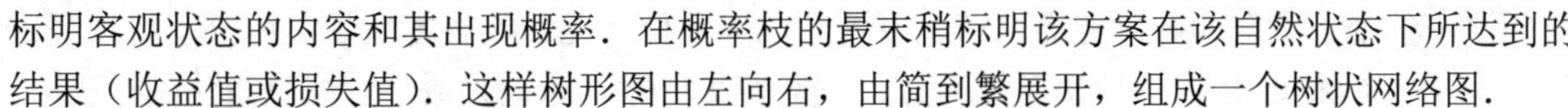

标明客观状态的内容和其出现概率．在概率枝的最末稍标明该方案在该自然状态下所达到的结果（收益值或损失值）．这样树形图由左向右，由简到繁展开，组成一个树状网络图．

决策树法的决策程序如下．

（1）绘制树状图，根据已知条件排列出各个方案和每一方案的各种自然状态．

（2）将各状态概率及损益值标于概率枝上．

（3）计算各个方案期望值并将其标于该方案对应的状态结点上．

（4）进行剪枝，比较各个方案的期望值，并标于方案枝上，将期望值小的（即劣等方案被剪掉）所剩的最后方案为最佳方案．

决策树法在企业决策中有着广泛的应用．

例 7.3.7　某企业在下年度有甲、乙两种产品方案可供选择．每种方案都面临滞销、一般和畅销三种市场状态．各状态的概率和损益值如表 7-3-7 所示．

表 7-3-7

状态 / 概率 / 益损 / 方案	滞销	一般	畅销
	0.2	0.3	0.5
甲方案	20	70	100
乙方案	10	50	160

根据给出的条件运用决策树法选择一个最佳决策方案．

解题方法如图 7-3-3 所示．

所以最佳方案为乙方案．

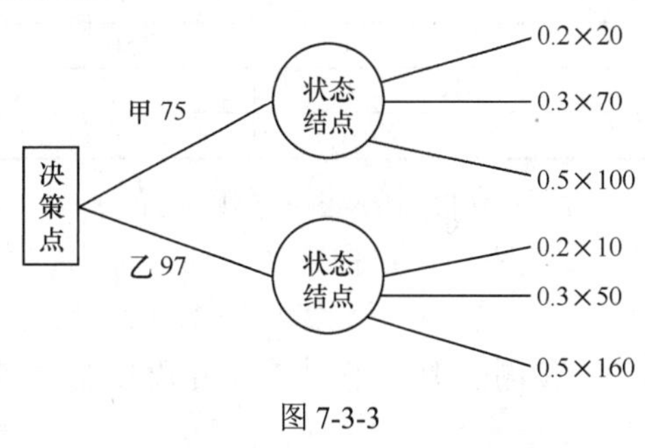

图 7-3-3

由此可以看出，决策树法的决策过程就是利用了概率论的原理，并且利用一种树形图作为分析工具．其基本原理是用决策点代表决策问题，用方案分枝代表可供选择的方案，用概率分枝代表方案可能出现的各种结果，经过对各种方案在各种结果条件下损益值的计算比较，为决策者提供决策依据．

习　题　7.3

1．某工厂生产甲种产品，销售价格为每台 500 元，上年销售量为 48000 台，固定成本 800 万元，总的变动费用 1200 万元，求盈亏平衡点．

2．某公司生产乙种产品，上年销售量为 60 台，固定费用为 40 万元，总的变动费用为 60 万元，每台价格为 2 万元，求盈亏平衡点．

3．某工厂计划年度目标利润 640 万元，已知报告年度固定成本 2000 万元，单位变动成本 1.2 万元，销售单价 1.6 万元，请确定该厂计划年度产量指标（台）．

4．某公司计划年度目标利润 30 万元，已知报告年度固定成本 10 万元，单位变动成本 60 元，销售单价 80 元，请确定该公司计划年度产量指标（件）．

5．某公司生产丁种产品，现有三个方案供选择：（1）建立新车间大量生产；（2）改造原有车间，达到中等产量；（3）利用原有设备，小批量生产．市场对该产品的需求情况有如下四种可能：A．需求量很大；B．需求稍好；C．需求较差；D．需求量较小．根据市场调查和市

场预测，各个方案在四种可能需求情况下的利润（单位：元）如表 1 所示．请分别用乐观决策法、悲观决策法、乐观系数决策法（设定乐观系数为 0.6）和最大最小后悔决策法进行决策．

表 1

方案 / 收益值 / 状态	方案		
	（1）	（2）	（3）
很好	800000	550000	310000
稍好	400000	370000	310000
较差	−300000	−150000	90000
较小	−700000	−240000	−10000

6．某厂为了开发新产品，需要对生产设备的投资规模作出决策．现有三种可供选择的方案；A 购买大型设备；B 购买中型设备；C 购买小型设备．未来市场对这种产品的需求也有三种可能发生的情况，即需求量较大、需求量中等和需求量较小．

经估计预测收益状况如表 2 所示．

表 2

状态 / 概率 / 益损值 / 方案	产品销售量			期望收益（元）
	较大	中等	较小	
	0.2	0.6	0.2	
A	50	20	−20	
B	30	25	−10	
C	10	10	10	

用决策收益表法作最优选择．

7．某集团公司根据市场需要，提出扩大产品的生产，有两个方案：一是建大厂需投资 300 万元；二是建小厂，需投资 160 万元．估计在此期间销路好的可能性是 0.7，不好的可能性是 0.3．预测前 10 年两个方案年度损益值如表 3 所示．

表 3　　单位：万元

自然状态	概率	大厂收益	小厂收益
销路好	0.7	100	40
销路不好	0.3	−20	10

根据上述资料试用决策树法作出决策．

第四节　频率分布

从本节开始，我们将讲述数理统计的基本内容．它是以概率论为基础，根据试验与观察得到的数据，再对这些数据进行科学的处理和分析，来研究随机现象，以便对研究对象的客观规律性作出合理的估计和判断．在经济领域中需要发现经济现象中存在的问题，认识它们的发展规律，从而为经济建设服务．

如何根据试验与观察得到的数据来研究随机现象的分布规律呢？下面我们先介绍最基本

的统计方法——频率分布法.

一、总体与样本

通常把研究对象的全体称为总体（或母体），组成总体的每一个成员称为个体. 例如，要考察某校一年级新生的体重情况，则一年级全体新生的体重就构成了待研究的总体，而一年级的每一个新生的体重为一个个体；又如，要考察某企业职工的收入情况时，该企业全体职工的收入就是一个总体，而每个职工的收入就是一个个体.

在实际问题上人们常常很难或无法对所研究的对象的全体进行观察，而只能抽取其中的部分进行观察或试验以获得有限的数据，再对这些数据进行处理和分析，来研究随机现象. 从总体中所抽取的部分个体称为总体的一个样本，样本中所含个体数目称为样本的容量；一般是要考查总体的某个数量指标及其分布情况，如某校一年级新生的体重，而每个个体所取的值不一定相同，所以一般要考查的总体及所取的样本都是随机变量. 一般用随机变量 X 来表示总体，用 $X_1, X_2, \cdots, X_n$ 表示容量为 n 的样本，观察这个样本得到的一组具体数值 $x_1, x_2, \cdots, x_n$ 称为样本观测值，简称样本值. 为了使抽取的样本能很好地反映总体的信息，必须考虑抽样方法，最常用的一种抽样方法称为简单随机抽样，它要求抽取的样本满足下面两个条件.

（1）代表性：$X_1, X_2, \cdots, X_n$ 与所考察的总体 X 具有相同的分布，即总体中的每个个体都有同等机会被抽到；

（2）独立性：$X_1, X_2, \cdots, X_n$ 是相互独立的随机变量，即每次抽取结果并不影响其他各次的抽取结果.

满足上述两个条件抽样方法称为简单随机抽样，由简单随机抽样得到的样本称为简单随机样本. 今后我们假定所考虑的样本均为简单随机样本，简称为样本.

例 7.4.1　某食品厂用自动装罐机生产净重为 345g 的罐头，由于随机性，每个罐头的净重都有差别，现在从生产线上随机抽取 10 个罐头，称其净重，得到如下结果：

344　336　345　342　340　338　344　343　344　343

这是一个容量为 10 的样本的观察值，它是来自该生产线罐头净重这一总体的一个样本的观察值.

二、样本的数字特征

抽样的目的在于运用样本得到的信息来推断总体分布的大至状况，但只凭几次的抽样是不可能具体地了解总体的分布状况的，很多时候也是不必要的. 在经济现象中，往往只需要用样本的主要特征的几个数字去推断总体就足够了，这样的数字叫做样本的数字特征，主要包括均值、方差和标准差.

1. 均值

从总体中抽取一个容量为 n 的样本，得到 n 个样本观测值 $x_1, x_2, \cdots, x_n$，这 n 个数的算术平均值叫做样本均值，用 $\overline{x}$ 来表示，

$$\overline{x} = \frac{x_1 + x_2 + \ldots + x_n}{n} = \frac{1}{n}\sum_{i=1}^{n} x_i .$$

一般来说，如果这 n 个样本观测值中的 x_1 出现 f_1 次，x_2 出现 f_2 次，…，x_k 出现 f_k 次 $(f_1 + f_2 + \cdots f_k = n)$，那么样本均值为

$$\overline{x}=\frac{1}{n}\sum_{i=1}^{k}x_i f_i .$$

例 7.4.2 某厂实行计件工资制，为及时了解情况，现随机抽取 30 名工人，算出工人的周工资如表 7-4-1 所示.

表 7-4-1

周工资（元）	380	390	400	410	420	430
人数	3	4	6	8	7	2

计算这 30 个工人的周平均工资.

解

$$\overline{x}=\frac{380\times3+390\times4+400\times6+410\times8+420\times7+430\times2}{30}=406\text{（元）}$$

答：这 30 个工人的周平均工资为 406 元.

它反映了该厂工人周工资的一般水平.

2. 样本的方差和标准差

可以用样本的均值来估计总体的数学期望（均值）. 但有时仅知道这一点还不够，还要知道样本数据与均值的偏离程度. 用来刻划数据的离散情况有方差和标准差.

从总体中抽取一个容量为 n 的样本，得到 n 个样本观测值 $x_1,x_2,\cdots,x_n$，那么

$$S^2=\frac{1}{n-1}\sum_{i=1}^{n}(x_i-\overline{x})^2$$

称为样本方差；

$$S=\sqrt{\frac{1}{n-1}\sum_{i=1}^{n}(x_i-\overline{x})^2}$$

称为样本标准差（均方差）.

例 7.4.3 从生产线上抽取 6 件产品测得的重量（单位：kg）分别为

27，38，30，37，35，31.

求样本均值、方差及均方差.

解 样本均值为

$$\overline{x}=\frac{1}{6}(27+38+30+37+35+31)=33\text{（kg）}.$$

样本方差为

$$S^2=\frac{1}{6-1}\sum_{i=1}^{6}(x_i-\overline{x})^2=18.80\text{（kg）}.$$

样本均方差为

$$S=\sqrt{18.80}=4.336\text{（kg）}.$$

三、频率分布

为了反映某种经济现象的发展规律，需要对抽样得到的数据进行处理，研究数据的分布规律. 一般处理方法是先将数据分成若干组，并统计出落在各组中的数据的个数（称为频数），然后算出各小组的频数与数据总数的比值（称为频率），编制出频率分布表. 最后为了更加直

观，还可绘制出频率分布直方图．下面以一实例说明频率分布表和频率分布直方图的制作过程．

例 7.4.4　为了了解某商场的零售额，掌握其经营情况，统计了该商场各天的商品零售额，从中抽出 90 天，得到 90 个数据（单位：百元）．

130 141 148 166 120 153 138 145 172 153 162 173 132 157
142 146 150 151 148 165 147 124 145 149 147 175 173 125
158 157 154 146 150 162 154 151 124 158 136 140 138 133
142 140 154 149 159 158 131 159 145 140 157 154 149 147
137 136 141 167 145 148 142 126 156 140 139 148 149 151
154 147 161 152 146 152 168 149 152 153 148 156 168 149
154 174 178 154 147 149

列出样本频率表，给出其直方图．

解　（1）计算出极差 R：极差 R = 最大值 − 最小值，即

$$R = 178 - 120 = 58.$$

（2）确定组距 h 和组数 k，对数据进行分组．

一般地，当样本容量 n 较大时，通常分为 10～20 组；当样本容量 n 在 100 以内时，通常分成 5～10 组，现题中极差是 58，样本容量是 90，分成 6 组较合适，组距定为 10 个单位．组数

$$k = \frac{R}{h} = \frac{58}{10} = 5.8$$

可分为 6 个组，即 120～130，130～140，140～150，150～160，160～170，170～180．

刚好落在分点上的数据归到下一组．有时也可用组中值代替组中的各值．

组中值=(上限−下限)÷2

（3）计算各组频数、组频率、频率密度，列出频率分布表．

计算频数一般用唱票的方法，组频率=组频数/样本容量．把上面所得结果列成表，即为频率分布表．本例的频率分布表如表 7-4-2 所示．

表 7-4-2

分组	频数累计	频数	频率	频率密度=组频率/组距
120～130	正	5	0.056	0.0056
130～140	正正	10	0.111	0.0111
140～150	正正正正正正 F	33	0.366	0.0366
150～160	正正正正正 F	28	0.311	0.0311
160～170	正 F	8	0.089	0.0089
170～180	正一	6	0.067	0.0067
合计		90	1.00	

（4）绘制频率分布直方图．

在直角坐标系中，用横坐标表示随机变量的取值，以各组的组距为小矩形的底边．用纵坐标表示频率密度，并用它作为小矩形的高，画出各小矩形，即得频率分布直方图（见图 7-4-1）．

频率分布直方图反映了该商场的零售额的大概情况，一般样本容量越大，组距越小，就越接近总体的分布（注：上述直方图也可直接数学相关软件生成）．

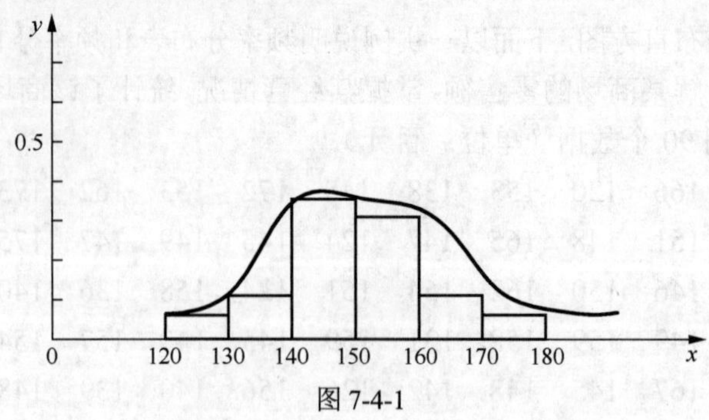

图 7-4-1

四、正态分布

在很多自然和社会经济现象中最常见的一个分布叫做正态分布，具有“中间大，两头小，左右对称”的特点，其概率分布密度函数为

$$\varphi(x)=\frac{1}{\sqrt{2\pi}\sigma}\mathrm{e}^{-\frac{(x-\mu)^2}{2\sigma^2}},x\in(-\infty,+\infty).$$

其中 x 是总体的可取值，μ 为总体的数学期望（均值），σ 为总体的标准差（均方差），均为常数，且 $\sigma>0$，则称随机变量 X 服从正态分布，记作 $X\sim N(\mu,\sigma^2)$（见图 7-4-2）.

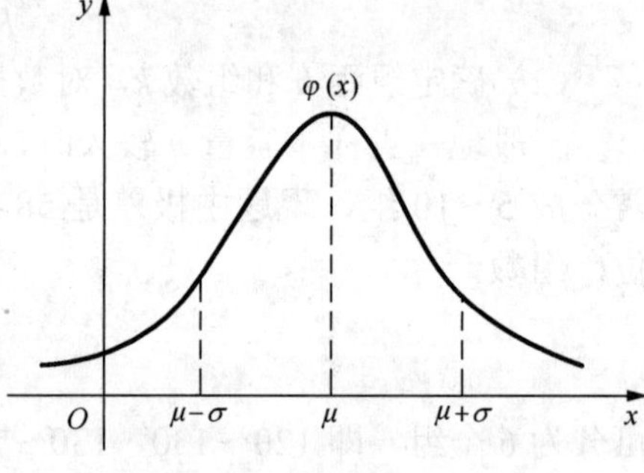

图 7-4-2

μ 决定对称轴位置，σ 决定中峰陡峭程度，σ 较小时，峰较陡峭，σ 较大时，峰较平缓.

特别地，当 $\mu=0$，$\sigma=1$ 时的正态分布称为标准正态分布，记作 $X\sim N(0,1)$（见图 7-4-3）. 相应的密度函数和分布函数分别用 $\varphi(x)$ 和 $\Phi(x)$ 表示，即

$$\varphi(x)=\frac{1}{\sqrt{2\pi}}\mathrm{e}^{-\frac{x^2}{2}},x\in(-\infty,+\infty),$$

$$\Phi(x)=\int_{-\infty}^{x}\frac{1}{\sqrt{2\pi}}\mathrm{e}^{-\frac{t^2}{2}}\mathrm{d}t,x\in(-\infty,+\infty).$$

如图 7-4-4 所示.

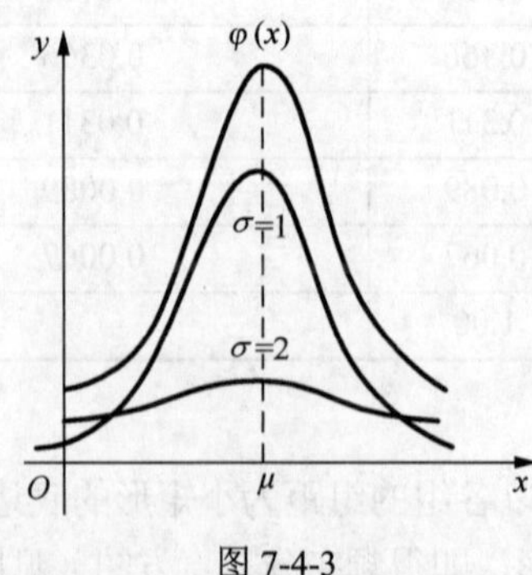

图 7-4-3

图 7-4-4

由正态分布的定义知，它有以下一些特点.

（1）正态分布的密度函数 $\varphi(x)$ 在直角坐标系内的图形呈钟形，并且以 x 轴为其渐近线.

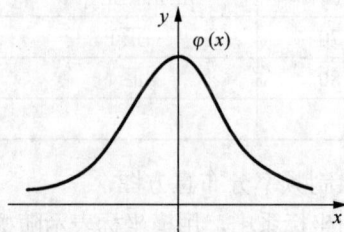

（2）正态分布的密度函数 $\varphi(x)$ 在 $x=\mu$ 处达到最大，最大值为 $\dfrac{1}{\sqrt{2\pi}\sigma}$，并且 $\varphi(x)$ 的图形关于 $x=\mu$ 对称.

（3）正态分布的参数 μ（σ 固定）决定其密度函数 $\varphi(x)$ 的图形的中心位置，因此也称 μ 为正态分布的位置参数.

（4）正态分布的参数 σ（μ 固定）决定其密度函数 $\varphi(x)$ 的图形的形状，因此也称 σ 为正态分布的形状参数．我们可以看出：σ 越小，$\varphi(x)$ 的图形在 $x=\mu$ 的两侧越陡峭，表示相应的随机变量取值越集中于 $x=\mu$ 附近；σ 越大，$\varphi(x)$ 的图形在 $x=\mu$ 的两侧越平坦，表示相应的随机变量取值越分散.

实际应用中，往往需要了解的是样本数据落在某区间的可能性大小，而不需要了解其概率分布的密度．根据概率分布的定义知道：

$$P(a \leqslant X < b)=\int_a^b \varphi(x)\mathrm{d}x.\ (a \leqslant b).$$

在标准正态分布的情况下，$X \sim N$（0，1），有

$$P(a \leqslant X < b)=\Phi(b)-\Phi(a).$$

$\Phi(x)$ 的数值等于如图 7-4-5 所示阴影部分的面积，也可在附录 A 的标准正态分布值表上查得.

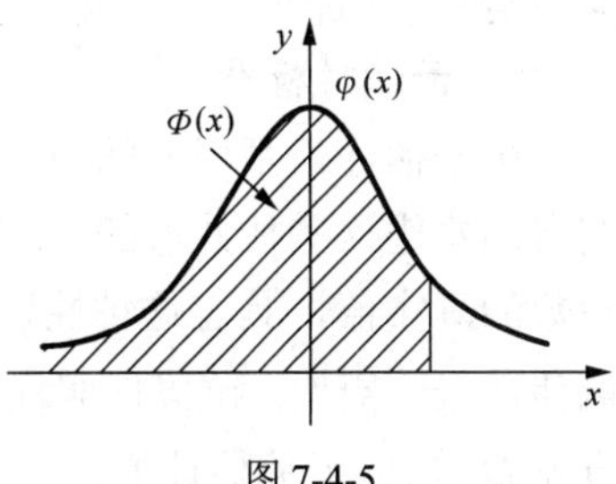

图 7-4-5

显然，由对称性得

$$\Phi(-x)=1-\Phi(x).$$

在一般正态分布的情况下，$X \sim N(\mu,\sigma^2)$，有

$$P(a \leqslant X < b)=\Phi\left(\frac{b-\mu}{\sigma}\right)-\Phi\left(\frac{a-\mu}{\sigma}\right).$$

例 7.4.5　若 $X \sim N$（0，1），查表求 $P(-1<X<1.5)$.

解　$P(-1<X<1.5)=\Phi(1.5)-\Phi(-1)$

$$=\Phi(1.5)-[1-\Phi(1)]$$
$$=0.9332+0.8413-1$$
$$=0.7745.$$

例 7.4.6　设随机变量 $X \sim N(1,0.2^2)$，求 $P(0.7<X<1.1)$.

解

$$P(0.7<X<1.1)=\Phi\left(\frac{1.1-1}{0.2}\right)-\Phi\left(\frac{0.7-1}{0.2}\right)=\Phi(0.5)-\Phi(-1.5)$$
$$=\Phi(0.5)-\Phi(-1.5)=\Phi(0.5)-1+\Phi(1.5)$$
$$=0.6915-1+0.9332$$
$$=0.6247.$$

习　题　7.4

在自动生产线上抽取 30 件产品测得的重量分别如下：

156　134　160　141　159　141　161　157　171　155

149　144　169　138　168　147　153　156　125　156

135　156　151　155　146　155　157　198　161　151

求样本均值、方差及均方差.

第五节　参数估计

一、参数估计的意义

前面我们介绍了总体、样本和简单随机样本的概念，它们是统计推断的基础. 参数估计是统计推断的重要内容之一. 一般情况下，人们往往知道随机变量（总体）的分布类型，但确切的函数形式并不知道，即总体的参数未知. 参数估计就是要根据样本来估计出总体的未知参数. 由于估计值是从样本数据中推断出来，被估计值是未知的，因此，估计值与被估计值之间肯定有误差. 如何使误差尽可能小呢？本节先介绍两种最常用的评判标准，然后再介绍总体的参数估计方法.

1. 无偏性标准

由于估计量是样本的函数，是随机变量，它对于不同样本观测值会得到不同的估计值. 我们自然希望这些估计值的平均值与参数的真值相等，也就是一个好的估计量的期望等于未知参数的真实值，具有这种性质的估计量，称为无偏估计量，即当 $E(\hat{\theta})=\theta$，则称 $\hat{\theta}$ 为 θ 的无偏估计量. 例如，可以证明样本均值 $\overline{X}$ 是总体期望 $E(X)$ 的无偏估计量，样本方差 S^2 是总体方差 $D(X)$ 的无偏估计量.

2. 有效性标准

有时未知参数的无偏估计量不是唯一的，那么如何比较其好坏呢？自然估计量 $\hat{\theta}$ 与参数 θ 的偏差越小越好，也就是 θ 的方差越小越好，我们把方差最小的那个估计量称为有效估计量. 例如，可以证明样本均值 $\overline{X}$ 是总体期望 $E(X)$ 的有效估计量.

参数估计问题分为点估计问题与区间估计问题.

点估计就是用某一个函数值作为总体未知参数的估计值；区间估计就是对于未知参数给出一个范围，并且在一定的可靠度下使这个范围包含未知参数的真值.

二、点估计

点估计就是用样本的某一个函数值作为总体未知参数的估计值.

1. 数学期望的点估计

数学期望 $E(X)$ 的意义是代表总体随机变量 X 取值的平均水平，因此，可用样本均值

$$\overline{x}=\frac{x_1+x_2+\cdots+x_n}{n}=\frac{1}{n}\sum_{i=1}^{n}x_i$$

作为总体的数学期望 $E(X)$ 的估计量. 可以证明是无偏估计量，有效估计量. 且样本容量越大，估计越精确.

2. 方差的点估计

方差 $D(X)$ 是描述总体随机变量 X 取值的分散程度的量，因此，可用样本方差

$$s^2=\frac{1}{n-1}\sum_{i=1}^{n}(x_i-\overline{x})^2$$

作为总体方差$D(X)$的估计量．可以证明是无偏估计量．

例 7.5.1　某天从生产线上随机抽取 6 件产品测得的重量分别如下（单位：kg）：

27，38，30，37，35，31．

试估计该天从生产线出来的产品的平均重量及重量分布的方差．

解　用样本均值$\bar{x}$作为总体期望的E（X）的估计量；用样本方差S^2作为总体方差$D(X)$的估计量．于是有

$$E(X)=\bar{x}=\frac{1}{6}(27+38+30+37+35+31)=33\text{（kg）}$$

$$D(X)=s^2=\frac{1}{6-1}\sum_{i=1}^{6}(x_i-\bar{x})^2==18.80\text{（kg）}$$

答：该天生产线出来的产品的平均重量为 33kg，重量分布的方差为 18.10kg．

三、区间估计

前面，我们讨论了参数点估计，它是用样本算得的一个值去估计总体未知参数．但是，点估计仅仅是未知参数的一个近似值，它没有反映出这个近似值的误差范围，使用起来把握不大，而区间估计正好弥补了点估计的这个缺陷．

也就是说，我们希望确定一个区间，使我们能以比较高的可靠程度相信它包含参数的真值．

这里所说的“可靠程度”是用概率来度量的，称为置信概率、置信度或置信水平．习惯上把置信水平记作$1-\alpha$，这里α是一个很小的正数，$0<\alpha<1$，常取 1%或 5%．

一般地，区间估计的具体做法是由样本构造两个统计量$\hat{\theta}_1$和$\hat{\theta}_2$，用区间（$\hat{\theta}_1$，$\hat{\theta}_2$）来估计未知参数θ的可能取值范围，要求θ落在区间（$\hat{\theta}_1$，$\hat{\theta}_2$）的概率等于$1-\alpha$，即

$$P(\hat{\theta}_1<\theta<\hat{\theta}_2)=1-\alpha .$$

1．正态总体的数学期望的区间估计

（1）总体方差$D(X)=\sigma^2$已知，对均值$E(X)=\mu$的区间估计．

设总体$X\sim N(\mu,\sigma^2)$且σ^2已知，可以证明，统计量

$$U=\frac{\overline{X}-\mu}{\sigma/\sqrt{n}}\sim N\text{（0，1）}$$

对于给定的置信度$1-\alpha$，查标准正态分布值表可得临界值$U_{\frac{\alpha}{2}}$，使得

$$P\left(\left|\frac{\overline{X}-\mu}{\sigma/\sqrt{n}}\right|\leqslant U_{\frac{\alpha}{2}}\right)=1-\alpha.$$

这样，就得到了μ的一个置信水平为$1-\alpha$的置信区间

$$\left(\bar{x}-\frac{\sigma}{\sqrt{n}}u_{\frac{\alpha}{2}},\bar{x}+\frac{\sigma}{\sqrt{n}}u_{\frac{\alpha}{2}}\right),$$

常写成　$\left(\bar{x}\pm\frac{\sigma}{\sqrt{n}}u_{\alpha/2}\right)$．

若取$\alpha=0.05$，即$1-\alpha=0.95$，及取$\sigma=1$，$n=16$时，查表得$U_{\frac{\alpha}{2}}=U_{0.025}=1.96$，则得到置信水平为 0.95 的置信区间$(\bar{x}-0.49,\bar{x}+0.49)$，若由一个样本值得样本均值的观察值$\bar{x}=0.52$，则进一步得到一个置信水平为 0.95 的置信区间

$$(5.20 \pm 0.49) = (4.71, 5.69).$$

这个区间的含义是：包含 μ 的区间的可信程度为 95%. 像这种引进统计量 U 的方法称为 U 估计法.

例 7.5.2 在一批包装商品中，假设商品重量服从正态分布，现抽取 100 个小包装袋，已知样本的重量平均数是 21g，总体标准差为 6g，在置信度为 95%的要求下，计算这批包装商品的平均重量 μ 置信区间.

解 由于 $1-\alpha=0.95$，$\alpha=0.05$，查表得 $U_{\alpha/2}=U_{0.025}=1.96$.

$$\bar{x}-1.96\times\frac{\sigma}{\sqrt{100}}=21-1.96\times0.6=19.82 \quad \bar{x}+1.96\times\frac{\sigma}{\sqrt{100}}=21+1.96\times0.6=22.18.$$

所求置信区间为(19.82, 22.18)，即这批包装商品的平均重量为 19.82～22.18，可信度为 95 %.

（2）总体方差 $D(X)=\sigma^2$ 未知，对均值 $E(X)=\mu$ 的区间估计.

对于正态分布总体（对其他分布的总体，当样本容量 $n\geqslant30$ 时，可近似看成正态分布），如果已知样本均值为

$$\bar{x}=\frac{1}{n}\sum_{i=1}^{n}x_i$$

及样本方差 $s^2=\dfrac{1}{n-1}\sum\limits_{i=1}^{n}(x_i-\bar{x})^2$.

可以证明，统计量 $T=\dfrac{\bar{X}-\mu}{s/\sqrt{n}}\sim t(n-1)$

称为服从自由度为 $n-1$ 的 t 分布.

对于给定的置信度 $1-\alpha$，查 t 分布表可得自由度为 $n-1$ 的临界值 $t_{\frac{\alpha}{2}}$，使得

$$P\left(\left|\frac{\bar{X}-\mu}{s/\sqrt{n}}\right|\leqslant t_{\frac{\alpha}{2}}\right)=1-\alpha$$

这样，就得到了 μ 的一个置信水平为 $1-\alpha$ 的置信区间

$$\left(\bar{x}-\frac{s}{\sqrt{n}}t_{\frac{\alpha}{2}}, \bar{x}+\frac{s}{\sqrt{n}}t_{\frac{\alpha}{2}}\right),$$

常写成 $\left(\bar{x}\pm\dfrac{s}{\sqrt{n}}t_{\alpha/2}\right)$.

这种引进统计量 T 的方法称为 T 估计法.

例 7.5.3 从一批商品中随机抽取 7 件，测得它们的重量（单位：kg）为

5.52, 5.41, 5.18, 5.32, 5.64, 5.22, 5.76.

若这批商品的平均重量服从正态分布 $N(\mu,\sigma^2)$，求这批商品的平均重量 μ 的置信度为 95%的置信区间.

解 计算样本均值和样本标准差

$$\bar{x}=\frac{1}{7}(5.52+5.41+5.18+5.32,+5.64+5.22+5.76)=5.44.$$

$$S=0.22.$$

由 $1-\alpha=0.95$，$\dfrac{\alpha}{2}=0.025$，又 $n-1=6$ 查 t 分布表得 $t_{\alpha/2}(n-1)=t_{0.025}(6)=2.447$，于是

$$(\overline{X}-\frac{S}{\sqrt{n}}t_{\alpha/2}(n-1),\overline{X}+\frac{S}{\sqrt{n}}t_{\alpha/2}(n-1))$$
$$=(5.44-\frac{0.22}{\sqrt{7}}\times 2.447,5.44+\frac{0.22}{\sqrt{7}}\times 2.447)$$
$$=(5.24,5.64).$$

答：这批商品的平均重量 μ 的置信度为 95%的置信区间为（5.24, 5.64）.

例 7.5.4　要了解某行业从业人员的收入情况，假如由 36 名从业人员组成的样本的个人周收入均值为 369 元，样本标准差为 50 元．计算该行业人员周收入总体均值的 95%置信区间.

解　总体分布未知，样本容量 n=36，可近似为正态分布抽样．由于总体方差未知，应用 t 分布处理.

由 $1-\alpha=0.95$，$\frac{\alpha}{2}=0.025$，$n-1=35$ 查 t 分布表得 $t_{\alpha/2}(n-1)=t_{0.025}(35)=2.0301$，于是

$$(\overline{X}-\frac{S}{\sqrt{n}}t_{\alpha/2}(n-1),\overline{X}+\frac{S}{\sqrt{n}}t_{\alpha/2}(n-1))$$
$$=(369-\frac{50}{\sqrt{36}}\times 2.0301,369+\frac{50}{\sqrt{36}}\times 2.0301)$$
$$=(352.08,385.92)$$

答：该行业从业人员周收入总体均值的 95%置信区间为（352.08, 385.92）.

2.　μ 未知，求 σ^2 的置信区间

σ^2 的无偏估计为 S^2，可以证明统计量 $\chi^2=\frac{(n-1)S^2}{\sigma^2}\sim\chi^2(n-1)$，对于给定的置信度 $1-\alpha$，查 χ^2 分布表可得自由度为 $n-1$ 的临界值 $\chi^2_{\frac{\alpha}{2}}(n-1)$ 和 $\chi^2_{1-\frac{\alpha}{2}}(n-1)$，使得

$$P\{{\chi_{1-\alpha/2}}^2(n-1)<\frac{(n-1)S^2}{\sigma^2}<{\chi_{\alpha/2}}^2(n-1)\}=1-\alpha,$$

即

$$P\{\frac{(n-1)S^2}{{\chi_{\alpha/2}}^2(n-1)}<\sigma^2<\frac{(n-1)S^2}{{\chi_{1-\alpha/2}}^2(n-1)}\}=1-\alpha.$$

于是得到 σ^2 的置信度为 $1-\alpha$ 的置信区间

$$(\frac{(n-1)S^2}{{\chi_{\alpha/2}}^2(n-1)},\frac{(n-1)S^2}{{\chi_{1-\alpha/2}}^2(n-1)}).$$

进而得到标准差为 σ 置信度为 $1-\alpha$ 的置信区间

$$(\frac{\sqrt{n-1}S}{\sqrt{{\chi_{\alpha/2}}^2(n-1)}},\frac{\sqrt{n-1}S}{\sqrt{{\chi_{1-\alpha/2}}^2(n-1)}}).$$

这种引进统计量 χ^2 的方法称为 χ^2 估计法.

例 7.5.5　在例 7.5.3 中，若 μ，σ^2 均未知，求总体方差 σ^2 的置信度为 95%的置信区间.

解　由于 $S^2=0.22^2$，$\frac{\alpha}{2}=0.025$，$1-\alpha/2=0.975$ 查 χ^2 分布表，得

$${\chi_{\alpha/2}}^2(n-1)={\chi_{0.025}}^2(6)=14.449,{\chi_{1-\alpha/2}}^2(n-1)={\chi_{0.975}}^2(6)=1.237.$$

于是

$$\left(\frac{(n-1)S^2}{\chi_{\alpha/2}{}^2(n-1)},\frac{(n-1)S^2}{\chi_{1-\alpha/2}{}^2(n-1)}\right)=\left(\frac{6\times0.22^2}{14.449},\frac{6\times0.22^2}{1.237}\right)=(0.02,0.23)\ .$$

答：总体方差σ^2在置信度为95%的置信区间为（0.02, 0.23）.

习　题　7.5

1．设有一大批商品，为了检测这批商品的使用寿命，今随机地取10个进行寿命试验，测得寿命数据如下（单位：小时）：

1050，1100，1080，1120，1120，1250，l040，1130，1300，1200，

试估计这批商品的平均使用寿命及寿命分布的方差．

2．某旅行社为调查当地旅游者的平均消费额，随机访问了 100 名旅游者，得知平均消费额800元，根据经验，已知旅游者消费服从正态分布，且标准差$\sigma=120$元，求该地旅游者平均消费额μ的置信度为95%的置信区间．

3．有一大批袋装商品，现从中随机地取16袋，称得重量（单位：g）如下：

506　508　499　503　504　510　497　512

514　505　493　496　506　502　509　496

设袋装糖果的重量服从正态分布，试求总体均值μ的置信水平为0.95的置信区间．

4．某商店在2010年中，随机地抽出8天资料如下：（单位：万元）

54.2　53.8　55.0　56.7　54.4　53.2　56.3　55.6

设该商店的日销售额服从正态分布，试求该商店的日销售额方差σ^2的置信度为95%的置信区间．

第六节　假设检验

一、假设检验的基本思想

统计推断的另一个重要问题是假设检验．在总体分布某些参数未知时，为推断总体的某些未知特性，提出关于总体的一些假设．需根据样本提供的信息以及运用适当的统计量，对所提的假设作出接受或拒绝的决策．

例如，设一箱中有红白两种颜色的球共100个，甲说这里有98个白球，乙从箱中任取一个，发现是红球，问甲的说法是否正确？

先作假设H_0：箱中确有98个白球．

如果假设H_0正确，则从箱中任取一个球是红球的概率只有0.02，是个很小的概率事件．通常认为在一次随机试验中，概率小的事件不易发生，因此，若乙从箱中任取一个，发现是白球，则没有理由怀疑假设H_0的正确性，今乙从箱中任取一个，发现是红球，即小概率事件竟然在一次试验中发生了，故有理由拒绝假设H_0，即认为甲的说法不正确．

假设检验的基本思想实质上是带有某种概率性质的反证法．为了检验一个假设H_0是否正确，首先假定该H_0正确，然后根据抽取到的样本对假设H_0作出接受或拒绝的决策．如果样本观察值导致了不合理的现象发生，就应拒绝假设H_0，否则应接受假设H_0．假设检验中

所谓“不合理”，并非逻辑中的绝对矛盾，而是基于人们在实践中广泛采用的原则，即“小概率事件在一次试验中是几乎不发生的”，常记这个概率值为α，称为检验的显著性水平或检验水平．对不同的实际问题，检验的显著性水平α不一定相同，但一般应取为较小值，如 0.1, 0.05 或 0.01 等．但也要注意到小概率事件有时也会发生，这时当假设正确时，我们会拒绝假设，因而犯了“弃真”的错误，称为犯第一类错误；反之，若假设不正确，但一次抽样检验结果未发生不合理结果，这时我们会接受假设，因而犯了“取伪”的错误，称此为第二类错误．

二、假设检验的类型与方法

对于同一个总体，根据条件及检验对象的不同，就用不同形式的检验方法．这里只对在小样本且总体$X \sim N(\mu,\sigma^2)$下，对总体参数μ，σ^2的假设检验．下面介绍三种检验方法．

1. U 检验法

设总体$X \sim N(\mu,\sigma^2)$，其中方差σ^2已知，对总体的期望进行假设检验可按以下步骤来做．

（1）提出待检假设为

$$H_0：\ \mu=\mu_0 \ （\mu_0 \text{已知}）.$$

（2）建立统计量

$$U=\frac{\overline{X}-\mu_0}{\sigma/\sqrt{n}}\cdot$$

当H_0成立时，$U\sim N$（0，1）．于是，对于给定的检验水平α，查标准正态分布表得临界值$u_{\alpha/2}$，得小概率事件

$$P(|U|>u_{\alpha/2})=\alpha\cdot$$

（3）由样本值算出u值，并对假设H_0作出判定：

如果 $|u|>u_{\alpha/2}$，则否定假设H_0，即认为μ与μ_0之间有显著性差异；

如果 $|u|\leqslant u_{\alpha/2}$，则接受假设$H_0$，即认为$\mu$与$\mu_0$之间无显著性差异．

例 7.6.1　某商场的日销售额服从正态分布$X \sim N(\mu,\sigma^2)$，去年日均销售额为 53 万元．为检查今年的销售情况，从今年随机抽查 10 天的销售额（单位：万元）分别是

57　58　58　59　61　71　56　59　48　49

如果销售额的方差$\sigma^2=36$，问今年的销售额与去年比较有无显著性变化？（$\alpha=0.1$）

解　（1）提出待检假设为H_0：$\mu=53$．

（2）建立统计量

$$U=\frac{\overline{X}-53}{6/\sqrt{10}}.$$

当H_0成立时，$U\sim N$(0，1)．对于给定的检验水平$\alpha=0.1$，查标准正态分布表得临界值$u_{0.05/2}=$ 1.64，得小概率事件

$$P(|U|>1.64)=0.1.$$

（3）由样本值算出$\overline{x}=57.6$，

$$|u|=\left|\frac{57.6-53}{6/\sqrt{10}}\right|=2.42>1.64$$

则否定假设H_0，即认为今年的销售额与去年比较有显著性变化．

2. T 检验法

设$X \sim N(\mu,\sigma^2)$，方差σ^2未知，对总体的期望进行假设检验可按以下步骤来做．

（1）提出待检假设为

H_0：$\mu=\mu_0$（μ_0已知）.

（2）建立统计量

$$T=\frac{\overline{X}-\mu_0}{s/\sqrt{n}}.$$

当H_0成立时，$T\sim t(n-1)$. 于是，对于给定的检验水平α，查t分布表得临界值$t_{\alpha/2}(n-1)$，得小概率事件

$$P\{|T|>t_{\alpha/2}(n-1)\}=\alpha\cdot$$

（3）由样本值算出t值，并对假设H_0作出判定：

如果$|t|>t_{\alpha/2}(n-1)$，则否定假设H_0，即认为μ与μ_0之间有显著性差异；

如果$|t|\leqslant t_{\alpha/2}(n-1)$，则接受假设$H_0$，即认为$\mu$与$\mu_0$之间无显著性差异.

例 7.6.2 健康成年男子脉搏平均为 72 次/分，高考体检时，某校参加体检的 26 名男生的脉搏平均为 74.2 次/分，标准差为 6.2 次/分，问此 26 名男生每分钟脉搏次数与一般成年男子有无显著差异？（$\alpha=0.05$）

解 题意是问 26 名男生是否来自$\mu_0=72$的总体，由于总体方差未知，只能用 T 检验.

提出假设：H_0：$\mu=72$，

计算t值：$t=\dfrac{\overline{x}-\mu_0}{s}\sqrt{n}=\dfrac{74.2-72}{6.2}\sqrt{26}=1.809.$

查t分布表得临界值：$t_{0.025}(26-1)=2.0595.$

判断：由$|1.809|<2.0595$，故接受H_0，认为无显著差别.

3. χ^2检验法

未知μ，检验H_0：$\sigma^2=\sigma_0^2$（σ_0^2已知），可按以下步骤来做.

（1）提出待检假设为

$$H_0：\sigma^2=\sigma_0^2\ （\sigma_0\text{已知}）.$$

（2）建立统计量

$$\chi^2=\frac{(n-1)S^2}{\sigma^2}.$$

当H_0成立时，$\chi^2=\dfrac{(n-1)S^2}{\sigma^2}\sim\chi^2(n-1)$. 于是，对于给定的检验水平$\alpha$，查$\chi^2$分布表可得自由度为$n-1$的临界值$\chi^2_{\frac{\alpha}{2}}(n-1)$和$\chi^2_{1-\frac{\alpha}{2}}(n-1)$，使得

$$P\left\{\chi^2<\chi^2_{1-\frac{\alpha}{2}}(n-1)\right\}=\frac{\alpha}{2}\text{及}P\left\{\chi^2>\chi^2_{\frac{\alpha}{2}}(n-1)\right\}=\frac{\alpha}{2}$$

为小概率事件.

（3）由样本值算出χ^2值，并对假设H_0作出判定：

如果$\chi^2<\chi^2_{1-\frac{\alpha}{2}}(n-1)$或$\chi^2>\chi^2_{\frac{\alpha}{2}}(n-1)$，则否定假设$H_0$，即认为$\sigma^2$与$\sigma_0^2$之间有显著性差异；

如果$\chi^2_{1-\frac{\alpha}{2}}(n-1)\leqslant\chi^2\leqslant\chi^2_{\frac{\alpha}{2}}$，则接受假设$H_0$，即认为$\sigma^2$与$\sigma_0^2$之间无显著性差异.

例 7.6.3 某厂生产的某种型号的电池，其寿命（以小时计）长期以来服从方差$\sigma^2=5000$

的正态分布，现随机取 26 只电池，测出其寿命的样本方差 $s^2=9200$，问由这一数据能否推断目前生产的电池的寿命其波动性较以往的有显著的变化（取 $\alpha=0.02$）？

解 （1）未知 μ，待检验假设 H_0：$\sigma^2=5000$.

（2）建立统计量

$$\chi^2=\frac{(n-1)S^2}{\sigma^2}.$$

当 H_0 成立时，$\chi^2=\dfrac{(n-1)S^2}{\sigma^2}\sim\chi^2(25)$. 于是，对于给定的检验水平 $\alpha=0.02$，查 χ^2 分布表可得自由度为 25 的临界值 $\chi^2_{0.01}(25)=44.314$ 和 $\chi^2_{0.99}(25)=11.524$.

（3）由样本值算出 $\chi^2=\dfrac{25\times9200}{5000}=46>44.314$，

则否定假设 H_0，认为 σ^2 与 5000 之间有显著性差异，即认为目前生产的电池的寿命其波动性较以往的有显著的变化（取 $\alpha=0.02$）.

习 题 7.6

1 某车间生产钢丝，假设钢丝的折断力服从正态分布，其中 $\mu=570$，$\sigma^2=8^2$，今换了一批材料，假设钢丝折断力的方差没有变化. 现抽得容量为 10 的样本，测得其折断力为

578 572 570 568 572 570 570 572 596 584

试检验折断力均值有无变化（取 $\alpha=0.05$）？

2 设某次考试学生成绩服从正态分布，从中随机地抽取 36 位考生的成绩，算得平均成绩 $\overline{X}$ 为 66.5 分，标准差 s 为 15 分，问在显著性水平 0.05 下，是否可以认为这次考试全体考生的平均成绩为 70 分？并给出检验过程.

3 某项考试要求成绩的标准差为 12，现从考试成绩中任意抽取 15 份，计算样本标准差为 16，设成绩服从正态分布，问此次考试的标准差是否不合要求 $\alpha=0.05$？

第七节 使用 MATLAB 进行概率统计计算（实验 7）

一、使用 MATLAB 计算正态分布

当随机变量 X～$N(\mu,\ \sigma^2)$ 时，在 MATLAB 中用命令函数 P = normpdf (K, mu, sigma)计算服从参数为 μ，σ 的正态分布的随机变量的概率密度.

用命令函数 P = normcdf (K, mu, sigma)计算服从参数为 μ，σ 的正态分布的随机变量的分布函数在 K 处的值.

例 7.7.1 某厂生产一种设备，其平均寿命为 10 年，标准差为 2 年，如该设备的寿命服从正态分布，求寿命不低于 9 年的设备占整批设备的比例.

解 设随机变量 ξ 为设备寿命，由题意 $\xi\sim N(10,2^2)$，$P(\xi\geqslant9)=1-P(\xi<9)$.

在 MATLAB 命令窗口中输入：

```
>> clear
>> p1=normcdf (9, 10, 2)
```

```
p1 =
    0.3085
>> 1-p1
ans =
    0.6915
```

二、利用 MATLAB 进行区间估计

如果已经知道了一组数据来自正态分布总体，但是不知道正态分布总体的参数，我们可以利用 normfit()命令来完成对总体参数的点估计和区间估计，格式为

```
[mu, sig, muci, sigci]=normfit(x, alpha)
```

X 为向量或者矩阵，当为矩阵时，针对矩阵的每一个列向量进行运算的．alpha 为给出的显著水平α（即置信度为（1-α）%，缺省时默认α=0.05，置信度为 95%)．mu，sig 分别为分布参数μ，σ的点估计值．muci，sigci 分别为分布参数μ，σ的区间估计．

例 7.7.2　一批零件中，抽取 9 个零件，测得其直径（mm）为 21.1, 21.3, 21.4, 21.5, 21.3, 21.7, 21.4, 21.3, 21.6，设零件直径服从正态分布$N(\mu,\sigma^2)$，分别求总体均值μ及方差σ^2的置信度为 0.95 的置信区间．

解　在 MATLAB 命令窗口输入：

```
>> clear
>> x=[21.1, 21.3, 21.4, 21.5, 21.3, 21.7, 21.4, 21.3, 21.6];
>> alpha=0.05;
>> [mu, sig, muci, sigci]=normfit(x, alpha)
mu =
   21.4000
sig =
    0.1803
muci =
   21.2614
   21.5386
sigci =
    0.1218
    0.3454
```

所以得，总体均值μ的置信度为 0.95 的置信区间为（21.2614，21.5386)，总体方差σ^2的置信度为 0.95 的置信区间为(0.1218^2，0.3454^2)＝(0.0148，0.1193)．

习　题　7.7

1．设 X～$N(0.5,2^2)$，求 (1) $P(-0.5<X<1.5)$；(2) $P(|X+0.5|<2)$；(3) $P(X\geqslant 0)$．

2．在某一银行等待时间 X(min) 近似地服从正态分布 $X\sim N(3.7,1.4^2)$，求必须等待小于 2min 的概率；(2) 等待大于 6min 的概率．

3．从某超市的货架上随机抽取 9 包 0.5kg 装的食糖，实测其质量分别为（单位：kg)：0.497，0.506，0.518，0.524，0.488，0.510，0.510，0.515，0.512，从长期的实践中知道，该品牌的食糖质量服从正态分布 $N(\mu,\ \sigma^2)$．根据数据对总体的均值及标准差进行点估计和区间估计．

4．某厂用自动包装机包装糖，每包糖的质量 $X\sim N(\mu,\ \sigma^2)$．某日开工后，测得 9 包糖的质量如下：99.3，98.7，100.5，101.2，98.3，99.7，102.1，100.5，99.5（单位：kg)．分别求总体均值μ及方差σ^2的置信度为 0.95 的置信区间．

5．上机验证上面各例．

6．做相关小节例题与习题中概率统计计算．

第八章　数 学 文 化

第一节　数学文化与素质教育

学如箭镞，才如弓弩，识以领之，方能中鹄.

——清代学者袁枚

数学是这样一种东西：她提醒你有无形的灵魂；她赋予她所发现的真理以生命；她唤起心神，澄清智慧；她给我们的内心思想添辉；她涤尽我们有生以来的蒙昧与无知.

——拜占庭哲学家普罗克洛斯

我们长期以来，不仅没有认识到数学的文化教育功能，甚至不了解数学是一种文化，这种状况在相当程度上影响了数学研究和数学教育.

——数学教育家丁石孙

数学是历史最悠久的人类知识领域之一.从远古屈指计数到现代高速电子计算机的发明，从测天量地到抽象严密的公理化体系，在五千余年的数学历史长河中，重大数学思想的诞生与发展，构成了数学史上最富有理性魅力的题材．它是整个人类文化的重要组成部分，是推进人类文明的重要力量，包括对人类物质文明和精神文明两大方面的影响．把数学上升到一种文化，是对数学的返璞归真——数学自古就是一种文化.

一、数学文化的兴起

（一）“数学文化”一词的使用

“数学文化”一词，是近 20 多年出现的．国内最早注意数学文化的学者是北京大学的教授孙小礼和邓东皋、齐民友等人．近年来这个词的使用频率大大增加．现在，许多人更愿意从文化这一角度来关注数学，更愿意强调数学的文化价值．事实上，数学是人类社会进步的产物，也是推动社会发展的动力之一．数学与人类文明、与人类文化有着密切的关系.

我国新一轮中学数学课程改革对数学文化给予了高度的重视．教育部 2003 年颁布的《普通高中数学课程标准》（实验）中，正式使用“数学文化”一词，在 4 个地方用较大的篇幅谈到数学文化，突出强调了数学的文化价值——数学是人类文化的重要组成部分，对数学文化给予了特别的重视，要求将数学文化融入到数学教学中，它标志着数学文化开始走进中小学课堂.

数学文化课程近年来在我国高校也如雨后春笋，蓬勃兴起，表现出强大的生命力．据不完全统计，作为大学生素质教育通识课的数学文化类课程，在国内本科院校中有 100 多所高校蓬勃开展，包括清华大学、北京大学在内的许多重点大学也开设了此类课程，数学文化教育在素质教育中越来越多地发挥作用．其中首届高校国家级教学名师、南开大学顾沛教授开设的数学文化课在全国高校中发挥了示范性的引领作用.

作为高职院校开展数学文化教育，还是个新生事物，它就像一块沉寂的处女地，期盼着我们去开发.

（二）数学文化的内涵

什么是“数学文化”，不同的学者从不同的研究角度有不同的说法，目前没有统一的定义. 南开大学顾沛教授从数学文化课程的角度给出了数学文化的内涵：简单地说，是指数学的思想、精神、方法、观点，以及它们的形成和发展；广义地说，除上述内涵以外，还包含数学家、数学史、数学美、数学教育、数学与人文的交叉、数学与各种文化的关系等.

数学不只是一系列抽象的数字符号、公式定理的堆砌，其实它蕴涵着深厚的人文精神，具有特殊的文化内涵. 它体现了求真务实、合作献身等精神，是一种文化的体现，是人文精神的升华. 数学是人类的一种创造性活动的结果，是人类抽象思维的产物，因此数学文化是人类历史的一种高层次的文化，其最根本特征是表达了一种探索精神. 正如我国著名数学家齐民友教授所说：“一种没有相当发达的数学的文化是注定要衰落的，一个不掌握数学作为一种文化的民族也是注定要衰落的”.

二、数学文化与素质教育

（一）素质教育

素质教育应该包括两个方面：科学素养和人文素养，两者应该融合，缺一不可. 科学的目的在于认识世界，探索宇宙的奥秘，掌握宇宙的奥秘，为人类服务. 人文的目的在于追求真善美，追求社会、人生与心灵的和谐.

科学的基本态度是实事求是.

科学的基本方法是观察、实验和推理.

科学的基本精神是理性精神，怀疑与批评，探索与创新.

教育应当是“科学”的教育，即贯穿上述精神的教育. 教育的本质在于培养有道德、有智慧，并具有探索精神和献身精神的人. 爱因斯坦说：“用专业知识教育人是不够的. 通过专业教育，他可以成为一种有用的机器，但不能成为一个和谐发展的人. 使学生对价值（即社会伦理准则）有新的理解并产生强烈的感情，那是最基本的.”

（二）数学素质

数学素质也称为数学素养. 数学素养通俗说法是：“把所学的数学知识都排除或忘掉后，剩下的东西.”

从数学文化教育的意义上具体说，数学素养就是：“通过数学教育所赋予学生的一种学数学、用数学、创新数学的特殊的思维品质和修养”.

数学素养主要包括如下 5 个方面.

（1）观察问题：能用数学的理性思维看问题的出发点及变化规律.

（2）分析问题：具有较强的逻辑思维能力，思路清晰、分析严密、条理分明.

（3）处理问题：具有较好的抽象思维能力，抓住主要矛盾、突出事物本质.

（4）归纳问题：具有较高的数学语言素养，合理的量化、简洁准确的表达.

（5）个人修养：养成良好的科学态度，勇于探索、质疑创新、无私奉献的精神.

从数学学科专业教育的角度出发，教育部高等学校数学与统计学教学指导委员会的项目结题报告“数学学科专业发展战略研究报告”中对数学素养的专业说法是：

（1）主动探寻并善于抓住数学问题的背景和本质的素养；

（2）熟练地用准确、简明、规范的数学语言表达自己数学思想的素养；

（3）具有良好的科学态度和创新精神，合理地提出新思想、新概念、新方法的素养；

（4）对各种问题以数学方式的理性思维，从多角度探寻解决问题的方法的素养；

（5）善于对现实世界中的现象和过程进行合理的简化和量化，建立数学模型的素养.

（三）数学素质是科学素质的核心

数学是一种文化，它是整个人类文化的重要组成部分，而且始终是推进人类文明进步的重要力量. 作为科学最深层、最抽象的理性形式——数学，是人类认识世界、改造世界，发展生产力，创造物质财富的重要力量. 同时，它与音乐和绘画一样，也是人类包括自然科学和人文、社会科学在内的所有科学的共同语言和精神财富，是人类智慧的结晶. 由中国科学院数学物理学部王梓坤院士起草的《今日数学及运用》，高度概括了数学对人类文明的的贡献，他说："数学的贡献在于对整个科学技术（尤其是高新科技）水平的推进与提高，对科技人才的培养和滋润，对经济建设的繁荣，对全体人民的科学思维与文化素质的哺育，这四个方面是极为巨大的，也是其他学科所不能全面比拟的." 不同的社会现象和自然现象满足同样的数学定律，遵循同样的数学规律，这一事实在本质上反映出社会现象与自然现象在数量关系上的类似、关联和同一性. 正是这种普遍的数学规律的存在，通过人类共同的语言——数学语言，把各种不同的文化联系在一起. 由此可见，数学素质是科学素质的核心，数学文化是沟通科学文化和人文文化的纽带，是通往科学素质与人文素质的桥梁.

（四）数学教育本质上是素质教育

1. 数学的定位

数学是什么？数学包罗万象，众说纷纭. 迄今还没有一个为所有数学家达成共识的说法. 我国长期沿用的是恩格斯关于数学的定义：数学是研究现实世界中的数量关系与空间形式的一门科学. 其实，数学是一个历史概念，数学的内涵随着时代的变化而变化，它不可能是一个一劳永逸的定义. 随着时间的推移，数学有了新的发展，诸如数理逻辑、事物结构等，都成为数学研究的对象，这些对象似乎不包含在上述定义中，因此，对恩格斯的数学定义中的"数量关系"和"空间形式"应赋予更广泛的含义.

从数学文化教育的角度看，南开大学顾沛教授讲得好，他说："数学不仅是一种重要的工具，也是一种思维模式，即"数学方式的理性思维"；数学不仅是一门科学，也是一种文化，即"数学文化"；数学不仅是一些知识，也是一种素质，即"数学素质". 这个归纳对于我们更好地把握数学教育的内涵，开展数学文化教育具有指导意义.

2. 数学的教育

数学是一门基础学科，具有超越具体科学和普遍适用的特征，具有公共基础的地位，是学校教育中最重要的课程. 一切教育都要落实到"培养人"上，都要落实到"培养全面发展的人"上. 数学教育在培养人的全面发展中具有不可替代的作用.

（1）按照对人的教育影响作用，数学的教育功能有 3 个层次.

知识性：学习数学的理论知识，为进一步学习其他专业知识提供必要的知识基础.

工具（应用）性：学习数学的应用知识和方法，以解决自然与社会中普遍存在的数量化的实际问题.

文化性：学习数学的思想、精神、方法，培养"数学方式的理性思维"，以提高学生的数学素养.

（2）按照对人的发展影响程度，数学的教育价值体现在 3 个方面.

数学影响人的素质：人的素质包括两个方面，科学素养和人文素养．科学素养是人类认识世界、改造世界，发展生产力，创造物质财富的能力，追求的是真．人文素养（含艺术）是人类认识社会、了解历史，提高交流水平和道德水平的能力，体现的是善，同时也追求社会、人生与心灵的和谐，向往的是美．

数学素养是科学素养的核心．数学素养包括数学意识、数学语言、数学技能、数学思维等主要因素．数学意识就是人的数量观念，时时处处“心中有数”，注意事物的数量方面及其变化规律，是看待和认识世界的态度．数学语言是简单、清晰、准确地表述事物的一种方式，是描绘与传达事物的手段．数学技能是数学知识和数学方法的综合应用，是把数学作为一种工具解决问题的能力．数学思维是思考、探索与理解事物的手段，具有抽象性、逻辑性、创造性和模式化，包括归纳、类比、演绎等．这些数学素养是影响人类认识世界、改造世界，发展生产力，创造物质财富的能力和精神文明的关键．

数学影响人的思维：人的思维能力是对人生有重要影响的能力之一，是后天形成的．数学教育的重要价值在于它对人的思维能力的培养．数学是人类思维的工具，数学概念的形成，数学结论的发现与推导，都是通过数学思维活动实现的．数学在实践中的应用过程，很大程度上是通过数学思维活动对事物进行分析类比、提炼建构，并最终实现解决的过程．数学为人类思考问题、解决问题提供了广泛的理性客观、准确可靠的思维工具．

数学思维的主要方式是推理，它不断为人们提供新概念、新方法，促进了人类的思想解放．数学思维追求理性的精神，在对数学不断探索的过程中，追求的是一种完全准确、可靠的知识，把理性思维的力量发挥得淋漓尽致，它提供了一种思维的方法和模式，成为人类在认识宇宙和人类自己时应持有的客观态度的一个标准．

数学影响人的世界观：世界观的形成也是后天的，它与人的成长过程密切相关．世界观左右人的认识、观点与方法．数学为人类提供了观察世界的一般观念和方法．数学通过个性发现共性，通过现象抓住本质．数学的逻辑是要透过现象看本质，其特点是讲究普遍联系，其特征是抽象．事物与事物的普遍联系程度靠其共性与个性判断．事物表面通常反映的是个性，数学的抽象就是要从个性中发现共性，个性抽得多，共性就越少，内涵就越丰富．例如，物理中的速度、几何中的切线斜率，表现的是完全不同的个性，但具有同样的共性——函数变化率，提出共性就得到函数导数的概念，形成微积分的相关理论，用以解决各种体现共性的问题，如经济学中的边际等问题．

数学讲究辩证法．辩证唯物主义讲联系、讲统一．数学研究的一个重要方法是建立对应关系（联系），通过对应关系发现共性（统一）．例如，数学中的化归思想、数形结合思想、变换思想、函数映射思想体现了变与不变的关系．万变不离其宗，这就是辩证法．其意义之重大，使数学与世界观的联系越来越紧密、与对世界本身的看法紧密相连．

3. 数学教育本质上是素质教育

数学是一门科学，数学是一个有力的工具，也许没有太多的人反对．数学是一种先进的文化，数学充满着丰富的人文精神，它是整个人类文化的重要组成部分，而且始终是推进人类文明进步的重要力量，对此认识的人还不是很多．

现实中，一个人在学历教育阶段，一般要学十多年的数学课程，许多人对数学学习的认识或感受仅理解为解数学题，能应付考试等表面的东西，要回答数学在现实生活中对自己有什么用，却未必有多少人能说清楚．学了多年的数学，不知道有没有收获？也不知道有什么收获？对数学的学习兴趣和热情降到了冰点．不了解数学的思想、精神在现实生活中的重要作用，不知道“数学方式的理性思维”的重大价值，不理解数学文化与诸多文化的交汇．许多人并未因为学的时间长就掌握了数学的精髓，基本的数学素养没有养成.

在人类文明社会发展的历史长河中，数学知识与数学文化一直是相伴促进与发展的. 它们本来是有血有肉的一个整体. 但长期以来由于各种原因，数学课堂上老师讲数学和讲文化是两张皮，前者讲得多，后者讲得少，甚至没讲. 其结果是，虽然许多人学了多年的数学，但对数学的认识还很肤浅，对培养数学素养的重要意义没有引起足够的重视.

日本学者米山国藏在《数学的精神、思想和方法》中说过："学生们在初中、高中等接受的数学知识，因毕业进入社会后几乎没有什么机会应用这种作为知识的数学，所以通常是出校门后不到一两年便很快就忘掉了. 然而不管他们从事什么业务工作，唯有深深地铭刻于头脑中的数学的精神，数学的思维方法、研究方法、推理方法和看问题的着眼点等（若培养了这方面的素质的话），却随时随地发生作用，使他们受益终身". 这段话道出数学的精髓：数学的思想、方法及精神. 也涉及人的数学素质：用数学的理性思维观察世界的方法.

我们不得不承认，不同岗位、不同层次的人，对数学的感悟和应用是千差万别的，学生毕业后走入社会，大多数人不在与数学相关的领域工作，他们学过的具体的数学定理、公式和解题方法（数学知识）可能都用不上，以至很快就忘记了. 但不管从事什么工作，唯有数学素养——一种深深铭刻在头脑中的数学思想、方法和精神、数学理性思维的方法，会随时随地的影响着人们看问题的着眼点以及世界观，使他们在生活中受益终身.

美国著名心理学家斯金纳说："如果我们将学过的东西忘得一干二净时，最后剩下的东西就是教育的本质了." 因此，对大多数人来说，数学不仅是被作为知识、工具学习，同时，通过数学学习，人的思维能力得到开放和训练，这对人的头脑的影响是根深蒂固的. 数学教育最重要的价值和目的是培养以理性思维为核心的数学素养，数学教育本质应该是素质教育.

三、数学文化课程的宗旨

数学文化课程以讲授数学的思想、精神、方法为中心，以提高学生的数学素养、文化素养和思想素养为宗旨. 我们站在教育的立场上谈数学文化，关注更多的是数学教育对人全面发展的影响. 数学文化教育在人的文化价值、道德价值和心理价值方面都具有重要作用. 丰富的数学史，具有焕发学生民族自尊心和自豪感的价值. 数学的广泛应用，具有激发学生学好数学的热情. 数学的深刻的思维、严密的推理，具有让学生更全面地看待事物、培养辩证唯物主义思想、摆脱宗教迷信和树立创新意识的价值. 数学的严谨和美感，具有让学生形成良好的非智力品质、完善心理结构的价值.

数学文化课程蕴涵着丰富的人文精神. 数学家对真、善、美的追求与献身精神；不畏艰难、勇于探索的精神；科学活动中质疑、批判与创新的精神；求真、务实与合作的精神等，都饱含着丰富的人文精神；数学研究中理性的思维方式、处理问题中全面系统的方法、理论与实践相结合的科学精神，都与人文精神相辅相成."科学世界本身也是一个丰富的人文世界，科学精神也就是一种人文精神." 这种科学精神与人文精神的融合，在对学生人格养成、精神教化上是不可或缺的.

四、重视数学素养，提高数学素养

数学素养不是与生俱有的，而是需要通过数学学习和训练，以及长期积累沉淀逐步养成的. 但自我增强学习的意识、重视数学素养的培养对提高数学素养起重要促进作用. 下面举几个重视数学素养的例子.

（一）3 根导线的故事——数学素养巧应用

华东师范大学张奠宙教授讲过一个例子：20 世纪 90 年代，上海 51 中学（今位育中学）的陈振宣老师对他讲了一个数学教育的故事，他以为，那是数学教育的一个亮点，堪称经典. 陈老师的一个学生毕业后在上海和平饭店做电工，工作中他发现在地下室控制 10 层以上房间空调的温度不准. 分析原因，估计是使用三相电时，连接地下室和空调器的 3 根导线的长度不同，因而电阻也不同. 需要测量这 3 根电线的电阻，如何测量呢？用电工万用表无法量这样长的电线的电阻. 于是这位电工想到了数学的方法，他想：一根一根测很难，但是把 3 根导线在高楼上两两相连接，然后在地下室测量“两根电线”的电阻是很容易的. 设 3 根导线的电阻分别是 x，y，z，于是，测量后，他列出 3 个一次方程：$x+y=a$，$y+z=b$，$z+x=c$. 解由此形成的三元一次方程组，即得 3 根导线的电阻，这样的方程谁都会解. 但是，能够想到在这里用方程，才是真正的创造啊！我为这位电工的数学意识所折服. 清代学者袁枚曾说：“学如箭镞，才如弓弩，识以领之，方能中鹄”. 有知识，没有能力，就像只有箭，没有弓，射不出去. 但是有了箭和弓，还要有见识，找到目标，才能打中. 上面的例子说明解这样的联立方程，知识和能力都不成问题，难的是要具有应用联立方程的意识和眼光，这就是一种数学素养.

（二）微软公司的面试——数学素养定决胜

微软是一家具有全球影响力的公司，它富有传奇色彩的创业和发展历程，具有诱惑力的薪水、较好的办公环境、独具特色的企业文化，吸引很多优秀的年轻人竞相应聘. 在微软公司的人才招聘中，主考人员会提出一些类似智力测验的问题，来考察应聘者的素养. 微软公司的面试题一般可分为两类：一类是没有标准答案的开放性题，另一类是有答案的智力题. 这些题目很大程度上都与数学有关，但又几乎用不到多少数学方面的高深的知识，却主要考察应聘者的数学素养，即考察应聘者数学的逻辑思维能力、创新性的思考和解决问题的能力.

在微软公司的人才招聘中，有一道很经典的面试题：病狗问题.

这道题的题目是：一个屋子里面有 50 个人，每个人领着一条狗，而这些狗中有一部分病狗. 假定有如下条件：① 狗的病不会传染，也不会不治而愈；② 狗的主人不能直接看出自己的狗是否有病，只能靠看别人的狗和推理，来发现自己的狗是否有病；③ 一旦主人发现自己的狗是一只病狗，就会在当天开枪打死这条狗；④ 狗只能由他的主人开枪打死. 如果他们在一起，第一天没有枪声、第二天没有枪声……第十天发出了一片枪声，问有几条病狗被打死？

参加面试的人面面相觑，都哑然. 几乎都在思考，这样的题与微软的世界好像毫不相关啊？是脑筋急转弯题吗？面试官明确告诉他们，不是脑筋急转弯题. 很多应聘者面对题目束手无策，有人由此直接退出了面试.

其实，这道题的真实用意是考察应聘者的素养——数学素养. 如果应聘者有一定的数学素养，解这道题其实是一件非常简单的事情. 这道题只是人脑的产物，不完全就是实际问题. 这道题的答案是：第十天枪响，就有十条病狗被打死.（有兴趣的读者，不妨想一想如何解题. 提示：可用反证法和数学归纳法解决.）可见，为了在社会中生存，为了在竞争中取胜，除了培养自己的能力（技能），还需要注重培养数学的素养.

（三）Google 公司——数学创意情有独钟

1. 一则古怪的广告

在美国马萨诸塞州剑桥市的哈佛广场地铁站的屋顶上，据报导曾悬挂着 3 块 50 英尺神秘的米色广告牌，上面写着的全部内容是：“在‘e’的数列中所有能找到的第一个十位数质数.com”. 这像一条谜语，稍具数学知识的人还会看出这是一个和数学有关的问题. 这条谜语使哈佛大学附近繁华地段的行人纷纷驻足.

广告中的“e”代表的是数学中的一个自然常数 2.718281828……，这个数字以它的一些奇特的性质，使很多学过数学的人印象深刻，e 折射着数学的美感并反映着大自然的秘密. 为这则广告所吸引的人会绞尽脑汁去寻求答案，他可能会想到“Google it”，即用 Google 在互联网上寻找答案，但他却没想到 Google 正是这个广告幕后的公司. Google 的这个广告最早于 2005 年 9 月中旬左右出现在美国 101 公路加州硅谷地段.

通过网上搜索，大家发现，许多网络博客和网站论坛都在热烈地讨论这个古怪广告上的数学问题，很多对此感兴趣的人纷纷在网上发布解题的方法和答案. Google 公司就这样轻易地凭借着这个数学问题微妙的创意，成了大众口头的话题，收到了良好的广告效应. 更重要的是，一些具有良好数学学习背景的人看到广告后会想到，这是冲我来的，因为它使用的是数学语言. 对于另外一些人，这个广告也使 Google 公司的形象在他们心目中得到了提升. 他们可能会想到，看来我是不适合这份工作了，但能在 Google 公司工作的人数学能力不一般.

2. Google 公司对数学情有独钟

虽然数学在新的信息经济中，为很多公司所重视，但是，令人最能产生数学方面联想的，还是 Google 公司. Google 这个名称源于数学术语 googol. googol 的意思是数字 1 后跟 100 个零. 公司创始人意在借用这个巨大无比的数字，体现整合网上海量信息的远大目标. 在 Google 公司的总部，许多大楼用数学的符号命名. 例如，第二大楼用无理数 e，第三大楼用圆周率 π，第四大楼用黄金比 ϕ. 此外，Google 公司对 e 这个数字似乎特别偏爱，它在提交 IPO（initial public offerings，首次公开发行股票）申请时，希望股票融资金额为 2,718,281,828 美元，正好近似等于自然常数 e.

Google 公司的发家之宝是搜索引擎，搜索引擎不仅是一个为用户提供便利的门户，同时还是一个数据统计分析工具. 正是数学和统计学与计算机技术结合在一起，才产生了搜索引擎，才使 Google 变得神奇强大. 或许正是这些数学方面的背景使得 Google 公司对数学情有独钟.

从以上例子我们看到，数学是有用的，数学素养是重要的，用人单位对具有一定的数学基础、且数学素养较高的人才是欢迎的.

第二节　数学的起源与早期发展

一门科学的历史是那门科学中最宝贵的一部分，因为科学只能给我们知识，而历史却能给我们智慧.

——化学家傅鹰

数学科学作为一种文化，不仅是整个人类文化的重要组成部分，而且是推进人类文明的重要力量. 对于每一个希望了解整个人类文明史的人来说，数学史是必读的篇章.

一、远古时代——数和形概念的产生

数的概念的产生与形成可以说与火的使用一样古老，大约是在 30 万年以前. 它对于人类文明的意义不亚于火的使用. 人类在蒙昧时代开始就具有识别事物多寡的能力. 但这种原始的对数的感觉到形成抽象的数的概念，经历了缓慢的渐进和漫长的发展过程. 原始人在采集、狩猎等生产活动中，首先注意到一只羊与许多羊、一头狼与一群狼等在数量上的差异，通过比较，逐渐看到一只羊、一头狼、一条鱼、一棵树……之间存在着某种共有的东西，这种为

一定物群所共有的抽象性质，就是一种数的概念.

当人类对数的认识越来越明确，人们开始感到有必要以某种方式来表达事物的这一属性，这就是需要记数. 而记数是伴随着计数的发展而发展的. 人类最早可能是用手指、脚趾计数，当手指、脚趾计数不敷用时，就出现了用石子、小木棒计数. 但石子、小木棒很难作为记数的信息保存下来时，于是就有了结绳记数和刻痕记数.

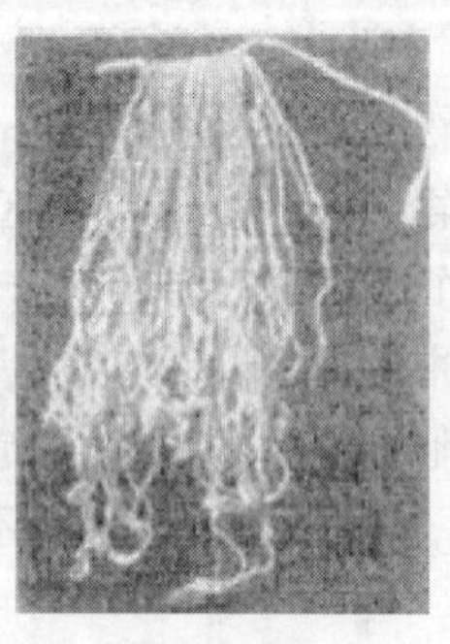
结绳记数

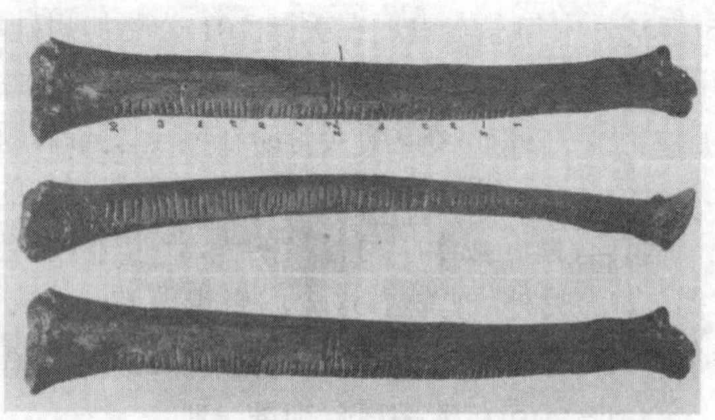
刻痕记数

结绳记数在中国和世界其他许多地方都曾使用过，有些结绳实物甚至保存下来. 在美国自然史博物馆（纽约）就收藏有古代南美印加部落用来记数的结绳. 而刻痕记数，迄今发现人类刻痕记数的最早的证据是 1937 年在捷克拉维亚出土的一块狼骨，在这根狼骨的两侧刻有 55 道刻痕. 这根狼骨的年代据考古考证大约在 3 万年前. 当结绳记数和刻痕记数又经历了数万年的发展，直到距今 5 千多年前，人类开始用文字书写记数以及出现相应的记数系统. 世界上几种古老文明的早期的记数系统：

早期记数系统	
古埃及象形数字（公元前 3400 年左右）	1 2 3 4 5 6 7 8 9 10 11 12 20 40 100 200 1000 10000 1000000
巴比伦楔形数字（公元前 2400 年左右）	1 2 3 4 5 6 7 8 9 10 11 12 20 30 40 50 60 70 80 120 130
中国甲骨文数字（公元前 1600 年左右）	一 二 三 亖 … 1 2 3 4 5 6 7 8 9 10 100 1000
希腊阿提卡数字（公元前 500 年左右）	Ⅰ ⅠⅠ ⅠⅠⅠ ⅠⅠⅠⅠ Γ ΓⅠ ΓⅠⅠ ΓⅠⅠⅠ ΓⅠⅠⅠⅠ Δ 1 2 3 4 5 6 7 8 9 10 11 12 15 16 20 30 50 60 70
中国筹算数码（公元前 500 年左右）	纵式 〡 〢 〣 〤 〥 〦 〧 〨 〩 横式 一 二 三 亖 … 1 2 3 4 5 6 7 8 9
印度婆罗门数字（公元前 300 年左右）	1 2 3 4 5 6 7 8 9 10 20 30 40 50 60
玛雅数字（公元 3 世纪）	1 2 3 4 5 6 7 8 9 10 20 40 60 80 100 120
玛雅象形数字（主要用于记录时间）	1 2 3 4 5 6 7 8 9 10

形的概念的形成与数的产生相仿，最初的几何知识是从人们对形的直觉中萌发出来的. 人们最初是从自然界中认识几何的形式，例如他们注意到园月与挺松在形象上的区别，早期人类对几何的形象产生了兴趣，开始在器皿制作、绘画装饰、建筑设计等加以再现. 使得几何知识随着人们的实践活动不断扩展，逐步形成了后来的几何学.

二、河谷文明——数学的起源与早期发展

尼罗河下游的古埃及、底格里斯河与幼发拉底河两河流域的古巴比伦、印度河与恒河河畔的古代印度、黄河与长江流域的古代中国，并称四大文明古国，创造了灿烂辉煌的河谷文明，早期的数学就诞生在这些地方. 4 个地区的古代先民对数学的数量关系与空间形式的研究各具特色、成绩斐然. 从数学史料看，古埃及与古巴比伦的数学历史最为久远.

（一）古埃及的数学——几何的故乡

在古埃及非洲东北部的尼罗河两岸，肥沃的尼罗河谷，素称为“世界最大沙漠中的最大绿洲”. 那里的先民依靠广阔的地理屏障在不受外来侵扰的环境下独立地创造了灿烂的文明，这种文明以古老的象形文字和巨大的金字塔为象征. 古埃及数学一般指公元前 6 世纪以前这个地区所创造的数学.

1. 象形文字中的数字

古埃及象形文字产生于公元前 3500 年左右. 在象形文字中出现了代表数字的符号和单分数的记法，出现了算术运算.

大约在公元前 2500 年古埃及象形文字被简化为一种较易书写的“僧侣文”，后来又发展成所谓的“通俗文”. 长期以来，这些神秘的文字始终是不解之谜. 直到 1799 年，拿破仑远征军的士兵在亚历山大城不远的一个古港口发现一块石碑，碑上刻有 3 种文字——希腊文、埃及僧侣文和象形文记述的同一铭文，才使得精通希腊文的学者找到了解读埃及古文字的钥匙. 为人们阅读象形文字或僧侣文献，认识和理解包括数学在内的埃及古代文明打开了大门.

2. 纸草书上的数学

在尼罗河三角地区盛产一种形如芦苇的水生植物——纸草，古埃及人用削尖的芦杆蘸上颜料把文字写在压制成的纸草片上. 这些纸草书有的幸存至今. 其中与数学有关的纸草书有两本——莱茵德纸草书和莫斯科纸草书. 莱茵德纸草书最初发现于埃及底比斯古都废墟，1859 年为苏格兰收藏家莱茵德购得，现收藏于伦敦大英博物馆. 另一本莫斯科纸草书，1893 年由俄国的戈列尼雪夫在埃及购得，现藏于莫斯科普希金精细艺术馆.

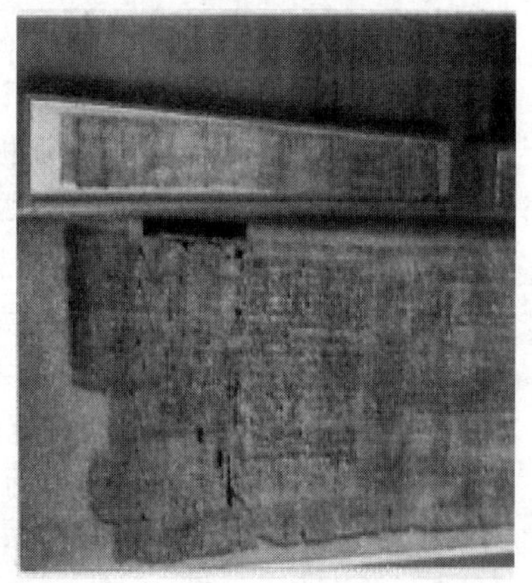
莱茵德纸草书

这两本数学纸草书都是用僧侣文写成，它实际上是各种类型的数学问题集，我们关于古埃及数学知识的了解，主要就是依据了这两本纸草书. 莱茵德纸草书大约产生于公元前 1650 年，主要由 84 个数学问题组成. 莫斯科纸草书大约产生于 1850 年，主要由 25 个数学问题组成. 同时，纸草书上出现了一些几何的问题，如求三角形的面积、圆的面积、四棱台的体积等.

3. 几何学的诞生

尼罗河是埃及的母亲河，通常在每年 7 月定期泛滥，11 月后洪水消退，留下肥沃的淤泥

来年耕种，庄稼的丰收就有了保障，但也出现了土地划分的问题，古埃及的几何学就起源于尼罗河洪水泛滥后的土地测量．

从纸草书中记载的三角形的面积、圆的面积、四棱台的体积的计算内容看，虽然古埃及是几何学的发源地，但尚未形成完整的体系，还缺乏逻辑的因素，基本看不到命题的证明．直到公元前 4 世纪希腊人征服了埃及以后，这一古老的数学文化完全被蒸蒸日上的希腊数学所取代．

古埃及的拉绳者

（二）巴比伦的数学——代数的源头

亚洲西部的底格里斯河与幼发拉底河之间地带，称为美索不达米亚平原，也是人类文明的发祥地之一．早在公元前 4000 年，苏美尔人就在这里建立了城邦国家，并创造了文字．美索不达米亚语出希腊语，意思是“两河之间的地区”，故这个地区也称为两河流域（今伊拉克境内）．从公元前 3000 年到前 200 年，这个地区所创造的数学，史称美索不达米亚数学，习惯上也往往被称为巴比伦数学．

1. 楔形文字中的记数

两河流域的苏美尔人用尖芦管在湿泥板上刻上楔形文字，泥板晒干后坚硬如石，易于保存．迄今出土的泥板文书约有 50 万块，关于数学的约有 300 块，其中有 200 块是数学用表，包括乘法表、倒数表、平方、立方表、平方根、立方根表，甚至还有指数、对数表等．

苏美尔人创造了楔形文字，后来传给了巴比伦人．巴比伦人发展成一套以六十进制为主记数系统，60 以下的数用简单 10 进的累记数法，60 以上的数用六十进制的位值记数法．

2. 泥板上的代数与几何

古巴比伦人不仅能利用数表计算各种复杂的算术问题，同时，在代数领域也达到了相当的高度．在古巴比伦时代的一些泥板则表明，古巴比伦人已能卓有成效地处理相当一般的一元二次方程．现藏于美国耶鲁大学的一块古巴比伦泥板上就记载着一道典型的代数问题，计算的过程就是求一个一元二次方程的根．类似的一元二次方程问题，在古巴比伦泥板上多不胜数．

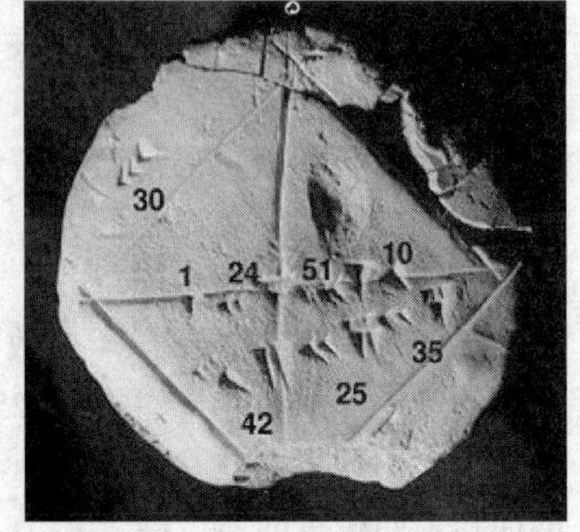

泥板上的几何

古巴比伦的几何已经达到了较高的水平，在古巴比伦泥板上已经出现了各种几何问题．古巴比伦的几何也是与测量等实际问题相联系的数值计算．其中对勾股定理和勾股数的计算与研究，其成就领先于其他 3 个文明古国千年以上．在数学泥板中，有许多涉及勾股定理应用问题，特别是在一块公元前 1700 年左右的圆饼状的泥板上，刻有一个正方形，并画出对角线，对角线上写了一行数字，即 1、24、51、10.

化为 10 进小数就是 $1+\frac{24}{60}+\frac{51}{60^2}+\frac{10}{60^3}=1.41421296\cdots$

这就是 $\sqrt{2}$ 的近似值，是按照勾股定理计算出来的单位正方形对角线的长，其误差不超过 6×10^{-7}.

总的来说，古巴比伦数学与古埃及数学一样，主要是解决各类具体问题的实用知识，处于原始算法积累时期. 尽管在古埃及纸草书和古巴比伦泥板上汇集有各种几何图形面积、体积的计算法则，但本质上属于算术的应用，几何学还未能成为一门独立的学问存在. 数学向理论的过渡，是大约公元前 6 世纪在地中海沿岸开始的，那里出现了一个崭新的、更开放的文明——史称“海洋文明”，带来了初等数学的第一个黄金时代——以论证几何为主的古希腊数学时代.

（三）印度的数学——阿拉伯数字的诞生

印度数学的发展可以划分为 3 个重要时期，首先是雅利安人入侵以前的达罗毗茶人时期（约公元前 3000 年—前 1400 年），史称河谷文化；随后是吠陀时期（约公元前 10 世纪—前 3 世纪）；其次是悉檀多时期（约公元 5 世纪—12 世纪）.

1. 达罗毗茶人时期、吠陀时期

由于达罗毗茶人的象形文字至今不能解读，所以对这一时期印度数学的实际情况了解很少. 印度数学最早有可考文字记录的是吠陀时代，其数学材料混杂在婆罗门教的经典《吠陀》中，年代很不确定. 不同流派的《吠陀》大都失传，目前流传下来的仅有 7 种，这些《吠陀》中关于庙宇、祭坛的设计与测量部分《测绳的法规》，即《绳法经》，大约是公元前 8 世纪至公元前 2 世纪的作品. 其中还有一些几何内容和建筑中的代数计算问题，如勾股定理、矩形对角线性质，以及一些作图法等.

2. 悉檀多时期

悉檀多时期是印度数学的繁荣鼎盛时期，其数学内容主要是算术与代数，出现了一些著名的数学家，如阿耶波多、婆罗摩笈多、马哈维拉、婆什迦罗等. 其中婆什迦罗是印度古代和中世纪最伟大的数学家和天文学家，他有两本代表印度古代数学最高水平的著作《莉拉沃蒂》和《算法本源》. 关于《莉拉沃蒂》书名，有一个美丽动人的传说，莉拉沃蒂是婆什迦罗女儿的名字（原意是“美丽”），占星家预言她终身不能结婚，而婆什迦罗也是占星家，他为女儿预占吉日，他把一个底部有孔的杯子放入水中，让水从孔中慢慢渗入，杯子沉没之时，就是他女儿吉日来临之际. 女儿带着好奇观看这只待沉的杯子，不料颈项上的一颗珍珠落入杯子中，正好堵塞了漏水的小孔，杯子停止了继续下沉，这样注定莉拉沃蒂永不能出嫁了. 婆什迦罗为了安慰女儿，把他所写的算书以女儿的名字命名，以使她的名字随同这本书一起流芳百世.

《莉拉沃蒂》共有 13 章，分别给出了算学中的名词术语、整数、分数的运算法则和技巧，以及利率方面的应用题、数列的计算、方程问题、组合问题、几何问题.《算法本源》则主要是算术和代数著作，其中包括零的运算法则的完整论述.

值得一提的是，现在国际通用的数码常称为阿拉伯数码，这是历史遗留下来的不确切的说法，应称为印度—阿拉伯数码更为恰当. 印度数码在公元 6 世纪传入阿拉伯国家，后又通过阿拉伯人传到欧洲，零号的传播则要晚，不过至迟在 13 世纪初，欧洲著名数学家斐波那契的《算经》中已有包括零号在内的完整的印度数码的介绍. 印度数码和十进位值制记数法被欧洲人普遍接受后，在欧洲近代科学的进步中扮演了重要的角色. 零号的发明是对世界文明

的杰出贡献.

（四）中世纪的中国数学——东方神韵

中华文明源远流长，发展进程波澜壮阔．在人类的古老文明中，古埃及、古巴比伦文化早已湮灭在历史长河中，古印度文明屡受摧残而损失殆尽，希腊和罗马也早以失去了往日的荣耀与辉煌．唯有中华文明薪火相传，五千多年虽有起伏跌宕，但却连绵不绝，从未中断.

中国数学就繁荣时期而言，从公元前后至 14 世纪，先后经历了 3 次发展高潮，即两汉时期、魏晋南北朝以及宋元时期，其中宋元时期达到了中国古典数学的顶峰.

1. 两汉时期的数学

（1）《周髀算经》

在现存的中国古代数学著作中，《周髀算经》是最早的一部．该书作者不详，成书年代不晚于公元前 2 世纪的西汉时期，书中涉及的数学、天文知识有的可以追溯到西周（公元前 11 世纪—前 8 世纪）．这部著作实际是从数学上讨论天文学的问题，主要的成就是分数运算、勾股定理及其在天文测量中的应用，其中关于勾股定理的论述最为突出.

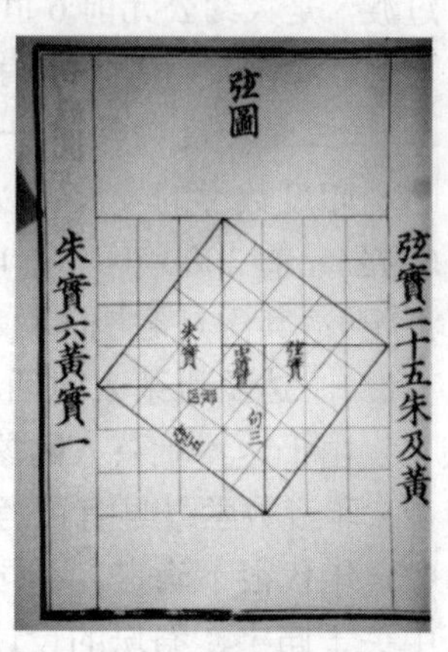

《周髀算经》一页

公元 3 世纪三国时期的赵爽在注《周髀算经》中，撰写了“勾股圆方图”，给出了勾股定理的证明．赵爽是中国数学史上最先完成勾股定理证明的数学家.

（2）《九章算术》

《九章算术》是中国古代数学最重要的著作．这部著作大约成书于公元前 1 世纪，也是中国古代最重要的数学典籍．现存《九章算术》的贡献包含两个方面，一方面是著作本身蕴涵的数学意义，另一方面是后人对该书所作的注释中所蕴涵的数学思想.

《九章算术》主要有算术、代数和几何三部分内容，分为方田、粟米、衰分、少广、商功、均输、盈不亏、方程、勾股 9 章，它实际上是 246 道应用题及其解法的汇编，概括了我国古人创造的领先于世界的数学成就.

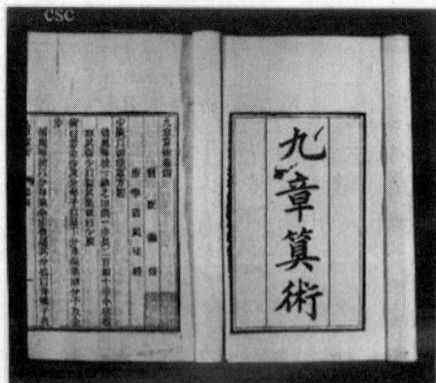

《九章算术》具有深远的影响，它总结了周代以来的中国古代数学，也有汉朝时期的数学成就，它的成书标志着中国古代数学体系的形成，流传近 2000 年．它从成书到西方数学传入之前，一直是中国古代数学习者的首选教材，历史上多次作为朝廷颁定的数学教科书，后世中国的数学家大多是从《九章算术》开始学习和研究数学的，对中国古代数学的发展起了巨大的推动作用．《九章算术》也是一部世界性的数学著作，早在隋唐时期就已经传入朝鲜、日本，后又译为英、德、俄等多种文字．《九章算术》及其注文中蕴涵的数学思想不仅对我国古代数学产生了巨大影响，也极大地促进了世界数学的发展.

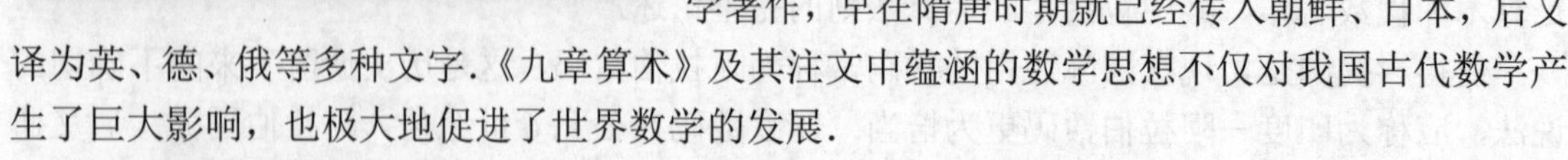

2. 魏晋南北朝的数学

从公元 220 年东汉分裂，到 581 年隋朝建立，史称魏晋南北朝．这是中国历史上的动荡时期，但同时也是思想相对活跃的时期，在长期独尊儒学之后，学术界思辨之风再起，数学上也兴起了论证的趋势，许多研究以注释《周髀算经》、《九章算术》的形式出现，实质是寻求这两部著作中一些重要结论的数学证明．这方面最杰出的代表是刘徽和祖冲之父子，正是他们的研究，使魏晋南北朝成为中国数学史上一个独特而丰产的时期．

刘徽是魏晋年间人，籍贯与生卒年不详．据记载，他于 263 年撰《九章算术注》.《九章算术注》包含了刘徽本人的许多创造，完全可以看成是独立的著作，从而奠定了这位数学家在中国数学史上的不朽地位．刘徽最突出的数学成就是“割圆术”和体积理论．

（1）刘徽的数学成就

割圆术：刘徽在《九章算术注》中提出用割圆术为基础计算圆的周长、面积和圆周率，用圆的内接多边形逼近圆．他指出：“割之弥细，所失弥少，割之又割，以至于不可割，则与圆合体而无所失矣．”由此算出圆周率．他是中国数学史上第一位建立可靠理论推算圆周率的数学家．

刘徽

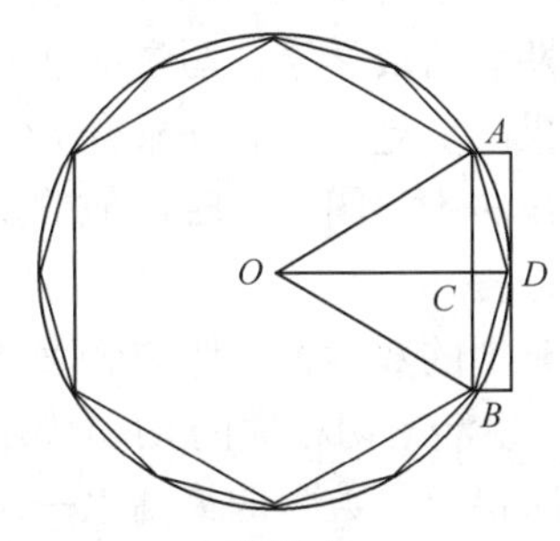

割圆术

积分学的萌芽：积分学的基本思想是逼近，基本过程是分割、近似求和、取极限、面积、体积的计算在我国起源甚古，刘徽的割圆术是极限思想的开始，它计算体积的思想是积分学的萌芽，可以说，刘徽很早就掌握了积分学的基本思想．

体积理论：刘徽的面积、体积理论建立在一条简单又基本的原理之上，就是他的“出入相补”原理．他创造了一个新的立体图形，他称为“牟合方盖”，牟是同的意思，盖是伞的意思，牟合方盖就是两个上下对称的方伞．刘徽用牟合方盖去包球，就是使球内切于牟合方盖，并指出：只要算出牟合方盖的体积，球体积公式也就唾手可得．

刘徽虽然没能推证出球体积公式，但他创造的特殊形式的不可分量方法，成为后来祖冲之父子在球体积问题上取得突破的先导．

（2）祖冲之父子的数学贡献

刘徽的思想和方法，到南北朝（公元 420—589）被祖冲之和他的儿子祖暅推进和发展了．祖冲之在数学上的重要贡献是圆周率的计算．他算出圆周率数值的上下限为

$$3.1415926<\pi<3.1415927$$

圆周率的发展，反映了一个时代或一个民族的数学水平．祖冲之算出圆周率精确到小数点后第 7 位，是当时世界上最先进的结果，这个记录在世界上保持了一千年的领先地位，直到 15 世纪才被阿拉伯数学家卡西超过，卡西在 1429 年对 π 的值算到了小数点后 16 位．随着数学的发展，圆周率的精确程度越来越高，到 1948 年两位美国数学家对 π 的值算到了小数点后 808 位．这是当时人工计算 π 的最高记录．

祖冲之

曾经困扰刘徽的球体积计算问题是祖暅解决的．祖暅提出了一个原

理：幂势既同，则积不容异．后世称为“祖氏定理”，从而推算出球体积公式．

刘徽和祖冲之父子的工作，思想是很深刻的，反映了魏晋南北朝时代中国古典数学中出现的论证倾向，以及这种倾向所达到的高度．然而令人迷惑的是，这种倾向随着这一时代的结束，可以说是戛然而止．大唐盛世，是中国封建社会最繁荣的时代，可是在数学方面，整个唐代却没有产生出能够与其前的魏晋南北朝和其后的宋元时期相媲美的数学家．中国古典数学的下一个高潮宋元时期数学，是创造算法的英雄时代．

3．宋元时期的数学

公元 960—1368 年是宋元时期，这一时期国家统一，社会稳定，商业繁荣，手工业兴盛，四大发明中的三项——指南针、火药和活字印刷在宋代完成并获得广泛应用，给数学的发展带来了新的活力．这一时期涌现出一批优秀的数学家，其中最卓越的代表有贾宪、杨辉、秦九韶、李冶、朱世杰等，后者通常称为“宋元四大家”．他们在世界数学史上占有光辉的地位．

贾宪是北宋时期著名数学家，写过一些数学著作，可惜已失传．所幸杨辉的著作中保留了他的两项重要成果：贾宪三角和增乘开方法．贾宪三角给出了指数为正整数的二项式展开的系数表——开方作法本源图．同时，他的增乘开方法是高次方程求近似解的方法，可用于三次或三次以上的方程．

秦九韶是南宋时期的数学家，他的名著《数书九章》成书于 1247 年，全书共 18 卷约 20 万字．书中收集了与生活密切相关的 81 个属性问题，其复杂程度和解题水平均高于此前的任何著作，代表了当时世界上数学的最高水平．秦九韶数学的主要成就：一是大衍求一术，提出了解一次同余方程组的方法，也称为孙子定理或中国剩余定理；二是数字高次方程求近似解法，成功地解决了大规模土方工程中提出的三次数字方程的计算问题；三是线性方程组的解法，采用了增广矩阵的变换，这是一项了不起的成就．

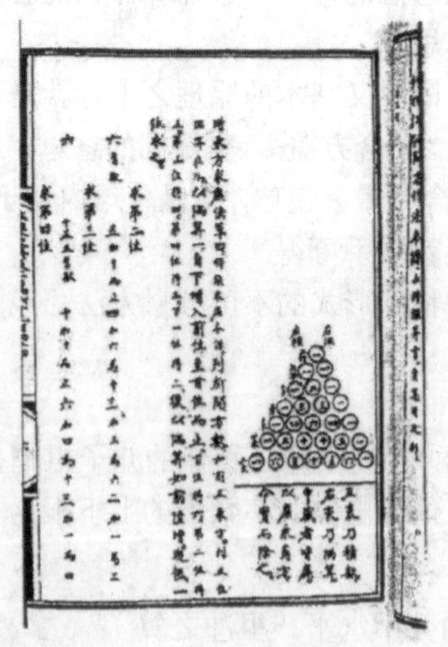

贾宪三角

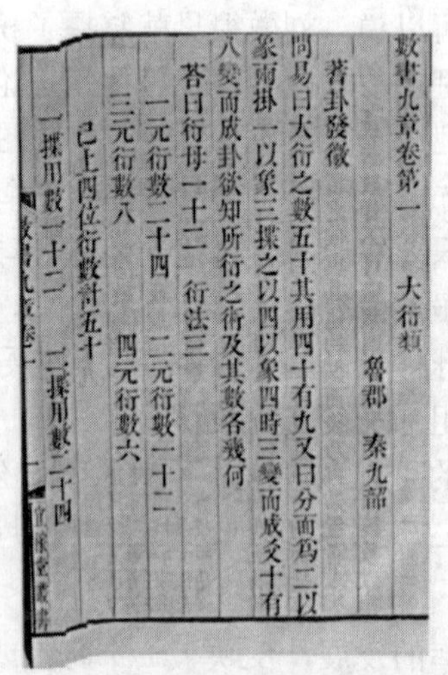

數書九章卷第一 大衍類
魯郡 秦九韶
蓍卦發微
問易曰大衍之數五十其用四十有九又曰分而爲二以象兩掛一以象三揲之以四以象四時三變而成爻十有八變而成卦欲知所衍之術及其數各幾何
荅曰衍母一十二 衍法三
一元衍數二十四 二元衍數一十二
三元衍數八 四元衍數六
已上四位衍數計五十
一揲用數一十二 二揲用數二十四

秦九韶《数书九章》卷一“大衍总数术”

宋元数学发展一个最深刻的动向是向代数符号化的尝试，这就是天元术语四元术的发明．李冶是金元时期的数学家，他所著《测圆海镜》（1248 年）、《益古算段》（1259 年）是最早阐述天元术的著作，天元术就是设未知数列方程的方法．清代学者阮元认为《测圆海镜》是“中土数学之宝书”．

李冶之后，元朝数学家朱世杰把天元术从一个未知数推广到两元、三元及四元高次联立方程组，这就是四元术．他的代表作有《算学启蒙》、《四元玉鉴》．

《四元玉鉴》是宋元数学高峰的又一标志，是中世纪最杰出的数学著作之一.《四元玉鉴》也可以说是宋元数学的绝唱．元末以后，中国传统数学骤转衰落，整个明清两代（1368—1911 年），不仅未再产生出能与《数书九章》、《四元玉鉴》相媲美的数学杰作，在明初开始长达 300 余年的时期内，除了珠算的发展及与之相关的著作（如程大位《算法统宗》1592 年）出现外，中国传统数学研究不仅没有新的创造，反而倒退了．16～17 世纪，当近代数学在欧洲蓬勃兴起，中国数学就更明显地落后了，原因令人深思.

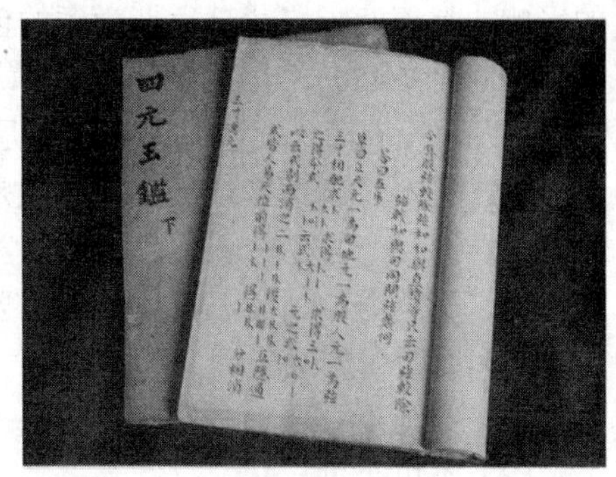

朱世杰《四元玉鉴》

三、古希腊数学——西方理性

古希腊在世界历史上并不仅限于今天称作“希腊”的那部分，而是包括东部扩展到爱奥尼亚（土耳其的西部），西部扩展到意大利南部和西西里，南部扩展到亚历山大（埃及).

希腊数学一般是指从公元前 600 年至公元 600 年间，活动于希腊半岛、爱琴海区域、马其顿与色雷斯地区、意大利半岛、小亚细亚以及非洲北部的数学家们创造的数学.

古希腊人也叫海伦人，其历史可以追溯到公元前 2000 年．当时，作为希腊先民的一些原始部落由北向南挺进，在希腊半岛定居，后来又逐步向爱琴海诸岛和小亚细亚扩张．到公元前 600 年左右，希腊人已经散布于地中海与黑海沿岸的大部分地区，他们身处两大河谷毗邻之地，大批游历于埃及和美索不达米亚的希腊商人、学者带回了从那里收集的数学知识，在古希腊城邦社会特有的唯理主义氛围下，这些经验的算术和几何被升华为具有初步逻辑结构的论证数学体系.

（一）论证数学的先行者

希腊数学先后出现过许多数学学派，其中最早的学派是伊奥尼亚学派，其创始人泰勒斯（约公元前 625—前 547）是古希腊最早的数学家和哲学家，也是古希腊数学的先行者．他曾游历过埃及和巴比伦，并把埃及的数学知识传到希腊．关于泰勒斯的传说很多，其中最脍炙人口的是他利用一个立杆和金字塔的日影测定了金字塔的塔高，以及预报了发生在公元前 585 年的一次日食．泰勒斯的主要贡献是引入数学命题证明的思想．据普洛克鲁斯所著的《欧几里得<原本>第一卷评注》介绍，泰勒斯曾证明了下列 4 条定理.

泰勒斯

（1）圆的直径把圆分为两个相等的部分.

（2）等腰三角形两底角相等.

（3）两相交直线的对顶角相等.

（4）全等三角形的角边角定理.

这些几何性质埃及人和巴比伦人都知道，但都是从直观认识的，而泰勒斯是第一个证明这些性质的人，这就是希腊数学与埃及、巴比伦数学的本质区别．从此，论证数学在希腊诞生．它标志着人类对客观事物的认识已经从实践上升到理论，这是数学史上的一次不寻常飞跃，命题证明成为希腊数学的基本精神.

（二）毕达哥拉斯学派对数学的贡献

伊奥尼亚学派之后，毕达哥拉斯学派兴起，这个学派存在了两个世纪至久，对人类文明的影响非常深远．毕达哥拉斯学派的创始人是古希腊论证数学的另一祖师毕达哥拉斯（约公元前 560—前 480）．毕达哥拉斯与泰勒斯一样也是扑朔迷离的传说人物，两人都没有著作传世．人们主要是通过一些间接的历史资料对他进行一些基本了解．毕达哥拉斯学派是毕达哥拉斯建立的一个宗教、政治、学术合一的秘密团体．相传哲学、数学这两个词是由毕达哥拉斯所创．毕达哥拉斯学派对数学的主要贡献有：

毕达哥拉斯

（1）证明了勾股定理；

（2）数与形结合——多边形数；

（3）不可公度．

在西方文献中一直把勾股定理称为毕达哥拉斯定理．他是如何发现的？又是用什么方法证明的？现已不可考，后人只能作一些合理推测．勾股定理可能是所有数学定理中证法最多的，据《毕达哥拉斯》一书记载有 367 种证法，实际数目远不止这些．

一般认为，论证数学是从泰勒斯的伊奥尼亚学派开始的，但毕达哥拉斯学派在这方面做出了巨大的推进，他们的工作可以说是欧几里得公理化体系的先驱，毕达哥拉斯学派使数学从实际应用中摆脱出来，把数学当作一种思想来追求，追求一种永恒的真理．后人将数学中这一新方向的成长主要归功于毕达哥拉斯学派．

（三）希腊的几何

从公元前 338 年腓力二世（亚历山大帝之父）统一希腊半岛，到公元前 30 年最后一个希腊化国家托勒密王国被罗马征服，这一时期是希腊数学的“黄金时期”，先后出现了欧几里得、阿基米德和阿波罗尼奥斯三大杰出数学家，他们的成就标志了古希腊数学的巅峰．

1．几何大师欧几里得与《几何原本》

欧几里得是古希腊论证数学的集大成者，他编撰的旷世巨著《几何原本》使他名垂不朽，是数学史上的一个伟大的里程碑．从它的问世起就受到人们的高度重视．在西方世界除了《圣经》以外没有其他著作的使用、研究、传播之广泛能与《几何原本》相比．这本书的最大意义在于，它是用公理化方法建立起几何学演绎体系的最早典范．明代末年，我国科学家徐光启与意大利传教士利玛窦合作翻译了《几何原本》传入中国．

欧几里得

众所周知，公理化方法是数学中的重要方法，它的重要精神就是从尽可能少的几条公理以及若干原始概念出发，推导出尽可能多的命题．历史上，公理化的思想最早出现在希腊，许多希腊数学家做了大量先驱性的工作，欧几里得对前人积累下来的数学知识作了系统化、理论化的总结，建成了巍峨的几何大厦，对整个数学的发展产生了深远的影响．近现代数学就是按《几何原本》的公理化模式发展起来的．

欧几里得几何学的影响远远超出了思想以外，对整个人类文明带来了巨大的影响．它孕育了一种理性精神，人类的任何其他创造都不可能像欧几里得从几条公理出发，证明了几百条定理，建立了几何学．受这一成就的鼓舞，人们把理性运用于其他领域，神学家、逻辑学家、哲学家、政治家以及所有真理的追求者纷纷仿效欧几里得的模式，建立他们自己的理论．

关于欧几里得的生平，后人知之甚少，甚至连他的出生年月、地点都不清楚，但却流传下两个富有启发的故事．一个故事说，托勒密王曾问欧几里得有无学习几何的捷径，欧几里得回答说：“几何学无王者之道”．意思是在几何里，没有专门为国王铺设的平坦道路，这句话后来推广为“求知无坦途”，成为千古传诵的学习箴言．另一个故事是，有一个学生刚学了一个几何命题便问：“学了这些我能获得什么？”欧几里得对仆人说：“给这位先生 3 个分币，因为他一心想从学过的东西中捞点什么”．由此可见，欧几里得主张学习必须循序渐进、刻苦钻研，不赞成投机取巧作风和狭隘的实用主义观点．

2. 数学之神阿基米德的成就

欧几里得之后，古希腊又出现了一位数学大师，他的数学贡献史无前例，他对当时和后世数学的影响久远、深邃，以至于有人把他称为“数学之神”，这个人就是阿基米德．

数学家、力学家阿基米德（公元前 287—前 212）出生于西西里岛（今属意大利）的叙拉古．阿基米德著述极为丰富，流传于世的著作有 10 余种，阿基米德对数学做出的最引人注目的贡献是，积分方法的早期发展．他的著作集中探讨了面积和体积相关的计算问题．他在写给数学家埃拉托塞尼的信《处理力学问题的方法》中，集中阐释了求面积或体积公式的方法，即“平衡法”．

阿基米德“平衡法”的中心思想是，要计算一个未知量（面积或体积），可先把它分成许多微小的量（如微小线段、薄片），再用另一组微小单元来进行比较．通常是建立一个杠杆，找一个合适的支点，使两组微小的量获得平衡，而后一组的总和比较容易计算．这实际上就是近代积分法的基本思想．阿基米德的睿智在两千二百多年前就放射出耀眼的光芒，他当之无愧地可称为积分学的先驱．

阿基米德

阿基米德的许多有趣轶事与数学的应用有关．据帕波斯记载，阿基米德曾宣称：“给我一个支点，我就可以移动地球”．他为了证明他的断言，设计了一组复杂的滑轮装置，使叙拉古国王希罗一个人亲手移动了一艘巨大货轮．他还从“皇冠问题”中发现了浮力定律．相传公元前 212 年，罗马人进攻叙古拉，阿基米德在保卫叙古拉的战斗中，发明了许多军械，诸如投石炮、火镜等，使敌人闻风丧胆．后来罗马人攻陷了叙古拉，当破城而入的罗马士兵冲到阿基米德身边时，这位老人正在思考数学问题，他让士兵离开，别碰沙盘，恼怒的士兵把他刺死．他是死象征一个时代的结束，代之而起的是罗马文明．

3. 阿波罗尼奥斯与圆锥曲线论

阿波罗尼奥斯

阿波罗尼奥斯（公元前 262—前 190）出生于小亚细亚的城市珀尔加．阿波罗尼奥斯的贡献涉及几何学和天文学，他在数学上的最重要的成就是在前人工作的基础上创立了相当完美的《圆锥曲线论》，这部以欧几里得严谨风格写成的巨著对圆锥曲线研究所达到的高度，直到 17 世纪的笛卡儿、帕斯卡登场之前，始终无人能超越．

如果说古埃及、古巴比伦的数学还处在知识积累的萌芽阶段，那么古希腊的数学则走向了辉煌，它为人类创造了巨大的精神财富，其数量和质量都是空前的．古希腊数学提出了建筑数学理论大厦的公理化思想，为后世的数学发展指明了方向．

第三节 数学与文学

数学家用一个名称替代不同的事情，而诗人则用不同的名称意指同一件事物.

——法国数学家亨利·庞加莱

数学代表着收敛的创造性，文学代表着发散的创造性，数学与文学乃是互补的事业.

——Martin. Dyck

数学与文学看似风马牛不相及，但细细品味，却发现有许多共性的追求．数学与文学的共性追求来源于人类两种基本思维方式——科学思维与艺术思维的同一性．文学是以感觉经验的形式传达人类理性思维的成果，数学则以理性思维的形式描述人类的感觉经验．文学是以美启真，数学是以真启美，虽然方向不同，实则同一．数学与文学的统一归根到底是在符号上的统一：数学揭示的是隐秘的物质世界运动规律的符号体系，而文学则是揭示隐秘的精神世界的符号体系.

一、数学与诗

（一）诗中的数学意境

在中国的诗词名句中，不乏找到一种数学意境，让人遐想，让人品味.

孤帆远影碧空尽，唯有长江天际流.

这是李白在《黄鹤楼送孟浩然之广陵》中的名句．当我们理解无穷小量是以零为极限的变量时，如果在脑海中能出现一幅“一叶孤舟随着江流远去，帆影在逐渐缩小，最终消失在水天一际之中”这样的图景，数学中极限的概念也就融合在这优美的诗意中了.

孤帆远影碧空尽

前不见古人，后不见来者，

念天地之悠悠，独苍然而涕下.

这是唐朝初期诗人陈子昂的名句，是时间和三维欧氏空间的文学描述，在陈子昂看来，时间可比喻以他自己为原点向两端无限延伸的一条直线．天是一个平面，地也是一个平面，人类生活在这悠远而空旷的时空里，不禁感慨万千．数学把这种人生感受精确化，诗人的想象可以补充我们的数学理解.

（二）回文数和回文诗

1. 数学中的回文数

从左往右或从右往左读都是一个数.

例如，两位数的回文数：11,22,33,44,55,66,77,88,99.

三位数的回文数：111,121,131,…,212,222,…,989,999.

（1）回文数的加减

两个位数相同的回文数相加减，其结果仍是回文数.

例如，56365+12621=68986，5775−2222=3553.

（2）人生难遇对称年

从11世纪到20世纪的1000年中，对称的年份有10个，即1001,1111,1221,1331,1441,1551,1661,1771,1881,1991，也就是说一个世纪只有一个对称年，每两个对称年间隔110年，所以，一个人活到110岁，也难遇到一个对称年.

但如果生年巧，年龄虽小，也可以遇到对称年．例如，20 世纪到 21 世纪的对称年相隔最近，只有 11 年，即对称年 1991 年出生的孩子，11 岁的时候，又遇上了一个对称年 2002 年，这样一生中便赶上了两个对称年．

（3）回文数猜想

任取一个正整数，与它的倒序数相加，若其和不是回文数，再遇其倒序数相加，重复进行下去，直到获得回文数为止．例如，68+86=154, 154+451=605, 605+506=1111．

于是数学家提出一个猜想：任取一个正整数，经过有限次的倒序数相加后都会得到一个回文数．这个猜想是否成立，仍是个谜，它有待于有志者去揭示它的奥秘．

2. 文学中的回文诗

顺读倒读都行，都有意思．

例如，清朝女诗人吴绛雪有一首回文诗：

香莲碧水动风凉，水动风凉夏日长．
长日夏凉风动水，凉风动水碧莲香．

回文诗词的创作难度很高，但运用得当，它的艺术魅力是一般诗体无法比拟的．

（1）宋苏轼的回文诗

诺贝尔奖获得者杨振宁教授曾在香港大学讲演“物理和对称”时，作为“对称”的例子，举了苏东坡的七律诗《游金山寺》：

潮随暗浪雪山倾，远浦渔舟钓月明．
桥对寺门松径小，巷当泉眼石波清．
迢迢远树江天晓，蔼蔼红霞晚日晴．
遥望四山云接水，碧峰千点数鸥轻．

我们把这首七律诗每两句由后往前读下去，就成了：

明月钓舟渔浦远，倾山雪浪暗随潮．
清波石眼泉当巷，小径松门寺对桥．
晴日晚霞红蔼蔼，晓天江树远迢迢．
轻鸥数点千峰碧，水接云山四望遥．

也可以将整首诗由后往前读下去，就成了：

轻鸥数点千峰碧，水接云山四望遥．
晴日晚霞红蔼蔼，晓天江树远迢迢．
清波石眼泉当巷，小径松门寺对桥．
明月钓舟渔浦远，倾山雪浪暗随潮．

这首回文诗无论是顺读还是倒读，都是情景交融、清新可读的好诗，是回文诗中的上乘之作．

（2）回文对联

有一家叫天然居的名餐馆，门口有一副对联：

客上天然居，居然天上客．

顾客进店见到自己居然成了天上的客人，虽然还未进餐，就已产生了一种好感，意境绝妙．

（三）数字入诗

著名作家秦牧在其名著《艺海拾贝》中辟有“诗与数学”，认为数字入诗，显得“情趣横溢，诗意盎然”．数字入诗，别具韵味，闪烁着迷人的光彩，给人以美的享受和深刻的印象．

1. 古诗中数学美的佳句

例如，李白的《望庐山瀑布》：

“日照香炉生紫烟，遥看瀑布挂前川．飞流直下三千尺，疑是银河落九天”．

《朝发白帝城》：

“朝辞白帝彩云间，千里江陵一日还．两岸猿声啼不住，轻舟已过万重山”．

飞流直下三千尺

轻舟已过万重山

是公认的长江漂流的名篇，展示了一幅轻快飘逸的画卷．

杜甫的《绝句》：

“两个黄鹂鸣翠柳，一行白鹭上青天．窗含西岭千秋雪，门泊东吴万里船”．

同样脍炙人口，数字深化了时空意境．

2. 古诗中数学美的妙题

题《百鸟归巢图》：

“一只一只复一只，三四五六七八只，凤凰何少鸟何多，食尽人间千万石．”

此诗妙在于，首句“一只一只复一只，意为两只，第二句为 3 乘 4，5 乘 6，7 乘 8 之和共 98 只，两句之和正好为 100 只，与百鸟之题相切．

传说郑板桥见人赏雪吟诗，戏作：

“一片二片三四片，五六七八九十片，千片万片无数片，飞入梅花总不见．”

使人联想到雪花纷纷扬扬，漫天雪舞的景象．

3.《文君复书》中的故事

古广传颂的《文君复书》说的是司马相如与卓文君成婚不久便赴长安赶考，求取功名．他到了长安，终于官拜中郎将．从此，他沉湎于声色犬马、纸醉金迷，觉得卓文君配不上他了，于是就处心积虑想休妻，另娶名门千金．

痴情的卓文君朝思暮想，等待丈夫的“万金家书”，一转眼五年时间过去了．一天，忽然京城来了一名差官，交给她一封信，说司马相如大人吩咐，立等回书．卓文君接过信又惊又喜，拆开信一看，寥寥数语：“一、二、三、四、五、六、七、八、九、十、百、千、万．”聪颖过人的卓文君一下子明白了，家书中无“亿”字，当了新贵的丈夫，对她已“无意”了．

于是她回信写道：

一别以后，二地相悬，只说三四个月，又谁知五年六年．七弦琴无心弹，八行书无可传，九连环又从中折断，十里长亭望眼欲穿，百思想，千思念，万般无奈把郎怨．万语千言说不完，百无聊赖十依栏，重九登高看孤雁，八月中秋月圆人不圆，七月半烧香秉烛问苍天，六伏天人人摇扇我心寒，五月石榴火红偏遭阵阵雨浇花端，四月枇杷未黄我欲对镜心意乱．急匆匆，三月桃花随水转，飘零零，二月风筝线儿断．噫！郎呀郎，巴不得下一世你为女来我为男．

在卓文君的信里，从一写到万，又由万写到一，声泪俱下，悲愤之情跃然纸上．司马相如读后十分羞愧、内疚，良心受到了谴责，他越想越对不起这位才华出众、多情多义的妻子．后来他终于用高车驷马，亲自登门接走“糟糠”之妻卓文君，过上了幸福美满的生活．

二、数学与小说

（一）《战争与和平》

托尔斯泰

列夫•托尔斯泰（Tolstoy，1828—1910）著的《战争与和平》中有这么一段具有数学意味的精辟表述：只有抽取无穷小的观察单位（历史的微分，也就是人们的个人倾向），并且找到求它们的积分方法（就是得出这些无穷小量的总和），我们才有希望认识历史的法则．著作中还有一处引用数学中的芝诺悖论：用阿基里斯追乌龟悖论，说明运动是连续的，不能把它离散地割开来．

（二）《达•芬奇密码》

曾风靡一时的丹•布朗创作的《达•芬奇密码》是一部惊险小说和智力解谜结合的典范之作．讲述的是卢浮宫馆长在卢浮宫馆内被谋杀，死前他把自己摆成了达•芬奇名作，《维特鲁威人》中的姿势，并在尸体旁留下了难以捉摸的密码符号．哈佛大学宗教符号学教授罗伯特•兰登和馆长孙女索菲•奈芙在一起追寻凶手的过程中，竟然发现一连串的线索，其中有斐波那契数列和黄金分割……

（三）《红楼梦》前 80 回与后 40 回的作者是否相同

众所周知，《红楼梦》共有 120 回，前 80 回是由曹雪芹写的，而后 40 回是否由高鹗补，争议颇多．

1980 年，在美国威斯康辛大学召开的国际首届《红楼梦》研讨会上，来自威斯康辛大学的华裔学者陈炳藻先生宣读了一篇《从词汇上的统计论〈红楼梦〉的作者问题》的博士论文，引起了国际红学界的关注和兴趣．1986 年，陈炳藻教授公开发表了《电脑在文学上的应用：<红楼梦>与<儿女英雄传>两书作者》，他利用计算机对《红楼梦》前八十回和后四十回的用字进行了测定，并从数理统计的观点出发，探讨《红楼梦》前后用字的相关程度．他将《红楼梦》的一百二十回分为三组，每组四十回，并将另一部小说《儿女英雄传》作为第四组进行比较．从每组中任意取出八万字，分别挑出名词、动词、形容词、副词、虚词这 5 种词汇，运用数理语言学，通过计算机程序对这些词进行编排、统计、比较和处理，进而找出各组相关程度．结果发现《红楼梦》前八十回与后四十回的词汇相关程度达到 78.57%，而《红楼梦》与《儿女英雄传》的词汇相关程度是 32.14%．由此他推断出《红楼梦》的作者为同一个人所写的结论．

1983 年，华东师范大学的学者陈大康对《红楼梦》全书的字、词、句作统计分析，得出前 80 回是由曹雪芹一个人所写，后 40 回为另一人所写，但后 40 回的前半部分含曹雪芹的残稿．

1987 年，复旦大学数学系李贤平教授，从每个回目中挑选 47 个虚词（之，其，或，亦……呀，吗，罢；的着，是，在……可，变，就，但……等），用词汇统计学的方法进行考证，提出了《红楼梦》成书新说：《红楼梦》各部分实际上是由不同作者在不同时期完成的．《红楼梦》前 80 回是曹雪芹据《石头记》增删而成，其中插入他早年著的《风月宝鉴》，同时增写了许多具有深刻内涵的内容．后 40 回是曹雪芹的亲友搜集曹的原稿整理而成，其中宝黛故事为一人所写，而程伟元、高鹗为整理全书的功臣．

这些结论是否被红学界所接受，还存在一定的争论．但是这种运用数学统计推断的方法对文学作品进行考证，却给人留下了深刻的印象．

（四）《静静的顿河》的作者是谁

《静静的顿河》是前苏联著名作家米哈依尔·肖洛霍夫（1905—1984）的一部长篇小说．肖洛霍夫于 1941 年获斯大林奖金，1965 年获诺贝尔文学奖，成为第一位获此殊荣的苏联作家．此书共分为四部，从 1926 年开始直至 1940 年共用了 14 年的时间才创作完成．从第一次世界大战到国内战争结束这个动荡的历史年代中，描写了顿河两岸哥萨克人在战争时期的生活和命运，葛利高里是他们的代表．在战争中，他在红军和白军中间摇摆不定，从一个单纯的孩子成长为暴躁偏激的军官．在红军与白军之间经历了抗争和逃避的多次选择后，这位平民英雄变得凶残放荡，最终消失在历史的洪流里．

肖洛霍夫

但该书曾有过关于作者的争论．有人认为，这本书是肖洛霍夫抄袭哥萨克作家克留柯夫的作品加工而成．学者捷泽等人采用计算机风格学的方法进行考证，他们从《静静的顿河》中随机地挑选出 2000 个句子，再从肖洛霍夫、克留柯夫的小说中各选一篇，从中随机挑选出 500 个句子，共 3 组样本、3000 个句子，通过计算机进行处理，从句子的长度、词类统计、句子结构及出现频率等进行统计分析，从而确认该书的作者是肖洛霍夫．

三、数学家的文学修养

数学是科学的语言，数学不仅用来写数字，而且可以描绘人生．著名数学家徐利治先生把自己的治学经验概括为培养兴趣、追求简易、重视直观、学会抽象、不怕计算和喜爱文学，教导后学不可忽视文学修养．

（一）能诗善文的数学大师华罗庚

华罗庚

华罗庚教授是一位数学大师，他的文学修养很高，一生写了许多诗词．华老的诗通俗易懂，朗朗上口．他的名句“聪明在于勤奋，天才在于积累”和“勤能补拙是良训，一分辛劳一分才”早已成为人们的座右铭．在他写的一本《从孙子的“神奇妙算”谈起》书中，华老用他的一首诗作序：

神奇妙算古名词，师承前人沿用之，
神奇化易是坦道，易化神奇不足提．
妙算还从拙中来，愚公智叟两分开，
积久方显愚公智，发白才知智叟呆．
埋头苦干是第一，熟练生出百巧来，
勤能补拙是良训，一分辛劳一分才．

（二）诗人数学家苏步青

苏步青

著名数学家、数学教育家苏步青教授是一位优秀的诗人，生平作诗近 500 首，这是他人格的投影，生命的结晶，为我们了解现代中国正直的知识分子的心灵世界提供了一份不可多得的艺术参照．2000 年由百花文艺出版社出版了苏步青的诗词、散文选集《数与诗的交融》．

苏步青教授曾任全国政协副主席，发表数学论文 150 篇，他倡导理工科学生应该学些文学，在他的业余诗作《原上草集》序中，诗曰：

筹算生涯五十年，纵横文字百余篇.
如今老去才华尽，犹判春来草上笺.

丘成桐

（三）丘成桐的文学情怀

丘成桐可说是数学界的泰山北斗级人物，曾受业于当代几何学大师陈省身先生．丘成桐成功地解决了许多有名的猜想（如卡拉比猜想），在偏微分方程、微分几何等诸多领域有不可磨灭的贡献．1982 年获得国际数学联盟颁发的菲尔兹奖，2010 年获得的沃尔夫奖，是继他的导师、已故著名华人数学家陈省身之后，第二位获得沃尔夫奖的华人．所有获得该奖项的数学家都是享誉国际数学界的当代数学大师，他们的成就代表了当代数学的最高水平和发展方向．

丘成桐说："我不是文学家，但我喜欢将做学问与中国文学融合在一起．"

（四）数学大师陈省身教授

著名数学家陈省身教授于 1980 年在中国科学院的座谈会上即席赋诗：

物理几何是一家，一同携手到天涯.
黑洞单极穷奥妙，纤维联络织锦霞.
进化方程孤立异，曲率对隅瞬息空.
筹算竟得千秋用，尽在拈花一笑中.

陈省身

此诗把现代数学和物理学中的最新概念纳入优美的意境中，讴歌数学的奇迹，毫无斧凿痕迹．特别是"拈花一笑"一句极为传神，当年佛陀"拈花一笑"是告诉佛门弟子一切名利是非皆伤本体，而"拈花一笑"，一切荣辱皆无．"拈花一笑"传递的是禅意，此诗用典于此，显示了诗人博大的胸怀和崇高的境界．

一首好的诗词令人百读不厌，就是因为它有着美的内涵．这里文学美的含义包括高尚人性的概括总结、审美意识的高度凝聚、词句结构的简洁性与对称性，以及音调上的顺畅与和谐性等，所以文学美也表现某种和谐性、简洁性和抽象性，这就与数学美有着某种可作类比的相似性，特别在审美标准上更有一些共性．

（五）国外数学大师的文学修养

有人以为，数学和文学似乎是磁铁的两极，前者靠理性思维，后者靠形象思维，两者相互排斥，然而在西方历史上有许多数学家都有较好的文学修养．

解析几何的奠基人笛卡儿对诗歌情有独钟，认为"诗是激情和想象力的产物，他的"我思故我在"成为一切思想者的座右铭．

大数学家柯西从小喜欢数学，曾系统地学习过古典语言、历史、诗歌等．具有传奇色彩的是柯西在流亡国外时，曾在意大利的一所大学里讲授过文学诗词课，并有《论诗词创作法》一书问世．

著名的匈牙利数学教育家波利亚年轻时对文学很感兴趣，尤其喜欢德国大诗人海涅的作品，他曾因把其作品译成匈牙利文而获奖．

英国著名数理逻辑学家、"理发师悖论"的发现者罗素，也是一位文学家，有多部小说集出版发行，这位非科班出身的文学家竟获得 1950 年的诺贝尔文学奖．

俄国著名女数学家索菲亚·柯瓦列夫斯卡娅在数学上有非凡的成就，在文学上也享有盛名，其作品《童年的回忆》的文学价值经久不衰，以至让她无法判断自己到底是偏爱数学还是更偏爱文学.

欧玛尔·海亚姆

11 世纪波斯（今伊朗）著名数学家欧玛尔·海亚姆因给出了三次方程的几何解而载入数学史册，同时又作为《鲁拜集》的作者而闻名于世. 可以说他是人类历史上在数学和文学上作出杰出贡献为数极少的人之一. 有意思的是，在金庸的《倚天屠龙记》武侠小说里，女主人公小昭多次吟唱着这样一首小曲："来如流水兮逝如风，不知何处来兮何所终》". 该曲原出于海亚姆的《鲁拜集》，作者添加了两个"兮"字，便有了中国古诗的味道. 而在这部中国小说的结尾，女主人公小昭被意味深长地发配去了波斯.

第四节 数学与艺术

欣赏我的作品的人，没有一个不是数学家.

——达·芬奇

音乐是一种必须掌握一定规律的科学，这些规律必须从明确的原则出发，这个原则没有数学的帮助就不可能进行研究. 我必须承认，虽然在我相当长时期的实践活动中获得许多经验，但是只有数学能帮助我发展我的思想，照亮我甚至没有发觉原来是黑暗的地方.

——法国音乐理论家、作曲家拉莫

很少有人会把数学和艺术联系在一起，在人们的印象中，数学与艺术看不出有共同之处. 尽管它们都是人类智慧的产物. 然而数学与艺术都是美丽的，而且是有内在联系的. 数学不仅是真理，而且是至上美丽——一种严峻的美，雕塑的美. 艺术以美的形象、愉悦的音律激发人的情感，艺术诠释数学的内涵，使数学变得平易近人，数学开拓艺术的蕴涵，使艺术变得丰富多彩且意味深长. 两者最大的关联，在于它们都需要人类的思维和丰富的想象力.

一、《蒙娜丽莎》中的黄金比

蒙娜丽莎

生活中见过无数笑脸. 其中有一种笑容令人一见难忘，那就是蒙娜丽莎的微笑.《蒙娜丽莎》是一幅世界名画，收藏在法国巴黎的卢浮宫. 卢浮宫博物馆有三件镇馆宝物，其中有两件是大众熟知的，这两件里有一件是维纳斯大理石雕像，另一件就是《蒙娜丽莎》. 尽管人们可以在自己家里收藏复制的维纳斯石膏雕像，收藏印有《蒙娜丽莎》的精美画册，但是每年仍有 600 万人从世界各地拥向卢浮宫，去那里目睹真迹.

蒙娜丽莎的微笑是一种神秘笑容，美术史家称之为"神秘的微笑". 她的笑眼会说话. 她想说什么呢？不知道. 神秘莫测. 外国的电视节目做过试验，请观众猜想蒙娜丽莎正要说什么话. 结果，观众们的答案各不相同，各有各的道理，似乎猜出几分意思，似乎又不是这种意思.

《蒙娜丽莎》的作者是达·芬奇．意大利文艺复兴时期有3位特别优秀的美术家，历史上称为文艺复兴三杰，达·芬奇是其中最突出的一位（另外两位分别是米开朗基罗和拉斐尔）．《蒙娜丽莎》是一位女士的半身画像．在画中，她的头发梳理得平滑光洁，略带自然卷曲，罩了一片薄如蝉翼的轻纱，既不带金耳环，也没有项链和戒指．服装的款式精致，色彩却很朴素．天生丽质，无须修饰．她那深色的衣服，色彩与头发相近．领口下面布满流畅的细密褶裥，与下垂到双肩的长发衔接．说不清是褶裥像头发，还是头像褶裥．这身衣服，从颜色和款式两方面，都能与秀发上下呼应，浑然一体，美丽但不华丽．在她身后是辽阔的山川，远景朦胧多变幻，如梦境一般神奇．头发美，服装美，风景也美，不过这些美丽之处都显得非常含蓄，不愿引人注目．在画面上表现为深色或冷色调区域，并且带有几分模糊．就是这些深、冷色调背景，烘托出画面里两大片明亮区域，其中为主的是一张聪明、娴静、动人的脸，为次的是一双温柔、圆润、灵巧的手．人的美丽，是美中之美．一看见这幅画，视线立刻被引到神秘的笑脸，令人难忘．

观众看画，欣赏的是整体效果．画家作画却注意绘画技法．利用色彩明暗，突出画面主体区域，就是一种重要的艺术表现手法，是获取成功艺术效果的一件幕后法宝．

在美术中，画面上的一个区域叫做面．面的边界是线，线的边界是点．若想画得好，就要设法将点线面配置得巧．点、线、面是几何概念．怎样配置点线面，说到底，应该是几何问题．

《蒙娜丽莎》画中的点、线、面配置很有特色．评论家们指出．这幅画有多处符合几何中的黄金比．图中显示了一种利用黄金比分析《蒙娜丽莎》的几何结构图．

《蒙娜丽莎》中的黄金比

我们用 g 表示黄金比0.618，在图中 $AB=gAD$．换句话说，$ABCD$ 是黄金矩形，蒙娜丽莎的上半身大致位于这个黄金矩形内．

在黄金长方形的底边 AB 上有一点 E，满足 $AE=gAB$．可见 E 是 AB 的黄金分割点．通过 E 点的竖直虚线，指出了蒙娜丽莎鼻梁的位置．画面上的蒙娜丽莎微微侧身，转过的角度恰到好处，使她面部的中心线转到了黄金分割点．

图中的各条水平虚线都是根据黄金比画出的．从上到下，这些虚线的右端点与人体部位的对应关系顺次是：M（额角），H（眉毛），K（鼻子），F（颈根），G（肩膀），L（右臂），N（左臂）．各个关键点按照以下长度关系确定：

$$AF=gAD,\ AG=gAF,\ FH=gFD,$$
$$FK=gFH,\ GL=gGA,\ HM=gHD,\ LN=gLA.$$

美是一种感觉，因人而异，因时而异．黄金比是一种数量关系，放之四海而皆准．利用黄金比分析画面的美，是用数量刻画感觉，用确定无疑的来衡量难以捉摸的．

于是有人联想，蒙娜丽莎的微笑实在令人难以捉摸．能否用某种数量来分析它呢？法国巴黎卢浮宫2005年12月公布了以下数量分析结果：在蒙娜丽莎的微笑中，包含83%的高兴，9%的厌恶，6%的恐惧和2%的愤怒．这是荷兰阿姆斯特丹的一所大学应用“情感识别软件”分析出来的．

二、《最后的晚餐》的数学构图

数学中有一门独立的分支——射影几何学．它的许多概念来自绘画，是从绘画艺术中产生和发展起来的．

透视画法是几何学与绘画技术的一种完美结合. 14 世纪的乔托是西洋美术史上开启性的人物，后世尊称为“西洋绘画之父”. 乔托是历史记载中第一个凭直觉悟出有一种最为优越的绘画技巧的人，他提出在绘画构图上应把视点放在一个静止不动的点上，并由此引出一条水平轴线和一条竖直轴线来. 乔托在绘画艺术上恢复了几何的空间概念.

15 世纪，西方画家们认识到，为了描绘真实世界，必须从科学上对光学透视体系进行研究. 绘画科学是布鲁内莱斯基创立的，他建立了透视体系. 而第一个将透视画法系统化的是阿尔贝蒂. 阿尔贝蒂的贡献是，他抓住了透视学的关键，即“没影点”的存在，大量地应用欧几里得几何的原理，以帮助后世的艺术家掌握这一技术.

对透视学作出最大贡献的是意大利文艺复兴时期著名画家达·芬奇，他认为绘画的目的是再现自然界，而绘画的价值就在于精确地再现. 因此，绘画是一门科学，它和其他科学一样，其基础是数学.

达·芬奇创作了许多精美的透视学作品. 这是一位真正富有科学思想和绝伦绘画技术的天才，他杰出的优秀作品《最后的晚餐》是透视学的最好典范.

这幅画描绘出了真情实感，一眼看去，与真实生活一样，让人感觉达·芬奇就在画中的房子里. 墙壁和天花板上后退的光线不仅清晰地衬托出了景深，而且经仔细选择的光线集中于耶稣.《最后的晚餐》画中表现的故事，记载在圣经新约全书《马太福音》第 26 章，大意如下：

祭司长想寻找机会杀害耶稣，耶稣的 12 个门徒中，有一个叫犹太，去见祭司长，说是可以把耶稣交给他，问对方愿意给多少钱，结果祭司长给了犹太 30 块钱.

逾越节到了，耶稣吩咐门徒进城准备了宴席，晚餐中，来了许多带刀棒的人，按照约定暗号，犹太假装向耶稣请安，吻了他，来人知道这就是耶稣，将他捉住，带走以后，钉上了十字架.

最后的晚餐

《最后的晚餐》画中的场面，是晚餐中，耶稣对门徒说；“你们中间有一个人要卖我了”，门徒听后各人表现出的不同心态. 画面中，耶稣画在中心显著位置，他摊开手掌，向两侧斜伸双臂，头垂向一侧，显得有些无奈，他清楚将会发生不可避免的一幕，表达出耶稣此时的伤感与思考. 12 个门徒分成 4 组，每组 3 人自然地靠在一起，对称分布在耶稣的两边. 他们对耶稣的话反应各不相同. 从画面左边往右数，第二组的第一个面孔，紧张地看着耶稣，他吓得向后跌倒，靠右臂撑在桌上支持身体，手里还捏住钱袋不放，那里面装着 30 块钱，这个人就是叛徒犹太. 其他门徒动作表情不一，各自的形态和个性生动、鲜明，同时，大多面向耶稣，或手伸向耶稣这边.

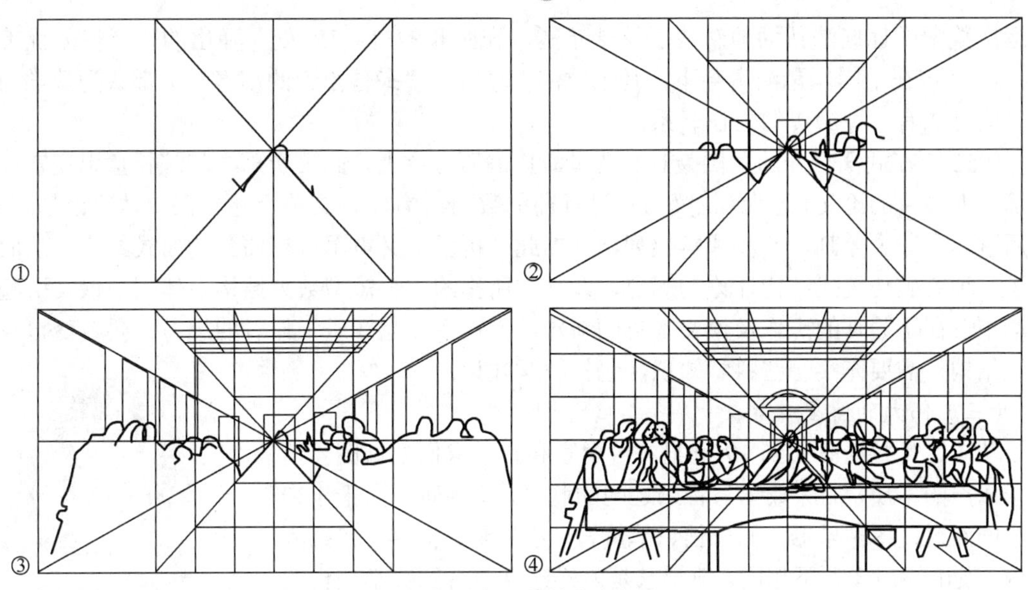

《最后的晚餐》的数学结构图

《最后的晚餐》画面的的数学结构图分析：

（1）耶稣的头部位于画面的正中央，透视线从他面部向四周辐射；

（2）一系列的垂直线剖分画面，在中央构成一个大方格，为桁条状的天花板厘定了界限；

（3）水平线构成了大方格的小方格，耶稣位于正中央，众门徒位于对角线造成的两个部分中；

（4）从最后的结构图上可以看出，构图是以类似栅状的线条为基础演化而来的．

三、数学与音乐

音乐是心灵和情感在声音方面的外化，数学是客观事物高度抽象和逻辑思维的产物．那么，“多情”的音乐与“冷酷”的数学也有关系吗？我们的回答是肯定的．甚至可以说音乐与数学是相互渗透、互相促进的．

（一）乐谱与数学

乐谱的书写是表现数学与音乐密切联系的一个显著领域．在乐谱中，我们看到了数学的速度与音乐的节拍（1/4 拍，3/4 拍等）、全音符、二分音符、四分音符、八分音符、十六分音符等．谱写乐曲时不同长度的音符必须与某一节拍所规定的小节相适应，确定每小节内的某分音符数与找公分母的过程相似，作曲家在音乐创作时把它们有机地融合一体了．如果对一首完整的音乐作品进行分析，我们看到每个音节都使用了各种不同长度的音符构成其规定的节拍，在这里，数学中的平移与音乐中的反复、数学中的反射与音乐中的起伏形成了鲜明的比照．

（二）乐曲中的黄金分割

黄金分割应用于作曲是数学的音乐产生影响的另一个显著领域．神奇的黄金分割以其独特的比例性、和谐性蕴含丰富的美学价值．20 世纪，某些应用流派开始打破以往的规范形式，而采用新的自由形式．匈牙利的巴托克曾探索将黄金分割法应用于作曲中，在一些乐曲的创作技法上，将音乐的高潮或音程、节奏的转折点安排在全曲的黄金分割点处．例如，要创作 89 节的乐曲，其音乐的高潮便在 55 处；如果是 55 节的乐曲，高潮便在 34 节处．例如，李之唤的“春天序曲”，全曲 8 小节，第 5 小节正是黄金分割点．

我国著名琵琶演奏家刘德海曾希望在琵琶每根弦上寻找能发出最佳音色的点，华罗庚教授运用数学的优选法帮助他解决了这一难题，在弦长的 1 / 12 处，弹出的声音格外优美动听．1980 年在全国琵琶演奏会上，几十位演奏家听了“最佳点”的演奏后，都认为数学与音乐之间可能有一种深奥的内在联系．

1952 年在武汉召开的全国聂耳、冼星海作品研讨会上，武汉音乐学院院长童忠良宣读了一篇引人注目的论文，题为《论义勇军进行曲的数列结构》，该文整个建立在数学理论基础上，先后讲述了黄金分割、菲波那契数列，并据此分析了《义勇军进行曲》的曲式结构，从而提出了一种突破传统式结构理论的观点，即其文所称的“长短型数列结构”体制．该文引起的轰动不仅在于聂耳的杰作及论文本身的新颖，更在于引起音乐工作者的思考：要改变自身的知识结构，需要充实一些科学知识，包括数学知识．

（三）伟大的傅里叶

傅里叶（1768—1830）

从毕达哥拉斯时代到 19 世纪，数学家和音乐家们都试图弄清音乐乐声的本质，加深数学与音乐之间的联系，这种研究两千年来没有间断过．各种乐器，如长笛、单簧管、小提琴、钢琴，包括人在内，发出的声音各不相同，数学家是怎样建立声音的数学分析的呢？通过观察各种声音的图像，可以发现所有声音的图像，都表现出某种规律性，即每一种声音的图像在 1 秒钟内都会准确地重复若干次，这种声音是悦耳的．相反的，噪音具有高度的不规则性．因此，不管声音是如何产生的，通过图像我们把乐音和噪音区分开了．这里，我们把所有具有图像上规则性或周期性的声音称为乐音．

从数学上看，这方面的最高成就属于法国数学家傅里叶．他证明了，所有的乐音，都可以用数学的语言进行全面描述，即美妙的音乐乐句可用数学形式表达．傅里叶得到了这样的定理：任何周期性的声音（乐音）都可表示为形如 $a\sin bx$ 的简单正弦函数之和．

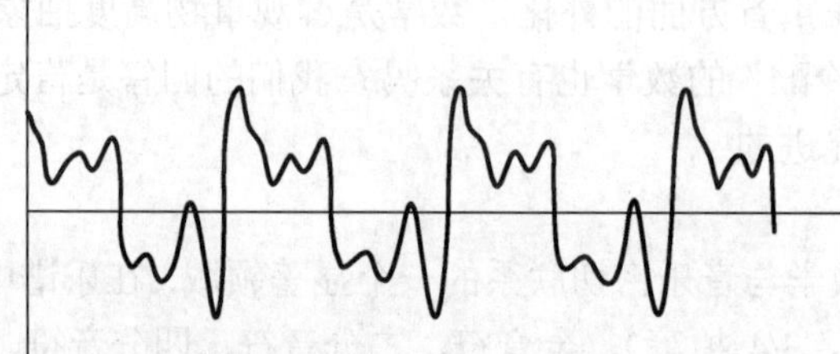

上图表示小提琴奏出的乐声，它的数表达式是

$$f(x) \approx 0.06\sin 1000\pi \cdot t + 0.02\sin 2000\pi \cdot t + 0.01\sin 3000\pi \cdot t$$

在计算机和信息技术飞速发展的今天，有了数学分析和计算机的显示技术，在再现声音的通信仪器，音乐的作曲、合成，电子音乐的制作等方面，音乐声音的数学分析具有重大的实际意义．

傅里叶把艺术中最抽象领域的音乐，转化为科学中最抽象学科的数学，使得最富有理性的学问与最富有情感的音乐密切联系起来，傅里叶在音乐上的成就不在贝多芬之下．

第五节　数学与经济

不管数学的任何一分支是多么抽象，总有一天会应用在这实际世界上．

——俄国数学家罗巴切夫斯基

著名数学家华罗庚说“人们对是数学产生干燥无味、神秘难懂的印象，成因之一便是脱离实际.”其实，在与经济有关的实际生活中，人们也在频繁地使用数学. 比如银行存款和贷款的利息计算等，许多和理财有关的问题都是数学问题. 可以毫不夸张地说，一个人在经济上是否成功，与他的数学能力关系很大.

数学对人类生活的影响体现在什么方面？我们说数学对人类生活的影响主要反映在数学知识、数学思想方法和数学思维的应用上.

一、生活中的数学

生活中你只要处处留意，就会发现你时常会用到了数学的知识、思想方法和数学的思维，只不过所遇到的问题太常见、太普遍而显得“熟视无睹”罢了. 例如，购物要用到数学知识；你的计算机中的文件能够快捷、方便地找到吗？数学分类的思想可以帮助你条理清晰、存取自如；完成一件事情、安排一天的工作如何做到高效合理，可以用到数学的优化思维. 还有生活中，为什么井盖设计成圆形？三条腿的椅子为什么总能在地上放稳？女孩子为什么喜欢穿高跟鞋？喝饮料时，拿着不同形状的易拉罐是否想过为何这样设计？其中的奥秘不可谓不多，数学可以给你一个满意的答复. 下面看几个有趣的例子.

（一）商家的诱惑

某商场举办购物送券促销活动，服装类商品买 100 送 80，皮鞋类买 100 送 50，零头不送. 赠券可以随意购物，但不再送券. 假如你想买一双皮鞋 480 元，买一件衬衣 320 元，你会如何购买？

分析：如果先买皮鞋，付现金 480 元，得赠券 200 元. 再买衬衣，用赠券 200 元，再付现金 120 元，再获赠券 80 元. 则共付现金 600 元，最后余下赠券 80 元. 相当于付款 600−80=520 元.

如果先买衬衣，付现金 320 元，得赠券 240 元. 再买皮鞋，用赠券 240 元，再付现金 240 元，再获赠券 100 元. 则共付现金 560 元，最后余下赠券 100 元. 相当于付款 560−100=460 元.

两者比较，前者比后者多付了 13%.

类似的，商场举办购物打折、多买多送等促销活动，都可以用数学的知识帮助你更好地理性消费.

（二）洗衣的学问

给定的水量和洗涤剂，如何使衣服洗得更干净？比如，假设给定 20L 的水量和适量的洗涤剂，洗涤后残留水分是 1L.

分析：如果一次用完 20L 水，则洗涤后残留的污物是 1/20.

如果分两次加水，分别用 15L 和 5L，则洗涤后残留的污物是$\left(\frac{1}{15}\right)\times\left(\frac{1}{6}\right)=\frac{1}{90}$.

如果平均分两次加水，则洗涤后残留的污物是$\left(\frac{1}{10}\right)\times\left(\frac{1}{11}\right)=\frac{1}{110}$.

如果分 19 次加水，第一次用 2L，后面每次 1L，则洗涤后残留的污物是$\left(\frac{1}{2}\right)^{19}=\frac{1}{524288}$.

可见，洗涤次数不同或不同的加水组合会产生非常不同的洗涤效果.

以上是数学给出了一种洗衣问题的简单解答，它给我们一些启示，现实生活中，洗衣服的问题是一个已习惯化的过程，凭感觉经验就行，也未必需要严格按数学方法的精确去做. 但是，有了数学帮助，至少可以懂得了生活中的优化、节约能源、增强环保意识、改善生活质量等．而另一方面，当今，洗衣机已进入百姓家庭，企业在洗衣机的产品设计中，仅洗衣问题，那就不能凭感觉经验去设计洗衣机洗衣的用水量、洗涤剂用量、洗涤和漂洗的次数等了.如何设计最佳的洗衣服的程序，在数学上这是一个有解但很难准确求得其解的复杂问题．运用数学帮助解决产品的设计，从产品的优化、节能环保的角度考虑以足见意义重大．

（三）薪酬问题

据说在美国流传着这样一个故事："一家公司的老板为了留住人才、调动其工作积极性，在保障基本工资的前提下，给出两种加工资的方案，供员工选择．第一种方案是每个年度结束时加 1000 元作为工资，第二种方案是每半年结束时加 300 元，请选一种"．

一般的人，往往选择第一种方案，凭感觉认为一年加 1000 元总比两个半年共加 600 元要多．其实，稍微有点数学基础的人，只要善于用数学思维进行理性的分析，你会发现这种选择自己吃亏．因为，加工资是累计的，时间稍长，往往第二种方案更有利．例如，在第二个年度结束时，依第一方案可以加得 1000 + 2000 = 3000 元．依第二方案在第一年可以加得 300 + 600 = 900 元，第二年可以加得 900 + 1200 = 2100 元，两年总数也是 3000 元．但到了第三年，第一方案可以加得 1000 + 2000 + 3000 = 6000 元，第二方案可以加得 300 + 600 + 900 + 1200 + 1500 + 1800 = 6300 元，比第一方案多了 300 元．到第四年、第五年会更多．因此，你如果打算在该公司工作 3 年以上，则应该选择第二方案．

这个问题用到的数学知识并不高深，重要的是需要灵活的数学的理性思维能力．在生活中要求我们回答各种问题和进行各种选择，影响到眼前的利益、人生的发展和目标的实现，具备一定的数学素养是必不可少．

二、财技和数学

在这个商品经济社会里，和理财有关的工作，由于在经济方面的关键作用和重要影响，成为薪水不菲的白领职业．而财技高超的人更是在现代社会中如鱼得水，善于理财就得算盘打得精，就其实质来说，这是一种很实用也很有"钱途"的数学能力．

（一）会计职业吃香

在我国改革开放以来，随着经济的发展，会计工作一直是较为热门的职业．会计就是要和数字打交道，它涉及"变量间的相互关系"的数学问题．较为初级的会计工作，只进行一些简单计算、数字处理和公式转化，数学基础比较简单，就业门槛较低，因此，竞争压力也很大．基本的会计工作不需要精深的数学，这使得一些人低估了数学对于会计的价值．数学素养不够，也会成为制约一个会计人员职业发展的瓶颈．

对于较高级别的会计工作，高等数学的知识正变得越来越有价值．会计专业属于经管学科大门类，报考会计专业研究生，需要通过高等数学考试，考察的内容包括微积分、线性代数、概率统计等相关数学素养的掌握程度．

在西方，曾兴起一股在会计中应用较高深的数学的热潮，并形成了区别于一般的财务会计的管理会计的概念．从方法上看，一般的财务会计所用的方法是描述性的方法，一般只用到初等数学就够了．而管理会计所用的方法是分析方法，要用到较高深的数学．西方的会计领域的许多名家所出版的影响较大的教科书，也较广泛地应用了诸如微积分、数学规划、矩阵代数、概率论、投入产出模型等许多高等数学方法．

（二）财务管理与数学能力

一项针对外企财务总监薪酬的调查显示，担任这一职位的香港员工薪水最高，平均年薪

20 万美元，其次是由跨国公司总部直接派驻的欧美员工，年薪约 18 万美元，再其次是企业在中国的本地员工．留学人员财务总监的年薪高于内地员工，年薪 15 万美元，后者为 9 万美元．

重要的财务管理工作薪酬是很可观的，但相应的对工作能力的要求也很高，要成为金领职业中的金领，要求则更高．有业内人士这样形容财务经理的工作，他们在企业中的位置比较敏感，不仅要看紧企业的“钱包”，更要有本领用好它，对于财务经理来说，重要的不只是掌握一定的数学知识，其核心是在于培养自身内在的数学思维能力，也就是数学素养．有了这种素养，可以应对各种含有更复杂变量的商业问题．

要找到学财务专业的员工不难，但真正专业的高级财务人才却相对缺乏．财务工作的实质不仅仅是简单地用数字说话，更重要的是用数学思维来表达某种商业意识和意图．在公司财务中，财务工作已经由过去纯粹的算算账向管理会计转变，通过对财务数据的分析为企业的运营提供决策依据．作为优秀的或高级的财务经理，要较为全面地掌握和了解企业的经营活动．例如，开发新项目，业务人员考虑的通常是怎样增加销售，而财务人员就会考虑项目初期的投资、资金的占用、现金的周转、信贷的条件、库存的管理、产品的定价、税务的处理等各种费用的成本核算，为企业提供重要的决策参考依据．这就需要数学的计算和数学的思维．

有一位财务出身的亚太地区的总裁说过：“没有财务人员参加的会议，就不是重要的会议．”作为财务经理，要从会计及财务技术的层面上发表意见，让企业老总和同事们明白你算了一盘怎样的账，它对企业的发展有什么用．因此，财务人员要进行数学思维，提供数学手段，将搜集到的各种信息“翻译”成财务的数学语言——财务数据和报表，作出准确合理的预测，为企业高层作出正确决断提供参考．

三、诺贝尔经济学奖与数学

诺贝尔奖设于 1901 年初，只有物理、化学、生理学或医学、文学和和平 5 个奖项，直到 1969 年开始设立诺贝尔经济学奖．虽然没有诺贝尔数学奖，但数学与诺贝尔经济学奖的联系却十分紧密．事实上，1944 年数学家冯·诺依曼和摩根斯特恩合著的《博弈论与经济行为》出版，标志着现代系统博弈理论的初步形成，成为现代数理经济学的开端，数学方法在经济学中开始占据重要地位．1969 年首届诺贝尔经济奖授予了把数学与统计方法应用于经济分析的荷兰经济学家简·丁伯根和挪威经济学家雷格纳尔·弗里希，从此，全球经济学研究中出现了经济学数学化的趋势．

雷格纳尔·弗里希（1895—1973）

简·丁伯根（1903—1994）

有人将这一经济学奖称为经济学奖中的数学奖，因为经济学家中的数学家得此奖的频率最高．从 1969—2010 年的 42 年中，大部分诺贝尔经济学奖的获得者都运用了数学方法来研究经济理论，60 多个获奖项目几乎每一项都与数学有关，其中强烈依赖数学的达 80%，三分之二的获奖者是由于在经济领域运用数学方法取得重大突破而获奖的．同时，获奖者中许多人有数学专业的学习背景或拥有数学学位，具有深厚的数学功底．在获奖者中真正的数学家有苏联经济学家列奥尼斯·康托罗维奇和美国经济学家小约翰·福布斯·纳什，而完全因为数学得奖的有罗拉尔·德布鲁、纳什、莱茵哈德·泽尔腾和约翰·哈萨尼等人．而有数学专业学习背景的获奖者更多，如 1969 年首届诺贝尔经济奖获得者雷格纳尔·弗里希，1971 年诺贝尔经济奖获得者西蒙·库兹涅茨，2010 年诺贝尔经济奖获得者彼得·戴蒙德等．

从诺贝尔经济学奖看数学在经济学中的应用，主要有以下几个方面．

计量经济学：是挪威经济学家弗里希在 1926 年仿照"生物计量学"一词提出来的．统计学、经济理论和数学三者结合构成了计量经济学．而 1969 年首届诺贝尔经济奖获得者荷兰经济学家简·丁伯根和挪威经济学雷格纳尔·弗里希，他们对经济理论赋予数学上的严谨性，发展了用动态模型来分析经济进程，被誉为计量经济学的奠基人．

里昂·瓦尔拉斯（1834—1910）

数理经济学：是运用数学方法对经济学理论进行陈述和研究的一个分支学科．数理经济学也称为公理化方法，是从经济现象中提炼出一些假设，并从这些假设出发，应用抽象的数学推理，得出反映经济现象的数学模型．法国经济学家里昂·瓦尔拉斯是数理经济学影响最大的创始人，他的一般均衡分析方法被西方经济学普遍使用．

博弈论与纳什均衡：博弈论也称对策论，是研究具有斗争或竞争性质现象的数学理论和方法．它是应用数学的一个分支，也是运筹学的一个重要学科．博弈论主要是数学家冯·诺依曼创立的．冯·诺依曼和摩根斯特恩合著的《博弈论与经济行为》一书提出的标准型、扩展性和合作型博弈模型解的概念和分析方法，奠定了这门学科的理论基础．

冯·诺依曼（1903—1957）

摩根斯特恩（1902—1977）

在冯·诺依曼和摩根斯特恩的贡献的基础上，美国数学家小约翰·福布斯·纳什引入了合作型博弈与非合作型博弈的区分，并提出了日后被称为"纳什均衡"的非合作型博弈均衡的概念．著名的"纳什均衡"的概念在非合作型博弈的均衡分析理论中起着核心的作用，它为博弈论广泛应用于经济学、管理学、社会学、政治学、军事科学等领域奠定了坚实的理论基础．

2001 年美国上映了有一部与数学有关的电影《美丽心灵》，它是以获得诺贝尔经济学奖的数学家小约翰·福布斯·纳什（Jr.John Forbes Nash）为原型的电影，是一部关于一个真实天才的极富人性的剧情片．

小约翰·福布斯·纳什

电影《美丽心灵》

故事的原型是数学家小约翰·福布斯·纳什，他生于 1928 年 6 月，纳什小的时候性格孤独内向，他的数学天分大约在 14 岁开始展现．他在普林斯顿大学读博士时刚刚 20 岁，但他的一篇关于非合作型博弈的博士论文和其他相关文章，确立了他博弈论大师的地位．在 20 世纪 50 年代末，他已成为著名的数学家了．

然而，正当他的事业如日中天的时候，30 岁的纳什得了严重的精神分裂症，在长达 25 年多的岁月里，他的妻子艾丽西亚——一个麻省理工学院物理学毕业生，在心灵上从来没有离开过纳什，而是不遗余力地帮助他，试图把他拉出疾病的深渊．这个伟大的女性用一生与命运进行博弈，她的耐心和毅力终于创造了奇迹，而纳什，也在得与失的博弈中取得了均衡，渐渐康复，并于 1994 年获得诺贝尔经济学奖．这是一个真人真事的传奇故事，今天纳什继续在他的领域中耕耘着．

这部影片获得了第 74 届奥斯卡最佳影片、最佳导演、最佳改编剧本和最佳女配角 4 项大奖．

线性规划——康托罗维奇：线性规划是运筹学中研究较早、发展较快、应用广泛、方法较成熟的一个重要分支，它是辅助人们进行科学管理，研究线性约束条件下线性目标函数的极值问题的数学理论和方法的一种数学方法．求线性目标函数在线性约束条件下的最大值或最小值的问题，统称为线性规划问题．例如，在企业的各项管理活动中，计划、生产、运输、技术等问题．线性规划是指从各种限制条件的组合中，选择出最为合理的计算方法，建立线性规划模型从而求得最佳结果．

列奥尼德·康托罗维奇

1975 年诺贝尔经济奖获得者之一，前苏联著名经济学家列奥尼德·康托罗维奇，1938 年首次提出求解线性规划问题的方法——解乘数法．康托罗维奇指出，在经济管理、交通运输、工农业生产等经济活动中，提高经济效果是人们不可缺少的要求，而提高企业的劳动效率有两条途径，一条途径是技术上的各种改进，如改善生产工艺，使用新设备和新型原材料．另一条途径是对生产组织和计划方式的改进，即合理安排人力物力资源、合理分配机床机械的作业、最大限度地减少废料、最佳地利用材料、最有效地组织货物运输、最适当地安排库存等．过去，由于缺乏计算的工具，后一条途径难以解决．解乘数法的提出，为求解线性规划问题，为科学地组织和计划生产开辟了现实的前景．

康托罗维奇在经济学领域的最大成就是他把资源最优化利用这一传统的经济学问题，由定性研究和一般的定量分析推进到现实计量阶段，对线性规划方法的建立和发展做出了开创性贡献．

线性规划是运筹学的重要分支，它是一门实用性很强的应用数学学科．随着计算机技术的发展和普及，线性规划的应用越来越广泛，它已成为人们为合理利用有限资源制定最佳决策的有力工具．

附录 A　标准正态分布表

$$\Phi(x)=\int_{-\infty}^{x}\frac{1}{\sqrt{2\pi}}\mathrm{e}^{-\frac{t^2}{2}}\mathrm{d}t=P(X\leqslant x)$$

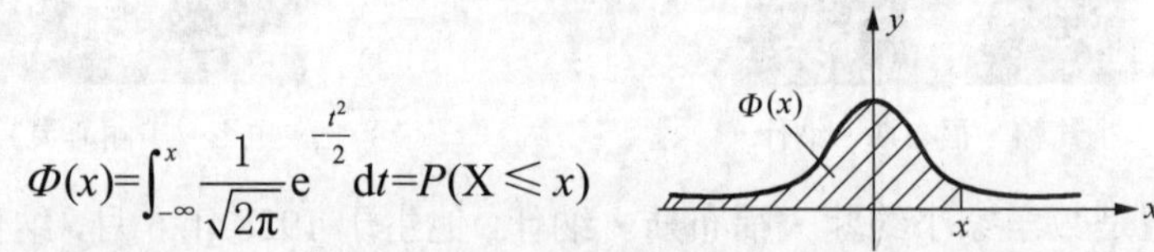

x	0.00	0.01	0.02	0.03	0.04	0.05	0.06	0.07	0.08	0.09
0.0	0.500 0	0.504 0	0.508 0	0.512 0	0.516 0	0.519 9	0.523 9	0.527 9	0.531 9	0.535 9
0.1	0.539 8	0.543 8	0.547 8	0.551 7	0.555 7	0.559 6	0.563 6	0.567 5	0.571 4	0.575 3
0.2	0.579 3	0.583 2	0.587 1	0.591 0	0.594 8	0.598 7	0.602 6	0.606 4	0.610 3	0.614 1
0.3	0.617 9	0.621 7	0.625 5	0.629 3	0.633 1	0.636 8	0.640 4	0.644 3	0.648 0	0.651 7
0.4	0.655 4	0.659 1	0.662 8	0.666 4	0.670 0	0.673 6	0.677 2	0.680 8	0.684 4	0.687 9
0.5	0.691 5	0.695 0	0.698 5	0.701 9	0.705 4	0.708 8	0.712 3	0.715 7	0.719 0	0.722 4
0.6	0.725 7	0.729 1	0.732 4	0.735 7	0.738 9	0.742 2	0.745 4	0.748 6	0.751 7	0.754 9
0.7	0.758 0	0.761 1	0.764 2	0.767 3	0.770 3	0.773 4	0.776 4	0.779 4	0.782 3	0.785 2
0.8	0.788 1	0.791 0	0.793 9	0.796 7	0.799 5	0.802 3	0.805 1	0.807 8	0.810 6	0.813 3
0.9	0.815 9	0.818 6	0.821 2	0.823 8	0.826 4	0.828 9	0.835 5	0.834 0	0.836 5	0.838 9
1.0	0.841 3	0.843 8	0.846 1	0.848 5	0.850 8	0.853 1	0.855 4	0.857 7	0.859 9	0.862 1
1.1	0.864 3	0.866 5	0.868 6	0.870 8	0.872 9	0.874 9	0.877 0	0.879 0	0.881 0	0.883 0
1.2	0.884 9	0.886 9	0.888 8	0.890 7	0.892 5	0.894 4	0.896 2	0.898 0	0.899 7	0.901 5
1.3	0.903 2	0.904 9	0.906 6	0.908 2	0.909 9	0.911 5	0.913 1	0.914 7	0.916 2	0.917 7
1.4	0.919 2	0.920 7	0.922 2	0.923 6	0.925 1	0.926 5	0.927 9	0.929 2	0.930 6	0.931 9
1.5	0.933 2	0.934 5	0.935 7	0.937 0	0.938 2	0.939 4	0.940 6	0.941 8	0.943 0	0.944 1
1.6	0.945 2	0.946 3	0.947 4	0.948 4	0.949 5	0.950 5	0.951 5	0.952 5	0.953 5	0.953 5
1.7	0.955 4	0.956 4	0.957 3	0.958 2	0.959 1	0.959 9	0.960 8	0.961 6	0.962 5	0.963 3
1.8	0.964 1	0.964 8	0.965 6	0.966 4	0.967 2	0.967 8	0.968 6	0.969 3	0.970 0	0.970 6
1.9	0.971 3	0.971 9	0.972 6	0.973 2	0.973 8	0.974 4	0.975 0	0.975 6	0.976 2	0.976 7
2.0	0.977 2	0.977 8	0.978 3	0.978 8	0.979 3	0.979 8	0.980 3	0.980 8	0.981 2	0.981 7
2.1	0.982 1	0.982 6	0.983 0	0.983 4	0.983 8	0.984 2	0.984 6	0.985 0	0.985 4	0.985 7
2.2	0.986 1	0.986 4	0.986 8	0.987 1	0.987 4	0.987 8	0.988 1	0.988 4	0.988 7	0.989 0
2.3	0.989 3	0.989 6	0.989 8	0.990 1	0.990 4	0.990 6	0.990 9	0.991 1	0.991 3	0.991 6
2.4	0.991 8	0.992 0	0.992 2	0.992 5	0.992 7	0.992 9	0.993 1	0.993 2	0.993 4	0.993 6
2.5	0.993 8	0.994 0	0.994 1	0.994 3	0.994 5	0.994 6	0.994 8	0.994 9	0.995 1	0.995 2
2.6	0.995 3	0.995 5	0.995 6	0.995 7	0.995 9	0.996 0	0.996 1	0.996 2	0.996 3	0.996 4
2.7	0.996 5	0.996 6	0.996 7	0.996 8	0.996 9	0.997 0	0.997 1	0.997 2	0.997 3	0.997 4
2.8	0.997 4	0.997 5	0.997 6	0.997 7	0.997 7	0.997 8	0.997 9	0.997 9	0.998 0	0.998 1
2.9	0.998 1	0.998 2	0.998 2	0.998 3	0.998 4	0.998 4	0.998 5	0.998 5	0.998 6	0.998 6
x	0.0	0.1	0.2	0.3	0.4	0.5	0.6	0.7	0.8	0.9
3	0.998 7	0.999 0	0.999 3	0.999 5	0.999 7	0.999 8	0.999 8	0.999 9	0.999 9	1.000 0

附录 B　t-分布临界值表

$$P\{t(n) > t_\alpha\} = \alpha$$

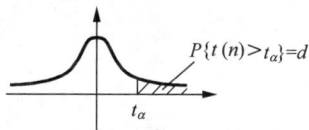

n \ α	0.25	0.10	0.05	0.025	0.01	0.005
1	1.0000	3.0777	6.3138	12.7062	31.8207	63.6574
2	0.8165	1.8856	2.9200	4.3207	6.9646	9.9248
3	0.7649	1.6377	2.3534	3.1824	4.5407	5.8409
4	0.7407	1.5332	2.1318	2.7764	3.7469	4.6041
5	0.7267	1.4759	2.0150	2.5706	3.3649	4.0322
6	0.7176	1.4398	1.9432	2.4469	3.1427	3.7074
7	0.7111	1.4149	1.8946	2.3646	2.9980	3.4995
8	0.7064	1.3968	1.8595	2.3060	2.8965	3.3554
9	0.7027	1.3830	1.8331	2.2622	2.8214	3.2498
10	0.6998	1.3722	1.8125	2.2281	2.7638	3.1693
11	0.6974	1.3634	1.7959	2.2010	2.7181	3.1058
12	0.6955	1.3562	1.7823	2.1788	2.6810	3.0545
13	0.6938	1.3502	1.7709	2.1604	2.6503	3.0123
14	0.6924	1.3450	1.7613	2.1448	2.6245	2.9768
15	0.6912	1.3406	1.7531	2.1315	2.6025	2.9467
16	0.6901	1.3368	1.7459	2.1199	2.5835	2.9028
17	0.6892	1.3334	1.7396	2.1098	2.5669	2.8982
18	0.6884	1.3304	1.7341	2.1009	2.5524	2.8784
19	0.6876	1.3277	1.7291	2.0930	2.5395	2.8609
20	0.6870	1.3253	1.7247	2.0860	2.5280	2.8453
21	0.6864	1.3232	1.7207	2.0796	2.5177	2.8314
22	0.6858	1.3212	1.7171	2.0739	2.5083	2.8188
23	0.6853	1.3195	1.7139	2.0687	2.4999	2.8073
24	0.6848	1.3178	1.7109	2.0639	2.4922	2.7969
25	0.6844	1.3163	1.7081	2.0595	2.4851	2.7874
26	0.6840	1.3150	1.7056	2.0555	2.4786	2.7787
27	0.6837	1.3137	1.7033	2.0518	2.4727	2.7707
28	0.6834	1.3125	1.7011	2.0484	2.4671	2.7633
29	0.6830	1.3114	1.6991	2.0452	2.4620	2.7564
30	0.6828	1.3104	1.6973	2.0423	2.4573	2.7500
31	0.6825	1.3095	1.6955	2.0395	2.4528	2.7440
32	0.6822	1.3086	1.6939	2.0369	2.4487	2.7385
33	0.6820	1.3077	1.6924	2.0345	2.44448	2.7333
34	0.6818	1.3070	1.6909	2.0322	2.4411	2.7284
35	0.6816	1.3062	1.6896	2.0301	2.4377	2.7238

附录C χ^2 分布临界值表

$$P\{\chi^2(n) > \chi_\alpha^2\} = \alpha$$

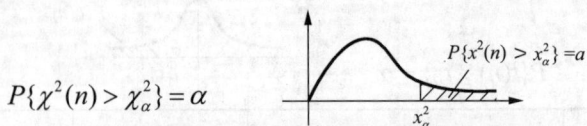

n \ α	0.995	0.99	0.975	0.95	0.9	0.75
1	…	…	…	…	0.02	0.1
2	0.01	0.02	0.02	0.1	0.21	0.58
3	0.07	0.11	0.22	0.35	0.58	1.21
4	0.21	0.3	0.48	0.71	1.06	1.92
5	0.41	0.55	0.83	1.15	1.61	2.67
6	0.68	0.87	1.24	1.64	2.2	3.45
7	0.99	1.24	1.69	2.17	2.83	4.25
8	1.34	1.65	2.18	2.73	3.4	5.07
9	1.73	2.09	2.7	3.33	4.17	5.9
10	2.16	2.56	3.25	3.94	4.87	6.74
11	2.6	3.05	3.82	4.57	5.58	7.58
12	3.07	3.57	4.4	5.23	6.3	8.44
13	3.57	4.11	5.01	5.89	7.04	9.3
14	4.07	4.66	5.63	6.57	7.79	10.17
15	4.6	5.23	6.27	7.26	8.55	11.04
16	5.14	5.81	6.91	7.96	9.31	11.91
17	5.7	6.41	7.56	8.67	10.09	12.79
18	6.26	7.01	8.23	9.39	10.86	13.68
19	6.84	7.63	8.91	10.12	11.65	14.56
20	7.43	8.26	9.59	10.85	12.44	15.45
21	8.03	8.9	10.28	11.59	13.24	16.34
22	8.64	9.54	10.98	12.34	14.04	17.24
23	9.26	10.2	11.69	13.09	14.85	18.14
24	9.89	10.86	12.4	13.85	15.66	19.04
25	10.52	11.52	13.12	14.61	16.47	19.94
26	11.16	12.2	13.84	15.38	17.29	20.84
27	11.81	12.88	14.57	16.15	18.11	21.75
28	12.46	13.56	15.31	16.93	18.94	22.66
29	13.12	14.26	16.05	17.71	19.77	23.57

续表

α / n	0.995	0.99	0.975	0.95	0.9	0.75
30	13.79	14.95	16.79	18.49	20.6	24.48
40	20.71	22.16	24.43	26.51	29.05	33.66
50	27.99	29.71	32.36	34.76	37.69	42.94
60	35.53	37.48	40.48	43.19	46.46	52.29
70	43.28	45.44	48.76	51.74	55.33	61.7
80	51.17	53.54	57.15	60.39	64.28	71.14
90	59.2	61.75	65.65	69.13	73.29	80.62
100	67.33	70.06	74.22	77.93	82.36	90.13

α / n	0.25	0.1	0.05	0.025	0.01	0.005
1	1.32	2.71	3.84	5.02	6.63	7.88
2	2.77	4.61	5.99	7.38	9.21	10.6
3	4.11	6.25	7.81	9.35	11.34	12.84
4	5.39	7.78	9.49	11.14	13.28	14.86
5	6.63	9.24	11.07	12.83	15.09	16.75
6	7.84	10.64	12.59	14.45	16.81	18.55
7	9.04	12.02	14.07	16.01	18.48	20.28
8	10.22	13.36	15.51	17.53	20.09	21.96
9	11.39	14.68	16.92	19.02	21.67	23.59
10	12.55	15.99	18.31	20.48	23.21	25.19
11	13.7	17.28	19.68	21.92	24.72	26.76
12	14.85	18.55	21.03	23.34	26.22	28.3
13	15.98	19.81	22.36	24.74	27.69	29.82
14	17.12	21.06	23.68	26.12	29.14	31.32
15	18.25	22.31	25	27.49	30.58	32.8
16	19.37	23.54	26.3	28.85	32	34.27
17	20.49	24.77	27.59	30.19	33.41	35.72
18	21.6	25.99	28.87	31.53	34.81	37.16
19	22.72	27.2	30.14	32.85	36.19	38.58
20	23.83	28.41	31.41	34.17	37.57	40
21	24.93	29.62	32.67	35.48	38.93	41.4
22	26.04	30.81	33.92	36.78	40.29	42.8
23	27.14	32.01	35.17	38.08	41.64	44.18
24	28.24	33.2	36.42	39.36	42.98	45.56
25	29.34	34.38	37.65	40.65	44.31	46.93
26	30.43	35.56	38.89	41.92	45.64	48.29
27	31.53	36.74	40.11	43.19	46.96	49.64
28	32.62	37.92	41.34	44.46	48.28	50.99
29	33.71	39.09	42.56	45.72	49.59	52.34

续表

α / n	0.25	0.1	0.05	0.025	0.01	0.005
30	34.8	40.26	43.77	46.98	50.89	53.67
40	45.62	51.8	55.76	59.34	63.69	66.77
50	56.33	63.17	67.5	71.42	76.15	79.49
60	66.98	74.4	79.08	83.3	88.38	91.95
70	77.58	85.53	90.53	95.02	100.42	104.22
80	88.13	96.58	101.88	106.63	112.33	116.32
90	98.64	107.56	113.14	118.14	124.12	128.3
100	109.14	118.5	124.34	129.56	135.81	140.17

附录 D　习题参考答案

第　一　章

习题 1.1

1．（1）$(-\infty,-2]\cup[2,+\infty)$；（2）$[1,2)\cup(2,4)$；（3）$(-\infty,1)\cup(1,2)\cup(2,+\infty)$.

2．$[1,10]$，$[-1,1]$.

3．（1）$f(0)=-2$，$f(1)=-\dfrac{1}{2}$，$f\left(-\dfrac{1}{2}\right)=-5$，$f(a)=\dfrac{a-2}{a+1}$.

（2）$f(-2)=4$，$f(-1)=1$，$f(0)=0$，$f(1)=3$，$f(3)$无定义.

（3）$f(-x)=\dfrac{1+x}{1-x}$，$f(x+1)=-\dfrac{x}{x+1}$，$f\left(\dfrac{1}{x}\right)=\dfrac{x-1}{x+1}$.

4．$f(x)=\dfrac{1}{4}(x+1)^2$.

5．$f(x)=x^2+x+3$，$f(x-1)=x^2-x+3$.

6．（1）奇；（2）偶；（3）偶；（4）奇.

7．（1）$y=u^5,u=3-x$；

（2）$y=\ln u,u=2-x^3$；

（3）$y=u^{-\frac{1}{2}},u=2+x^2$.

8．（1）$(0,1]$；　　（2）$[-3,-2]\cup[3,4]$.

9．（1）偶；　　（2）非奇非偶.

10．（1）$y=3^u,u=\sin v,v=x^2$.

习题 1.2

1．$C(64)\approx 341.4$，$\overline{C}(64)\approx 5.3$.

2．（1）$L(100)=200$（万元），$\overline{L}(100)=2$（万元）；（2）$q_1\approx 43.84$，$q_2\approx 456.16$.

习题 1.3

1．（1）0；　　（2）无极限；　　（3）$+\infty$；　　（4）无极限.

2．无极限.

3．$k=1$.

4．$\lim\limits_{x\to 0^-}\mathrm{e}^{\frac{1}{x}}=0$，$\lim\limits_{x\to 0^+}\mathrm{e}^{\frac{1}{x}}=+\infty$，$\lim\limits_{x\to\infty}\mathrm{e}^{\frac{1}{x}}=1$.

5. 当 $x \to \infty$ 时，$\frac{1}{(x-2)^3}$ 为无穷小量；当 $x \to 2$ 时，$\frac{1}{(x-2)^3}$ 为无穷大量.

6.（1）、（3）、（5）是无穷小量；（2）、（4）、（6）不是无穷小量.

7.（1）3；（2）0；（3）−4；（4）$\frac{1}{3}$；

（5）0；（6）∞；（7）1；（8）−2.

8. $a=0,\quad b=-5$.

9.（1）e^{-3}；（2）e^6；（3）e^{-4}；（4）e^3.

10.（1）$\frac{3}{5}$；（2）$\frac{m}{n}$；（3）-2；（4）π.

11.（1）$\sqrt{2}$；（2）$\frac{2}{3}$；（3）$\frac{1}{2}$；（4）e.

习题 1.4

1. 不连续. 2. 连续. 3. $k=3$. 4. $a=e^2$.

5.（1）0；（2）$\frac{2}{3}$；（3）$\frac{1}{3}$；（4）-1.

6.（1）$x=0$ 为可去间断点；（2）$x=0$ 为第一类间断点；

（3）$x=1$ 为第一类间断点；（4）$x=2$ 为第二类间断点.

习题 1.5

1. 163.1915. 2. −0.1203. 3. 0.9788 4. −6.5083e+005.

5. −0.7092. 6. 2.7179. 7. $(x+5)*(x+4)*(x-2)*(x-3)$.

8. 2、1+2*i、1−2*i.

第 二 章

习题 2.1

1.（1）$y'=3ax^2$；（2）$y'=10x^{\frac{7}{3}}$；（3）$y'=\frac{2}{3}x^{-\frac{1}{3}}$；（4）$y'=-\frac{2a}{x^3}$.

2.（1）$y'=\frac{1}{x\ln 2}$；（2）$y'=2^x\ln 2$.

3. $x-4y+4=0$.

4. $y+\frac{1}{24}=\frac{1}{4}\left(x+\frac{1}{2}\right)$；$y-\frac{1}{24}=\frac{1}{4}\left(x-\frac{1}{2}\right)$.

5. $x-y-1=0$.

习题 2.2

1.（1）$ax^{a-1}+e^x+a^x\ln a$；（2）$x-4x^{-3}$；（3）$\frac{a}{a+b}$；（4）$(a+b)x^{a+b-1}$；

（5）$6x^2-2x$；（6）$a^x\cdot e^x(\ln a+1)$；（7）$-\frac{5x^3+1}{2x\sqrt{x}}$；（8）$\frac{x}{\sqrt{x^2-a^2}}$；

（9）$\ln x+1$；（10）$y=x^{n-1}(n\ln x+1)$；（11）$\dfrac{1}{x\ln x}$；（12）$e^{x\ln x}(\ln x+1)$；

（13）$\dfrac{1}{2x\ln a}$；（14）$\dfrac{1}{\sqrt{x}(1-x)}$.

2．1

3．2012

4．（1）$y'_x=\dfrac{3x^2}{1-3y^2}$；（2）$y'=\dfrac{y-2x+3}{2y-x}$；

（3）$y'=\dfrac{e^x-y}{x+e^y}$；（4）$y'=\dfrac{e^x-2xy^3}{e^y+3x^2y^2}$.

5．（1）$y'=x^{x^2+1}(1+2\ln x)$；（2）$y'=x^{\sqrt{x}-\frac{1}{2}}(1+\dfrac{1}{2}\ln x)$；

（3）$y'=x\cdot\sqrt{\dfrac{1-x}{1+x}}(\dfrac{1}{x}-\dfrac{1}{1-x^2})$；

（4）$y'=\dfrac{\sqrt{x+1}}{\sqrt[3]{x-2}(x+3)^2}[\dfrac{1}{2(x+1)}-\dfrac{1}{3(x-2)}-\dfrac{2}{(x+3)}]$.

6．（1）$s''=g$；（2）$y''=\dfrac{2}{x^3}$；（3）$y''=-\dfrac{1}{4x\sqrt{x}}$；

（4）$y''=\dfrac{1}{(x^2+1)\sqrt{x^2+1}}$.

习题 2.3

1．（1）$C(100)=2200$；（2）$\overline{C}(100)=220$；（3）9；（4）$C'(100)=9.5$.

2．（1）15（万元）；（2）675；（3）700.

3．$C(10)=210$；$\overline{C}(10)=21$；$C'(10)=10$.

4．（1）$R(80)=64000$（元），$R'(80)=780$；（2）$x=1640$；$R(1640)=672400$（元）.

5．45（件）.　6．5 批.　7．$\sqrt{\dfrac{ac}{2b}}$ 批.

习题 2.4

1. $\eta(10)=-0.625$；$\eta(13.5)=-1.08$.当价格 $p=10$ 时，若价格增加 1%，则需求减少 0.625%；当价格 $p=13.5$ 时，若价格增加 1%，则需求相应减少 1.08%.

2．$\varepsilon(2)=0.75$；$\varepsilon(4)=1.25$.

3．$\eta(p)=-p\ln 6$.

4．（1）$Q'(4)=-8$；$\eta(4)=-0.542$；$Q'(6)=-12$.$\eta(6)=-1.85$；

（2）当价格 $p=4$ 时，若价格增加 1%，则收入将增加 0.458%；

（3）当价格 $p=6$ 时，若价格增加 1%，则收入相应减少 0.846%；

（4）当价格 $p=5$ 时总收入最大.

5．$E(R)=1-2p\ln 2$.

习题 2.5

1.（1）$\mathrm{d}y = x^2\mathrm{e}^{2x}(3+2x)\mathrm{d}x$；（2）$\mathrm{d}y = x(2\ln x+1)\mathrm{d}x$；

（3）$\mathrm{d}y = \dfrac{2\ln(1-x)}{x-1}\mathrm{d}x$.

2．略

3．（1）32；　（2）$\dfrac{3}{2}$；　（3）-1；　（4）0；　（5）$\dfrac{1}{2}$.

习题 2.6

1．（1）$\dfrac{1}{x}$；　（2）$3-\dfrac{\mathrm{e}^x}{2}$；　（3）$\dfrac{-5}{(x+2)^2}$；　（4）$\dfrac{-x}{\sqrt{4-x^2}}$.

2． $2\mathrm{e}^x - 2\cos x + x\sin x$.

3． $y' = \dfrac{\mathrm{e}^x - y}{\mathrm{e}^y + x}$.

4．350 元.

第　三　章

习题 3.1

1．（略）

2．（1）$\int_0^1 x\mathrm{d}x < \int_0^1 \sqrt{x}\mathrm{d}x$；（2）$\int_0^1 \mathrm{e}^x\mathrm{d}x > \int_0^1 (1+x)\mathrm{d}x$；（3）$\int_1^{\mathrm{e}} \ln(1+x)\mathrm{d}x < \int_1^{e} x\mathrm{d}x$.

习题 3.2

1．（1）$F'(x) = f(x)$.　（2）不定积分.

（3）$\int_a^x f'(x)dx = f(x) - f(a)$.　（4）$\dfrac{6}{11}x^{\frac{11}{6}} + c$.

2．（1）$x^4 + x^3 + x^2 - x + C$；（2）$\dfrac{1}{3}x^3 - x + C$；　（3）$3x + \dfrac{4}{\ln 3 - \ln 2}\left(\dfrac{3}{2}\right)^x + C$；

3．（1）$\dfrac{3}{\ln 2} + \dfrac{4}{5}\left(4\sqrt{2}-1\right)$；（2）$\dfrac{56}{3}$.

习题 3.3

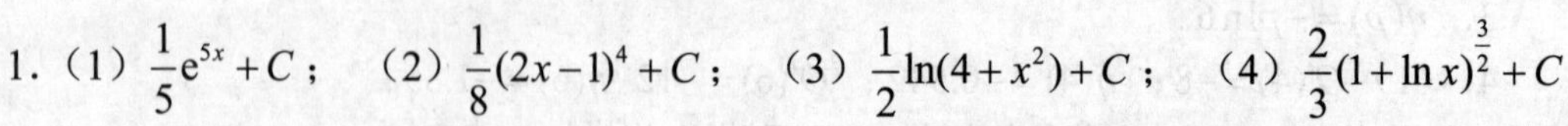

1．（1）$\dfrac{1}{5}\mathrm{e}^{5x} + C$；（2）$\dfrac{1}{8}(2x-1)^4 + C$；（3）$\dfrac{1}{2}\ln(4+x^2) + C$；（4）$\dfrac{2}{3}(1+\ln x)^{\frac{3}{2}} + C$.

2．（1）$\sqrt{2x} - \ln\left(1+\sqrt{2x}\right) + C$；（2）$2\sqrt{x} - 3\sqrt[3]{x} + 6\sqrt[6]{x} - 6\ln\left(\sqrt[6]{x}+1\right) + C$；

（3）$\ln\dfrac{\sqrt{1-x}-1}{\sqrt{1-x}+1} + C$.

3.（1）$\frac{1}{2}$；　（2）$e-e^{\frac{1}{2}}$；　（3）$-\frac{3}{2}+3\ln 2$.

4.（1）$\frac{1}{2}xe^{2x}-\frac{1}{4}e^{2x}+C$；　（2）$\frac{x^3}{3}\left(\ln x-\frac{1}{3}\right)+C$；　（3）$-\frac{1}{2}e^{-2x}\left(x^2+x+\frac{1}{2}\right)+C$.

5.（1）$\frac{1}{4}\left(e^2+1\right)$；　（2）$2-\frac{2}{e}$.

习题 3.4

1.（1）$\frac{1}{3}$；　（2）$\frac{1}{4}$；　（3）1.

习题 3.5

1．50，100.

2．$R(x)=200x-\frac{x^2}{100}$；$\overline{R}(x)=200-\frac{x}{100}$；$R(2000)=360000$（元）；

$\overline{R}(2000)=180$（元）.

3.（1）460；2000；　（2）$C(q)=10+4q+\frac{1}{8}q^2$；$R(q)=80q-\frac{1}{2}q^2$.

4.（1）$x=4$；　（2）0.5（万元）.

5．$Q=60$；$L(60)=11000$（元）.

6.（1）216.06（万元）；　（2）4.46 年.

7．$\frac{5}{12}$.　8．$e-\frac{4}{3}$.　9．$e+\frac{1}{e}-2$.　10. $\frac{16}{3}\sqrt{3}$.　11. $\frac{9}{2}$.　12. $\frac{9}{2}$.

习题 3.6

3.（1）$-e^{\frac{1}{x}}$；　（2）$-x^2\cos x+2x\sin x+2\cos x$；　（3）$\frac{8}{3}$；　（4）$\frac{1}{4}e^2+\frac{1}{4}$.

第　四　章

习题 4.1

1.（1）$D=\{(x,y)|x\geqslant 0,y\geqslant 0\}$；　（2）$D=\{(x,y)|x+y<0\}$

（3）$D=\{(x,y)|x+y\geqslant 0\}$；　（4）$D=\{(x,y)|x^2+y^2>0\}$

（5）$D=\{(x,y)|x+y>-1\}$；　（6）$D=\{(x,y)|x^2+y^2<1\}$

（7）$D=\{(x,y)|y>x\}$；　（8）$D=\{(x,y)|x\cdot y>0\}$

2.（1）$\frac{\partial z}{\partial x}=y+\frac{1}{y}$，$\frac{\partial z}{\partial y}=x-\frac{x}{y^2}$；

（2）$\frac{\partial z}{\partial x}=ae^{-y}$，$\frac{\partial z}{\partial y}=-axe^{-y}+b$；

（3）$\frac{\partial z}{\partial x}=3x^2+4xy^3+ye^{xy}$，$\frac{\partial z}{\partial x}=6x^2y^2+xe^{xy}$；

（4）$\frac{\partial z}{\partial x}=\frac{y^2}{(x+y)^2}$，$\frac{\partial z}{\partial y}=\frac{x^2}{(x+y)^2}$；

（5）$\frac{\partial z}{\partial x}=\frac{1}{x+\ln y}$，$\frac{\partial z}{\partial y}=\frac{1}{y(x+\ln y)}$；

（6）$u'_x=-\frac{z\ln y}{x^2}y^{\frac{z}{x}}$，$u'_y=\frac{z}{x}y^{\frac{z-x}{x}}$，$u'_z=-\frac{1}{x}y^{\frac{z}{x}}\ln y$；

3．10，12．

4．$-\frac{2}{3}$．

5．（1）$z''_{zz}=12x^2-8y^2$，$z''_{xy}=-16xy$，$z''_{yy}=12y^2-8x^2$；

（2）$z''_{xx}=\frac{x+2y}{(x+y)^2}$，$z''_{xy}=\frac{y}{(x+y)^2}$，$z''_{yy}=-\frac{x}{(x+y)^2}$；

（3）$z''_{xx}=y^2e^{xy}$，$z''_{xy}=e^{xy}(1+xy)$，$z''_{yy}=x^2e^{xy}$；

（4）$z''_{xx}=\frac{y^2-x^2}{(x^2+y^2)^2}$，$z''_{xx}=\frac{-2xy}{(x^2+y^2)^2}$，$z''_{xx}=\frac{x^2-y^2}{(x^2+y^2)^2}$．

6．6，−4，2.

7．2.

8．2，0，0，0.

9．（1）$dz=e^{xy}(ydx+xdy)$；　（2）$dz=\frac{x}{\sqrt{x^2+y^2}}dx+\frac{y}{\sqrt{x^2+y^2}}dy$；

（3）$dz=\frac{1}{1+x^2+y^2}(xdx+ydy)$；　（4）$yzx^{yz-1}dx+zx^{yz}\ln xdy+yx^{yz}\ln xdz$．

10．$\Delta z\approx-0.119$，　$dz=-0.125$．

11．$\frac{\partial z}{\partial x}=\frac{2y^2}{x^2}\left(\frac{1}{2x-3y}-\frac{1}{x}\ln(2x-3y)\right)$，$\frac{\partial z}{\partial y}=\frac{y}{x^2}\left(2\ln(2x-3y)-\frac{3y}{2x-3y}\right)$．

12．（1）$\frac{\partial z}{\partial x}=2(2x+y)^{2x+y}[1+\ln(2x+y)]$，

$\frac{\partial z}{\partial y}=(2x+y)^{2x+y}[1+\ln(2x+y)]$；

（2）$\frac{\partial z}{\partial x}=(x^2+y^2)^{xy}\left[y\ln(x^2+y^2)+\frac{2x^2y}{x^2+y^2}\right]$，

$\frac{\partial z}{\partial x}=(x^2+y^2)^{xy}\left[x\ln(x^2+y^2)+\frac{2xy^2}{x^2+y^2}\right]$；

（3）$\frac{\partial z}{\partial x}=f'_u+yf'_v$，$\frac{\partial z}{\partial y}=xf'_v$，（$u=x,v=xy$）；

（4）$\frac{\partial u}{\partial x}=\frac{1}{y}f'_s$，$\frac{\partial u}{\partial y}=-\frac{x}{y^2}f'_s+\frac{1}{z}f'_t$，$\frac{\partial u}{\partial z}=-\frac{y}{z^2}f'_t$．

13.（1）$\frac{\partial z}{\partial x}=\frac{2(x+1)}{2y+\mathrm{e}^x}$，$\frac{\partial z}{\partial y}=\frac{2(y-z)}{2y+\mathrm{e}^x}$ ；

（2）$\frac{\partial z}{\partial x}=\frac{z}{x+z}$，$\frac{\partial z}{\partial y}=\frac{z^2}{y(x+z)}$.

14. $-\frac{1}{5}$, $-\frac{11}{5}$.

习题 4.2

1.（1）$f\left(\frac{1}{2},-1\right)=-\frac{\mathrm{e}}{2}$ 为极小值；

（2）$f(0,0)=0$ 为极大值；

（3）$f(-1,1)=0$ 为极小值；

（4）$f\left(\frac{\pi}{3},\frac{\pi}{6}\right)=\frac{3}{2}\sqrt{3}$ 为极大值.

2. $p_1=80, p_2=120$ 时，有最大利润 605.

3. $x=15$（千元），$y=10$（千元）.

4. $x=1, y=1$，最大利润为 4.

5. 5 批，1000 件.

第　五　章

习题 5.1

1（1）1；　（2）5.　2. –48.　3. 176. 4. –270.

5. $A+B=\begin{pmatrix}2&2\\2&5\end{pmatrix}$, $2A-B=\begin{pmatrix}1&4\\7&7\end{pmatrix}$, $AB=\begin{pmatrix}-1&2\\-1&4\end{pmatrix}$.

6. $M=\begin{pmatrix}0.20&0.60&0.30\\0.60&0.80&0.50\\0.20&0.40&0.30\end{pmatrix}$，$P=\begin{pmatrix}2000&2250&2250&2000\\1000&1300&1200&1100\\2900&3100&3000&3000\end{pmatrix}$，

$MP=\begin{pmatrix}1870&2160&2070&1960\\3450&3940&3810&3580\\1670&1900&1830&1740\end{pmatrix}$.

各季度各项成本一览表（单位：元）

	春季	夏季	秋季	冬季
原料费	1870	2160	2070	1960
工资	3450	3940	3810	3580
管理费	1670	1900	1830	1740

7. $\begin{pmatrix}1&-4&-3\\1&-5&-3\\-1&6&4\end{pmatrix}$.　8. 3.

9．$A=\begin{pmatrix}1 & 2 & 3 & 0\\ -1 & -2 & 0 & 3\\ 2 & 4 & 6 & 0\\ 1 & -2 & -1 & 0\\ 0 & 0 & 1 & 1\end{pmatrix}\to\begin{pmatrix}1 & 2 & 0 & -3\\ 0 & 1 & 0 & -1\\ 0 & 0 & 1 & 1\\ 0 & 0 & 0 & 0\\ 0 & 0 & 0 & 0\end{pmatrix}\to\begin{pmatrix}1 & 0 & 0 & -1\\ 0 & 1 & 0 & -1\\ 0 & 0 & 1 & 1\\ 0 & 0 & 0 & 0\\ 0 & 0 & 0 & 0\end{pmatrix}$

$r(\alpha_1,\alpha_2,\alpha_3,\alpha_4)=3$，向量组 $\alpha_1,\alpha_2,\alpha_3$ 是一个极大无关组，$\alpha_4=-\alpha_1-\alpha_2+\alpha_3$.

习题 5.2

1．甲 20 件，乙 24 件，获利 4280 元.

2．设 $x_{ij}(i=1,2;j=1,2,3)$ 分别表示由产地 A_i 运往销地 B_j 的数量.

$$\min Z=600x_{11}+300x_{12}+400x_{13}+400x_{21}+700x_{22}+300x_{23}.$$

$$s.t.\begin{cases}x_{11}+x_{12}+x_{13}=60,\\ x_{21}+x_{22}+x_{23}=80,\\ x_{11}+x_{21}=50,\\ x_{12}+x_{22}=50,\\ x_{13}+x_{23}=40,\\ x_{ij}\geqslant 0\ (i=1,2;j=1,2,3).\end{cases}$$

3．方案 1：在一块板料上裁剪出规格为 40cm×40cm 的零件 2 件与 50cm×20cm 的零件 1 件；方案 2：在一块板料上裁剪出规格为 40cm×40cm 的零件 1 件与 50cm×20cm 的零件 3 件；方案 3：在一块板料上裁剪出规格为 50 cm×20cm 的零件 5 件．设方案 i 使用板料 x_i 块（$i=1,2,3$），共用板料 Z 块，则

$$\min Z=x_1+x_2+x_3.$$

$$s.t.\begin{cases}2x_1+x_2\geqslant 25,\\ x_1+3x_2+5x_3\geqslant 30x_1+x_2,\\ x_i\geqslant 0\text{的整数}\ (i=1,2,3).\end{cases}$$

最优解有 4 个：（1）$x_1=12$，$x_2=1$，$x_3=3$；（2）$x_1=11$，$x_2=3$，$x_3=2$；（3）$x_1=10$，$x_2=5$，$x_3=1$；（4）$x_1=9$，$x_2=7$，$x_3=0$.

习题 5.3

1．（1）0；（2）−18；（3）$a*b*c*d+a*b+a*d+c*d+1$.

2．
```
  3   6   5
 -4  15  -8
```

3．
```
  1   0   5   3
  0  -1   0   0
```

4．
```
 22.0000    -6.0000   -26.0000    17.0000
-17.0000     5.0000    20.0000   -13.0000
 -1.0000    -0.0000     2.0000    -1.0000
  4.0000    -1.0000    -5.0000     3.0000
```

5．A\B=

```
      0.8261    -0.5217     2.9130
     -0.9130     3.2609     0.0435
     -1.0435     2.8696    -0.5217
A/B=
    -0.8750     4.7500     0.6250
    -1.3750     3.7500     1.1250
     0.3333    -0.3333     0.0000
```

6．3

7．（1）X=

1.4000

0.4000

（2）X=

1.0000

2.0000

3.0000

−1.00000

8． $X=\begin{pmatrix}4 & 1 & 1\\ 5 & 2 & 3\end{pmatrix}$.

9． $C=\begin{pmatrix}0.4000 & 0.4000 & 0.4000\\ 0.2667 & 0.2667 & 0.4333\\ 0.3333 & 0.3333 & 0.1667\end{pmatrix}$.

10．截成比例为 0.4398：0.5602 的两段，可使圆和方形面积之和为最小，为 0.035.

11．x =6.6107e−005，fval =1.0001.

12．x =3.1416，fval =−2.0000.

13．x =

−1.8869

−1.8869

−3.7738

fval =

1.4615e−006

14．当 x=（0，−1）时取得极小值 z=−1.

15．当 x=（2，10，0）时取得极小值 z=16.

16．当 x=（0，0.9167，1.2500）时取得极小值.即购买 0.9127 数量的食品 A2，1.25 数量的食品 A3 可以满足本问题的要求，此时的花费的费用为 67/12.

第 六 章

习题 6.1

1.（1） $x_1=-3, x_2=3, x_3=5, x_4=0$； （2） $x_1=-x_3, x_2=-2x_3$.

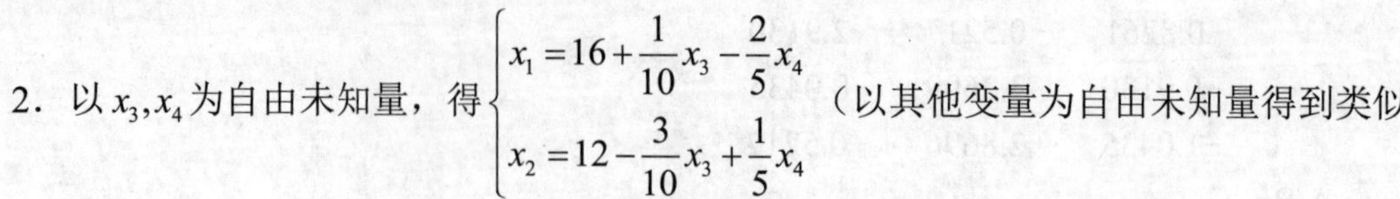

2．以 x_3,x_4 为自由未知量，得 $\begin{cases} x_1 = 16 + \dfrac{1}{10}x_3 - \dfrac{2}{5}x_4 \\ x_2 = 12 - \dfrac{3}{10}x_3 + \dfrac{1}{5}x_4 \end{cases}$（以其他变量为自由未知量得到类似结果，略）.

3．因为 $|A| = 0$，故 A 不可逆.

4．$A^{-1} = \begin{pmatrix} -1 & -2 \\ -1 & -1 \end{pmatrix}$，$X = \begin{pmatrix} -3 & -2 & -4 \\ -1 & -1 & -3 \end{pmatrix}$.

5．$X = A^{-1}B = \begin{pmatrix} -\dfrac{5}{2} & 1 & -\dfrac{1}{2} \\ 5 & -1 & 1 \\ \dfrac{7}{2} & -1 & \dfrac{1}{2} \end{pmatrix} \begin{pmatrix} 1 & -2 & -1 \\ 4 & -5 & 2 \\ 1 & -4 & -1 \end{pmatrix} = \begin{pmatrix} 1 & 2 & 5 \\ 2 & -9 & -8 \\ 0 & -4 & -6 \end{pmatrix}$.

习题 6.2

1．（1）行平衡关系：中间使用+最终需求=总产出，$\sum_{j=1}^{n} x_{ij} + Y_I = X_i \qquad (i = 1,2,\cdots,n)$.

该平衡关系把投入产出表的第一、二象限联系起来，反映产品的分配使用去向，即反映产品的实物运动.

（2）列平衡关系：中间投入+增加值=总投入

$$\sum_{i=1}^{n} x_{ij} + D_j + V_j + Y_j + M_j = X_j \qquad (j = 1,2,\cdots,n).$$

该平衡式把投入产出表的第一、三象限联系起来，反映产品的价值构成，即反映了产品的价值运动.

（3）其他平衡关系

A．同一部门的平衡关系——各部门的总产出与总投入相等，也就是同一部门的生产方程与分配方程相等；

B．整个国民经济的平衡关系——全社会的总产出与总投入相等，也就是全社会的生产总值与使用总值相等.

2．直接消耗系数是指在生产经营过程中第 j 产品（或产业）部门的单位总产出所直接消耗的第 i 产品部门生产的货物或服务的价值量.

完全消耗系数是指第 j 产品部门每提供一个单位最终使用时，对第 i 产品部门货物或服务的直接消耗和间接消耗之和.

3．

		中间使用				最终使用	总产出
		1	2	3	4		
中间投入	1	60	120	10	1515	395	600
	2	78	360	70	4545	647	1200
	3	18	12	6	15	149	200
	4	30	60	16	30	164	300
增加值		414	648	98	195		
总投入		600	1200	200	300		

由 $a_{ij}=\dfrac{x_{ij}}{X_j}$ 得 $X_1=600$，由 $x_{ij}=a_{ij}X_j$ 算出 x_{11} 和 x_{12}，

由 $X=(E-A)^{-1}N$ 得 $X_3=1200$，由 $(30+60+16)+0.1X_4+164=X_4$ 解出 X_4，

由 $x_{ij}=a_{ij}X_j$ 算出 x_{i4}，

根据：增加值=总投入−中间投入，最终使用=总产出−中间使用，

依次算出各项增加值和最终使用值.

4.（1）由分配方程组

$$\begin{cases}2000=360+480+400+200+y_1\\1700=200+240+160+280+y_2\\1800=240+180+320+300+y_3\\1600=350+320+260+220+y_4\end{cases}$$

得各部门的最终产品的价值为 $\begin{cases}y_1=560\\y_2=820\\y_3=760\\y_4=450\end{cases}$

（2）由投入方程组得 $\begin{cases}2000=360+200+240+350+z_1\\1700=480+240+180+320+z_2\\1800=400+160+320+260+z_3\\1600=200+280+300+220+z_4\end{cases}$

得各部门新创造的价值为 $\begin{cases}z_1=850\\z_2=480\\z_3=660\\z_4=600\end{cases}$

5．$A=\begin{bmatrix}0.18&0.40&0.25\\0.10&0.20&0.10\\0.12&0.15&0.20\end{bmatrix}$

6．得直接消耗系数矩阵为 $A=\begin{bmatrix}0.2&0.1&0.1\\0.2&0.2&0.1\\0.1&0.1&0.3\end{bmatrix}$

$$E-A=\begin{bmatrix}0.8&-0.1&-0.1\\-0.2&0.8&-0.1\\-0.1&-0.1&0.7\end{bmatrix}$$

得到 $(E-A)^{-1}=\begin{bmatrix}1.3253&0.1928&0.2169\\0.3614&1.3253&0.2410\\0.2410&0.2169&1.4940\end{bmatrix}$

得完全消耗系数矩阵为 $B=(E-A)^{-1}-E=\begin{bmatrix}0.3253&0.1928&0.2169\\0.3614&0.3253&0.2410\\0.2410&0.2169&0.4940\end{bmatrix}$

第 七 章

习题 7.1

1．设 ω_i ={摸到球的号码为 i}，i=1，2，3，则 $A=\{\omega_1,\omega_2\}$，$B=\{\omega_1,\omega_3\}$，$C=\{\omega_3\}$

（1）A 与 B，B 与 C 是相容的，A 与 C 互不相容；

（2）$\bar{A}=\{\omega_3\}$，$\bar{B}=\{\omega_2\}$，$\bar{C}=\{\omega_1,\omega_2\}$；

（3）$A\cup B=\Omega$，$AB=\{\omega_1\}$，$A-B=\{\omega_2\}$.

3．$\frac{7}{12},\frac{2}{3}$.

习题 7.2

1．（1）0.03；　（2）0.0855；　（3）0.9122.

2．0.667.

3．设第一次取到正品的事件为 A，第二次取到正品的事件为 B，

（1）$P(A)=\frac{5}{8}$；　（2）$P(B|A)=\frac{4}{7}$；　（3）$P(B|A)=\frac{5}{7}$.

4．0.835.

5．0.007125.

6．X 表示汽车首次遇到红灯前已通过的路口数，其可能取值为 0，1，2，3，则

$P\{X=0\}=\frac{1}{2}$；　$P\{X=1\}=\frac{1}{2}\cdot\frac{1}{2}=\frac{1}{4}$；

$P\{X=2\}=\frac{1}{2}\cdot\frac{1}{2}\cdot\frac{1}{2}=\frac{1}{8}$；　$P\{X=3\}=\frac{1}{2}\cdot\frac{1}{2}\cdot\frac{1}{2}=\frac{1}{8}$.

7．采用新工艺.

8．因为收益方差越小，债券的风险程度也就越小. 通过计算可知债券 B 的方差明显比债券 A 小，所以债券 B 的投资风险较小.

习题 7.3

1．32000 台，1600 万元.　2．40 台，80 万元.　3．10560 万元，6600 台.

4．160 万元，20000 件.

5．乐观决策法选：（1）悲观决策法应选择方案（3）乐观系数决策法：取 K=0.6.

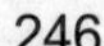

（1）0.6X800，000+0.4X（−700，000）=200，000.

（2）0.6X550，000+0.4X（−240，000）=234，000.

（3）0.6X310，000+0.4X（−10，000）=182，000.

根据计算乐观决策的结果应选择方案（2）.

最大最小后悔值决策法.

后悔值计算表

状态 后悔值 方案	很好	稍好	较差	很小	最大 后悔值
（1）	0	0	390000	690000	690000
（2）	250000	30000	240000	30000	250000
（3）	490000	90000	0	0	490000

根据最大最小后悔决策应选择方案（2）.

6．采用方案 B 购买中型设备.

7．大厂 640−300=340；小厂 310−160=150；所以建大厂.

习题 7.4

（1）样本均值为 $\bar{x}=153.5$， $s^2=182.3278$.

样本均方差为 $s=\sqrt{182.3278}=13.50$.

（2）若 $X \sim N$（0，1），查表求 $p(1.65<X<2.09)=0.0312$.

（3）若 $X \sim N(1,2^2)$，查表求 $P(-2<X<2)=0.6247$.

习题 7.5

1．这批商品的平均使用寿命为 1139 小时及寿命分布的方差 7276.7 小时.

2．（776，824）.

3．（500.4，507.1）.

4．（0.5198，10.6572）.

习题 7.6

1．否定假设 H_0，即认为折断力的均值发生了变化.

2．认为全体考生的平均成绩为 70 分.

3．此次考试的标准差是符合要求 $\alpha=0.05$.

习题 7.7

1.（1）0.3829；　　（2）0.6247；　　（3）0.5987.

2.（1）0.1123；　　（2）0.0502.

3．总体均值的点估计为 0.5089，总体方差为 0.0109，总体均值的区间估计为（0.5005，0.5173），总体方差的区间估计为（0.0073，0.0208）.

4．总体均值的置信区间为（99.05，100.91），总体方差的置信区间为（0.67，5.39）.

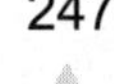

主要参考文献

[1] 顾静相．经济数学基础[M]．北京：高等教育出版社，2004.
[2] 赵树嫄．微积分[M]．北京：中国人民大学出版社，1999.
[3] 侯风波．经济数学基础[M]．北京：高等教育出版社，2004.
[4] 侯风波，相秀芬．应用数学[M]．北京：机械工业出版社，2006.
[5] 卢家林，李大林．应用数学[M]．北京：清华大学出版社，2009.
[6] 罗国湘．经济数学基础[M]．北京：高等教育出版社，2009.
[7] 陈笑缘．经济数学[M]．北京：高等教育出版社，2009.
[8] 李德敏．经济数学方法概论[M]．南宁：广西人民出版社，1996.
[9] 吴礼斌．经济数学基础[M]．北京：高等教育出版社，2005.
[10] 顾沛．数学文化．北京：高等教育出版社，2008.
[11] 张维忠．文化视野中的数学与数学教育．北京：人民教育出版社，2005.
[12] 方延明．数学文化．北京：清华大学出版社，2009.
[13] 李文林．数学史．北京：高等教育出版社，2002.
[14] 张顺燕．数学的美与理．北京：北京大学出版社，2004.
[15] 张楚廷．数学文化．北京：高等教育出版社，2000.
[16] 齐民友．数学与文化．大连：大连理工大学出版社，2009.
[17] 胡作玄．数学与社会．大连：大连理工大学出版社，2008.
[18] 顾沛．数学文化课程建设的探索与实践．北京：高等教育出版社，2009.
[19] 张文俊．数学欣赏．北京：科学出版社，2010.
[20] 易南轩，王芝平．多元视角下的数学文化．北京：科学出版社，2007.
[21] 谈祥柏．数学与文史．上海：上海教育出版社，2002.
[22] 蒋声，蒋文蓓．数学与美术．上海：上海教育出版社，2008.
[23] 宋宇．数学思维与生活智慧．北京：中国和平出版社，2006.
[24] 叶立军．数学与科学进步．杭州：浙江大学出版社，2010.
[25] 娄亚敏．数学与现代生活．南京：南京大学出版社，2011.
[26] 易南轩.数学美拾趣．北京：科学出版社，2008.
[27] 邹庭荣．数学文化欣赏．武汉：武汉大学出版社，2007.
[28] 魏文展．文化的数学．北京：科学普及出版社，2007.
[29] 蔡天新．难以企及的人物．桂林：广西师范大学出版社，2009.
[30] 蔡天新．数学与人类文明．杭州：浙江大学出版社，2008.
[31] 人民教育出版社 课程教材研究所 中学数学课程教材研究开发中心．数学 选修3-1 数学史选讲．北京：人民教育出版社，2007.